| 불교명저 | 7 | 윤회전생 |

서음미디어

윤회전생

일붕 서경보 저

쉬음미디어

머 리 말

　사람들은 흔히 불교가 어렵다고 말한다. 그러므로 나는 불교를 대중에게 보급시키고 또 쉽게 이해시키려면, 알기 어려운 고급 경전(經典)이나 학술 논문집보다도 오히려 수필문학·비유(譬喻)·인연론(因緣論)·기담전설집(奇談傳說集)같은 것이 나오리라고 생각한다.

　옛적에 석가께서도 성도(成道)하신 직후에 불교 교리의 최고학설인 〈화엄경(華嚴經)〉을 설해 보셨으나 너무 어려우므로 이해하는 사람이 없었다. 그래서 석가께서는 대중의 지식 수준에 따라 법을 설한다는 수기설법(隨機說法)의 원칙에 의해서 가장 쉬운 소승불교의 인연론(因緣論), 인연설(因緣說)부터 먼저 설하셨던 것이다.

　따라서 이 책이 일반 대중에게 널리, 또 쉽게 읽혀서 불교의 호국정신(護國精神)과 전통문화를 승화시키는데 일조가 되기를 바라마지 않는다.

　　　　　　　　　　　　　　　　　　　일봉 서경보 식

차 례

제1부 윤회전생편

유조창(劉兆昌)의 삼생기(三生記) / 15

최남복(崔南復)의 전생기(前生記) / 34

진산풍(陳山豊)의 이야기 / 38

개로 환생된 어머니 / 45

구렁이 형제 / 54

윤회(輪廻)의 굴레 / 66

화엄사(華嚴寺)의 유래 / 76

미움을 사랑으로 / 84

염라대왕의 심판(審判) / 87

마굿간 기화(奇話) / 91

음업(陰業)에 의한 앙화(殃禍) / 94

다시 맺은 인연 / 99

육(陸)선생의 꿈 / 105

물 한모금이 수명을 잇다 / 111

저승의 혼령(魂靈)과 맺은 인연 / 116

삼산복지(三山福地) / 126

차 례

제2부 삼국시대편

유점사의 53불(佛) / 141
묵호자(墨胡子)의 기도 / 146
박염촉(朴厭觸)의 순교(殉敎) / 150
황룡사(黃龍寺)의 불상과 탑 / 157
공덕산의 천강사 / 161
낙산사(洛山寺)의 창건 비화 / 164
신충(信忠)의 해원과 신문왕 / 166
호국대룡(護國大龍)과 만파식적(萬派息笛) / 167
석가사(釋迦寺)와 불무사(佛無寺) / 170
생의사(生義寺)의 석미륵(石彌勒) / 172
백율사(佰栗寺)의 영험한 관음보살 / 174
민장사(敏藏寺)의 관음 기적 / 177
오만진신(五萬眞身)과 왕자 보천(王子寶川) / 180
영추사(靈鷲寺)의 비화 / 183
쌍계사(雙溪寺) 육조대사의 정상탑 / 184
오류성중(五類聖衆)과 신효거사 / 186
미황사(美黃寺)의 전설 / 189
피리사(避里寺)의 염불소리 / 190
인조 만불산(萬佛山)의 신기(神技) / 191

차 례

김대성(金大城)의 불사 창건 / 193
손순(孫順)의 종과 홍효사(弘孝寺) / 196
봉덕사(奉德寺)의 에밀레종 / 198
해인사(海印寺) 창건 유래 / 200
호원사(虎願寺)의 유래 / 202
정수화상(正秀和尙)과 빙녀(氷女) / 211
솔거(率居)의 신화(神畵) / 214
김생(金生)의 신필(神筆) / 215
망해사와 용자(龍子) 처용(處容) / 216
선운사(禪雲寺)의 침향 / 217
보개산 석대암(石臺岩)의 유래 / 218
불영사(佛影寺)의 유래 / 223
궁예왕과 좀먹은 돌 / 224
자장암(慈藏庵)의 금개구리 / 227
성덕산(聖德山) 관음상의 유래 / 228
당나라 화사(畵師)의 신필(神筆) / 229
중생사(衆生寺)의 관음 영험 / 231
성태(性泰)비구에게 관음현몽 / 234
묘정사미(妙正沙彌)와 여의주 / 239
호국용(護國龍)의 탈환 / 241

차 례

신라 멸망과 마의태자(麻衣太子) 형제 / 243

제3부 고려시대편

고려 태조(太祖)의 숭불(崇佛)과 건국 / 247
팔관회와 연등회 / 251
나주(羅州)의 흥룡사(興龍寺) / 253
승과제도의 설치 / 254
제관법사와 천태교(天台敎) / 255
광종(光宗)의 추선비시(追善悲施) / 256
대량원군(大良院君)의 출가와 등극 / 258
3만공승(三萬供僧)과 만등불사 / 263
독경행렬의 풍속 / 265
흥왕사(興王寺)의 낙성과 연등대회 / 266
왕자(王子) 출가와 서민(庶民) 출가 / 267
오세암(五歲菴)의 전설 / 268
청평거사의 고절(高節) / 272
관승대사(貫乘大師)와 포암(蒲庵)의 유래 / 274
끊이지 않는 연성법회(連聲法會) / 275
묘청(妙淸)의 실의(失意) / 277
해인사 팔만대장경의 유래 / 280

차 례

신광사(神光寺)의 유래 / 285
공민왕의 숭불(崇佛)과 신필의 그림 / 287
이목은(李牧隱)의 억불소와 찬불소 / 289
울진군수의 사후환생 / 291
이거인(李居仁)과 삼목구(三目狗) / 294
무식한 요승(妖僧) 신돈(辛旽) / 298
공민왕의 피살 설화(被殺說話) / 310
희방사(喜方寺)의 유래 / 313
청평사(淸平寺)의 유래 / 319
율사(律師)와 동자(童子) / 325

제4부 조선시대편

조선(朝鮮) 건국과 불교와의 인연 / 329
무학대사와 삼인봉(三印峯) / 335
경순공주(慶順公主)의 삭발 / 337
태조와 함흥차사 / 339
왕씨(王氏)의 천복(薦福)과 사경(寫經) / 342
승려의 사태(沙汰) / 343
태종의 불상(佛像)에 대한 태도 / 346
이지란의 참회 출가(出家) / 348

차 례

문종(文宗)의 불교 탄압 / 349
모순된 왕실의 숭불(崇佛) / 351
양녕대군의 호방(豪放) / 352
매월당(梅月堂)의 출가 / 354
월인천강지곡(月印千江之曲)과 경전 번역 / 361
경행법(經行法)의 부활 / 362
문정왕후(文定王后)의 불교 진흥 / 363
승과제도(僧科制度)의 내용 / 365
율곡의 출가(出家)와 배불(排佛) / 367
임진왜란과 승병(僧兵) / 369
광해군 왕비(王妃)의 기도 / 371
남한산성 축조와 승군 창설 / 373
서호(西湖)에 흘러 온 대장경의 기적 / 375
현씨(玄氏) 출가와 보권염불문(普勸念佛文) / 376
저승을 다녀 온 왕랑전(王郞傳) / 379
화엄사(華嚴寺) 각황전의 전설 / 385
농산화상(弄山和尙)의 전설 / 390
홍가사(紅袈裟)의 일월광(一月光) 유래 / 397
범어사의 명학거사(明學居士) / 403
황해도 속명사 창건 / 409

차 례

해파대사(海波大師)와 윤웅렬 / 413
해봉대사(海峰大師)와 김성근 / 418
왕수인(王守仁)의 전생기 / 421
남봉화상(南奉和尙)의 부모천도 / 424
치악산 상원사의 야반종성(夜半鐘聲) / 427
황해도 학림사(鶴林寺)의 유래 / 432
홍도(弘道) 비구의 뱀보(蛇報) / 435
하은대사(荷隱大師)의 문수보살 친견 / 438
허정승(許政承)과 허망한 인생이야기 / 443

제1부
윤회전생편

□ 유조창(劉兆昌)의 삼생기(三生記)

 불가(佛家)의 설(說)을 인용하지 않더라도 인간의 죽음은 그것으로 끝이 아니요, 다시 다른 세상에 태어난다는 윤회설은 오래 전부터 사람들의 뇌리에 깊이 새겨져 내려온 이야기이다. 그러기에 어떤 이는 내가 이 세상에 처음 태어났을까? 아니면 전세(前世)에 태어났다가 다시 인도환생(人道還生)한 것일까? 하고 말하기도 한다.
 또 어떤 이는 자기의 고달픈 신세를 한탄하면서 '나는 전생에 무슨 죄를 지었기에 이다지도 팔자가 기박한가?' 하고 한탄하기도 한다. 한 가지 예를 들자면 사람 개개인이 타고난 소질을 보아서도 알 수 있다. 어떤 사람은 노래를 잘 부르고, 어떤 사람은 말솜씨가 좋고, 또 어떤 사람은 글씨를 잘 쓰는데 그들의 부모나 조상이 그런 일을 잘했더라면 당연히 유전이라 할 수 있지만 전혀 그런 사람이 없는 데도 별나게 뛰어난 재질을 타고 나온 사람은 아무래도 전생에서의 습생을 그대로 가지고 태어난 것이라 생각되기도 한다. 그러나 자신이 전생에 무엇이었던가를 기억하리라 짐작하는 사람은 없다.
 그런데 옛 이야기 속에 나오는 인물로 유조창(劉兆昌)이란 사람은 자신이 태어나기 이전의, 세차례 전생을 기억하고 있었다. 그가 겪은 전생의 이야기는 다음과 같다.

유조창은 맨 처음 사람으로 태어났다. 본디 게을러 놀기를 좋아하고, 틈만 있으면 여색(女色)을 탐했다. 별로 하는 일도 없이 지내다가 62살에 죽었다. 그는 영혼이 육신을 벗어나자, 곧 염라대왕을 상면하게 되었다.

염라대왕은 매우 무섭고 험상궂게 생겼으리라 생각했었으나, 인자하고 위엄이 있는 풍모였다. 그래서 어느 정도 마음을 놓게 되었다.

"네가 유조창이냐? 자아, 이리로 와서 차라도 한잔 마셔라."

"네, 감사합니다."

유조창은 공손히 일어나 앞으로 나아가 염라대왕이 내미는 찻잔을 받아들었다. 그런데 무심코 찻잔을 들여다보니 웬지 그 빛깔이 이상했다. 그는 염라대왕이 들고 있는 찻잔을 살펴보았다. 색깔이 맑고 깨끗했다.

"음, 아무래도 수상하다. 인간세계에서 듣기를 정신을 혼란시키는 미혼탕(迷昏湯)이란 게 있다더니 아마 이것이 바로 미혼탕인 모양이로구나."

유조창은 차를 마시는 척하면서 염라대왕의 눈을 피해 슬그머니 책상다리 밑에 부어버렸다. 그러자 염라대왕은,

"이 고얀 놈, 약삭빠른 놈 같으니라구."

하더니 말을 이어,

"유조창! 그대는 생시에 죄가 많아 장차 다스리려 하던 참인데 예까지 와서 허튼 수작을 부리는가. 어디 좀 견디어 보아라. 너는 장차 말로 변신시켜 내보낼 터이니 그리 알아라. 여봐라!

귀졸들!"
"내이."
"이놈을 당장 말로 만들어 쫓아내라."
하고 엄히 호령했다. 명령이 떨어지자 귀졸들은 우르르 몰려들어 유조창을 매만지더니 짐승의 세계로 내던졌다.
"야아, 청마가 새끼를 낳았다!"
어디선가 아이의 외침이 들려 왔다. 그 소리는 아주 먼 곳에서 들려오는 것 같기도 하고, 아주 가까운 곳에서 들리는 것도 같았다. 순간 그는 캄캄하고 답답한 곳을 가까스로 벗어났을 때와 같은, 머리에서부터 서늘한 바람의 촉감을 느꼈다.
"히히히힝!"
그의 입에서는 사람의 말소리가 아닌 망아지 울음소리가 터져 나왔다. 유조창은 비로소 자신이 사람이 아닌 말로 태어났음을 알았다.
그는 눈을 떠 주위를 살펴보았다. 마굿간 안의 짚더미 위에 누워 있었고, 더욱 놀라운 것은 방금 그 말을 낳은 어미 말이 축 늘어진 채 옆에 누워 있었다. 그는 심한 허기를 느꼈다. 인간 세상에 살아 있을 때만 해도 놀고먹는 것밖에 모르다가 죽어서 염라대왕 앞에 끌려간 뒤로 지금까지 아무것도 먹지 못했으니 당연한 일이다.
그는 바로 코앞에 있는 어미 말의 젖꼭지를 보는 순간 말의 본능이 살아나 그 젖꼭지를 입에 물고 빨았다. 달기가 꿀맛 같았고 그토록 맛이 있을 수가 없었다. 그러나 그는 어렴풋이 말이 아니라 인간이라는 의식이 살아나 형언할 수 없는 수치와 굴욕감을 느꼈다.
 '사람이 말 젖을 먹다니, 제기랄! 무슨 꼴이람.'
 새삼 짐승이 되어버린 자신의 기막힌 운명에 어처구니가 없었다.
 '이럴 줄 알았으면 인간으로 있을 때 착실하게 살걸…'
 후회도 했으나 이미 소용이 없는 일이었다. 그래도 망아지였을 때는 어미 말의 젖도 빨고, 들판에서 뛰놀며 마음껏 풀을 뜯을 수도 있었기에 즐거웠다.
 얼마 안가 어미 말과 떨어지게 되었으나 별로 슬픈 줄도 몰랐다. 원래 인간이었고, 다만 형체만 어미 말의 뱃속을 빌어서 태어났다는 즉, 짐승이지만 영혼은 짐승이 아니기에 어미 말과의 정이 없어 그러했으리라. 실제로 그는 말이면서도 한시도 자신이 인간임을 잊지 못했다. 그러기에 아무래도 다른 말과는 판이하게 달랐으리라. 때문에 영리한 말로 취급받았다.
 어느덧 그는 성숙한 말이 되었다. 어느 장군의 눈에 들어 그에게 팔려가 장군을 태우게 되었다. 장군은 무척 그를 귀여워했다. 먹이도 훌륭하게 주었고, 부하들을 시켜 몸을 늘 깨끗이 다듬어 주도록 했다.
 어느 해, 장군은 그를 타고 도적 토벌을 나갔다가 적의 기습을 받아 허무하게 전사하고 말았다. 그는 장군의 죽음에 눈앞이 캄캄해졌다. 그만큼 장군과 정이 깊이 들었기 때문이었다.
 주인을 잃은 그는 장군의 부하 한 사람에게 이끌려 집으로 돌아왔다. 장군을 잃은 부하는 섬기던 상관이 죽자 생계가 막연하게 되었다. 그는 유조창에게 짐수레를 끌도록 했다. 그 역시

고된 일을 시키기는 했지만 비교적 잘 대해 주었다. 그러나 장군의 부하도 몇 해 안가 병으로 죽고 말았다.

그에게는 건달 아우가 하나 있었다. 사람들의 소문에 의하면 건달 아우가 그 형수(장군 부하의 아내)와 눈이 맞아 서로 짜고 그 형을 죽였으리라 한다.

유조창 역시 그들 남녀의 사이를 이상하게 생각하고 있었다. 그가 있는 마굿간 옆에서 형수와 동생이 만나 무엇인가 속삭이는 것을 가끔 본 일이 있기 때문이다.

그는 그 불의한 동생놈을 기회를 보아 발로 차거나 입으로 물어 죽여버릴까도 생각했으나 그래봤자 말의 주제에 무슨 의리가 서겠느냐는 자격지심에서 그만 두기로 했다.

동생에게 인계된 유조창은 전에 없이 혹사를 당했다. 인륜을 어지럽히는 작자가 하물며 짐승이래야 오죽 아끼겠는가. 그는 사정없이 유조창을 부려 먹었다. 지난날 아껴 주던 장군의 모습이 떠올라 모르는 사이에 눈물이 주루룩 흘러내리곤 했다. 장군을 몸 위에 싣고 씩씩하게 싸움터를 치달리던 그의 위용도 이젠 진흙 속에 떨어지고 말았다.

장군이나 장군의 부하가 타고 다닐 때는 반드시 부드러운 안장을 말아 주었고, 싸움터에서도 함부로 채찍을 가하지 않았다. 다른 말과는 달리 영리한 그가 미리 알아서 이리 저리 눈치껏 뛰었기에 그럴 필요가 없었다. 그런데 이 장군 부하의 동생인 작자는 안장은커녕 뱃대끈도 달지 않은 채 올라 탄 다음 양쪽 옆구리를 두 발로 마구 차는 것이 아닌가. 가만히 있더라도 그가 알아서 뛸 터인데 어처구니가 없었다. 뿐만 아니라 짐을

실은 수레를 끌 때도 무조건 매서운 채찍질을 가했다.
 어느 날 유조창은 채찍을 견디다 못해 반항을 했다. 다른 때보다도 힘겨운 짐을 싣고, 게다가 가파른 고갯길을 올라가라고 채찍질을 하는 것이었다. 그는 제 발로 땅을 꼭 밟고 꿈쩍도 하지 않았다. 그러자 주인은 목이 빠져라 고삐를 잡아끌었다. 그런데도 그는 버티었다.
 '요것 봐라!'
주인은 어디서 가져 왔는지 굵직한 몽둥이를 들고 그를 사정없이 내리쳤다. 처음에는 엉덩이를 때리더니 다음에는 등이며 배 할것없이 닥치는 대로 때렸다. 그래도 안되자 나중에는 앞으로 돌아와 머리통을 갈겼다. 꼭 죽을 것만 같았다. 정신이 아찔아찔 했다. 그러나 그는 끝내 고집을 부리고 버텼다. 매에 못이겨 순순히 끌려간다는 것은 자존심이 허락하지 않았다.
 '죽일테면 죽이라지, 어차피 말로 태어나 살맛도 안나는 세상, 차라리 맞아 죽는 것이 나을지도…'
 그는 끝까지 버티기로 결심했다. 그러자 주인은 머리 꼭대기까지 화가 나서,
"요놈의 말, 골통을 때려 부숴 버리겠다!"
며 최후의 일격을 내리쳤다.
"히히힝, 힝!"
 유조창은 단말마의 비명과 함께 그대로 쓰러졌다. 그리고는 정신을 잃었다.
 얼마 후, 그는 스스로 눈을 떴다.
 '아!'

그는 자신이 염라대왕 앞에 있음을 깨닫게 되었다. 염라대왕은 나무 방망이로 책상을 두들겼다. 그리고는 그를 향해,
"이봐라, 유조창! 어떻게 그새 돌아왔느냐?"
"넷? 글쎄요…"
"고얀 놈. 너는 아직 벌을 받아야 할 기간이 다 차지 않았어! 그런데도 용케 빠져 나왔군."
염라대왕의 목소리에는 격한 노기가 서렸다.
"저는 아무것도 모릅니다. 그저 주인의 매를 심하게 맞고 죽었을 뿐입니다."
"무엇이 어째! 말인 주제에 주인의 명을 어기다니. 아무리 견디기가 어려워도 네 힘껏 노력해서 참고 견디는 게 벌이 아니냐? 너에게는 말로서의 정해진 명(命)이 있다. 벌을 받기 싫다고 해서 죽음을 자초하여 네멋대로 반항한다는 것은 안될 일이다. 용서못할 놈. 이제 네 가죽을 벗기고, 말보다 한 등 낮은 짐승으로 떨어뜨릴 터이니 그리 알아라!"
"대왕님, 이건 너무하시는 처사십니다."
"듣기 싫다. 여봐라! 이놈을 빨리 끌어내다 개로 만들어라."
명령이 떨어지자 유조창은 귀졸들에게 붙들려 산채로 생가죽을 벗기게 되었다.
"아이구! 아이구!"
발버둥쳤으나 소용없는 일이었다. 그는 자신이 또 다시 말이 아닌 다른 짐승으로 변해가고 있음을 알았다. 그리고는 의식이 몽롱해졌다.
'깽깽깽깽'

그의 입에서 흘러나온 소리였다. 그 자신 놀라 정신을 차려 보니 어느 다리 밑 덤불 속에 아직 털도 나지 않은 들개 새끼의 모습으로 내팽개쳐져 있었다. 즉, 들개의 새끼로 방금 태어난 것이다. 말로 태어났을 때와는 달리 어미 개의 모습은 보이지 않았다.

그는 더 한층 비참해진 자신의 신세를 절감했다.(주인없는 들개로 태어나면 고작 남의 집 쓰레기통이나 뒤지고 간난이가 누운 똥이나 주워 먹고 살아야 함을 사람이었을 때 익히 보았었기에)

그로부터 개가 된 유조창의 생은 비참한 것이었다.

반찬가게 뒷문에서 생선토막을 훔쳐 먹으려다 깨진 사기그릇 조각으로 호되게 맞기도 하고, 짖궂은 아이들의 놀이감이 되어 발길에 채이기도 하면서 굶주린 배를 채우지 못해 온갖 더러운 곳을 다 뒤지며 다녀야 했다.

겨울이 오면 더욱 괴로웠다. 배가 든든하면 추위쯤은 문제가 아니지만, 뱃속이 텅 비어 있으면 몸이 덜덜 떨려 견딜 수가 없었다.

'아아 배고파…'

추위에 떨며 주린 배를 채우려고 부지런히 먹을 것을 찾아 헤맸다. 이때 그의 눈앞에 김이 무럭 무럭 나며 황금빛 무더기를 이루고 있는 물체가 보였다.

"먹고 싶다!"

그 전에도 똥만 보면 달려들어 핥아 먹고 싶은 마음이 간절했으나 인간이었던 그가 인간의 뱃속에서 나온 더러운 똥을 어떻게 먹을 수 있는가 하는 자존심에서 눈을 딱 감고 지나쳐 버렸었다.

 똥에서 나온 구수한 냄새가 코로 스며들 때마다 유혹에 지지 않으려고 무진 애를 썼다. 이제까지 용케도 잘 참아왔으나 이젠 사정이 좀 달랐다. 자존심이고 뭐고 생각할 만한 여유가 없다. 배가 고프기 때문만은 아니었다. 추위에 얼어 죽지 않으려면 무엇이든 먹어야 한다. 이제껏 헤매어도 똥이 아니고는 먹을 만한 것이 없었다.

 "애라 모르겠다. 우선 살고 보자."

 그는 달려들어 똥을 먹기 시작했다. 마지막 한 점 까지 모조리 핥아 먹었다. 배를 채우고 나니 굴욕감 때문에 죽고 싶었다.

 '다음부터는 아무리 춥고 배가 고파도 똥은 먹지 않으리라. 나는 비록 들개의 몸이지만 인간이라는 긍지가 있지 않은가.'

 결심은 그렇게 했지만 몇일이 못가 희미해지기 시작했다. 마음으로는 먹지 않아야 한다고 부르짖지만 늘 마음보다는 행동이 한발 먼저였다. 이렇게 두번 세번 되풀이 하는 사이에 굴욕감은 사라지고 마침내는 닥치는 대로 먹어치우게 되었다.

 '아아, 나는 진짜 개가 되고 말았구나.'

하고 탄식했으나 어쨌든 그로부터는 살아가기가 훨씬 쉬웠다. 즉 '개'라는 생활환경에 아주 익숙해져 버린 것이다.

 아낙네들에게 돌멩이로 얻어맞기도 하고, 아이들에게 몽둥이로 두들겨 맞기도 하면서 그런대로 굶주리지 않고 들개의 생을 살았다.

 어느 날 그가 강아지로 태어났던 그 다리 옆을 지나치게 되었다.

 '월리, 워리!'

다리목 양지바른 곳에 앉아 이를 잡고 있던 거지가 그를 불렀다.

'멍멍'

거지가 부르는 게 아니꼽고 못마땅하게 느껴진 유조창은 반항하는 뜻으로 짖어 댔다.

"워리, 워리! 이리 오렴. 짖기는 왜 짖니? 주인 없는 들개의 신세이니 오늘부터 나하고 같이 지내자."

'멍, 멍, 멍'

그는 싫다는 뜻으로 짖었다.

"자아, 맛있는 것을 줄까?"

거지는 옆에 있는 보퉁이 속에서 하얀 주먹밥 한덩이를 꺼내어 그에게 던져 주었다. 그는 그것을 대뜸 받아먹었다. 스르르 녹는 것 같았다. 정말 꿀맛보다 달았다. 인간생활을 해본 이후 처음 맛보는 밥이었다.

유조창은 흰 쌀밥에 맛을 들여 거지를 떠날 수가 없었다. 뒤에 안 일이지만 쌀밥덩이의 미끼가 거지의 엉큼한 함정인 줄은 전혀 모르고 있었다.

어쨌든 그는 거지의 충복이 되었다. 그가 시키는 대로 매일처럼 목에 동냥 바구니를 걸고 그의 뒤를 따라다니며 오가는 사람들이 던져 주는 동전을 받아 넣는 심부름꾼이 되고 말았다.

유조창은 인간으로 있을 때 거지들을 가장 경멸했었다. 못생기고 게으르고 더럽고 자존심 없는 인간이라고 욕을 했었다. 그러던 그가 이제 그 거지의 종이 된 것이다. 유조창은 못내 부끄럽고 서러웠다. 비록 개의 몸이긴 하지만, 그래도 본래는 인간이었기에 밥 한덩이에 지조를 팔아 거지의 부하가 된 자신이 부끄럽고 억울했다. 그래서 동냥 바구니를 목에 걸고 다니면서는 언제나 고개를 숙였다.

 사람들은 그가 고개를 숙이고 있는 것이 동냥을 구걸하는 것이라 여겼던지 예상 외로 동냥을 잘 주었다.

 거지는 그 덕분에 돈벌이가 잘 되었고, 신바람이 나서 그의 머리를 쓰다듬어 주며 '한푼 줍쇼!'를 외쳐댔다. 나중에는 '개를 데리고 다니는 거지'하면 동네의 명물로까지 치게 되었다. 어린이들은 호기심때문에 엄마를 졸라 동전을 얻어다가 그의 목에 걸린 바구니에 던져 주곤 했다.

 낮에는 동냥을 나가고 해가 저물면 그 다리 밑으로 돌아와 밤을 지냈다. 동냥이 잘 되었으므로 거지의 신분이지만 부자 못지않게 잘 먹었고, 그도 더러운 똥을 먹지 않고도 충분히 배를 채울 수 있었다. 그대로 지속된다면 염라대왕이 말한 개로서의 정해진 명을 순탄하게 마칠 수가 있을 것 같았다. 그러나 불행히도 뜻하지 않은 사건이 터졌다.

 굶주림에 허덕일 때는 이런저런 생각없이 오로지 먹을 것에만 급급했으나 거지를 만난 덕분에 매일 기름진 쌀밥으로 배가 부르게 되자 엉뚱한 생각이 그를 괴롭히기 시작했다.

 동네 반찬가게에는 살이 토실토실하고 몸매가 매끄러운 암캐 얼룩이 한 마리가 있었다. 그 얼룩이는 가끔 유조창이 사는 다리 위를 오갔다.

 유조창은 그 얼룩이를 보는 순간 수컷으로서의 본능, 즉 사모의 정이 일어났다. 그 암캐를 사모하는 정은 날이 갈수록 깊어져 밤이 되어도 잠을 잘 수 조차 없을 지경이었다.
"내일은 만나거든 용기를 내야지."
 햇살이 눈부신 아침이 되었다. 공교롭게도 예의 얼룩이가 다리 위를 지나고 있었다. 그는 급히 뛰어나갔다.
 '멍멍(잠깐!)'
 얼룩이를 불렀다. 얼룩이는 힐끗 돌아보더니,
 '컹컹(왜 불러?)'
하고는 들개 주제에 저를 부르는 것이 아니꼽다는 듯이 눈을 흘기고는 오던 길을 되돌아 달아나 버렸다. 그는 모욕감을 느꼈고, 은근히 오기가 생겼다. 그래서 대뜸 얼룩이를 추격했다.
 '다 같은 개 주제에 차별을 하다니.'
 얼룩이는 꽁지가 빠지게 달아났으나 나는 그보다 더 빨랐다. 동네 가운데에 이르렀을 즈음에는 나에게 잡히고 말았다.
 '멍멍(창피하다 놓아라), 멍멍멍(검둥아, 이 들개를 쫓아라)'
 얼룩이가 짖어대자 어디서 나타났는지 나보다 훨씬 몸이 크고 사나워 보이는 검정색 수캐가 달려오더니 불문곡직하고 나의 목줄기를 물고 늘어지는 게 아닌가? 나는 혼비백산하여 무조건 뛰었다. 검둥이에게 목이 물린 채로 달아났으므로 목의 살점이 떨어지고 피가 철철 흘렀다.
 얼마쯤 정신없이 도망치다가 보니 눈 앞으로 시퍼런 강물이 흐르고 있었다. 강가에 이르러서야 위기를 면한 것을 깨닫고, 헐떡이는 숨을 진정시켰다.
 "아, 창피하다. 이게 무슨 꼴이람. 다 같은 개 신분에 그토록 괄시를 받다니… 개로 태어난 것도 억울한데… 에라 더 이상

못살겠구나."

 유조창은 복받치는 감정을 억누르지 못하고 그만 강물로 뛰어들었다.

 '땅 땅 땅.'

 깜짝 놀라 정신을 차려보니 그는 또 다시 염라대왕 앞에 있었다. 세번째 심판을 받는 셈이었다. 염라대왕은 유조창에게 또 호통을 쳤다.

 "너 이놈! 몇번이나 타일러야만 알아 듣겠느냐? 개로서의 명이 아직 다하지 않았는 데도 명령을 어기고 되돌아 왔느냐?"

 "대왕님, 고정하십시오. 개의 생활이 견뎌내기 어려워서가 아니었습니다. 순간적으로 물에 뛰어들기는 했습니다만 죽을 생각까지는 없었습니다."

 "듣기 싫다! 이놈. 그러다간 몇백번 짐승으로 태어나도 죄를 다 못벗겠구나. 핑계대지 마라. 너는 개가 된 것이 싫어서 네멋대로 목숨을 버리고 여기로 온 것이렸다. 개로써 자살이라니, 어디 그 따위 제멋대로 구는 놈이 있다더냐! 자살도 순명(順命)에 어긋나는 불손한 큰 죄다. 세상에 살고 싶지 않은 사람은 너뿐만이 아니다. 그래도 타고난 명을 순순히 받아들여 참으며 살아간다, 그것이 바로 하늘의 뜻을 섬기는 일이다. 너같은 놈은 더욱 더 삶의 고통을 맛보게 해줘야 한다. 그렇지 않으면 쓸모 있는 인간이 될 수 없다. 여봐라, 귀졸들아! 이놈을 끌어다가 가죽을 벗기고 개보다도 한 등급 더 낮추어 기어 다니도록 해주어라!"

 호령이 추상같았다. 귀졸들은 즉시 달려들어 개 가죽을 벗긴 다음 어디론가 굴려 넣었다. 정신을 차려 보니 캄캄한 굴속이었다. 그 굴속에서 얼마나 있는 것일까. 머나 먼 인간에의 기적도 이제는 희미해졌다. 겨우 개로 있었던 전생의 일이 어렴풋이 떠오를 뿐이었다.

눈은 떴으나 아무것도 보이지 않았다. 그저 자기 몸이 길게 누워 있다는 느낌뿐이었다. 몸을 움직여 보았다. 팔도 없고, 다리도 없는지 움직임이 느껴지지 않았다. 다만 배가 닿는 곳에서 흙의 바스럭거리는 소리가 들렸다. 도대체 어디인지도 모르겠고 뿐만 아니라 지금이 여름인지, 겨울인지, 낮인지 밤인지조차도 분간하기 어려웠다. 그러나 배가 고프다는 느낌만은 분명했다. 무엇이든 먹어야 하겠다는 생각이 들었다.

유조창은 몸을 조금씩 움직여 위로 기어 올라가야겠다는 생각에서 움직인 것이 결국 기어오르게 된 것이다. 얼마쯤 올라가니 무언가 머리에 걸리는 것을 느낄 수 있었고, 그것을 밀어붙이자 우수수 흙가루 같은 것이 쏟아져 내렸다. 곧 머리가 환한 바깥 세상으로 노출되었다.

밝은 빛에 눈이 부셔 뜰 수가 없었으나 꽤 오랜 시간을 걸려 마음을 진정하고 서서히 몸을 움직였다. 배 아래가 이상스레 우물거리는 것 같았으며, 비로소 자신이 긴 몸뚱이를 끌며 기어 다니는 꼴이 되었음을 알았다. 그리고 꽤 오랜 뒤에야 머리를 돌려 그는 전신을 굽어 볼 수 있었다.

'앗 뱀이닷!'

처음에는 그 자신이 뱀인 줄을 몰랐다. 단순히 뒤에 뱀이 붙어 있는 것으로 알았으므로 그 뱀을 피해 필사적으로 도망을 쳤다. 그러나 끈질기게 따라 다녔다. 이상하게 생각되어 자세히 자기의 전신을 살펴본 뒤에야 비로소 그 자신이 뱀이 되었음을 알고 까무라치게 놀랐다.
'내가 그 징그러운 뱀이라니'
이것 저것 생각할 여유도 없이 당장에 죽고만 싶었다. 아무리 염라대왕의 벌이 무섭더라도 이보다 더 못한 짐승으로 태어나랴 싶어 자살을 기도했으나 그것은 도저히 불가능한 일이었다.
유조창은 몇 번이나 기절했다가는 깨어났다. 스스로 자신의 몸을 두려워 할 정도의 몸뚱이, 천벌 받은 몸뚱이, 이것을 장차 어찌해야 한단 말인가? 뱀이 된 신세에 비하면 말이나 개였을 때가 그래도 행복한 것 같았다.
유조창은 눈물을 흘렸다. 그 눈물은 땅으로 떨어졌고, 그의 몸이 눈물에 젖었다. 몹시 차가웠다. 슬픔과 고독감이 뼈저리게 엄습했다. 그는 미친듯이 이리 저리 기어 다녔다. 처음에는 부자유스럽던 몸이 차츰 가벼워지고, 움직임의 속도가 빨라짐에 따라 기분도 상쾌해지기 시작했다. 슬픔도 점점 줄어졌다. 눈 앞으로 냇물이 흐르고 있었다. 무섭지 않았다. 뛰어드니 과연 몸은 가볍게 떴다. 머리를 쳐들고 몸을 흔들자 몸은 쑥쑥 앞으로 나아갔다. 좌우 어느 방향이든 머리를 세우고 몸만 움직이면 자유자재로 떠돌아다닐 수 있었다. 유조창은 잠간씩 즐거움을 느끼기도 했다.
인간이라는 입장에서 볼 때는 동물의 신세가 되면 그 어떤 동물로 태어나건 몹시 불행하고, 아무 삶의 재미를 모를 것 같이 여겨지겠지만, 동물 그 자체의 입장에서는 그렇지 않다. 동물이라는 각각 특이한 체질을 가지고 있어, 그 특이성을 발휘할 때의 기쁨이 있는 것이다.

 그는 영혼이 있는 인간이었기에 말이 된 슬픔, 개가 된 슬픔을 절실하게 느끼게 된 것이지 애당초부터 동물로 태어났다면 불행 따위는 조금도 느끼지 않았으리라. 어쨌든 그는 분명 뱀이었다. 그래서 말이나 개에게 없었던 새로운 생활을 해야 했다. 체념 속에서도 점차 살아야 한다는 의식이 뚜렷해졌다.

 그는 이제 인간과의 인연(인간생활의 기억 및 인간의 본능)을 잊고 잔혹하고 무참한 뱀의 생활을 시작한 것이다. 닥치는 대로 먹이를 만나면 잡아먹어야 했다. 살기 위한 수단이기는 하나 팔딱팔딱 뛰며 죽지 않으려 몸부림치는 작은 생물들을 삼킬 때마다 어렴풋이나마 양심의 가책 같은 것을 느꼈다.

 개구리는 그의 좋은 먹이였다. 개구리를 발견할 때마다 식욕을 억제할 수 없어 닥치는 대로 잡아 삼키곤 했다. 어느 날 그는 이유를 알 수 없는 쓸쓸함에 사로 잡혔다. 그는 스르르 몸을 움직여 늘 다니던 논두렁으로 나갔다. 논두렁에는 개구리들이 많았다.

 '개굴개굴…'

 적이 나타난 것도 모르는 채 개구리들은 평화롭게 노래를 불렀다. 그는 잡아먹겠다는 생각은 커녕 개구리의 합창에 도취되어 오히려 개구리가 놀랄까 조심했다. 개구리의 노래를 한없이 듣고 싶었다. 그러나 아차 하는 순간 그만 개구리에게 들키고 말았다.

 '꺅꺅(뱀이다! 도망치자!)'

조그만 청개구리 한 마리가 냇가에서 놀고 있다가 그를 보고는 기겁을 하고 놀라 움직이기조차 못했다.
"놀라지 마라. 잡아먹으러 온 게 아니야."
그는 자신의 뜻을 전했으나 개구리가 알아들을 리가 만무했다. 그는 즉시 몸을 뒤로 후퇴시켜 개구리를 안심시키려 했으나 청개구리는 더욱 놀라,
'꽥꽥(뱀이다! 도망쳐라!)'
하며 같은 개구리들에게 신호를 보냈다. 그는 엉겁결에 그놈의 입을 막으려고 달려가 그놈을 붙들었다.
'꽥, 깨액(살려줘요, 제발!)'
청개구리는 이미 혼이 빠졌는지 기절을 해버리고 말았다. 개구리들의 합창도 더 이상 들리지 않았다.
유조창은 그의 의사와는 전혀 반대로 어느새 그 청개구리를 삼키고 말았다. 그의 입을 막는다는 것이 오히려 잡아먹은 셈이다.
'아아… 이를 어어찌할꼬…'
뱀의 본성은 바로 그런 것이리라. 뱀이라는 몸뚱이를 갖고는 도저히 양심 따위는 지킬 수가 없단 말인가? 잊어버린 인간의 마음이 되살아나며 견딜 수 없는 절망감에 사로잡혔다.
유조창은 머리를 들려 힘없이 집(뱀굴)으로 돌아왔다. 논두렁에서 청개구리를 삼킨 일을 마지막으로 그 뒤로는 일체 생물을 잡아먹지 않기로 결심했고, 또 실천했다(인간이 악을 저지르지 않고도 살아갈 수 있듯이).
배가 고프면 산으로 기어 가 나무 열매를 따먹었고, 그것이

없을 때면 풀을 뜯거나 이슬을 받아 마시며 배고픔을 참았다. 새들이 낳은 알을 발견해도 그 역시 생물이라 먹지 않았다. 이렇게 근근이 연명하며 살아가노라니 삶의 의욕마저 상실되어 굶어서라도 죽고 싶었으나 염라대왕의 '자살도 죄가 된다. 주어진 명대로 살아야한다'는 말을 떠올리며 인내했다. 비록 먹을 것이 없어 말라비틀어지더라도 생명이 다하는 날까지는 그렇게 살리라 마음을 먹었다.

아아, 죄에 대한 벌이 이토록 무섭단 말인가. 인간으로 있을 때 남에게 그다지 못할 짓을 한 적이 없었으나 다만 여색이나 탐하고 돌아다니며 놀고먹었다는 죄가 이렇게 삼생(三生)을 두고 벌을 받아야 할 정도로 크다니 죄의 댓가가 얼마나 참혹한 것인지를 뼈저리게 느낄 수 있었다.

철이 몇 번 바뀌고 다시 여름이 왔다. 유조창의 몸은 더욱 야위어 그야말로 뼈만 앙상하게 남았으나 아직 죽을 지경은 아니었다.

유난히도 뜨겁던 어느 날 한낮, 그는 정처없이 먹이(생물이 아닌)를 찾아 들판을 해맸다. 오랫동안 가뭄이 들어 풀은 시들고 땅은 바싹 말라붙었다. 미풍만 불어도 뿌연 먼지가 대지 위에 피어올랐다.

그는 길 건너편 저쪽에 작은 냇물이 있음을 기억하고, 물속에 잠겨 더위라도 식히고 싶은 욕망에 그곳으로 향했다. 그곳으로 가자면 반드시 큰 길을 가로 질러야 했다. 그가 길 가까이에 이르렀을 때 땅의 진동이 울려옴을 느꼈다. 항시 몸 전체를 땅에 붙이고 기어 다니는 만큼 먼 곳의 울림소리도 민감하게 느낄 수 있었다. 그 진동은 바로 수레바퀴의 마찰로 인해 일어나는 것이었다.

　수레바퀴 소리가 점점 가깝게 들렸다. 평소 같으면 몸의 위험을 느끼면 재치 있게 피해 위험을 모면하곤 했으나 오늘은 웬일인지 이런 저런 생각에 사로잡혀 수레바퀴의 위험같은 것에 깊이 생각을 하지 못했다. 바삐 길을 건너가고자 큰 길을 막 지나려는 찰라 어느덧 수레바퀴의 삐그덕 소리가 그의 몸 옆에서 들렸다.

'앗! 큰일났다.'

하고 황급히 몸을 피하려 했으나 가뭄에 푸석하게 쌓인 먼지때문에 몸이 말을 듣지 않았다. 죽을 힘을 다했다. 그러나 먼지 속에 빠진 몸은 도저히 맥을 쓸 수가 없었다.

'절망이다! 으악!'

　비명을 지르기가 무섭게 거대한 수레바퀴는 이미 그의 몸 중간을 지나갔고, 동시에 그의 머리와 꼬리가 양쪽으로 떨어져 나가는 듯한 아픔을 느꼈다. 그리고는 끝이었다.

　그는 그 후의 기억은 모른다. 얼마나 시간이 지났는지…그의 몸이 갑갑한 암흑의 세계에서 벗어났음을 깨달을 수 있었다. 그와 동시에 유조창의 입에서는,

'으앙, 으앙…'

하는 아기의 울음소리가 나오는 것을 느꼈다. 그는 비로소 새로운 인간으로 태어났음을 알게 되었다. 그러나 그는 말을 할 수가 없었다. 그저 응아, 응아 하고 울 수 있을 뿐이었다. 하지만 그가 분명 말도 개도 뱀도 아닌, 인간으로 다시 태어났다는

사실만은 분명히 알 수 있었다. 물론 염라대왕은 볼수 없었다.
 이리하여 그는 유조창이 아닌 홍간당(興干唐)이라는 이름으로 불리워졌고, 어엿한 인간으로서의 생을 다시 살게 되었다. 일생을 사는 동안 지난 과거세에 네번 태어나 말도 되어 보고, 개도 되어 보고, 뱀도 되어 본 기억만은 결코 잊혀지지 않았다. 그런 만큼 인간으로 있을 때 지은 죄의 댓가가 얼마나 무서운가를 그는 잘 알고 있었다.
 이상이 유조창 아니 홍간당(興干唐)이라는 사람의 전생 이야기이다. 이 이야기를 믿거나 안 믿거나 그것은 자유이겠거니와 여하튼 이러한 전설이 있었음은 분명하다. 그러면 다음 이야기를 들어보자.

□ 최남복(崔南復)의 전생기(前生記)

 사람은 다시 태어난다. 영혼의 존재를 믿는 사람은 거의 옳은 얘기라 받아들인다. 전해 내려오는 얘기도 썩 많으니, 신라 때의 설총(薛聰)의 일화가 있고, 그밖에도 무수한 예가 있다. 그런데 자기가 다시 태어났다는 사실은 알지만 전생의 일을 기억하는 사람은 거의 없다. 그러나 그것을 기억한 사람이 있으니, 앞서 한 이야기가 그러하고, 지금 쓰려 하는 이야기가 그러하다.
 만약 모두들 저마다의 전생을 기억한다면 어떻게 될까? 재미있으리라 생각하는 이가 있을지 모르나, 이는 크게 잘못된 생각이다. 우리가 전생에 태어났었던 사람이라 가정하고, 또 그 때의 일을 결코 잊지 못한다면, 과거의 상념때문에 야기되는 부작용이 엄청나게 커 도저히 정상적인 삶은 영위하지 못할 것이다. 때문에 하늘의 섭리는 우리에게 그것을 기억하지 못하도록 일단 죽으면 전생의 일을 잊도록 하였는지도 모른다. 여하튼 이야기를 들어보자.

지금으로부터 약 1백년 전후, 경주 땅에 최남복(崔南復)이란 사람이 있었다. 그는 어릴 때부터 늘 이상한 추억 속에 잠기는 버릇이 있었다. 아무리 생각해도 이해가 되지 않는 추억들이었다. 그렇다고 그 추억이 꿈속에서 있었던 것은 분명 아니었다. 쉽게 말하자면 오랜 꿈에서 깨어난 사람이 꿈속의 일을 상기해 보는 것 같은 상념들이었다.

그는 물론 전생(前生)이니 내생(來生)이니 하는 환생설(還生說)을 전혀 알지 못했기에 그것이 어떠한 추억인지 짐작조차 해볼 수가 없었다. 항시 잡다한 상념에 잠겨 있던 그는 어느 날 높은 산에 오르게 되었다. 발길이 닿는대로 희미한 기억을 쫓아오른 것인지도 모른다. 산에 올라 사방을 살펴보던 최남복은 한 곳을 바라보는 순간 깜짝 놀랐다.

"앗! 저것은 바로 내가 살던 마을이다. 가만있자. 그런데 내가 분명 저곳에서 살긴 살았지만, 도대체 언제 살았을까? 그리고 지금 내가 사는 집은?"

기억은 더욱 또렷이 떠올랐다. 그곳은 분명 자기가 언제인가 살던 마을이었다. 친구들과 함께 뛰어놀던 개울이며 언덕, 살았던 집 뒷산, 여러 번 올라가 본 곳인 만큼 어찌 잊을 수 있으랴.

그는 산에서 내려와 그 마을로 향했다. 길도 익었고 길가에 서있는 나무숲 등 무엇 하나 눈에 익지 않는 것이 없었다.

그는 어렵지 않게 옛집을 찾아갔다. 마을의 이름이 생각나고, 그보다 자기의 부인이며 아들 딸들의 모습이 어렴풋이 떠오르기 시작했다.

'아, 이상한 일이다. 내 이 나이에 늙은 마누라의 얼굴이 떠오르고, 내 자식놈의 얼굴이 떠오르다니 혹시 꿈이 아닌가?'

꿈이 아니라 엄연한 현실이었다. 이상한 일임에는 틀림이 없었으나 눈에 익은 내 집이니 찾아가 보자고 그는 앞뒤 생각해 볼 겨를도 없이 옛집의 대문을 두들겼다. 잠시 후 문을 열고 나오는 사람을 보니 아들이었다. 그는 하마터면 자기보다 나이가 많아 보이는 아들의 이름을 부르며 해라를 할뻔 했다. 그는 힘들여 입을 다물었다.

"어디서 오셨오?"

아들은 넋을 잃은듯 자기를 쳐다보고 있는 나그네를 의아한 눈초리로 바라보며 물었다.

"아, 예…"

최남복은 얼른 말이 나오지 않았다. 아들은 이미 40이 넘었고, 아버지인 자기는 이제 겨우 스물 남짓되는 나이였다.

"어찌해야 한다…"

아들의 이름을 부를 수도 없고, '내가 네 아버지이다'라고 할 수도 없었다. 아들은 분명 아들이고, 자기는 엄연한 아버지이지만 현실의 상황을 볼 때 그게 통하지 않을 것 같았다. 까닥 잘못하다간 미친 사람 취급을 받게 되거나, 아니면 무슨 똥딴

지같은 소리냐고 몽둥이를 들고 덤벼들지도 모른다. 그는 적당히 얼버무리고,

"안으로 들어가 긴히 할 이야기가 있소."
하고 아들의 뒤를 따라 안으로 들어갔다. 어디에서부터 말을 시작해야 하고, 어떻게 설명해야 할지 한참을 망설이다가 결심을 굳히고 결국 하고 싶은 말을 차근차근 들려주었다.

 최남복의 말을 어이없다는 듯 듣고 있던 아들은 처음에는 실성한 사람이 늘어놓는 횡설수설이 아닌가 생각했다. 그러나 처음 보는 나그네가 가족들의 이름이며 이웃 노인들의 이름까지 소상히 대는 데는 놀라지 않을 수가 없었다.

 나그네의 말을 다 듣고 난 아들은 무언가 필유곡절이 있으리라 짐작했다. 그는 침착하게 마음을 가라앉히고 방으로 들어가 어머니에게 이 사실을 알렸다. 어머니는 반신반의하며,

"그렇다면 어디 시험을 해보자. 내 몸에는 너의 아버지 이외에는 그 누구도 알지 못하는 비밀이 있다. 이 비밀을 그분이 알고 있다면 분명 너의 아버지이다. 내 몸에는 큼직한 흉터가 있는데 그것이 어느 곳에 있는지 물어 보아라."

 아들이 방을 나와 어머니의 말대로 전하자 최남복은 서슴치 않고 흉터의 비밀을 밝혔다. 대답을 들은 어머니는 기절할 듯 놀라며 나그네와 만나보기를 청했다. 이때 최남복은 퍼뜩 어떤 생각이 떠올랐다. 그곳을 찾아온 자기의 경솔함을 후회한 것이다.

 이 집의 노파는 분명 자기의 아내였다. 그러나 현재의 그의 몸은 그 전의 육신이 아니었다. 이미 남이 된 사람, 얼굴이 바뀌고, 나이도 엄청난 차이가 난다(즉 할머니 같은 마누라와 손자

같은 남편), 주저하지 않을 수 없었다. 더욱 곤란한 것은 아내와 대면하여 어떤 태도를 취해야 할지 알 수가 없었다. 그는 아들의,

"들어가시지요."

하는 말을 듣고도 몸을 움직이지 않았다.

"아니, 들어갈 필요는 없어. 내가 공연히 찾아온 것 같군. 서로 마음만 상했지 아무 소용이 없다는 것을 미처 생각하지 못했어. 전생은 전생이고, 이생은 이생인데, 전생과 이생의 인연을 어떻게 이을 것이며, 이미 남남이 된 사람끼리 어떻게 서로 대할 것인가? 그냥 돌아가겠어."

그는 달아나듯이 그 집을 나왔다. 아들은 대문 밖까지 나와 훌훌이 사라져 가는 아버지의 뒷모습을 넋을 잃고 바라보았다.

그 뒤로 그는 자(字)를 남복이라 불렀는데 전생의 자녀들과는 종종 내왕이 있었으나, 그 아내와는 끝내 만나지 않았다고 한다.

□ 진산풍(陳山豊)의 이야기

옛날 중국의 양주 땅에 진산풍(陳山豊)이라는 사람이 있었다. 그는 대대로 노새를 키우며 사람이나 짐을 운반해 주며 살았다. 이 진산풍의 이야기도 앞서 한 최남복의 이야기와 다름이 없다. 진산풍은 나이 50이 넘자 병을 얻어 자리에 눕게 되었다. 하루는 남모르는 소년 하나가 말을 타고 집안으로 뛰어들더

니 불문곡직 진노인의 목덜미를 움켜잡았다. 순간 진노인은 의식이 몽롱해졌다.

 진노인은 소년에게 목덜미를 잡힌 채 밖으로 끌려 나갔다. 소년은 그가 타고 온 말 위에 노인을 끌어올리고는 번개같이 말을 몰아 문 밖으로 사라졌다.

 '사람 살려!'

 진노인은 소리를 질렀으나, 아무도 구해 주는 사람이 없었다. 얼마나 지났을까, 소년은 말을 멈추고 진노인을 내던졌다. 그리고는,

 "빨리 내 뒤를 따라 오라. 나는 먼저 가서 네가 오기를 기다리겠다."

하고는 다시 손으로 진노인의 다리를 쳤다. 소년은 앞서 달리기 시작했고, 진노인은 소년의 지시대로 그 뒤를 따라 달렸다. 다리가 절로 가벼워지며 날개라도 달린 듯 진노인의 발걸음은 빨라졌다.

 진노인은 조금도 피로를 느끼지 않았다. 다만 신고 가는 신의 바닥이 헤어지곤 했으나, 중간 중간에 지켰다가 신을 주는 사람이 있어 부리나케 갈아 신고는 달렸다.

 가는 도중에 산도 넘고, 물도 건넜으며 사람이 우글대는 시장도 지나갔다. 그를 이상스럽게 보는 사람도 없었고, 간혹 사람을 만나 여기가 어디인가 물어도 못들은 체 대답해 주는 이도 없었다.

 한참을 달리자니 시장기가 들었다. 진노인은 시장에서 팔고 있는 밥이며 술 등을 닥치는 대로 집어 먹었으나 말리는 사람

도 없고, 거들떠보지도 않았다. 이상한 생각이 들었으나 그다지 신경이 쓰이지 않았다. 그렇게 한참을 달리다가 길옆에 세워 둔 표지판을 보고야 자기가 함양성(咸陽城)에 이르렀음을 알게 되었다.

성문 가까이에 이르니, 먼저 그 소년이 기다리고 있었다.

"왜 그렇게 늦게 오는가? 네가 늦게 오는 통에 사람이 사흘간이나 고통을 치르고 있다. 어서 따라 와!"

하고는 앞서서 걸음을 재촉했다. 이윽고 어느 집 문 앞에 이르자,

"잠간! 기다려라."

하고는 안으로 들어갔다 나왔다.

"따라 와!"

소년은 진노인을 끌고 내실로 들어갔다. 내실에는 침대가 놓여 있었고, 침대 위에는 한 부인이 몹시 아픈듯이 신음을 하고 있었다. 아주 다급한 상황 같았다.

소년은 대뜸 진노인의 목과 두 다리를 번쩍 들어 앓고 있는 부인을 향해 내던졌다. 순간 진노인은 정신이 아찔해지며 눈앞이 캄캄했다. 진노인의 감각으로는 어느 깊은 굴속으로 들어가는 것 같았고, 고약한 냄새가 코를 찔렀으며 숨이 막히고 가슴이 답답해 견딜 수가 없었다.

진노인은 그곳을 벗어나고자 안간힘을 다해 몸을 솟구치니 굴속에서 몸이 빠져 바닥으로 나둥그러졌다. 답답하던 가슴이 열리고 세상이 환해져 살 것만 같았다.

아직 얼떨떨한 그의 귀에 사람들의 말소리가 들려 왔다.

"호호 아들이에요."

"어머 크기도 해라. 이렇게 씩씩한 옥동자를 낳는다고 사흘씩이나 고생을 했지 뭐예요."

여인들의 말소리에 진노인은 깜짝 놀랐다.

"무슨 이야기들일까? 여기는 도대체 어디일까."

궁금해서 물어보려 했으나 입이 떨어지지 않았다. 진노인은 버럭 소리를 질러 보았다. 그러나 자신의 귀에도 들리지 않았다. 한참 뒤에야 진노인은 자기가 갓난아기로 태어났다는 것을 깨닫게 되었다.

"내가 죽어 다시 남의 집 아기로 태어난 모양이구나."

진노인은 확인을 위해 가까스로 눈을 뜨고 사방을 둘레둘레 살폈다. 그러자 늙은 할멈이 진노인을 노려보며 말했다.

"아니, 이 아기가 왜 이래? 어린애답지 않게 눈빛에 요기가 서렸어! 이 애의 눈좀 보아라. 아무래도 수상하다. 뭣하면 일찌감치 버리는 게 좋을지 모르겠구나."

진은 깜짝 놀랐다. 잘못하면 태어나자마자 죽을 것 같아 얼른 눈을 감고 다시는 두리번거리지 않았다. 그 뒤로도 진은 될 수 있는 한 눈을 뜨지 않았다. 너무 오랫동안 눈을 뜨지 않으면 또 무슨 소리가 날지 몰라 적당히 눈을 떴다가 이내 감아버리곤 했다.

진은 갑갑증이 나면 울음을 터뜨렸다. 그럴라치면 진노인의 입에 젖꼭지를 물리기도 하고 안아도 주며 추슬렸다. 날이 갈수록 전생의 기억은 점점 멀어지고, 갓난아기로서의 습관에 익숙해졌다. 그럭저럭 세월이 흘렀고 그의 나이 여섯살이 되었다.

어느 날 강남(江南)으로 장사를 나갔다가 그곳에서 비단 한 필을 사가지고 돌아온 진의 아버지가 뻐기며 말했다.
"이 비단은 참으로 진귀한 것이오. 강남에서도 수십 냥을 주지 않고는 사올 수 없는 물건이야."
어머니는 아버지의 말을 믿고 그 비단을 서랍 속에 소중히 간직해 두었다. 어느 하루 진은 심심풀이로 서랍을 열고 그 안에 있는 비단을 꺼내 구경을 했다.
"애야, 빨리 넣어 두렴. 그것이 얼마나 비싼건데."
어머니는 깜짝 놀랐다. 어머니의 말에 진은 무심코 대답했으나,
"엄마는 아버지의 말만 믿고 이것이 비싼 비단인줄 아나봐… 이건 복원주(福院紬)란 건데 몇냥 안 나가는 거예요."
"아니, 너 뭐라고 했니?"
어머니는 진의 말에 어처구니가 없다는 듯 쳐다보다가 남편에게로 달려가 진이 한 말을 들려 주었다. 아버지의 놀라움은 한결 더 했다. 즉시 진에게로 달려 왔다.
"아니 네가 그 비단이 복원주란 걸 어떻게 알았느냐?"
진은 아차 하고 후회했으나 자기도 모르는 사이에 불쑥 나와 버린 비밀을 끝내 감출 수는 없었다. 진은 자기의 내력을 부모 앞에 고백하리라 마음먹었다. 눈물을 흘리며 지난날의 추억을 차근차근히 들려주기 시작했다. 그리고는,
"제가 죽어 이 집에 태어나기 전 제 자식의 나이가 열 너댓이었으니까 이제는 아마 어른이 되었을 것입니다. 제 자식의 이름은 아무개라 부르오며, 제가 살던 동네는 아무 마을입니다.

아버지께서 강남으로 가시거든 한번 찾아봐 주십시오."
하고 전생의 자식에 대한 애정을 못잊어 했다.

 진의 부모는 이런 일도 있을 수 있는지 한편 감탄하고, 한편 놀랐으나 여섯 살 난 어린이로써 강남의 비단에 대한 내력도 훤히 알고 있을뿐 아니라 살던 동네 이름이며, 자식의 나이와 이름까지 대는 데야 안 믿을 수도 없는 사실이었다. 그래서 진의 아버지는,

"오냐, 네가 살던 집을 꼭 찾아보마."
하고 진의 등을 두드리며 약속했다.

 이듬해 봄, 진의 아버지는 다시 강남으로 장삿길을 떠났다. 그는 아들의 부탁을 잊지 않고 진이 말한 마을로 가서 진산풍의 집을 찾았다. 과연 진이 말한 그대로였다.

 진의 아버지가 진의 옛집에 들러 자초지종을 밝히니, 진의 아들을 비롯하여 식구들은 몹시 놀라며 기뻐했다.

"비록 몸이 바뀐 전생의 아버지이나 저의 아버님이 분명하옵고 아버님도 그대로 옛 기억을 갖고 계시다니 꼭 만나 뵙고 싶습니다."

 진의 아들 역시 장사를 하고 있었으므로 겸사겸사 집을 나섰다. 아버지의 아버지를 따라 그 아버지(진산풍)가 다시 태어났다는 함양으로 길을 떠난 것이다. 부자가 극적인 상면을 하게 되었다.

 진의 아들은 이제 열살도 못되는 소년이 내 아버지였던가 생각하니 실감이 나지 않았으나 아버지는 분명 아버지였다. 벌린 입을 다물 수가 없었다. 그러나 진의 입장은 달랐다. 비록 자기

보다 훨씬 나이가 많고 이미 어른이 되었으나 기억에 생생한 아들의 모습이었으므로 여간 반갑지가 않았다.

 아들은 진에게 무릎을 꿇고 큰 절을 올렸고, 아기 같은 아버지는 점잖은 태도로 아들의 절을 받으며 눈물을 흘렸다.

 우리들 인간 모두가 전생의 일을 기억한다면 이렇듯 기막힌 장면이 허다하겠지만 대부분 전생을 잊기 때문에 이런 일은 별로 없다. 전생을 모르는 게 얼마나 다행한 일인가.

 어린 아버지는 어른 아들에게 전생의 이야기를 소상히 들려 주었다. 전생(아들은 금생)에 부자간에 같이 알고 있었던 일들도 회상했고, 심지어는 아들이 미처 모르는 일, 죽기 전에 아들에게 가르쳐 주지 못한 일 등을 알려 주었다.

 누구 누구에게는 돈을 얼마 꾸어 주었고, 누구 누구에게는 빚 얼마를 갚지 못했으나 받을 돈은 받고, 빚진 돈은 갚으라고도 했다. 또 돈 3백 냥을 부엌 귀퉁이에 묻어 두었으니 캐내어 살림에 보태어 쓰라고도 했다.

 말을 마치자 어린 아버지는 감회를 가누지 못해 흐느껴 울기 시작했다. 아들도 울었다. 아들은 아버지(진)를 하직하고 집으로 돌아왔다. 아버지의 말대로 빚을 주고, 빌려다 쓴 사람들을 찾아가 물어보니 돈의 액수까지도 틀림없었다. 그래서 받을 돈은 받고, 갚을 돈은 갚았다. 부엌 귀퉁이에서 3백 냥의 돈도 캐냈다.

 그로부터 10여년이 지난 어느 해 진도 이미 어른이 되었다. 그는 아버지의 뒤를 이어 강남으로 장삿길을 떠났다. 그 길에 진은 전생의 옛집을 찾아 갔다. 아들은 이미 죽어 없었고, 70이

다된 늙은 아내만 어린 손자를 안고 있었다.

 아들은 장사에 실패한 데다 오랫동안 앓다가 죽어, 집안의 형편이 말이 아니었다. 진은 마음이 아팠다. 지녔던 돈에서 3백 냥을 꺼내어 전생의 아내에게 주고, 여생을 편히 지내도록 당부하고는 그 집을 떠났다. 떠나는 길에 자기의 전신(前身)이 묻힌 무덤을 찾아 갔다.

 자신의 무덤을 보는 진의 마음은 과연 어떠했을까. 진은 자신의 무덤에 술 한잔을 부어 놓고 감개무량한 듯 우두커니 서 있다가 홀연히 무덤을 떠났다.

☐ 개로 환생된 어머니

 불가(佛家)의 가르침이 아니더라도, 예나 지금이나 죽어서 좋은 곳에 태어나고 싶거든 공덕을 쌓으라고 했다. 살아서 죄를 지으면 반드시 죽어 그 죄의 보(報)를 받는다. 이는 불설(佛說)의 상식적인 이야기이다. 그러나 아무런 죄를 짓지 않았음에도 살아서 공덕을 쌓은 일이 없다 하여 염라대왕의 노여움을 사 개로 태어난 어느 과부의 이야기가 있다.

 비록 이렇다 할 공덕은 없었다 하나 별로 나무랄만한 잘못도 없이 일생을 마친 고독한 과부, 그녀를 단지 인간적인 공덕을 쌓은 일이 없다 하여 사람도 아닌 개로 탄생시켰다는 것은 아무래도 염라대왕이 좀 심한 처사를 한 것 같다. 그러나 이 이야기는 어디까지나 전설이며, 실제로 그랬는지의 여부는 확실치 않다. 그렇다고 아무 근거도 없는 허무맹랑한 이야기라 단언할 수만도 없다.

신라때, 경북 월성땅 어느 마을에 최씨 성을 가진 가난한 농부가 살고 있었다. 그는 암캐 한 마리를 기르고 있었는데 새끼를 베어 이윽고 달이 차니, 공교롭게도 한 마리의 새끼를 낳았다.

"여보, 개가 새끼를 낳았어요. 단 한 마리 뿐이에요."

털색이 곱고 토실토실한 무척이나 귀엽게 생긴 강아지였다.

"그것 참 예쁘게도 생겼네."

아내는 매우 기뻐했다. 최씨도 그 강아지가 몹시 사랑스러웠다. 최씨 내외는 그 강아지를 알뜰히 보살피며 사랑해 주었다.

강아지는 태어나기를 탐스럽고 귀엽게 태어난 데다가 두 내외의 사랑과 알뜰한 보살핌에 날이 갈수록 더욱 무럭무럭 잘 자랐다. 또한 강아지는 매우 영리했다. 최씨 내외를 무척 따랐고, 집도 잘 지켰다.

어느 날인가 도둑이 들었다가 개가 어찌나 사납게 짖으며 덤벼드는지 그만 혼비백산하여 짚신마저 팽개친 채 도망을 쳐버린 일도 있었다. 그러나 이웃이나 동네 사람에게는 매우 얌전하게 굴었고, 꼬리를 흔들며 반기기도 했다. 모처럼 찾아오는 사람이라도 그 집의 손님에게는 어떻게 알아보는지 역시 꼬리를 치며 반겨 했고, 최씨 내외나 동네 사람들은 그 개를 영물(靈物)이라 생각할 정도였다.

영물스러운 개가 집을 지키고 있는 만큼 최씨 부부는 집을 개에게 맡겨두고 마음놓고 들판에 나가 일을 할 수 있었다. 개는 날로 자라 살이 올랐다. 예나 지금이나 삼복더위가 되면 개는 최악의 수난을 당하게 된다. 아무리 귀염을 받는 개라 할지라도 개는 역시 한낱 짐승에 불과하다.

동네의 술꾼들은 최씨네 개를 볼 때마다 침을 삼키곤 했다. 그 개 역시 찌는 듯한 여름을 맞아 절대 절명의 위기를 맞게 된 것이다. 동네 술꾼들이 군침을 삼키는 것은 고사하고 최씨 자신이 군침을 삼키기 시작한 것이다. 그도 그럴 것이, 봄내 여름내 농삿일을 하느라고 몸이 많이 축났고, 살찐 개를 잡아 보신을 하고 싶은 마음이 간절해진 것이다.

"여보, 아무래도 저 개를 잡아야겠어. 귀엽긴 하지만 개는 역시 개인 것, 이왕 몸이 쇠약해진 이때에 소주라도 걸러 안주삼아 먹으면 기운이 불끈할 거야."

아내는 최씨의 의견에 동의하는지 아무 대꾸도 않았다. 생각만 해도 군침이 돌고 기분이 좋았다. 내일 아침에는 개를 목졸라 냇가에 가서 근사하게 보신탕을 해 먹으리라 마음먹고는 자리에 누웠다. 그 일을 생각하니 자면서도 최씨의 마음은 들떴다.

'음, 개다리 하나면 마누라와 같이 뼈근하게 먹을 수 있겠고, 나머지는 고개 넘어 딸네 집과 내 건너 누이네 집에 다리 하나씩이라도 보내야지…'

그렇듯 공상을 하면서 잠이 들었다. 다음 날 아침 최씨는 자리에서 일어나 우선 개를 찾았다.

사방을 찾아보아도 개가 보이지 않았다.

"워리, 워리, 어디로 갔나…"

아무리 불러도 개는 나타나지 않았다. 그러나 최씨는 그 개가

기껏해야 동네 어디쯤 돌아다니겠지 생각하고,
"여보 개 좀 찾아오구려."
아내에게 이르고는 칼을 찾아 숫돌에 날이 퍼렇게 스도록 갈았다. 아내가 개를 찾아오기를 기다렸다. 한참 뒤에야 아내가 돌아왔다.
"개가 보이지 않아요. 동네를 샅샅이 뒤졌지만 아무 데도 없어요."
"뭣? 개가 없다고?"
"낸들 알아요. 없으니까 그대로 돌아왔지요."
"제기랄, 김빠지게시리. 여보, 개가 돌아오거든 붙잡아 두구려. 내 곧 찾아오겠으니…"
이번에는 최씨 자신이 개를 찾아나섰다. 그러나 마을 구석구석을 찾아보아도 개는 눈에 띄지 않았다. 동네 사람들에게 물어보아도 누구 하나 보았다는 사람이 없었다. 하는 수 없이 최씨는 투덜대며 집으로 돌아올 수 밖에 없었다.
'멍 멍.'
"아잇 깜짝이야!"
고개 넘어 사는 최씨의 딸은 일찍 일어나 부엌에서 밥을 짓다가 갑자기 짖고 들어서는 개를 보고 깜짝 놀랐다. 그러나 자세히 보니 다름아닌 친정집에서 기르는 개가 아닌가. 저으기 마음이 놓이는 한편 반가웠다.
"네가 일찍부터 웬일이냐?"
꼬리를 치며 다가오는 개를 안다시피 하며 귀여워 못견디겠다는 듯이 쓰다듬었다.

"이상해라. 개가 왜 이러지?"

 개는 눈물을 흘리며 무언가 애원하는 것처럼 보였다. 딸은 이상한 생각이 들어 고개를 갸웃거리다가 개에게 따뜻한 밥을 먹이고는 마루 밑에 자리를 마련해 주었다. 개는 또다시 눈물을 흘리며 마루 밑으로 들어가 몸을 숨기듯 웅크리고 앉았다. 이런 일이 있은 지 며칠 후, 최씨 집에 낯모르는 스님 한분이 왔다.

"주인 계시오?"

 최씨가 나왔다.

"아, 스님이 웬일이십니까?"

 최씨는 스님에게 집안으로 들기를 청했으나 스님은 들은 척도 않고, 최씨의 얼굴만 뚫어질 듯이 바라보더니,

"무슨 일로 저의 얼굴만 바라보십니까?"

 한동안 침묵을 지키던 스님이 드디어 입을 열어 대뜸 하는 말이,

"허허, 시주는 큰 실수를 하였소이다 그려."

하고는 무심한 눈초리로 하늘만 쳐다보았다.

"제가 큰 실수를 했다니 무슨 말씀인지 까닭을 모르겠습니다. 자세히 들려주실 수 없으신지요?"

최씨는 어리둥절했다. 스님은 들고 있던 선장을 들어 탁탁탁 몇 번인가 바닥을 때리더니 천천히 걸음을 옮겨 문 안으로 들어와 마루에 걸터앉았다.

"지주 집에서 개 한 마리를 기르고 있었지요?"

"예, 그렇습니다만 스님이 그걸 어떻게 아십니까?"

 최씨는 의아해 하며 스님 곁으로 바싹 다가앉았다. 스님은 대답없이 눈을 감은 채 한동안 무엇인가 골똘히 생각하는듯 했

다. 이윽고 눈을 뜨고는 나직하게 입을 열었다.
"쯧쯧, 시주의 잘못이외다!"
"옛? 무슨 말씀인지 저는 도무지 이해할 수가 없습니다. 숨기지 마시고 들려주십시오."
"그 개는 바로 당신의 어머니요."
"뭐라구요? 개가 저의 어머니라니! 말도 안되는 얘깁니다."
"허허, 그럴테지, 하지만 그 개는 분명 당신의 어머니가 개로 변신하여 환생하신 거요. 그래서 당신의 집을 지키며 영물스럽게 굴었던 거요. 그런 당신은 어찌하여 그 개를 잡아먹으려 하였오?"
"뭐요? 내 어머님이 개로 변신하셨다구요? 더욱 모르는 말입니다. 스님 어찌된 까닭인지 속시원히 들려주시오."
 최씨는 기겁을 하며 스님의 옷자락을 잡고 애원했다. 스님의 말이 사실이라면 세상에 이런 변고도 있단 말인가. 어머니를 잡아먹을 뻔했으니 최씨는 기가 막혔다.
 최씨의 당황하는 모습에 반하여 스님은 너무나 태연했다. 눈썹하나 까딱하지 않고 침착하게 말을 이어 나갔다.
"그 개는 지금 고개 넘어 시주의 딸네 집에 숨어 있을 것이오. 속히 모셔다가 효성으로 봉양하시오. 그렇지 않으면 대대로 시주네 가운이 멸하리다."
 말을 마치고는 벌떡 일어나 대문을 나서 총총히 사라져 버렸다.
"스님 잠깐! 여쭐 말이 더 있습니다."
 최씨는 황망히 불렀지만 스님은 뒤도 돌아보지 않은 채 발길을 재촉하여 마을 어귀를 돌아 사라져 갔다.

최씨는 쇠망치로 뒷통수를 맞은 듯 넋을 잃은 채 한참동안 우두커니 서서 사라져 간 스님의 뒷모습을 바라보고 있다가 불현듯 무엇을 느꼈음인지 부랴부랴 누이네 집으로 달려 갔다.
 최씨에게 사연을 들은 누이도 펄쩍 뛰며 놀랐다. 두 사람은 즉시 개가 숨어 있다는 최씨의 딸네 집으로 달려 갔다. 헐레벌떡 달려오는 아버지와 고모를 보고 최씨의 딸도 놀랐다. 더욱 놀란 것은,
 "얘야, 어머님이 어디 계시냐?"
하고 대뜸 묻는 아버지의 말에 딸은 어리둥절, 무슨 영문인지를 몰라,
 "아버님, 갑자기 달려오시자마자 어머님이 어디 계시냐고 물으시니 소녀는 도무지 무슨 말씀인지 알 수가 없습니다."
하고 최씨를 쳐다보았다.
 "어머님이 어디 계신가고 물었다. 아니 네 할머님 말이다. 지금 어디 계시냐?"
 "할머니라니요? 벌써 돌아가신 할머님은 왜 찾으셔요. 참 아버님도 이상하시네요?"
 최씨는 이리 저리 눈을 굴리다가,
 "아, 저기 계시는구나. 어머님이!"
하며 마루 밑에 숨어있는 개를 가리키며 달려 갔다. 딸은 더욱 놀라,
 "뭐요? 할머님이 그곳에 계신다구요?"
 최씨는 딸의 물음에는 대답도 않은채 울부짖으며 마루 밑으로 기어 들어가 개를 안고 나와서는 얼굴을 비비며 어머님을

몇 번이고 부르며 울었다. 한참 뒤, 고모에게서 자초지종을 다 듣고 난 뒤에야 딸도 눈물을 흘리며 탄식을 했다. 최씨는 조심스럽게 개를 등에 업고 집으로 돌아왔다.

"어머님, 전생에 못다한 효성, 이제부터라도 꼭 해드리겠습니다. 전생에서는 저희들 남매를 키우시느라 세상 구경도 못하시고 집안에만 계시다가 돌아가셨으니, 이제부터는 소자는 허리가 부러지는 한이 있더라도 어머님을 업고 팔도유람을 시켜드리겠습니다."

며칠 후 최씨는 개를 업고 마침내 팔도유람에 나섰다. 개는 사양하는듯 처음엔 발버둥쳤으나 최씨는 억지를 쓰다시피 했다. 물 맑고 산 좋다는 곳, 이름난 절이며 볼만한 곳이라면 한 군데도 빼놓지 않았다.

개를 업고 다니는 것을 보는 사람마다 깔깔거리며 비웃었다. 심한 사람은 미친사람 취급도 하였으나 아랑곳하지 않았다. 살아서는 부모에게 효도하는 것보다 개로 변신한 짐승에게 효성을 바치는 최씨, 그 노력은 몇배나 더 힘들었으리라.

결국 최씨는 몸이 지칠대로 지치고 말았다. 개를 업은채 절에 올랐다. 고향 가까운 곳에서 잠간 쉬는 사이에 그만 깜빡 잠이 들었다. 최씨의 눈앞에 개가 아닌 진짜 어머님이 나타났다.

"어머님!"

"오, 착한 애야! 내 말을 들어 보아라."

꿈속에 나타난 어머니는 다음과 같은 말을 들려주었다.

"나는 죽어서 곧 염라대왕에게로 끌려 갔다. 내 모습은 전생의 그대로였다. 다 헤져 남루한 치마저고리에 머리는 파뿌리보다 희고, 깡마른 몸집은 아주 볼 품이 없었다. 그래서인지 염라대왕은 나를 보자 얼굴을 찡그리며 못볼 것을 보는 듯 눈을 피했다. 염라대왕은 거드름을 피우며 내가 인간 세상에서 겪은 일들을 꼬치꼬치 캐물었으나, 남편을 잃고 과부가 된 후로 바깥 출입을 하지 않은 채 살다가 저승으로 간 나였기에 무엇 하나 들려줄 만한 일이 없었다. 다만 신라 땅 경주 고을에 살며, 어린 딸자식과 아들 하나씩을 키우기 위해 죽도록 일만하며 고생했을 뿐이라 했다. 그랬더니 염라대왕은 발끈 성을 내며 사람이 인간 세상에 있을 때 공덕을 닦는 일이 제일이거늘, 네 비록 악행은 범한 것이 없었으나 잘한 일도 별로 없다. 다만 네 자식만을 위해 일생을 지낸 만큼 너를 네 자식네 개로 환생시켜 네 자식한테나 효도를 받게 하여 줄 것이니 그리 알라. 그런 뒤에 인간으로 환생시켜 영화를 누리게 하여 주리라, 하고는 사자들에게 명하여 개로 태어나게 했으니, 나는 눈 깜빡할 사이에 너희 집 개로 태어나게 되었다. 그러나 내 비록 말은 못했으나 전신(前身)은 사람이었던 관계로 너희들 하는 말 하나 하나를 다 알아들을 수 있었고, 내 너를 위해 집을 잘 지켰느니라. 이젠 개로서의 나의 명운이 다하여 너와 이별을 하게 되었으니 슬퍼하지 말고 내가 다시 인간으로 환생할 수 있도록 빌어나다오."

하고는 온데간데 없이 사라져 버렸다. 최씨는 그만 감격하여, '어머니!'를 부르다가 자신의 소리에 놀라 잠을 깨니 꿈이었다. 등을 살펴보니 분명 등에 있어야 할 개가 없었다. 최씨는 벌떡 일어나 사방을 두리번거리다가 그만 그 자리에 털썩 주저

앉고 말았다.
 개는 스스로 흙을 긁어 구덩이를 파고 자는 듯 그 속에 고요히 잠들어 있었다. 최씨는 개를 부둥켜 안고 어머니를 부르며 슬피 울었다. 하는 수 없이 흙을 모아 정성스럽게 무덤을 만들어 장사를 지냈다. 그 뒤로 최씨네는 날로 재산이 늘기 시작했고, 마침내는 큰 부자가 되었다.
 뒷날 사람들은 그 무덤을 가리켜 '최부자집 개무덤'이라고 불렀다.

□ 구렁이 형제

 전북 부안군에 위치한 변산반도 앞바다에 비안도(飛雁島)라는 조그만 섬이 있다. 이 비안도 언저리에는 그보다 더 작은 형제섬(兄弟島)이라 불리는 섬이 있다.
 옛날 하늘나라에 옥황상제를 모시는 여러 별들이 있었다. 그곳에도 우리 인간 세상과 같이 임금(옥황상제)과 신하와 백성이 있어, 제각기 가정을 이루고 살았다. 또한 남녀의 사랑과 미움, 질투 등의 갈등이 있었던 모양이다. 다만 인간 세상과 다른 것은 규칙이 훨씬 엄격해서 자칫 잘못하면 그 벌로 인간 세상으로 내쫓아 근신을 시켰다. 그보다 더 심한 미물인 곤충이나 짐승으로 변신시켜 오랜 세월동안 공을 닦아야만 다시 천상(天上)에 오를 수 있었다.

인간 세상에서 죄를 짓거나 나라 법을 어기면 무인도나 두메산골로 귀양을 보내어 죄를 다스리는 것과 같은 이치이다.

그 하늘나라에서 어느 형제별이 꽃보다 아름다운 처녀별 하나를 놓고 사랑싸움을 벌였다. 경우가 심했던지 그만 옥황상제의 노여움을 사 사람도 아닌 구렁이 두 마리로 변신시켜, 그나마 바다 가운데 외따로 떨어진 두 섬에 한 마리씩 살도록 했다.

두 마리의 구렁이는 어쩔 수 없이 속죄의 세월을 보내야 했다. 한없이 긴 세월을, 언제나 죄를 용서받아 하늘에 오를 수 있을지는 까마득한 일이었다. 여하튼 과정은 일단 완연한 사람이 될 수 있도록 도(道)를 닦아야 하고, 또 사람이 된 뒤에도 수많은 수련을 닦은 뒤에라야 하늘로 복귀할 수 있었다.

형제 구렁이는 수백 년 세월을 인고(忍苦)한 보람이 있어 낮에만은 사람으로 변신할 수 있었다. 아직도 밤에는 그 징그러운 구렁이의 신세를 면할 수 없었다. 하지만 이제 1년 정도만 더 기다리면 밤이나 낮이나 관계없이 사람으로 행세할 수 있는 도(道)의 경지에 이르렀으니, 한 삼태기 흙만 더 보태면 태산을 쌓아 올리게 되는 것과 마찬가지 상태였다.

세월은 유수(流水)와 같은 것인가. 하지만 기다리는 사람에게는 일각(一刻)이 삼추(三秋)와 같다는 말도 있다. 수백 년 쓰린 세월에 비하면 1년쯤이야 촌각(寸刻)에 불과하겠지만 그들 구렁이 형제에게는 마지막 남은 1년이 지나온 수백 년 세월보다 더 아득하게만 느껴졌다. 더욱이 그들 형제는 저 옛날 하늘나라에서 행했던 못된 습성을 완연히 버리지 못한 상태였다.

'사랑의 번뇌로 인한 불꽃은 타다 남은 잿더미 속에서도 꺼지지 않는다'고 하였던가. 사랑싸움 때문에 모진 고초를 당했으면서도 얼마 전부터 피어오르기 시작한 애정의 불꽃을 잡기가 그들 형제에게는 죽기보다도 힘든 일이었다.

그 오랜 인고의 세월을 보내 온 그들에게 갑자기 끄기 어려운 불꽃을 당긴 것은 과연 무엇일까? 그러기에 옛부터 도를 닦는 사람이 가장 경계해야 할 것은 색(色)이라 했다. 한번 색에 골몰하면 웬만한 수양력으로는 헤어나지 못하기 때문이다. 과연 그 두 구렁이 형제는 이 색의 마력에서 벗어나 완전한 사람이 될수 있을 것인가…

옥황상제의 저주로 구렁이가 되어 쫓겨난 두 형제별이 살고 있는 형제섬 근처 비안도에는 이(李)씨 성을 가진 벼슬아치가 귀양을 와 살고 있었다. 그는 충성스러운 인물이었으나 당파 싸움의 회오리바람 속에 말려 그만 억울하게도 역적이란 누명을 쓰고 이 무인고도에 유배되어 가족과 더불어 살고 있었다.

가족이라야 아내와 무남독녀 외딸, 이렇게 셋이서 황무지나 다름없는 곳에서 화전을 일구며 근근이 목숨을 이어가고 있었다. 옛 부귀영화는 이미 먼 꿈에 불과했다. 낮에는 두 부부가 밭에 나가 일하고, 밤이면 세 식구가 모여 앉아 서로 위로하면서 세월을 보냈다.

딸은 방년 18세, 꽃이 무색하리만큼 아름다웠고 풍만한 육체는 뭇 남성들의 마음을 설레게 하기에 충분했으나 누구 하나 봐줄 수 있는 사람이 없다는 게 다행이라면 다행일까. 그러나 처녀의 아름다움을 훔쳐보는 눈이 있었으니, 가까운 형제섬에 사는 구렁이 형제가 그들이었다. 구렁이 형제는 자신들이 죄인의 몸이라는 것도 잊은 채 오매불망 그 처녀를 그리워했다.
 1년만 잘 넘기면 구렁이의 신세를 면할 수 있는데, 1년이 아니라 단 몇 달도 참아낼 수가 없었다.
 어느 날 참다못한 형 구렁이는 동생 구렁이에게 애원을 했다.
 "동생, 그 처녀를 좀 데려다 주게. 싫다면 형의 신분으로 명령하겠어."
 "형님, 진정하십시오. 이제 기껏 1년 남짓 남았습니다. 그동안은 무슨 일이 있어도 참아야 합니다."
 "아니다. 도무지 못참겠구나. 뭐 내가 그 처녀를 어쩌겠다는 게 아냐. 한번 가까이에서 보기만 하고 고이 돌려보낼 거야. 그렇다면 뭐 죄가 될 것도 없잖아? 그녀를 실컷 바라본 뒤 마음을 잡고 전심전력 수련을 쌓는 게 차라리 낫지 않겠어?"
 "정말이에요? 그 처녀를 건드리지 않겠다는 말씀이?"
 "물론 정말이다."
 "그렇다면…"
 동생 구렁이는 결심을 한듯 말없이 침묵을 지켰다.
 어느 봄날, 바닷물까지도 따스한 햇빛을 받아 영롱하게 반짝였다. 섬에서 그리 멀지 않은 바다 위에는 고기잡이배들이 떠 있었다. 이때쯤 그곳 서해 바다에선 조기잡이가 시작되기 때문이다.
 그날 오로지 세 식구만 살고 있는 비안도를 향해 조그만 조각배 하나가 다가왔다. 조기잡이 배는 물론 아니었다. 평소 그곳엔 조기잡이 배가 오는 일은 없었고, 또 올 필요도 없었다.
 배 안에는 단 한 사람의 청년이 타고 있었다. 이목이 수려하고 맑은 피부로 보아 뱃사람은 분명 아닌 청년이었다. 청년은 배를 저어 적당한 곳에 대고는 뭍으로 나와 언덕을 향해 빠른 걸음으로 걸었다. 언덕에 이르자 이마에 손을 얹고 무엇을 찾는듯 이곳 저곳을 살폈다.

 청년의 시선이 한곳에 고정되었다. 아지랑이가 피어오르는 밭두렁에 한가히 앉아 나물을 캐고 있는 어여쁜 처녀의 모습이 청년의 눈 속에 들어왔다. 그는 뜻 모를 미소를 짓고는 성큼성큼 그녀에게로 다가갔다.

 인기척을 느낀 처녀는 고개를 돌렸다가 기절할 듯이 놀랐다.
 '에구머니나!'
 건장한 청년은 대뜸 달려들어 억센 팔로 처녀를 끼고 달아나기 시작했다. 처녀는 청년의 팔에서 빠져 나오고자 몸부림을 쳤지만 그럴수록 청년의 팔은 처녀의 몸을 더욱 강하게 조였다. 때마침 얼마 떨어지지 않은 곳에서 김을 매던 처녀의 아버지가 그들을 발견했다.

 "웬놈이냐? 게 섯거라. 대낮에 남의 집 처녀를 납치하다니. 너는 인륜도 모르고 하늘도 무섭지 않느냐?"
 고래고래 소리를 지르며 괭이자루를 움켜쥐고 청년의 뒤를 추격했으나 청년의 걸음을 당할 수가 없었다.
 "아가야! 아가야!"
 두 내외는 자지러질듯 딸을 부르며 허둥허둥 청년의 뒤를 쫓아갔다.
 "아아, 제발 절 놔 주세요. 제가 무얼 잘못했다고 이러세요? 제발 좀!"

부모님의 울부짖음을 듣고 더욱 안타까워 청년의 가슴을 힘껏 쥐어뜯으며 사정해 보았으나 청년은 고삐를 늦추지 않았다.

청년은 처녀를 배에 실었다. 그리고는 노를 저어 순식간에 바다 가운데로 나갔다. 처녀는 뱃전에 엎어져 아버지, 어머니를 부르며 흐느껴 울었으나 청년은 들은 척도 않고 노를 젓기에만 여념이 없었다.

처녀는 울다 지쳐 거의 탈진상태에 빠지고 말았다. 멍한 눈초리로 청년의 얼굴을 흘깃 바라보았다. 늠름하고 훤칠한 키에 넓은 이마, 우뚝한 코, 빛나는 두 눈, 그야말로 멋진 대장부에 틀림없었다.

아녀자를 납치할 만큼 흉악스럽게 보이는 곳은 한 군데도 없었다. 처녀는 의아한 생각이 들었다. 사실 그렇듯 완력으로가 아닌 정상적인 상태에서 만났더라면 처녀 자신이 그를 흠모하게 되었으리라.

청년은 배를 어느 조그만 섬에 댔다. 그런 후 처녀를 안고 그 근처에 있는 빈집으로 들어갔다. 집이 지붕 이엉을 이은 지 몇 년이나 지났는지 삭을대로 삭고, 담장도 없이 허술하기 짝이 없는 으스스한 집이었다.

청년은 처녀를 빈 방에 내려놓고는 민첩한 동작으로 문을 닫고 밖에서 문고리를 채우고 사라졌다.

이윽고 어둠이 밀려 왔다. 사방은 죽은 듯 고요했다. 처녀의 울음소리만 어둠을 가르며 퍼져 나갔다. 한편, 처녀를 빈 집에 가둬 둔 청년은 숲속 고목나무를 향해 내달렸다.

"형님!"

청년이 숨을 헐떡이며 부르자 고목나무에 몸을 칭칭 감고 있던 커다란 구렁이가 스르르 움직였다.
"으흐흐, 수고했다. 가까이에서 보니 더욱 깜찍하게 생겼더구나. 으흐흐…수고했다. 수고했어."
"해가 지기 전에 데려 오느라고 정말 진땀을 뺏습니다."
"그럴테지. 이제 마음 푹 놓고 쉬거라. 이젠 내가 수고할 차례니까."
"안돼요, 형님. 날이 새기 전까지는 그 방에 들어가지 마세요. 간신히 데려온 처녀를 기절시켜 죽이지 마시고."
"알았다. 염려마라. 하지만 오매불망 그리던 예쁜 처녀를 내 방에 놔두고 어떻게 긴 밤을 그냥 지내란 말이냐?"
"그래도 참아야 해요. 날만 새면 의젓한 대장부가 될 터인데 무엇 때문에 징그러운 모습으로 처녀 앞에 나타나 일을 망치시려 하오?
"동생의 말이 옳아. 내 꾹 참고 기다려야지. 내일 아침이면 귀공자로 둔갑해서 허허…"
　애당초 형 구렁이가 동생과 약속하기는, 그 처녀를 가까이에서 잠깐 보고 냄새나 실컷 맡은 뒤 고이 돌려보내겠다고 했다. 속죄의 기간이 끝난 후 떳떳하게 사람이 되어 그녀를 아내로 맞이하겠다는 것이었다. 또 그녀를 한번만 볼 수 있다면 1년 아니라 10년이라도 참고 기다릴 자신이 있노라 했었다. 동생 구렁이는 형 구렁이의 약속을 믿었다.
　동생은 형에게 신신당부를 하고 자기 섬으로 돌아갔다. 동생이 돌아가자 형의 마음은 동요하기 시작했다. 동생이 의심스러웠다.

"흥, 제놈이 날 속이고 먼저 범하려고 그러지. 속셈이 뻔한 노릇이야. 그전 하늘나라에서도 날더러 참으라고 해 놓고는 제놈이 먼저 손을 댔었어. 이번에는 안되지, 이번만은 안속아!"

형 구렁이는 옛일을 생각하자 동생이 죽이고 싶도록 미워졌다. 어떤 일이 있어도 이번만은 동생에게 선수를 빼앗기지 않으리라 마음을 먹었다.

"내일까지 기다리라구? 게다가 1년 뒤에 결혼을 하라구? 안 될 말이다. 지금 당장, 아니다. 그럴게 아니라 골칫거리인 동생 녀석부터 먼저 해치우자."

형 구렁이는 나무에 감았던 몸을 풀고 내려오자 머리를 꼿꼿이 세우고 동생이 사는 섬으로 향했다. 섬은 조용했다. 형은 숨을 죽이고 동생의 집으로 다가가 방안의 동정을 살폈다. 동생 구렁이도 잠을 못이룬채 뒤채고 있었다.

'엉큼한 녀석, 그 처녀를 생각하고 있는 게 분명하다.'

형 구렁이는 주변에 있는 나무가지들을 긁어모았다. 불을 질러 동생을 태워 죽일 심산이었다. 바스락거리는 나뭇잎을 동생 모르게 모으는 것도 쉬운 일은 아니었다. 형은 진땀을 흘리며 동생집 주변에 나무 잎으로 높은 담을 쌓았다.

'이만하면 됐다. 제놈이 어딜갈라구.'

짧은 나무토막 두 개를 주어다 위 아래로 단단히 감고는 힘껏 부벼 댔다. 나무와 나무 사이에서 드디어 파란 연기가 피어오르며 불이 붙었다. 불꽃은 나무 잎으로 번져 무섭게 타오르기 시작했다.

'됐다!'
 형은 미소를 머금고 멀찌감치 물러나 그 광경을 바라보고 있었다. 봄볕에 바싹 마른 나무 잎들은 기름보다 더 잘 탔다. 삽시간에 동생의 집은 뻘건 불길에 휩싸였다.
 "앗 뜨거워! 불이야 불! 아아 뜨거워!"
 갑자기 불을 만난 동생은 비명을 지르며 꿈틀댔다.
 "틀림없이 염라대왕 앞으로 갔겠지!"
 형 구렁이는 음흉한 웃음을 흘리며 그곳을 떠나 자기 집으로 돌아왔다.
 "휴우, 힘들구나. 이젠 잔소리 할 놈도 없고 처녀를 가로챌 염려도 없으니 천천히 처녀가 있는 집으로 가 볼까?"
 처녀가 갇힌 집에 도착한 형 구렁이는 문틈으로 방안을 들여다보았다. 처녀는 울다가 지쳤는지 아무렇게나 누워 곤히 잠들어 있었다.
 '늘씬한 몸매에 하얀 종아리며 코끝을 파고드는 처녀의 향내…참아야 하나, 아니 참기 어렵다. 어떻게 그냥 이 밤을 세운단 말인가? 그러나 참아야지. 내 것인데. 갈데없는 내 아내가 아닌가.'
 '아, 피곤도 하고 이젠 잠이 오는구나.'
 형 구렁이는 무슨 생각을 했는지 그곳을 떠나 고목나무로 올라갔다.
 악몽 같은 밤이 지나고 날이 밝았다. 초막에 갇혀 울다가 잠들었던 처녀도 깨어났다. 낯선 청년에게 강제로 끌려왔던 어제의 일이 꿈같이 생각되었다. 처녀는 불안이 가시지 않은 채 일어나

문을 열어 보았다. 문 밖에는 뜻밖에 웬 청년이 서 있었다.
"어머나! 웬 총각이? 아, 날 끌고 온 총각이 아니오?"
청년은 고개를 끄덕였다.
"그런데 왜 어제와는…"
청년의 손과 목덜미에는 심한 상처가 나 있었다. 처녀는 의아하게 생각했다. 청년의 손에는 큼직한 도끼가 들려 있었다.
"아가씨, 긴 이야기할 시간이 없습니다. 빨리 저쪽으로 가 보십시오. 그곳에 배가 있소. 그 배를 타고 부모님이 기디리시는 집으로 돌아가시오. 빨리!"
"옛? 가야지요. 가겠어요. 그렇지만…"
처녀는 뜻밖이었다. 어제는 그처럼 우악스럽게 굴더니 오늘은 순순히 놓아주다니, 이상한 일이었다. 막상 가라고 하니 아쉬운 마음이 들었다.
청년의 잘 생긴 모습에 처녀도 은근히 마음이 끌렸던 탓이리라. 사실 화상은 다소 입었지만 어디에 내놔도 나무랄 데 없는 준수한 귀공자였다. 처녀는 청년에게 애원조로 말했다.
"절 이왕에 이곳까지 데리고 오셨으니 집에다 데려다 주세요. 공자님이 저와 같이 가신다면 어디라도…"
"아, 아가씨. 지금은 그럴 시간이 없습니다. 나도 아가씨를 처음 대하면서 참을 수 없는 연정을 느꼈습니다. 어찌 아가씨와 같이 가고 싶지 않겠습니까마는 지금부터 해야 할 일이 있어서…"
청년은 말꼬리를 흐렸다. 어떤 비장한 결의를 한 모양인지 그의 눈이 빛났다. 처녀는 청년에게 데려다 주기를 애원했다. 처녀의 눈에는 아침 이슬을 머금은 꽃잎처럼 눈물이 방울졌다. 비록 납치라고는 하지만 그리 싫지 않았다. 오히려 은근히 쾌재를 불렀는지도 모를 일이었다.
 처녀는 늙은 부모가 걱정스럽지 않은 것은 아니었지만 그보다 더 가슴을 휘젓는 게 있었다. 청년을 만난 뒤에야 확연히 깨달은 감정이었다. 부모의 사랑만으로는 도저히 채워지지 않는 갈증을 처녀는 느끼고 있었던 것이다. 그런데 돌아가라니…
 비안도에서의 3년 동안 어머니, 아버지 외에는 사람이라곤 만나지 못했다. 유배가 풀리지 않는 한 이성은 고사하고 말동무 하나 가질 수 없으리라. 처녀가 혼자 떠나려 하지 않는 것도 당연한 일이다.
 "공자님, 부탁입니다. 저와 같이 가 주세요. 거절하신다면 저도 이곳을 떠나지 않겠습니다."
 청년은 화가 난듯 버럭 소리를 질렀다.
 "빨리 떠나시오! 어서요. 머뭇거리다가는 끔찍한 꼴을 당할 것이오. 어서 가시오!"
 그러나 처녀는 움직이지 않았다. 청년은 조바심이 난듯 불안한 표정으로 간간이 숲속 고목나무를 살폈다. 그때 형 구렁이가 늦잠에서 깨어나 슬금슬금 나무를 내려오는 모습이 동생 눈에 띄었다. 동생은 대뜸 도끼를 휘두르며 달려들었다.
 "이 흉물스럽고 비겁한 능구렁이야! 한 여자 때문에 동생을 죽여도 좋아? 뭐, 사람이 되겠다구? 너는 나의 형도 아니고 같은 핏줄이라고도 할 수 없다. 자, 이 도끼 맛을 봐라!"
 형 구렁이는 깜짝 놀랐다. 이런 일이 어떻게 일어날 수 있단 말인가! 지난 밤, 분명히 죽었어야 할 동생 녀석이 덤벼들고 있다니. 부끄럽기도 하고 분하기도 했다. 오래 전에도 실상 동생의 여자를 탐하다가 저주를 받았는데 이제 또 그 일이 되풀이 된 셈이었다.

형은 밝은 햇살마저 두려웠다. 놀라움에 떨어지려는 몸을 간신히 지탱하고 몸을 떨며 부지런히 변명의 말을 궁리했다. 동생의 기세로 보아 결코 목숨이 온전할 것 같지 않았다. 죽음에 이를수록 삶에의 욕망은 더욱 강렬해지는 법이다.

"동생, 진정하게. 무엇을 오해해서 그러는가?"

"뭐라구? 동생! 그리고 오해?"

동생의 분노는 폭발하고 말았다. 차라리 잘못을 시인했더라면 혹시 모르는 일이었다. 동생은 형의 입에서 구차한 변명이 나오는 것을 원치 않았다. 들을 필요도 없었다. 어차피 죽어 마땅한 비겁하고도 악랄한 구렁이다.

"에잇! 죽어라!!"

"악!"

두 마디 소리가 거의 동시에 터져 나왔고, 고목나무로부터 한사람(이때는 구렁이의 형상이 아닌 사람이었음)이 굴러 떨어졌다.

"앗, 사람을 죽이다니!"

이 광경을 보고 있던 처녀는 비명을 질렀다. 그러나 그보다 더 놀라운 광경이 뒤이어 벌어졌다. 이번에는 비명조차 지를 수 없었다.

도끼를 맞고 땅으로 굴러 떨어진 순간 그 사람은 두어 발이 넘는 누런 구렁이로 변하는 것이 아닌가? 동생은 도끼에 맞아 꿈틀대는 구렁이를 난도질했다. 참혹한 광경이었다. 이젠 동생의 일은 끝났다. 사람이 되겠다는 소망도 물거품이 되고 말았다. 형은 죽었지만 동생도 영원히 구렁이의 신세를 면할 수가 없게 된 것이다 청년은 도끼를 팽개치고 처녀에게로 돌아섰다.
"아가씨! 안녕히 가시오. 그리고 부디 잘 사시오."
말을 마치자 바다로 뛰어 들었다. 바다에 든 청년은 두세 번 솟구쳐 오르더니 곧 축 늘어져 떠올랐다. 사람이 아니라 먼저 도끼에 맞아 죽은 구렁이와 거의 같은 구렁이었다.
'아아…'
처녀는 긴 한숨을 토해 냈다. 조각배를 향해 걷는 그녀의 두 다리가 후들후들 떨렸다.
파도소리만 아무 일도 없었다는 듯 예나 다름없이 철석였고, 형제 구렁이가 살던 두 섬은 더욱 깊은 적막에 휩싸였다.

□ 윤회(輪廻)의 굴레

한번 맺은 원한의 매듭은 몇 생(生)을 두고 다시 태어나도록 좀처럼 풀리지 않는다. 그러기에 누구든 맺은 자가 먼저 풀어야 거듭 나서 얽혀지는 복수 관계를 해소시킬 수 있는 것이다.
사람은 물론이려니와 하찮은 날짐승, 길짐승까지도 이 원한의 굴레에서 벗어나지 못한채 여러 생을 두고 죽고 죽이는 원한의 사슬을 벗어날 수 없는 모양이다.

여기 그러한 전설이 있다. 먼 옛날의 이야기이리라. 신라때의 일이라고는 하지만 짐승들의 이야기라 확실성은 없다.

속담에 '까마귀 날자 배떨어진다'는 말이 있다. 재수가 없으면 우연한 일로 어이없는 횡액을 당한다는 말이다. 나는 까마귀도 애매하고, 떨어진 배도 애매하지만 우선은 그 책임은 까마귀한테 뒤집어 씌워진다는 게 속담의 핵심이다. 그런데 진짜 까마귀 날자 배가 떨어져 엉뚱한 사건이 발생한 일이 있었다.

강원도 철원땅 보개산 기슭에 배나무 한 그루가 자랐다. 때는 늦여름이었는지 배나무에는 주먹만한 배들이 주렁주렁 매달려 가지가 휘어질 지경이었다.

나무 아래에는 포식을 한 독사 한 마리가 무성한 풀밭 속에 또아리를 틀고 한가롭게 잠을 자고 있었다. 저편 산에서 까마귀 한 마리가 날아왔다. 힘이 들었던지 그 배나무에 잠시 앉았다가 곧 나래를 펴고 다른 나무를 향해 날아갔다. 그 진동으로 큼지막한 배 하나가 툭 떨어져 공교롭게도 독사의 머리를 정통으로 맞추었다. 느닷없이 머리통을 얻어맞은 뱀이 생각하기에는 분명 까마귀의 얄미운 소행이라 생각할 수밖에 없었다.

'저놈의 까마귀가…'

머리통이 부서지는 듯한 아픔을 느꼈으나 울화가 치민 뱀은 곧장 까마귀가 날아가는 방향으로 쫓아가며 머리를 곧추세워 몸에 지니고 있던 독을 몽땅 품어 올렸다. 불시에 독을 뒤집어 쓴 까마귀는 숨이 끊어지기 전에 그것이 뱀의 소행이었음을 확인했다.

'내가 일부러 배를 떨군 것도 아닌데… 저놈의 뱀, 독을 뿜어

내다니…'
 까마귀의 온 몸이 굳어지기 시작했다.
 '까악!'
 마지막 단말마의 비명과 함께 죽고 말았다. 독을 뿜어 까마귀를 죽인 뱀도 마찬가지였다. 주먹만한 배로 세차게 얻어맞은 데다가 독을 뿜어 올리느라 체력을 소모했기 때문이었다. 몇 번 몸을 뒤채더니 그대로 쭉 뻗어 버렸다. 그것으로 끝났으면 차라리 다행한 일이었는지 모른다. 그러나 일은 그리 단순하지 않았다. 까마귀와 뱀은 죽어서까지도 서로 원한을 풀지 못한 것이다.
 뱀은 죽어 멧돼지로 다시 태어나고, 까마귀는 죽어 암꿩으로 다시 태어났다. 뱀과 암꿩은 전생의 원한을 가슴 깊이 새기고 기회만 있으면 앙갚음을 하고자 별렀다.
 어느 화창한 봄날, 멧돼지는 먹이를 찾아 계곡 사이를 헤매고 있었다. 그때 양지바른 곳에선 암꿩 한 마리가 알을 품고 있었다.
 "아니? 저 꿩은 까마귀가 아닌가? 제놈이 암꿩으로 변하면 내가 모를 줄 알고, 어림도 없지."
 멧돼지는 암꿩이 전생의 까마귀임을 쉽게 알아볼 수 있었다. 멧돼지는 음흉스러운 웃음을 지으며 암꿩에게로 살금살금 다가 갔다.
 '이런 기회가 또 있을 수 있으랴!'
 멧돼지는 암꿩 가까이에 이르자 발을 멈추고 두리번거리다가 큼지막한 돌을 발견하고는 암꿩을 향해 그 돌을 힘껏 찼다.

'퍽!'

꿩은 그 자리에서 뻗어 버렸다.

"음, 이젠 원수를 갚았다."

멧돼지는 쾌재를 불렀다. 단 하루도 잊은 적이 없는 눈을 크게 뜨고 찾아다니던 옛날의 원수가 아니었던가.

'알을 품고 한가롭게 앉아 있는 꿩을 발견할 수 있었다니…'

멧돼지의 기쁨과 시원함은 이루 말로 형언할 수 없을 정도였다.

"헤헤, 이놈이 이제 무엇으로 변할까? 얼마든지 다른 짐승으로 태어나 봐라. 내 끝까지 쫓아다니며 해치우리라. 하지만 어림도 없을 걸! 두번째 죽음을 당했으니 이제 다시 태어나기도 쉽지는 않을 텐데…헤헤헤."

멧돼지는 히죽히죽 웃어대며 어슬렁어슬렁 보금자리를 향해 걸음을 옮겼다. 이때 사냥꾼이 죽어 있는 암꿩을 발견했다.

"엇? 꿩이 죽어 있네?"

사냥꾼은 고개를 갸웃거렸다. 이상한 일이었다. 꿩이 어째서 돌에 맞아 죽었을까? 사람의 짓은 아닐 텐데. 사람의 짓이라면 잡은 꿩을 그대로 두고 갈 리가 만무하고, 그보다 이곳은 도무지 사람의 왕래가 없는 곳이지 않는가? 아무리 생각해도 이해가 되지 않는 일이었다.

사냥꾼은 여하튼 반가웠다. 아무런 힘도 들이지 않고 큼지막한 암꿩을 얻었으니 말이다. 요즈음 웬일인지 며칠째 산을 헤매어도 꿩 새끼 한 마리 잡히지 않았다. 오늘도 아내는 먹을 것이 없다며 투정을 부렸다.

그는 꿩을 들고 곧장 집으로 내려 갔다. 아내에게 자랑도 하고 또 아내를 기쁘게 해 주고 싶어서였다. 그래서 집에 도착하기가 바쁘게 사냥꾼은 소리쳤다.
"여보! 빨리 나와 봐요. 내 솜씨가 어떤지."
아내는 방문을 열고 내다보며 말했다.
"도대체 무엇을 잡았기에 그러시는 거예요?"
"이걸 봐요."
사냥꾼은 손에 들고 있던 꿩을 아내 앞에 내밀었다.
"아 글쎄, 내가 막 골짜기 앞을 지나노라니 이놈이 알을 품고 있는 게 보이지 않겠소? 그래서 돌을 집어 살금살금 다가가서는 단 한 방에 잡았지 뭐요! 제놈이 내 솜씨를 벗어날라구, 하하하…"
아내는 꿩을 받아 들었다.
"과연, 암꿩이네요."
사냥꾼 부부는 오랜만에 살찐 꿩으로 포식을 했다. 우연의 일치일까, 꿩을 삶아 먹은 그 달부터 아내에게 태기가 있었다. 부부가 혼인한 지 이미 여러 해가 지났으나 전혀 그녀에게는 소식이 없었다. 그러던 아내에게 태기가 비쳤으니 사냥꾼 내외는 뛸듯이 기뻐했다. 드디어 달이 차 그녀는 아이를 낳았다. 사내아이였다.
사냥꾼 부부는 그 아이를 온갖 정성을 다해 길렀다. 그 보람이 있어 아들은 잔병없이 무럭무럭 자랐다. 커가면서 날로 다부지고 힘찼다.
아들은 소년이 되자 활쏘기를 즐겼다. 활쏘는 솜씨가 보통이 아니었다. 아버지를 따라 사냥을 다니며 활쏘기를 더욱 익혔다. 사냥꾼은 아들이 자기보다 훌륭한 사냥꾼이 되기를 바랬다.

어느 날 부자는 여느 때처럼 나란히 사냥을 나섰다. 이때 사냥꾼은 무엇을 발견했는지 아들에게 이렇게 말했다.

"애야, 이번에는 네가 솜씨를 보여라."

"뭔데요? 아버지."

"저길 봐라. 저기 소나무 아래에 있는 꿩말이다."

"꿩이요? 난 잡지 않겠어요."

아들은 무엇이 못마땅한지 토라져서 꿩을 쏘지 않겠다고 대답했다.

"아니, 그건 왜?"

"꿩이 가여워서요. 뿐만 아니라 저는 다른 짐승에겐 관심이 없어요. 꼭 하나만 제외하곤 말이예요."

모를 말이었다. 사냥꾼이 어찌 이런 저런 짐승을 골라 잡으랴. 아버지는 이상한 생각이 들어 짐짓 물어 보았다.

"그럼 너는 무엇을 잡고 싶단 말이냐?"

"멧돼지요."

"멧돼지라, 그건 또 왜?"

"몰라요. 하지만 이 보개산에 있는 멧돼지는 하나도 남김없이 내 활로 쏴 죽이고 싶어요."

사냥꾼은 은근히 화가 났다. 당장 놓친 꿩 때문에도 그랬고, 사냥을 업으로 하는 이상 멧돼지만 잡겠다니 이건 아들의 지나친 욕심이라 생각되었기 때문이다. 그러자면 며칠이고 공치는 날이 많을 터이니 그 생활이 염려스러웠다. 한편 이상한 생각도 없지 않았다.
"너 혹시 큰 짐승만 잡고 싶은 건 아니냐?"
"아닙니다. 멧돼지는 저와 원수라도 진 것처럼 치가 떨리도록 미워요."
"별일 다 보겠군… 하지만 너는 아직 어려. 멧돼지가 그렇게 만만한줄 아니?"
"제깐놈이 강하면 얼마나…"
며칠 후 부자는 온종일 산을 헤맸으나 한 마리도 잡지 못하고 터덜터덜 집으로 돌아오고 있었다. 아들이 갑자기 아버지의 옷자락을 잡아채며 소리쳤다.
"아버지, 저기 멧돼지가 달려가요."
"어디?"
"저기요, 저걸 보세요."
아버지는 눈을 씻고 아들이 가리키는 곳을 살펴 보았다.
"아, 그렇구나."
말을 마침과 동시에 사냥꾼은 활을 재고 활시위를 당겼다. 기세 있게 날아간 화살은 멧돼지의 머리통에 명중했다. 화살을 맞은 멧돼지는 펄쩍펄쩍 미친듯이 날뛰다가 땅에 주둥이를 쳐 박고 고꾸라졌다. 멧돼지가 죽었음을 확인한 아들은 환성을 질렀다.
'야! 멧돼지가 죽었구나!'
기뻐 껑충껑충 뛰었다. 이를 본 사냥꾼은 더욱 이상했다.
'음, 저 녀석은 무엇때문에 멧돼지를 그토록 미워하는지 모를

일이야…'

 부자는 멧돼지를 끌고 집으로 돌아왔다. 아들은 커 갈수록 멧돼지를 더욱 증오했다.

 세월이 흐르자 아버지는 늙고 아들은 부자가 되었다. 사냥꾼은 사냥용 무기 일체를 아들에게 물려 주었다. 그 후 오래지 않아 세상을 떠났다. 아들 사냥꾼은 여전히 멧돼지를 찾아 산을 헤맸다. 어느 날 일찌기 볼 수 없었던 아주 큼직한 멧돼지를 발견했다.

 '아니, 저런 멧돼지도 있단 말인가!'

 멧돼지는 몹시 우람할 뿐만 아니라 보통 돼지와는 달리 전신에서 금빛 광채를 발하고 있었다.

 '내 기어이 저놈을 잡으리라.'

 그는 힘껏 활시위를 당겼다가 놓았다. 바람을 가르며 날아간 화살은 멧돼지에게 꽂혔다. 멧돼지는 화살을 맞고도 여유만만하게 피를 흘리며 도망쳤다.

 '아니? 저럴 수가!'

 일반적으로 화살을 맞기만 하면 몇 번 딩굴다가 죽어버린다. 그러나 그 금돼지는 아무래도 이상했다. 아들은 달아나는 돼지의 뒤를 쫓았다. 금돼지는 피로 땅을 물들이며 환희봉을 향해 달려가고 있었다.

 '아뿔사!'

 순간 금돼지는 온데간데 없이 사라져 버렸다. 그는 눈을 두리번거리며 살폈으나 어디로 숨었는지 알 수가 없었다.

 '그렇지, 거기에 틀림없이 숨었으리라!'

돼지가 숨었음직한 곳으로 달려가 보았다.
'아아…'
뜻밖에도 그 곳에는 지장보살의 석상(石像)이 있었다. 샘물 속에 몸을 담그고 머리만 물 밖으로 내민채 있는 그 석상의 어깨에는 화살이 꽂혀 있었다.
"아니, 이건 내가 쏜 화살이 아닌가?"
사냥꾼의 아들은 크게 놀랐다. 지장보살의 석상이 멧돼지로 화신하여 그의 화살을 맞은 것이었다.
'모를 일이다.'
그 사냥꾼은 까마귀의 화신이었다. 고로 뱀의 화신인 멧돼지를 보면 이유없이 증오가 끓어올랐다. 그러나 그 이유는 알 수 없었다.
 사람으로 태어난 그가 까마귀의 화신이었다는 것, 그리고 그 옛날 뱀과 까마귀의 원한 관계를 어찌 알수 있겠는가. 암꿩이 되고 다시 암꿩이 그로 태어난 사실을 인간인 이상 알 도리가 없는 것이다.
 까마귀와 뱀 사이에 얽힌 원한 관계로 인해 죽이고 죽임을 당하는 일이 몇 생을 윤회하면서 끝없이 반복되는 것을 막기 위해 부처님은 멧돼지로 화신, 화살을 맞았던 것이고, 그러한 사실을 사냥꾼은 전혀 알 리가 없었다.
 그는 물속에 잠긴 석상을 물 밖으로 들어내고자 했다. 그러나 그만의 힘으로는 어림도 없는 일이었다. 석상은 작았지만 의외로 무거워 끄덕도 하지 않았다.
 그는 하는 수 없이 물 밖으로 나왔다. 다리가 휘청거렸다. 집으로 그냥 돌아갔다가 다시 그곳을 찾아갔다.

"…?"

이게 어찌된 일인가. 분명 어제는 물속에 잠겨 있던 석상이 어느 사이에 물 밖으로 나와 자비로운 미소를 짓고 있지 않은가.

"오오, 그랬었구나."

그는 문득 한 가지 깨달음을 얻을 수 있었다. 그래서 곧 지장보살의 석상 앞에 무릎을 꿇었다.

"보살님이시여, 저의 어리석음을 불쌍히 여기시어 제도하시려고 이러한 법력을 베푸신 것을 이제야 깨달았습니다. 곧 출가하여 지성껏 보살님의 가르침을 받들겠습니다."

그는 머리를 깎고 중이 되었다. 인부 3백 명을 데리고 절을 짓고는 그 석상을 모셨다. 그리고는 숲속에 돌을 쌓아 단을 만들어 그 위에 앉아 부처님의 도를 닦았다.

강원도 청원군 보개산에 석대암(石臺庵)이란 절이 있다. 이 절은 신라시대의 사냥꾼 이순석(李順碩)이 지은 것이라 전해져 내려 온다.

물론 이순석은 까마귀의 화신이었으리라. 그리하여 그 절은 영험한 지장보살을 주불(主佛)로 모셔 왔다. 특히 이 불상의 왼쪽 어깨에는 사냥꾼의 화살에 박혔던 자리라는 한치 가량의 흠집이 뚜렷이 남아 있다고 한다.

□ 화엄사(華嚴寺)의 유래

　화엄사는 모르는 사람이 없을 만큼 유명한 절로서 전라남도 구례군 마산면 지리산에 위치하고 있다.
　신라 진흥왕 때 창건되었으나 조선 선조 때 왜군들의 침략으로 불타 없어졌다. 절이 불타 버리자 그 절의 주지스님은 절의 복구를 굳게 결심했다.
　평소 불심(佛心)이 지극하고 법력이 높았던 주지스님은 승려들은 물론 신도 및 인근 주민들에게까지 덕망이 높고 어질기로 이름난 스님이었다.
　주지스님은 부처님께 기원했다. 화엄사 복구의 염원이 성취될 수 있도록 그의 정성은 마침내 신명(神明)을 감동시켰다.
　하루는 그의 꿈에 백발의 도승(道僧)이 나타났다.
　"주지승, 내 말을 잘 들어라. 내일 아침 일찍이 아랫마을에 내려가면 도중에 처음 만나는 사람이 있을 것이다. 너는 그분에게 네 뜻을 전하고 간곡히 부탁하여라. 그리하면 그 분이 네 정성과 뜻을 가상히 여겨 네가 원하는 대로 절을 지어 줄 것이다."
　그 말을 남긴 도승은 홀연히 사라졌다. 주지스님은 퍼뜩 잠에서 깨어났다. 꿈치고는 참으로 기이한 꿈이었다. 도승의 말이 선연히 떠올랐다.
　'나무관세음보살…'
　주지스님은 그 꿈이 헛되지 않기를 기원했다. 절을 복구해 줄 귀인이 나타난다면 얼마나 다행한 일인가. 꿈이 확실하다고는 믿기 어렵지만 헛된 꿈만은 아니리라는 생각이 들었다. 스님은 도승의 말씀대로 내일 아침 일찍이 마을로 내려가리라 마음먹고 다시 자리에 누웠다.

 새벽 예불이 끝나자 그는 승복 가사에 정장을 하고 마을로 향했다. 아직 어둠도 채 가시기 전이었다.

 '내가 너무 일찍 서두른 것은 아닐까?'

 마을에 거의 다 갔음에도 사람의 기척은 전혀 없었다. 스님은 한숨을 쉬며 동네로 접어들었다. 마을은 죽은 듯 고요하고 개 짖는 소리만이 간간히 들려 왔다.

 '꿈은 믿을게 못되지.'

 씁쓰레 표정을 지으며 마을의 모퉁이를 돌아섰을 때였다. 인기척이 느껴졌다. 반가운 마음에 인기척이 나는 방향으로 걸음을 빨리 했다. 그러나 스님은 이내 실망하고 말았다. 천길 낭떠러지로 떨어지는 것 같았다.

 그 인기척의 주인공이 스님도 잘 아는 사람이었기 때문이다. 절 같은 곳을 찾아다니며 부엌일을 돕거나 심부름을 해주며 그 날그날 목숨을 이어가는 불쌍한 노파였기 때문이다. 그러나 스님은 도승의 얘기를 무시해 버릴 수 없어 짐짓 말을 걸어 보았다. 스님은 그 노파에게 공손히 머리를 숙이며,

 "소승, 문안드립니다."

하고 인사를 했다. 뜻밖에도 평소 존경하던 주지스님의 정중한 인사를 받은 노파는 너무도 송구스러워 몸둘바를 몰랐다.

 "아니, 주지스님께서 어인 일로… 쉰네는 공양주 할멈입니다요."

혹시 사람을 잘못 본게 아닌가 하고 노파는 쩔쩔맸다. 그러나 이게 웬일인가? 자신의 신분을 밝혔음에도, 스님은 그 자리에 앉아 품속에서 절을 역사할 설계도를 꺼내어 노파에게 보이며 머리가 땅에 닿도록 절을 했다. 너무나도 간곡한 애원이었다.
"소승의 소망을 들어 주십시오. 소승의 소망은 이미 불타 없어진 절을 다시 복구하는 것이옵니다. 하오니 절을 지어 주소서."
노파는 어리둥절했다. 갈수록 태산이라더니 자기같이 집도 절도 없이 떠도는 늙은이에게 절을 지어 달라는 말도 안되는 소리였다.
"스님, 쉰네는 공양주 늙은이옵니다."
노파는 다시금 자신의 신분을 밝혔다. 참으로 답답한 일이 아닐 수 없었다. 그래도 스님은 허리를 들지 않았다.
"부디 절을 지어 주시옵소서."
그리고는 공손한 하직 인사와 함께 절을 향해 발걸음을 옮겼다. 넋 잃은 사람처럼 그 자리에 못박혀 서있던 노파는 헐레벌떡 스님을 따라 가면서 이렇게 중얼거렸다.
'아이고 이를 어째! 이런 죄송할 데가 어디 있담. 나 같은 천해빠진 늙은이가 거룩한 스님의 절까지 받다니 말이나 되나. 안되지 안돼!'
노파는 빠른 걸음으로 걸어가는 스님의 뒤를 따를 수가 없었다. 스님에게 사죄라도 해야만 될것 같았다. 그러나 늙은 여자의 몸, 숨이 차서 도저히 주지스님을 따를 수가 없었다.
'다 늙고 천한 것이 주지스님을 욕보였으니 이를 어쩐담. 이제 죽는 수밖에 없다. 나는 죽을 죄를 지었어. 아무 쓸모없는

이 몸을 버리면 속죄가 될까.'
 노파는 따르기를 단념하고 죄책감에 사로잡혀 이렇게 뇌까렸다. 죽음만이 죄를 면하는 길이라 생각했다. 발길을 돌려 냇가로 향했다. 참으로 어처구니없는 비극이었다. 노파에게 무슨 죄가 있으랴. 그저 주지스님의 절을 다시 짓겠다는 일념때문에 생긴 일일뿐, 그 누가 노파를 탓할 수 있겠는가.
 착하기만 한 노파, 천한 신분으로 덕망 높은 스님의 절을 받았다는 죄책감이 마침내 노파를 죽음에까지 이르게 한 것이다. 냇가에 이른 노파는 짚신을 벗어 바위 위에 가지런히 놓았다. 작고 노쇠한 몸은 보이지 않게 되었다.
 한편, 꿈에서 나타난 도승의 지시대로 공양주 노파에게 부탁을 했던 주지스님은 뒤늦게 그 사실을 전해 듣고는 허탈감에 빠져 버렸다.
 '아아, 내 꿈이 허무맹랑한 것이었구나. 괜히 나로 인해 불쌍한 노파만 죽게 했으니, 부처님 공양은 커녕 도리어 죄악을 저지른 셈이 되었다. 이를 어쩌면 좋을꼬? 이것으로 나의 불도(佛道)는 끝장이란 말인가'
 스님 역시 결과를 예측하고 한 일은 아니었지만, 노파가 죽음에까지 이르자 깊은 번민에 빠지지 않을 수 없었다. 스님은 조석으로 흐느끼며 노파의 명복을 빌었다. 이러한 소문은 삽시간에 퍼져 마침내 관가에까지 알려지게 되었다.
 예나 지금이나 소문이란 맹랑한 것, 이 사람에게서 저 사람에게로 말이 옮겨질 때마다 조금씩 말이 달라지고 또 엉뚱한 말이 보태진다. 관가에 알려질 때의 소문은 주지승이 노파에게 부당한 요구를 강요하여 이를 감당하지 못하게 된 할멈이 비관 자살을 했다는 것이었다. 결국 주지승에게는 살인이라는 무서운 죄명으로 체포령이 내려졌다. 살인을 한 자는 가차 없이 능지처참을 당하게 된다. 주지승은 우선 멀리 몸을 피하기로 했다.

 바랑을 짊어지고 절을 떠나 북쪽으로 북쪽으로 걸음을 재촉하다 보니 어느덧 두만강을 건너 청(淸)나라 땅에 이르게 되었다. 이국땅 아는 이 하나 없는 곳, 피눈물이 나는 고행이 시작되었다. 이 무렵, 청나라 황제는 나이 60줄에 들어 뜻밖에도 공주를 얻었다. 후사가 없어 애태우던 황실의 일대 경사였다. 공주를 얻었다는 소식을 들은 온 백성들은 자기 일처럼 기뻐했다. 온 나라 안이 기쁨에 들떠 곳곳에서 잔치가 벌어졌고, 공주의 만수무강을 빌었다. 그러나 그 기쁨도 잠시, 공주로 인해 큰 걱정거리가 생겼다. 웬일인지 공주는 태어나면서 시작한 울음을 몇 달이 지나도록 영 그치지 않았다.

 처음에는 갓난아기라서 그러려니 했으나 시간이 흐르자 쉴새 없이 극성스럽게 울어대는 공주를 볼 때 짜증스럽기 그지없었다. 황후는 물론 황제의 고민은 이만저만이 아니었다. 참다못한 황제는 공주를 궁중에서 멀리 떠나보내기로 작정했다.

"여봐라!"

 황제는 벼락같이 고함을 쳤다.

"모처럼 얻은 자식이라 매우 귀엽게 여겼으나 한번 시작한 울음을 끝내 그치지 않으니 심히 해괴하고도 괴롭도다. 이젠 잠시도 그 울음소리를 참을 수가 없다. 궁궐 밖 큰 길가에 타락을 짓고 그곳으로 공주의 거처를 삼아 기르도록 하라!"

황제의 명에 황후는 눈물로 애소했다.

"폐하, 어찌 공주를 큰 길가에다 버려 둘 수 있습니까?"

신하들도 이구동성으로 만류했다.

"그러하옵니다, 폐하. 노여움을 푸시고 내리신 명을 거두심이 가한 줄 아뢰옵니다."

그러나 황제의 분노는 수그러지지 않았다.

"듣기 싫소! 어서 공주를 데려가시오. 온 나라 안의 이름 있는 의원들을 불러 공주의 우는 병을 고치도록 하오!"

황제에게서는 전혀 명을 거둘 기색이 보이지 않았다. 황후는 흐느껴 울며 명에 따르지 않을 수 없었다. 이러한 소문은 그 주지승의 귀에까지 들어갔다. 스님은 호기심을 느끼고 발길을 황성으로 돌렸다. 급할 것도 없는 몸, 떠돌아다니다시피 하면서 서울인 장안 가까이에 이르렀을 때는 두만강을 넘을 때로부터 1년이란 세월이 지났다.

스님은 마침내 대궐 앞, 공주가 울고 있는 다락 아래를 지나게 되었다.

'공주가 불쌍하기도 하지…'

이때 마침 황후가 밖으로 나와 울고 있는 공주를 달래고 있었다. 묘한 일이었다. 태어난 뒤 한 번도 울음을 그친 적이 없던 공주가 울음을 뚝 그치는 것이 아닌가. 공주가 울음을 멈춘 순간이 바로 주지승이 그곳에 이르렀을 때였다. 황후는 깜짝 놀랐다. 곧 이 사실을 신하들에게 알렸다. 공주는 울음을 그쳤을 뿐 아니라 방실거리며 웃기까지 했다.

"아아 공주, 귀여운 공주!"

황후의 기쁨을 무엇에다 비견할 수 있었으랴. 신하들로부터 소식을 들은 황제는 궁궐 밖 공주의 거처로 급히 행차했다. 공주는 방실방실 웃고 있는 것이 아닌가.
 "오오, 공주, 됐다. 하하하… 공주가 웃었어!"
 공주를 번쩍 안아 올렸다. 공주는 연신 웃으며 고사리 같은 손으로 누군가를 가리키고 있었다.
 "공주가 누군가를 보며 웃사옵니다. 폐하!"
 "허허! 정말 그렇구나!"
 누구를 가리키는 것인지 황제와 황후는 주위를 살펴보았다. 그들은 이내 어떤 스님을 발견할 수가 있었다. 먼저 황후가 입을 열었다.
 "폐하! 저기 계신 저 스님을 가리키고 있는 것 같습니다."
 "응, 스님."
 모든 사람들의 시선이 스님에게로 쏠렸다. 시선이 자기에게로 집중되는 것을 의식하자 스님은 급히 그곳을 떠나려 했다. 어떤 변이 일어날지 모르는 일이었고, 더욱이 죄를 짓고 피해 다니는 입장이었기 때문이다.
 주지승은 몸을 돌려 몇 걸음 걸어갔다. 그런데 이때 또 묘한 일이 벌어졌다. 주지승이 돌아서자마자 방실방실 웃고 있던 공주가 또 울음을 터뜨린 것이다. 황제는 무슨 곡절이 있음을 직감했는지,
 "여봐라! 저 스님을 이리로 모시도록 하라!"
 하고 신하들에게 분부했다. 주지승은 곧 황제 앞에 인도되었다. 그러자 공주의 울음이 뚝 그쳤다. 주지승은 불안했다. 자신

의 죄상을 알고 있는 것이라 생각하고는 본국에서 도망치게 된 경위를 소상하게 고했다.
 "폐하, 죽을 죄를 졌습니다. 응분의 벌을 내려 주시옵소서."
 주지승의 말을 끝까지 듣고 난 황제는 뜻밖의 말을 했다.
 "알겠오. 짐은 이제야 무엇인가 깨닫게 되었오."
 황제는 눈을 지그시 감았다. 그리고는 나직이 주지승에게 말했다.
 "내 일찍이 부처님의 영험하심을 알지 못하고 지금까지 크고 작은 죄를 범해 왔오. 허나 스님은 과히 허물치 마시오."
 "무슨 말씀이오신지? 소승 몸둘바를 모르겠습니다."
 황제는 말을 이었다.
 "공주가 그토록 울어대다가 스님을 만나자 울음을 그친 것은 결코 우연이 아님을 안 것이오. 필시 스님과 공주는 전생에 깊은 인연이 있었을 것이오. 내 생각은 이렇소. 스님의 절에 있던 공양주 노파는 그때 죽어 이 나라의 공주로 환생한 것이오. 그러기에 스님을 반길 것일 게요. 따라서 짐은 공주를 위해 곧 스님의 뜻을 도와 화엄사를 재건하도록 하겠오. 스님은 어서 귀국하여 기다리시오. 내 다 알아서 하겠오."
전화위복이라는 말은 바로 스님을 두고 한 말인 것 같았다. 황제의 추리는 사실이었다. 아니 황제가 추리했다기 보다는 황제의 머리에 어떤 계시가 확연히 떠오른 것인지도 모른다.
 착하디 착하게만 살다가 괜한 자책감에 몸을 던진 그 공양주 노파는 죽어서 곧 먼 청나라 땅 황제의 딸로 태어났고, 인연의 끈은 질기고 질겨 스님은 그곳까지 찾아가 전생과 내생의 문턱에서 다시 만나게 된 것이다.

 그때 노파의 심정은 자기 한 몸을 다 바쳐서라도 스님의 소원을 들어줄 수만 있었다면 좋았다. 그러나 그럴 능력이 없는 미천한 그녀였기에 몸을 던진 것이다. 때문에 노파는 죽어서도 그 염원을 버리지 못했고, 아무것도 모르는 공주로 태어나서 전생의 숙원때문에 그토록 운 것이었다. 그리고 그 울음으로 묘한 인연을 맺어 자신의 직접적인 뜻은 아니지만 그 전생의 숙원을 풀게 했으니, 이는 부처님의 묘한 법리(法理)가 아니고는 상상해 볼 수도 없는 일이리라.

 황제의 말을 듣고 난 스님은 자신의 꿈이 꿈에 본 도승의 말이 헛되지 않았음을 확실히 알고 있었다.

 "황은이 망극하옵니다."

 황제 앞을 물러나온 스님은 그 길로 본국으로 돌아왔다. 지리산의 화엄사에 도착하자마자 곧 절의 복구 사업에 착수했다. 결국 화엄사의 복구 사업은 주지승의 피어린 정성과 노력, 그리고 공양주 노파가 공주로 환생함으로써 청나라 황제의 도움을 받아 이루어진 것이다. 이 모두 부처님의 뜻인 것이다.

□ 미움을 사랑으로

 옛날 어느 마을에 호(胡)라는 사람이 살았다. 이웃에 사는 이에겐 한 마리의 돼지가 있었다. 그 돼지는 무슨 일인지 바로 이웃집에 사는 영감만 보면 사나운 눈초리로 미친듯이 소리를 질러댈 뿐 아니라 우리를 뚫고 나와 물어뜯을 듯한 기세로 날뛰었다.

 이웃집 영감은 처음 한두 번은 예사로 생각했으나 얌전히 있다가도 자기만 보면 번번이 날뛰자 그만 울화통이 터졌다.

 '빌어먹을 놈의 돼지 같으니, 왜 나만 보면 저 야단이야?'

 영감은 나들이를 할 때마다 그 돼지와 마주치게 되자 나중에는 겁까지 났다. 자주 지나쳐야 하는 이웃 간이고 보면 사람이 돼지때문에 발길을 안 한다는 것도 말이 아니고, 그렇다고 다니자니 돼지가 보기 싫고. 참다못한 영감은 돼지 주인에게 한 가지 제의를 했다.

 "여보게, 그 돼지를 팔아 없애게, 그놈 때문에 어디 자네네 집으로 놀러나 가겠나?"

 주인은 배를 움켜잡고 웃었다.

 "하하하… 내 원, 돼지 때문에 놀러도 못다닌다는 말은 자네에게서 처음 들었네. 왜 우리 집 돼지가 자네를 잡아가는 염라대왕이라도 되나? 아직 덜 컸어, 더 키워서 잡을 작정이라네."

 "그러지 말고 그 돼지를 내게 팔고 다른 놈을 사다 기르게."

 "왜? 어쩌려구?"

 "내게 팔기만 하면 당장 잡아먹어야 속이 풀리겠네."

 "생각해 봄세."

 그날 밤 꿈에서였다. 호는 그 괘씸한 돼지를 사다가 '요놈의 돼지'하며 칼로 목을 찔러 죽였다. 그랬더니 돼지는 무서운 늑대로 변하여 호씨에게 덤벼들었다. 늑대를 도저히 당해낼 수가 없었다. 궁지에 몰린 호씨는 어느 사이 호랑이로 변하여 그 늑대를 물어 죽였다. 그랬더니 늑대는 사냥꾼으로 변하여 활시위를 당겼다. 바람을 가르는 소리가 들렸고, 입에선 비명이 터져 나왔다. 잠에서 깨어난 호씨는 생각에 잠겼다.
'거 참, 꿈도 기이하다.'
그는 잠을 못 이루고 곰곰이 생각해 보았다.
'아아, 그렇구나. 이것이 아마도 불경에서 말하는 인과(因果)이리라. 저 돼지가 전생에 나와 숙원(宿怨)이었다면 나를 미워할 수도 있겠지. 그렇다면 그 숙원을 내가 먼저 풀어야 한다.'
호씨는 다음 날 아침 돼지 주인을 찾아가 후한 값을 줄 테니 그 돼지를 팔라고 사정했다.
"정말 이상하네만, 정 그렇다면…"
영감은 결국 그 돼지를 사들여 서둘러 절로 보냈다. 그 돼지가 늙어 죽을 때까지 잡혀 먹지 않도록 한 것이다. 장생저(長生猪)라 명칭을 붙였는데 돼지를 사람처럼 잘 대우하여 제 명에 죽을 때까지 보호하겠다는 의미였다.
그 뒤 영감은 가끔 먹을 것을 가지고 절로 찾아가 돼지를 위했다. 그래서인지 전처럼 뻘건 눈으로 쳐다보지도 않을 뿐 아니라 영감을 매우 반갑게 대하는 것 같았다. 귀를 축 늘어뜨리고는 순한 눈으로 절이라도 하듯 머리를 수그리곤 했다.
그 돼지가 얼마나 살다가 제 명에 갔는지는 모른다. 다만 작은 일에서 무엇인가를 깨달을 수 있는 영감의 슬기로움을 칭찬하고 싶다.
사람이 살다보면 괜히 미운 사람도 있고, 상대도 까닭없이 자기를 미워하는 경우가 있다. 괜히 싫은 사람, 괜히 나를 미워하는 사람, 이들과 자칫하면 하찮은 일로 크게 다투어 원한을 맺기가 쉽다.

 이 돼지를 사들여 장생저를 만든 영감의 일화를 듣고 무언가 생각해 볼 점이 있지 않을까. 어쨌든 내가 먼저 아량을 베풀어 상대가 미울수록, 또는 상대가 나를 미워할수록 이해와 슬기로 풀어나간다면 자연히 그 미움의 관계는 해소될 것이다. 하찮은 이야기 같지만 분명 무엇인가 배울 점이 있다고 본다.

□ 염라대왕의 심판(審判)

 북촌(北村) 마을에 정소선(鄭蘇仙)이란 사람이 있었다. 그는 꿈속에서 저승엘 가 보았다. 그가 저승에 도착했을 때, 염라대왕은 높은 의자에 앉아 장부를 들추며 죄수들에게 하나하나 심판을 내리고 있었다. 맨 먼저 끌려 나온 사람을 보니 벼슬아치가 입는 예복 차림이었다. 제법 거만했다.
"너는 인간 세상에 있을 때 지은 죄가 없지 않을 텐데?"
"천만에요. 저는 어디를 가나 한잔 술 정도를 얻어 마셨을 뿐입니다. 남의 것을 탐낸 사실이 전혀 없습니다. 제 스스로 반성해 보아도 신명에게 부끄러운 마음을 먹은 적은 결코 없습니다."
 염라대왕은 빙그레 웃었다.

"나라에서 그대에게 벼슬을 주어 백성들을 다스리도록 함에는 그만한 까닭이 있지 않겠는가?"

"그야 물론입니다."

"그대 같은 벼슬아치는 물론 백성에 임하는 포리(捕吏)·역졸(役卒)에 이르기까지도 각기 그 나름대로 잘하고 못하는 것이 있겠거늘, 벼슬아치가 돈을 거둬들이지 않은 것만으로 훌륭한 벼슬아치라 한다면 물도 마시지 않는 허수아비를 사또로 앉혀두는 것이 더 좋지 않겠는가?"

"지당하신 말씀입니다. 그러나 저는 비록 공은 없으나 죄를 지은 일은 없습니다."

염라대왕은 낮고 부드러운 목소리로 준엄하게 나무랬다.

"어리석은 생각, 그대는 어찌 잘못이 없다고 우기는가? 이를테니 들어보라. 그대는 어디서나 내 몸의 안전만을 생각했다. 송사나 옥사를 다스릴 때, 바로잡아야 할 일인 줄 알면서도 혐의를 받을까 두려워 말을 못했었다. 말하자면 송사의 어느 한 편이나 죄인이 어떤 배경을 가지고 있을지도 모른다는 생각에서 적당히 얼버무리는 태도였지. 그뿐인가, 그대는 해야 할 일인줄 알면서도 귀찮은 생각에 그만 둔 적이 한두 번이 아니었어. 그대가 모든 것을 판결함에 명백히 하지 못했으므로 억울한 백성이 생기고 그대가 게을렀던 탓으로 그대가 다스리는 고을의 백성들은 마음 놓고 생업에 종사할 수 없었다. 나라에서 3년마다 벼슬아치들의 행적을 조사하는 것은 무엇 때문인가? 공이 없다는 자체가 곧 죄가 된다는 것을 모르는가? 사람을 물에 빠뜨리는 죄를 짓지 않았더라도, 물에 빠진 사람을 보고도 건지지 않는다면 결과적으로 사람을 죽이는 것을 보고도 못본 체 하는 것과 무엇이 다른가? 그대는 마땅히 해야 할 일을 하지 않은, 즉 배임죄(背任罪)를 짓고도 죄가 없다고 하는 것과 같다. 차라리 아무 벼슬도 없는 사람이 잘한 것도 잘못한 것도 없었다면 또 모르되 해야 할 일을 아니한 그대 같은 벼슬아치의 신분으로서는 경우가 다르지. 그대는 직접 죄를 저지르지는 않았지만, 죄를 간접적으로 도운 방조인과 같은 죄인이다. 어찌 이를 깨닫지 못하는가?"

입이 열 개라도 변명할 말이 없었다. 그제야 거만한 빛이 사라지고 기가 죽었다. 염라대왕은 여전히 조용한 태도로 웃으며 말했다.

"하지만 그대는 그 자부심만 없었다면 그런대로 나쁜 사람이라 할 수는 없지. 다음 생에서 역시 그만한 벼슬은 할 수 있지만 수명을 단축시켜 자주 태어나는 윤회(輪廻)의 굴레는 벗어날 수 없을 것이다."

벼슬아치가 물러나자 이번에는 허리가 굽은 할머니 한 사람이 나타났다. 자세히 보니 바로 이웃마을에 살고 있는 할머니였다. 정씨도 평소 잘 아는 사람이었다. 염라대왕이 할머니를 대하는 태도는 벼슬아치의 경우와는 판이하게 달랐다. 의자에서 몸을 움직이는가 하면 손을 들어 정중히 인사를 보냈다.

"이 노인에게 차를 내어라."

하고는 할머니를 데리고 온 관원에게 명했다.

"어서 좋은 곳에 태어나도록 해 드려라."

그 말을 듣고 정소선은 옆에 있는 관원에게 물었다.

"저 농사꾼의 아내가 무슨 공덕을 닦았기에 저런 처분을 내리는 겁니까?"
 관원은 대답했다.
 "가난한 사람이라 하여 어찌 공덕을 닦지 못하겠소? 저 노인은 한평생 자기를 위하는 일이 없이 남을 위해 산분이오. 대개 이기심이란 어진 선비와 착한 벼슬아치로서도 버리기 어려운 것이오. 그 이기심이 한번 일면 곧 남을 해칠 수밖에 없게 되오. 그로 인해 온갖 원한과 과오가 생기고, 결국은 더러운 이름을 만세에 전하게 될뿐 아니라 혹독한 재앙이 온 천하에 미치게 되는 것이니 가장 무서운 것이 바로 자기만을 위하고 싶은 그 마음이오. 또한 가장 깨닫기 힘든 것이 그 마음인 데도, 저 부인은 가난한 농부의 아내로서 능히 그러한 마음을 자제할 수 있었으니 성현의 도를 논하고 성현의 가르침을 행하려는 선비조차도 그녀를 대하기가 부끄러울 것이오. 그러니 대왕께서 그녀를 정중히 맞이하여 좋은 곳으로 보내라 하실 수밖에요. 그게 뭐가 이상하단 말이오."
 정소선은 그곳을 떠나는 순간 잠이 깼다. 생각해 볼수록 꿈이 아니고 실제로 그곳에 갔다 온 것 같았다. 염라대왕의 처분에는 조금치도 모순이 없었기 때문이다. 더욱이 저승에 있는 명부의 귀신들이 인간이 살아서 행한 일거일동을 다 알고 있다는 점에 놀라지 않을 수 없었다.
 꿈이지만 무엇인가를 깨닫게 하는 내용이었다. 그리하여 정소선은 군자의 도를 닦고 그를 행하기에 게을리 하지 않았다.

□ 마굿간 기화(奇話)

 교하(交河) 땅에 급윤초(及潤礎)라는 늙은 선비가 있었다.
 어느 때 그는 향시(鄕試)를 보기 위해 읍으로 길을 떠났다. 그가 석문교(石門橋)에 이르렀을 때 날이 저물었다.
 '하는 수 없군. 어디 가서 자고 내일 떠나야지.'
 그는 여관을 찾았다. 그러나 여관마다 시험을 보러 가는 손님들로 들어차 묵어 갈 방을 얻기가 매우 어려웠다. 어느 여관에 들자, 다행히 마굿간 옆에 있는 방 하나가 비어 있다며 그곳에서라도 묵어가려면 들라 했다.
 방은 좁고 초라했으나 방법이 없었다. 안장을 풀고 말을 마굿간에 매어 두도록 부탁했다.
 마굿간 옆인지라 손님들이 매놓은 수십 필의 말들이 발을 구르며 울어대는 통에 도무지 시끄러워 잠을 잘 수가 없었다.
 밤이 이슥해지자 주위는 죽은 듯 고요해졌다. 모두들 곤한 잠에 빠진 모양이었다.
 갑자기 마굿간 쪽에서 두런 두런거리는 사람의 말소리가 들려 왔다.
 '이상하군. 이 밤중에 마굿간에서 누가 이야기를 나눈담.'
 그는 일어나 문틈으로 마굿간을 살펴보았다. 마침 달빛이 비쳤으므로 마굿간 안을 살피기에는 어렵지 않았다. 그러나 사람의 그림자는 없었다.
 '오오, 그러면?'

급윤초는 본래 잡서(雜書) 읽기를 좋아했다. 송나라 사람이 쓴 이야기 가운데 소가 말을 했다는 기록을 읽은 일이 있었다. 그가 들은 사람의 말소리가 혹시 말들이 하는 소리가 아닌지 귀를 기울였다.

급윤초의 예상은 틀림이 없었다. 말 한 마리가 말을 시작했다.

"내 오늘에야 비로소 배고픔이 얼마나 괴로운 일인가를 알겠는걸. 내가 인간으로 있을 때, 마초값과 콩값을 감추어 두었는데 그것들은 다 어디로 갔을까?"

그러자 다른 말이 대꾸했다.

"자네도 그랬었군. 아무래도 우리 말로 태어난 것들은 대부분 전생에 말 먹이던 어인들이 바꿔 태어난 모양이군? 나는 죽은 뒤에야 비로소 그걸 알았네. 살았을 때야 생각이나 해본 일이겠어. 참으로 후회스러운 일이야."

그러자 다른 말들이 동감이라는 듯이 깊은 한숨을 쉬었다. 어떤 말이 또 이런 말을 했다.

"명부(冥府)의 판결이 그리 공평하지는 못한 것 같아."

"그건 어째서?"

"다 같은 마부였는데 왜 왕오(王五)란 녀석은 개로 태어나게 하는 거냐 말이야? 오죽 편하면 개팔자 같다고 할까. 집이나 지키며 밤낮 놀고 먹는데 우리들은 이게 뭐야? 매일 무거운 짐을 얹고 발끝에 쇠를 붙이고 달려야만 하다니."

"자네는 모르는군. 명부의 관원이 우리에게 한 말을 못 들었나? 왕오는 아내와 딸 둘이 있었는데 그녀들이 남편과 아버지 몰래 말에게 먹일 여물값과 콩값을 떼어다가 각각 눈 맞은 사내들에게 바쳤으므로 왕오는 실상 그가 죄를 지은 것은 아니고, 그 가족이 죄를 지은 것인 만큼 그 죄과가 반쯤 감하게 되었다는 말을…"

다른 말 한 마리가 거들었다.

"그 말이 옳아. 다 까닭이 있어 그렇게 된 거야. 강칠(姜七)이란 작자를 보라구. 그 자는 밤낮 모양으로 몽둥이나 채찍으로 후려갈기며 먹을 것도 잘 안주더니, 그 죄로 우리만도 훨씬 못한 돼지로 태어나서 단 2년도 못살고 사람의 칼에 찔려 죽은 게 아니겠어?"

"그렇군. 개로 태어난 왕오를 부러워 말고 돼지로 태어난 강칠이를 생각해서라도 우리는 이것으로 만족하고 스스로 위로하며 살아야 해."

"우리가 어엿한 사람으로 다시 태어나지 못하고, 말로 태어난 것도 따지고 보면 전생에 말을 학대한 응보가 아닌가? 이제 와서 누구를 원망하겠는가? 말로 있는 동안 꾀부리지 말고 열심히 일하여 다음 세상에선 말 신세를 면해 보도록 하세."

다른 말들이 일제히 대답했다.

"옳은 말이야. 그렇게 하세."

이때 숨을 죽이고 듣고 있던 급윤초가 갑자기 재채기를 하는 바람에 말들은 말을 뚝 그쳤다. 급윤초는 마부들을 볼 때마다 항상 이런 이야기를 들려주며 말을 사람처럼 아끼고 사랑해 주라고 충고했다고 한다.

□ 음업(陰業)에 의한 앙화(殃禍)

옛글에 이르기를 '콩을 심으면 콩을 얻고, 외를 심으면 외를 얻는다' 했다. '자기가 뿌린 씨는 반드시 자기가 거둔다'는 불가(佛家)의 가르침과 맥락을 같이 하는 말이며, 보응(報應)의 진리인 것이다. 고로 자기만이 약은 체 남의 눈을 속이고, 눈에 띄지 않는 수법으로 사람을 해치면 반드시 그 자신도 보이지 않는 수법에 의해 그에 상당한 해를 입기 마련이다. 이를 실증하는 이야기가 있다.

청나라 강희 때의 일이다. 헌현(獻顯) 땅에 사는 호유화(胡維華)는 반란을 꾀하다가 거사 직전에 발각되어 남녀노소 할것 없이 삼족이 불에 타 죽는 참화를 입었다. 그러한 호유화의 아버지 때에 이런 일이 있었다.

유화의 아버지는 이름난 부자였다. 부자치고 인색하지 않은 사람이 없는 법인데 유화의 부친은 없는 사람 돕기를 좋아했고, 다른 점에서도 남에게 흠잡힐 만한 잘못은 거의 없었다. 그러나 그는 남이 알지 못하는 가운데 커다란 죄악을 범했다.

호(胡)가 사는 이웃마을에 장월평(張月坪)이란 늙은 선비 하나가 있었다. 그는 위로 큰딸과 아래로 어린 아들 셋을 두고 있었다. 딸은 용모가 수려하기로 소문이 자자했다. 국색(國色)이란 평을 들을 정도였다.

색(色)에는 영웅호걸이 없다던가? 그다지 악하지 않은 호영감이었으나 장월평의 딸에 대해서만은 끓어오르는 욕망을 억제하기 어려웠다. 호는 자나 깨나 그녀에 대한 생각뿐이었다. 그러나 그에게는 이미 처첩이 있어 그녀를 달랠만한 구실이 없었다. 설사 장월평에게 사정해 본다 해도 허락할 리가 만무했다. 그러나 단념할 수 없는 일이었다. 그는 원대한 계획을 세웠다.

그는 우선 장월평에게 은혜를 베풀기로 했다. 장월평을 스승으로 모셔다 자기 집에서 글을 가르치도록 주선했다. 생활이 어려운 장월평은 마다할 리 없고, 호씨의 호의에 그저 감사할 뿐이었다. 선비가 부잣집에 들어가 글을 가르치는 것은 수치가 아니었다.

장월평에 대한 호씨의 대우는 극진했다. 뿐만 아니라 그의 가족들 까지도 자기 집 식구처럼 알뜰히 보살펴 주었다. 장월평은 그의 부모가 요동에서 죽은 뒤 빈궁한 탓으로 아직까지 고향으로 부모의 유해를 모시지 못해 늘 슬퍼하고 있었다. 그러한 사실을 안 호씨는 장월평에게 장례비를 후히 주어 부모의 유골을 요동에서 고향으로 모셔오도록 했고, 장지까지 마련해 주었다. 그러한 호씨의 호의 뒤에는 물론 음흉스런 속셈이 있었다. 장월평의 딸을 노리고 그러는 것이었다. 그러나 그러한 내색은 조금도 비치지 않았으니 장월평은 그저 감격할 뿐이었다.

장월평의 부모를 모신 장지 옆에는 작은 밭 하나가 있었다. 웬일인지 그의 부모를 옮겨 모신 뒤로 그 밭에서는 크고 작은 사건이 자주 발생했다. 그러던 어느 날 밭에서 피살된 시체 한 구가 발견되었다. 죽은 사람의 신원을 알아본 즉 평소에 장월평과 깊은 원한이 있었던 사람이었다. 우선 그가 용의자로 지목되었다. 달리 범인이 나타나지 않자 관에서는 장월평을 살인

용의자로 체포하여 옥에 가두고 문초를 했다.

 장월평은 펄쩍 뛰었다. 비록 원한 관계는 있을지언정 살인이라니, 생각지도 못할 일이었다. 또 그럴만한 위인도 아니었다. 훗날 세인들의 추측이지만, 호가 장월평을 궁지에 몰아 넣기 위해 장월평과 원한이 있는 사람을 일부러 죽였다는 말이 있지만 어쨌던 장월평이 살인 누명을 쓰고 옥에 갇히자 호는 백방으로 손을 써, 그를 무사히 풀려 나오도록 해 주었다. 따라서 호에게 두번씩이나 큰 은혜를 입게 된 장월평과 그의 가족들은 호를 신처럼 우러러 볼 수밖에 없었다.

 그러던 어느 날 끔찍한 사건이 발생했다. 장월평이 어린 아들 셋과 함께 불에 타 죽은 것이다. 마침 부인은 딸을 데리고 친정에 가 있을 때였다. 그러나 그것은 호의 계획적인 살인 방화였다. 장월평의 아내와 딸이 친정에 갔으므로 장월평은 자기 집으로 들어가 어린 아들 셋을 데리고 같이 자야만 했다. 이틈을 타서 호는 심복 하인을 시켜 그가 잠든 사이 밖에서 문을 잠그고 불을 질렀던 것이다.

 불이 나자 장월평은 깜짝 놀라 어린 것들을 데리고 문 밖으로 뛰어나오려 했으나 문이 잠겨 그만 꼼짝 못하고 타 죽게 된 것이다. 천인(天人)이 공노(共怒)할 호의 악행이었다. 호는 짐짓 크게 놀라며 이들의 죽음을 슬퍼했다. 나오지도 않는 눈물을 억지로 짜내며 연극을 꾸미기에만 온 힘을 기울였다. 어쨌든 호의 주선으로 장월평의 집에서는 훌륭한 장례를 치뤘다.

 뜻밖의 재난으로 남편과 어린 아들 셋을 일시에 잃은 모녀는 하늘이 무너지는 것 같았다. 그런 와중에서 호가 얼마나 고마웠겠는가. 더욱 호가 우러러 보였다.

 호는 두 모녀를 성심껏 돌보는 한편 그들을 위로하는데 각별히 신경을 썼다. 이 모든 것이 운명이니 어쩌겠느냐, 앞으로도 계속 돌보아 줄 것이니 염려하지 말라고 안심을 시켰다. 그 뒤로 장월평의 딸에게는 중매가 들어오기 시작했다. 장월평의 아내는 꼭꼭 호에게 상의를 했다. 그럴 때마다 호는,

 "아직 나이도 많지 않은데 너무 서두르실 것 없습니다. 제가 따님 중매는 책임지고 해드릴 테니 직업적으로 하는 매파의 말에 속지 마시오."

하고 은근히 방해하곤 했다. 그러던 어느 날 호는 드디어 본색을 드러냈다. 자기에게 딸을 주면 남부럽지 않게 호강을 시키겠노라고.

 장월평의 아내는 어이가 없었지만 딱 잡아 뗄 처지가 못되었다. 그동안 입은 은혜가 태산 같으니. 그 은인의 말을 어찌 거절하겠는가? 또한 앞으로도 그의 신세를 지지 않을 수 없었다. 거절할 만한 용기도 없었다. 그러나 딸은 펄쩍 뛰었다. 영리한 딸은 그 순간 호가 베풀었던 모든 은혜가 결국 자기를 노린 흑심에서 비롯된 것임을 간파했고, 또 아버지와 동생들의 죽음에까지도 의혹이 들었다.

 그날 밤 딸은 꿈속에서 아버지를 만났다.

 "호에게 시집을 가도록 해라. 그래야만 이 아비의 뜻이 이루어지느니라."

 "아버지! 잠깐만요."

 깨어 보니 꿈이었다. 딸은 생각에 잠겼다. 아무래도 꿈이 심

상치 않았다. 그 뜻이 무엇인지는 분명히 알 수 없지만, 아버지가 현몽까지 하시면서 시집을 가라 할 때는 분명히 깊은 뜻이 있으리라 생각되었다. 마침내 딸은 결심을 굳혔다.
 장월평의 딸은 외첩이 된 뒤 곧 아이를 낳았다. 그 아들이 역적죄로 삼족을 멸하는 화를 호씨 가문에 불러들인 장본인 호유화이다. 그 호유화가 장월평의 후신이었는지는 알 수 없다. 그러나 유화의 어머니, 즉 장월평의 딸은 유화를 낳고 얼마 안되어 세상을 떠났다.
 젊고 아름다운 여자를 소유하고자 하는 욕심에서 무고한 가족들을 귀신도 모르게 죽인 악마같은 호 영감은 결국 그 여인의 몸에서 난 자기 자식 때문에 온 가족이 멸문지화(滅門之禍)를 당하게 된 것이다. 마치 그가 장월평의 사부자(四父子)를 꼼짝 못하게 가두어 놓고 태워 죽인 것처럼 말이다.
 용서받지 못할 죄악을 저지른 자는 비록 사람의 눈은 속일 수 있을지 몰라도 하늘은 속이지 못한다. 인과응보의 절대적인 법칙의 테두리에서는 벗어날 수가 없는 것이다. 아들을 잘못 두어 삼족(三族)을 멸하게 된 호 영감은 너무나도 당연한 벌을 받은 것이다.
 우리는 남이 모르는 일이니 교묘하게 은폐하면 그만인 줄 알지만 그것은 백번 잘못된 생각이다. 은밀하게 지은 죄는 은밀하게 보(報)를 받는다. 따라서 남이 모르게 쌓은 공덕은 역시 모르는 가운데 복을 받게 될 것이다.
 악한 사람들이여! 어찌 이 간단한 이치를 모르는가? 삼가하고 또 삼갈지어다.

□ 다시 맺은 인연

 통주(通州) 여사장(呂泗場)이란 곳에 강(江) 아무개라는 선비가 있었다. 강은 일찍이 팽(彭)씨 집안의 딸에게 장가를 들어 부부의 금슬이 무척 좋았다. 강이 아내를 얻은 지 3년째 되던 해 그러니까 강의 나이 스물이었을 때의 일이다. 강은 아직 주학州學)에 입학하지 못한 상태였다.
 어느 날 저녁, 그들 부부는 똑같은 꿈을 꾸게 되었다. 어느 달 어느 날에 강이 주학에 입학을 하게 되고, 따라서 그날 팽씨는 죽으리라는 내용이었다. 그 뒤 얼마 안되어 시험관인 학사(學使)가 통주에 와 있다는 소식이 들려 왔다.
 학사가 주에 도착하면 주에서는 현(縣)으로, 현에서는 각 마을로 공문을 발송, 수험생들이 시험에 응시하도록 되어 있었다.
 전날의 심상치 않은 꿈의 기억이 떠올라 시험에 응하기를 꺼렸다. 이를 안 강의 아내 팽씨는,
 "공명은 장부에게 가장 소중한 것입니다. 어찌 한낱 꿈에 연연할 것이 못되는데 무얼 망서리십니까. 기회를 놓치지 마시고 다녀 오십시오."
하고 강경하게 권했다. 그래도 강의 발길은 선뜻 떨어지지 않았다. 그러자 팽씨는 역정을 내며 대장부가 어찌 그리 소심하냐고 남편을 나무랬다. 아내의 성화에 못이겨 강은 통주로 향했다. 그러나 시험장에 들어와서도 아내의 일이 마음에 걸렸다.
 시험 발표가 있었다. 그는 무난히 합격되었다.

"오늘이 바로 꿈에서 말한…"
 강은 가슴이 순간 철렁하고 내려앉았다. 꿈에서의 계시대로 그가 시험에 합격이 되자 오히려 아내의 일이 더욱 걱정되었다. 꿈이 반만 맞기를 바랄 뿐이었다. 강의 걱정은 기우가 아니었다. 이틀이 지나자 아내의 죽음을 알리는 흉보가 날아들었다.
 '아아, 이를 어쩐단 말인가!'
 강은 서둘러 집으로 달려왔으나 아내가 죽은 지 이미 두 이레가 되는 날이었다. 바로 회살일(回殺日)이었던 것이다.
 당시의 풍속에 의하면 사람이 죽은 지 두 이레가 되는 날 밤이면 죽은 사람의 입던 옷과 덮고 자던 이불을 널 앞에 늘어놓고는 온 가족이 몸을 숨기는 일로써 그같은 회사일은 죽은 혼백이 다시 자신의 시체가 있는 곳으로 찾아오기 때문이라는 것이었다. 또 이를 가리켜 회살이라 했다.
 젊은 나이에 세상을 떠난 아내의 죽음이 너무도 원통하고 슬펐던 강은 그날 밤, 아내의 혼백이라도 한번 만나보기를 원했다. 자신의 침상을 아내의 널 옆으로 옮겨 놓고 장막 뒤에 숨어 아내의 혼이 나타나기를 기다렸다. 이윽고 자정이 되었다. 지붕 위에서 이상한 인기척이 났다. 처마 끝으로 죽은 아내가 태연히 들어오고 있었다. 그녀는 자기의 시체가 들어 있는 널 앞에 이르자 등잔불을 향해 머리를 숙였다. 그러자 등불이 꺼지며 순간 방안이 낮처럼 밝아졌다.
 강은 아내가 놀라 달아날까 두려워 숨소리조차 크게 내지 못했다. 아내는 자기의 영좌(靈座)를 지나 침상 가까이로 다가와 살며시 장막을 열었다.

"서방님 돌아오셨군요."

 강은 우선 안심이 되었다. 아내가 놀라지 않고 태연히 대해 주는 게 기뻤다. 그는 아내를 얼싸안고 흐느껴 울었다.

 "당신 너무 슬퍼 마세요. 다 정해진 운명인 걸 어쩌겠어요? 하지만 우리들의 인연은 완전히 끊어진 게 아니에요."

 "아니 그게 정말이요? 다시 살아날 수 있기라도 한단 말이오?"

 "그런 이야기는 차차 하기로 해요. 멀리 오시느라 고단하실 테니 이만 주무시도록 하세요."

 마치 산 사람과 다름없는 아내였다. 강은 어쨌거나 마음이 흡족했다. 죽은 귀신이란 생각조차 잊어버렸다. 두 부부는 평상시와 같이 한 침상에 나란히 누웠다. 강은 아내에게 조용히 물었다.

 "전해지는 얘기로는 사람이 죽을 때는 귀졸이 잡아가서 꼼짝도 못하고, 회사 날에도 혼자는 못 오고 다른 살신(殺神)이 따라온다는데 어떻게 혼자 왔소?"

 "살신도 역시 귀졸입니다. 살아서 죄를 많이 저지른 사람이라면 묶어서 끌고 다니지만 죄가 없는 사람은 심하게 다루지 않지요. 명부(冥府)에서는 이 몸이 죄가 없는 것을 알고 또 서방님과의 인연이 다하지 않았음을 알기 때문에 이렇게 혼자 올 수 있도록 허락해 주었답니다."

 "이왕 죄가 없다면 어째서 일찍 당신을 데려 갔는지?"

 "목숨이 길고 짧은 것은 죄의 유무와는 별문제인 겁니다. 모두가 이미 정해진 한명(限命)이지요."

"아까 당신과 나는 인연이 다하지 않아 다시 돌아왔다 했는데 그 인연은 오늘 밤으로 끝나는 거요?"

"오늘 밤으로는 끝나지는 않아요. 그리고 전생의 인연이 다한 뒤에는 또 내생의 인연이 남아 있구요."

이때 문 밖에서 바람소리가 들렸다. 그러자 그녀는 어쩔줄 몰라 하며 강에게로 바싹 다가 들었다.

"무서워요! 귀신에겐 바람이 가장 무섭거든요. 바람이 불기만 하면 오고 가는 곳이 뜻대로 안돼요. 자칫 바람에 말려드는 날이면 한도 없이 멀리 날아가 버리지요."

이야기를 주고받는 동안 어느덧 첫닭 우는 소리가 들려 왔다.

그녀는 자리에서 일어났다.

"닭이 우는군요. 그만 가 봐야겠어요."

"어디로 간다는 거요?"

강은 차마 아내를 보낼 수가 없어 옷자락을 잡고 애원어린 눈으로 바라보았다.

"너무 섭섭히 생각하지 마세요. 내일 밤 또 올테니까요."

아내는 어디론가 사라져 버렸다. 그 후, 아내는 밤만 되면 찾아왔다. 이런 일이 두달 남짓 계속되던 어느 날 아내는 흐느껴 울며 말했다.

"전생의 인연은 이것으로 끝났습니다. 앞으로 17년 뒤에라야 서방님과 다시 인연을 맺게 될 것입니다."

말을 마치자 물어 볼 겨를도 없이 아내는 홀연히 떠나 버렸다. 강은 용모가 준수한 젊은이였다. 게다가 생활도 넉넉하고 전처의 자식도 없었으므로 다투어 딸을 주고 싶어 했다. 사방에서 청혼이 몰려 들어왔다. 그러나 강은 다시 아내를 맞이할 꿈도 꾸지 않았다. 전처에 대한 미련이 너무 강했기 때문이었다. 뿐만 아니라 17년 뒤 인연을 다시 맺게 되리라는 아내의 말이 뇌리에서 떠나지 않았다.

세월은 빨랐다. 그러나 기다리는 사람에게는 그지없이 지루하고 긴 것이 세월인 법, 어쨌든 그럭저럭 17년이 지났다.

강은 기약한 그 해가 되자 매우 초조했다. 옛날의 아내와 어떤 방법으로 만나게 될 것인지 궁금하기 이를 데 없었다. 그 일만을 생각하며 지냈다. 그는 초조한 마음을 달래느라 정처없이 길을 떠났다. 혹시 거리에서라도 아내를 만나게 될지도 모른다는 기대에서였다. 그렇지만 아내와 비슷한 여자도 만날 수 없었다. 지친 강은 허탈한 마음으로 고향인 여사장으로 돌아왔다.

그 얼마 전 여사장의 부두에 산동에서 배 한 척이 들어 왔다. 그 배에는 딸 하나를 둔 늙은 부부가 타고 있었다.

그들 세 사람은 배에서 내려 강질림과 같은 마을에 정착했다. 한때 행세깨나 하는 집안이었던 그들 부부는 슬하에 딸 하나를 두었을 뿐, 아들자식이 없어 노후를 먼 친척에게 의지하고 있었다.

그 친척은 영감의 딸이 용모가 빼어난 것을 기화로 돈 많은 어느 호족의 첩으로 보내라고 졸라댔다. 무남독녀, 또한 늦게야 간신히 얻은 귀여운 딸을 남의 집 첩으로 줄 수는 없었다. 그러나 남의 집 신세를 지고 있는 형편에 냉정하게 거절할 수도 없어 차라리 그 집을 떠나기로 했다.

영감의 딸은 웬일인지 어려서부터 강남으로 가서 살자고 부모를 졸랐었다. 어차피 떠날 바에야 아예 결단을 내려 강남으로 가자고 딸은 고집을 부렸다. 달리 정해진 곳도 없는 그들이었다. 그들이 망설이고 있을 때 마침 강남으로 돌아가는 배편이 있었다. 그리하여 그들은 강의 마을에 발을 디디게 되었다.

동네 사람들은 영감의 딸이 단정하고 아름다워 강질림과 잘 어울리는 부부가 될 것이라 생각하고 중매를 자청했다. 비록 재취 자리이긴 하지만 남의 첩으로 들여보내는 것 보다는 몇배나 떳떳한 일이었고, 또 나이는 좀 먹었지만 강의 사람됨이 나무랄 데 없으며 살림도 넉넉하니 당장 의지할 곳도 없는 그들에게는 퍽 다행한 일이었다. 더구나 이상한 것은 강과의 중매 이야기가 나오자 그 딸이 매우 좋아하는 것 같았다.

영감은 마을 사람들에게 이 중매를 꼭 성사시켜 주도록 신신당부했다.

"글쎄요, 여러 차례 재혼 이야기가 나왔지만 도무지 거절만 하니… 우선 당사자를 미리 한번 만나보고 나서 결정짓는 게 좋겠는데요."

사람들은 그렇게 말했다. 옛날에는 맞선이라는 제도가 없었다. 강이 워낙 재혼을 강경하게 거절해 왔기에 혹 그녀의 미모를 보면 승낙할지도 모른다는 생각에서 그런 제안을 했던 것이다. 이렇게 해서 강질림은 영감의 딸과 대면하게 되었다.

'오오.'

강은 깊은 한숨을 내쉬었다. 그녀의 미모에 감탄한 것이 아니라 옛날의 아내와 너무도 닮은 점이 많았기 때문이었다. 얼굴도 그러했거니와 눈빛이며 태도는 영락없이 아내였다.

강은 처녀의 나이와 생일을 물었다. 그녀의 나이는 열 일곱이었고, 생일은 아내가 죽은 뒤 꼭 두달째 되는 날이었다. 아내와 슬프게 헤어지던 날이 바로 그녀가 다시 태어난 날인지도 모를 일이었다.

강은 망서릴 것도 없이 이 혼인을 쾌히 승낙했다. 마치 아내를 다시 만난 기분이었기 때문이었다. 곧 혼인은 성립되었다. 새로이 부부가 된 두 사람은 그야말로 한쌍의 원앙처럼 정다웠다. 그 옛날 아내와의 금슬보다 더 좋았는지 모른다. 새 아내의 마음 씀씀이는 죽은 아내를 방불케 했다.

강은 넌즈시 전생의 일을 아느냐고 물어 보았다. 새 아내는 웃기만 할뿐 답하지 않았다. 이들 부부는 아들 딸 하나씩을 얻었다. 아들은 팽아(彭兒)라 하였고, 딸은 팽식(彭媳)이라 불렀다. 그들 부부는 만난 지 꼭 17년 뒤, 며칠간의 사이를 두었을 뿐 거의 같은 때에 세상을 떠났다.

□ 육(陸)선생의 꿈

항주(杭州)의 육제하(陸梯霞) 선생은 덕행이 높았다. 그 시절만 해도 웬만한 선비나 호족은 본부인 외에 첩을 거느리는 게 상례였다. 그러나 육선생의 경우만은 예외였다.

평생을 부인 한 분 이외에는 여자를 가까이 하지 않았다. 혹 친구들이 선생의 지조를 꺾어보고자 예쁜 기생을 시켜 유혹도 해보았지만, 선생은 기뻐하지도 그렇다고 싫어하는 기색도 없이 따라 주는 술만 받아 마실 뿐 꺾이지 않았다. 또 하인이나 아래 사람이 다소 잘못한 일이 있어 용서를 빌면,
"알았다, 물러가거라."
라고만 할뿐, 성을 내지도 꾸짖지도 않았다. 직접 선생의 일거일동을 보아 온 사람들은 이러한 선생을 존경하고 무척 우러러 보았지만, 어떤 사람들은 선생이 너무 우유부단한 게 아닌가 하여 안타깝게 여겼다. 이에 대해 선생은 이렇게 비유하면서 답했다.
"쌀밥이 바닥에 떨어져 있는 것을 보면 주워서 상 위에 올려놓아야만 마음이 편하다. 그러나 나는 그것이 아까워 입에 넣지는 않는다. 세상 사람들은 인격이니 체면이니 하고들 있지만, 그는 도리어 속된 인격에서 나오는 말이니, 결코 올바른 인격자는 그에 구애받지 않았다."
하고 선생은 당신 스승의 이야기를 예로 들었다.
"나는 일찍이 탕잠암(湯潛庵)에 계시던 중승(中丞)이란 분에게 가르침을 받았다. 중승께서 소주(蘇州) 순무사(巡撫使)로 계실 때의 일이었지. 소주는 창기들이 많기로 유명한 곳이다. 선생께서는 좋은 말로 경계를 하셨을 뿐 절대로 금령(禁令)을 내리거나 잡아들이는 법은 없으셨다. 선생께서 부하 관속들에게 타이르기를 '세상에 창녀와 광대가 있으니, 이는 어찌 보면 풍속을 문란시키는 것 같지만, 다른 면에서 보면 오히려 인륜에 어긋나는 범죄들을 막아주는 역할을 하는지도 모른다. 굶주리고 배고픈 백성과 시집 장가 가지 못하는 사람들이 하나도

없다고는 보지 못할진대, 이들을 혹독하게 다룬다면 장차 어찌 되겠는가? 개도 도망갈 구멍이 있는가를 살펴서 쫓으라 했다. 나갈 구멍도 없는 개를 무작정 쫓는다면 막다른 골목에 이른 그 개가 어떻게 할 것이라는 건 뻔하지 않은가 말이야. 근본적인 문제를 해결하지 않고 결과만을 막기 위해 법을 시행하는 그런 일은 나는 할 수가 없다시면서 오히려 서리들의 행태를 막는데 힘을 기울이신 분이었지."

 이러한 생각을 가진 육제하 선생은 아예 벼슬조차 하기를 꺼렸다.

 어느 날 육선생은 이런 꿈을 꾸게 되었다. 검은 벙거지를 쓴 군졸 하나가 청첩장을 내밀며 같이 가기를 청했다. 청첩장은 평소 퍽 정답게 지내던 양계성(楊繼盛)이란 친구가 보낸 것이었다.

 "그러잖아도 초산(양계성의 호)를 만나보고 싶었는데…"

 육선생은 쾌히 그 군졸을 따라 나섰다. 한 곳에 이르니 높다란 궁전이 세워져 있고, 안으로 들어서니 오사모(吳沙帽)에 홍포(紅布)를 입은 초산공이 뜰로 내려와 반가이 맞았다.

 "이 계집이 옥황상제의 유지에 따라 이곳을 떠나 상제의 좌우를 모시게 되었오. 그러자면 이 자리가 비게 될 것이므로 대신 공에게 맡길까 하고 오시라 한 거요."

 선생은 망서릴 것도 없이 그의 제의를 사양했다.

 "내가 인간 세상에서도 벼슬을 마다한 사람이었는데 어찌 명부에선들 벼슬을 할리가 있겠오? 사양하겠오."

 그러자 초산은 웃으며,

"선생은 과연 기개가 높은 분이십니다. 성황(城隍)을 하찮게 여기고 이를 마다하시니…"

 말이 채 끝나기도 전에 좌우에 시립해 있던 판관 하나가 초산의 귀에 무슨 말인가를 소근거렸다. 그러자 초산은 거북스런 표정을 지으며,

"그 안건은 나로서는 판결을 내리기가 어려워. 모름지기 상제께 먼저 아뢴 다음에 다시 결정을 내려야 할 거야."

 선생은 듣고 있다가 이를 참견했다.

"어떤 안건이기에 그러시오?"

 친한 사이라 물어 본 것이다.

"남당(南唐) 이후주(李後主)의 과족안이라오."

하며 다음과 같은 내용의 이야기를 들려주었다. 남당은 곧 후당(後唐)이며 이후주는 폐제(廢帝)를 말한다.

 이후주는 원래 왕의 아들이 아니었다. 그 어머니 위(魏)씨가 과부의 몸으로 있을 때 당 명종(明宗)에게 납치를 당했고, 그때 같이 데려온 자식이다. 본래의 성은 왕(王)씨였다. 그가 어머니를 따라 왔을 당시의 나이는 열 살이었다. 원래 미천한 사람의 자식이었으나 차츰 자라면서 웅위(雄偉)하고 용맹이 뛰어났다. 게다가 근신을 잘하고 과묵하였는데 싸움에 나가 능히 많은 적을 물리치고 큰 공을 세운 일도 있었다.

 의붓자식의 처지로서 전공을 세워 출세의 기반을 닦은 다음 뒤에 의심을 받자, 먼저 반란을 일으켜 임금 노릇까지 하게 되었다.

 왕노릇하기 3년, 길다고 볼 수 없는 세월이었지만 그동안에

누린 향락이란 결코 적은 것이 아니었다. 그는 특히 발이 작은 여자를 좋아했다. 그래서 그의 귀비인 요랑의 발을 묶어 작게 보이게 한 것이 뒷날 전족의 폐풍을 낳은 것이다.

초산의 이야기에 의하면 이러한 후주(後主)는 전생에 숭산(嵩山)의 정명화상(淨明和尙)이란 스님이었는데 그의 후신이 강남의 천자가 되었다는 것이다.

그가 요랑의 발을 묶어 작게 만든 것은 일시적인 장난에 불과했지만, 이로 인해 뒤에 미친 영향은 적지 않았다. 괜히 성한 발을 억지로 묶어 성장을 막느라고 숱한 여자들이 심한 고통을 겪어야 했으니, 지은 죄의 값은 결코 적다고 볼수 없었다. 그래서 상제는 후주의 이 같은 죄를 벌하기 위해 그가 살아있는 동안에도 송태종(宋太宗)의 잔혹한 처벌에 의해 발과 머리를 마음대로 움직일 수 없도록 만들어 여자들이 전족을 하느라 받았던 고통 이상의 고통을 가했다는 것이다.

그가 죽은 지 7백년, 그동안 참회의 기한이 다 찼다. 그래서 그를 숭산으로 보내어 도를 닦게 할 참이었다. 그런데 뜻밖에 사건이 또 생겼다. 수십 명의 발 없는 여자들이 천문(天門)으로 몰려 와 고함을 지르며 원통함을 호소한 사건이었다.

그녀들의 말에 의하면 장헌충(張獻忠)이란 장수가 사천(泗川)을 공략했을 때 미처 피난을 못간 부녀자들을 잡아 발을 잘라 산을 만들다시피 했고, 그중 가장 작은 발을 골라 산꼭지를 만들기까지 했으니, 책임은 모두 이후주에게 있다고 희생자들이 호소한 것이다.

여기까지 들려주고는 초산은 육선생에게 이렇게 말했다.

"그런 칙지가 내게로 내려왔기에 나는 이런 의견서를 적어 올렸오. 직접 죄를 범한 사람은 장헌충이고, 이후주는 그런 결과까지 알고 장헌충을 쓴 것이 아니니 직접적인 책임을 물을 수는 없는 일이며, 다만 저승에서 신 1백만 족을 삼아 모든 발 없는 부인들에게 주도록 시키고, 그 수를 다 채운 뒤에야 숭산으로 돌아가게 하는 것이 좋겠다고 하였소."

육선생은 이렇게 대답했다.

"오랜 세월 지켜 내려온 풍속이란 매우 고치기 힘든 것이오. 어리석은 백성들 가운데는 딸의 발을 아프게 만들어서라도 그것을 부모의 애정인줄로 착각하고 있으니 한심한 일이오."

이 말에 초산은 숙연하여 말이 없었다.

"자, 이만 가 보아야겠소."

선생은 그와 하직하는 순간 깨어났다. 그런 뒤로도 육선생에게는 아무 일도 일어나지 않았고, 초산공의 꿈도 더 이상 꾸지 않았다. 선생은 그 후 80이 훨씬 넘어 세상을 하직했다. 만약 꿈에서 성황직을 맡았더라면 곧 저승으로 가게 되었을지도 모른다.

꿈이란 허무한 것 같지만, 평소의 마음이 그대로 나타나는 법, 평소 부귀공명을 탐했던 육선생이었더라면 꿈속 저승에서 맡겨 주는 벼슬도 마다 아니했을 것이고, 그랬더라면 80을 넘겨 장수하지는 못했으리라.

사람이 분수를 모르고 지나친 욕심을 부리다가 수명을 해치는 예가 많이 있다. 항시 마음을 닦고, 도를 행하면 어찌 재앙이 있으랴.

선생은 항상 부인에게 이런 말을 했다고 한다.
"우리 집 딸애들에겐 발을 싸메지 말도록 하오. 발을 싸맸다간 후주에게 신 한 켤레를 더 삼게 하는 수고를 끼칠지도 모르니까."

▫ 물 한모금이 수명을 잇다

무더운 어느 여름날, 조안(趙顔)이라 부르는 소년은 집앞 들판에서 보리를 베고 있었다. 이때 한 노인이 긴 수염을 바람에 흩날리며 소년의 곁을 지나가고 있었다.
"아이 더워!"
노인은 보리를 베고 있는 소년을 발견하자,
"애야 물가진 것 있으면 한 모금만 마실 수 있겠니?"
소년은 일손을 멈추고 밭두렁으로 달려 나와 물병을 노인에게 내밀었다.
"제가 손이 더러워 노인장께 따라 올리지 못하오니 그걸 용서하시고 이 병의 물을 따라서 잡수세요."
"허, 고마운 소년이로고… 내가 물을 다 마시면 너는 목이 마를 때 어떻게 하려구…"
"걱정 마시고 드세요. 저는 집이 과히 멀지 않으니 목이 마르면 집에 가서 마시면 됩니다."
노인은 소년의 마음씀씀이가 고마웠다. 흔한 게 물이라지만 또 얼마나 귀한 게 물인가. 들은 넓고 황량하여 어떤 경우에는 수십 리를 가도 인가나 우물을 발견하지 못하는 수도 있다. 노인은 몹시 목이 타던 참이라 그 물병의 물을 반이나 따라 마셨다.
 "네 이름이 뭐지?"
 "조안이라 합니다."
 "그래? 내가 물을 고맙게 마셨으니 공을 갚아야 할텐데… 아, 안됐구나. 아까운 사람이 명을 제대로 타고 나지 못해서…"
 노인의 묘한 말에 소년은 속으로 은근히 놀랍고 걱정도 되었으나 내색하지 않고 태연하게 물었다.
 "노인께서 저의 수명을 미리 아셨으니 그걸 늘리는 법도 아시지 않겠습니까?"
 "어디 그게 마음대로… 사람의 수명이야 하늘에 달린 건데 어떻게 사람의 재주로 늘일 수가 있겠느냐?"
 그 노인은 바로 관상의 대가로 알려진 관노라는 인물이었다. 그는 사람의 얼굴을 한번 보면, 그 사람의 길흉화복을 손바닥에 놓고 들여다보듯이 훤하게 알았다. 아직도 그의 놀라운 명성이 전해지고 있으니 두말할 필요가 없겠다.
 소년은 처음부터 이 노인이 예사 사람이 아님을 직감했다. 소년은 땅에 넙죽 엎드려 애걸을 했다.
 "선생님! 저를 불쌍히 여기시옵소서. 저는 늙은 부모님의 단 하나 밖에 없는 자식이옵니다. 제가 만일 일찍 죽는다면 늙은 부모님은 누가 모시오며 뒤는 누가 잇겠습니까?"
 노인은 매우 걱정어린 표정이었다. 얼마를 생각하더니 결심한 듯 나직하게 말했다.

"알겠다. 너의 정황이 정 그렇다면 어디 한번 비상수단을 써 보자. 내가 사흘 후에 이곳으로 이 시간쯤 올 것이니 너는 그동안에 좋은 술 한 병과 사슴고기 말린 것을 준비해 두어라."
"네, 그러겠습니다. 우선 저희 집으로 가셔서 더위라도 식히고 가십시오."
하고 소년은 마다하는 노인을 억지로 끌다시피 하여 집으로 모시고 갔다. 소년의 부모는 늙으막에 자식을 두어 애지중지하던 차, 천만 뜻밖에도 하나밖에 없는 자식이 스무 살도 못되어 요절하리라는 얘기를 듣자, 하늘이 무너지는 듯 땅이 꺼지는 듯 거의 정신을 잃다시피 했다.

아들을 살리는 일이라면 세상에 그 무엇이 아까우랴. 닭을 잡고 밥을 지어 극진히 대접하며 굳이 떠나려는 노인을 사정사정해서 붙들어 놓고 이왕이면 사흘을 묵어가라고 애걸까지 했다.

사흘째가 되던 날 노인 관노는 소년에게 술과 사슴고기를 들려 전날 물을 얻어 마신 그 들판으로 나갔다. 노인은 소년에게 손을 들어 먼 곳을 가리키며 조용히 타일렀다.

"너 내 말을 명심해서 들어야 한다. 여기서 남쪽을 향해 무작정 가노라면 뽕나무 밭이 나올 것이다. 그 안으로 조금 들어가라. 그러면 큰 아름드리 나무 밑에 두 노인이 앉아서 바둑을 두고 있을 것이다. 발자국 소리를 내지 말고 조심스럽게 다가가서 그 옆에 앉아 사슴고기 안주를 내려 놓고 술을 따라 양쪽 노인의 앞에다 놓아 두거라. 그러면 그 노인들은 바둑에 장신이 팔려 누가 따라 놓은 술인지도 모르고 술잔을 들게 될 거야. 술잔이 비거든 몇 번이고 거듭 따라 네가 가지고 간 술이 다 없어질 때까지 따르거라. 바둑을 다 두고 나서 너를 보고 무슨 소리를 하거든 너는 덮어 놓고 절만 해라. 절대 소리를 내서는 아니된다 알겠느냐?"

 소년은 노인의 지시대로 남쪽을 향하여 무작정 걸었다. 그러자 과연 뽕나무밭이 나타났다. 조안은 뽕나무 밭으로 들어갔다. 역시 노인 둘이 바둑을 두고 있었다. 소년은 하늘의 별이라도 딴 것처럼 기뻤다.

 소년은 신을 벗고는 맨발로 살금살금 걸어가 노인들의 옆에 조용히 앉았다. 두 노인은 바둑에 정신이 팔려 소년이 옆에 앉은 것도 몰랐다. 바둑판에만 시선을 모으고 돌로 깎아 만든 석상처럼 앉아 있었다.

 소년은 술잔에 술을 따라 두 노인 옆에 조심스럽게 놓고, 안주도 그 술잔 옆에 놓아두었다. 10여분씩 바둑판을 들여다보고 있다가 노인들은 바둑돌 한 알을 집어 탁 놓곤 했다. 바둑돌을 집으러 손이 오다가는 술잔이 잡히자 무심코 그 술잔을 들어죽 들이켰다. 술잔을 들면 안주를 찾기 마련이다. 술잔 옆에 있는 안주도 아무 생각없이 집어들곤 했다.

 소년은 몇 번이고 술을 따랐고, 노인들은 술잔이 채워지는 대로 연신 마셨다. 술잔이 비는 대로 안주도 자연히 줄어들었다.

 어느덧 바둑이 끝났다. 북쪽 편에 앉아 있던 노인이 그제야 소년을 발견하고 놀라 소리쳤다.

 "웬놈이냐? 감히…"

 소년은 아무 말 없이 넙죽 엎드려 코가 땅에 닿도록 절을 했다. 그러자 남쪽에 앉아 있던 노인이 대신 말했다.

"흠, 보아 하니 이 소년은 수명을 좀 늘려 달라고 술과 안주로 우리 두 사람을 대접하고 있는 것이구먼."

"너, 이놈!"

북쪽 노인은 화를 버럭 내며 소리를 질렀다. 그러나 소년은 그저 절만 되풀이 했다. 남쪽 노인이 또 입을 열었다.

"적든 많든 남에게 대접을 받았으면 대접받은 공을 해야 할 것이 아닌가? 그렇게 화만 낼 것이 아니라 어디 방법을 좀 연구해 보지 그래?"

남쪽 노인은 소년의 편을 들어주었다.

"그건 안돼! 이미 장부에 적어 놓은 것을 어떻게 고친단 말인가?"

"어디 그 장부좀 보게."

남쪽 노인이 손을 내밀자 북쪽 노인이 품속에서 책 한 권을 꺼내 주었다. 책을 받아 쥔 남쪽 노인이 책장을 한참 뒤적이며 소년의 이름을 찾았다.

"아, 여기 있군, 조안, 수는 19세라…"

남쪽 노인은 붓을 들어 십(十)자와 구(九)자에 서로 바꿈 표시를 한 다음 소년에게 보여 주었다.

"너 보아라, 네 명이 원래 19세였으나 이렇게 해놓고 보니 90이 되었다."

소년은 눈물을 글썽이며 두 노인에게 절을 올린 다음 총총히 그곳을 떠나 집으로 돌아왔다. 관노 노인은 집에서 그를 기다리고 있다가 조안의 이야기를 듣고는,

"그러면 안심이다. 그 남쪽에 앉아 있던 노인이 남두성(南斗

星)이고, 북쪽에 앉아 있던 노인은 북두성(北斗星)이다. 남두성은 사람이 사는 것을 맡고, 북두성은 사람의 죽음을 맡은 성신이시지."
하고 일러 주었다.
 소년의 아버지는 값진 선물을 노인에게 하려 했으나 노인은 이를 굳이 사양하고 길을 떠났다. 소년은 물 한 모금으로 생명을 구한 것이다. 그 물이 귀해서가 아니라 그 물을 대접하는 마음씨가 선했기 때문이다.

□ 저승의 혼령(魂靈)과 맺은 인연

 왕선호(王仙湖)는 사납고도 힘께나 쓰는 청년이었다. 어느 때 사람인지는 전해지지 않고 있다.
 그는 나이 18세가 되던 해에 약혼한 처녀가 죽자, 집을 떠나 떠돌아다니다가 1년이 지난 뒤에야 돌아 왔다. 그의 형인 태(台)는 동생과는 달리 성격이 온화하고 얌전했다. 강북(江北)의 명사로까지 손꼽혔는데 형제간의 우애가 매우 돈독했다.
 선호는 어느 날 배를 타고 진강(鎭江)을 건너 평소 가까이 지내던 친구를 찾았다. 친구는 먼 곳으로 나들이를 떠나고 없었다. 하는 수 없이 여관방 이층을 빌어 친구가 돌아올 때까지 기다리기로 했다. 며칠 후 친구가 돌아 왔다. 그러나 그는 무슨 생각에서인지 그 여관을 떠나지 않았다.

반달쯤 지난 어느 날 밤, 선호는 꿈속에서 15, 6세쯤 되어 보이는 예쁘게 생긴 처녀가 자기 방으로 들어와 인연을 맺는 꿈을 꾸었다. 이상하게도 똑같은 꿈이 며칠이나 계속되었다.

그는 불현듯 무서운 생각이 들어 일부러 불을 켜놓은 채 잠들지 않으려 애썼으나 새벽녘이 되자 피로를 이기지 못해 꾸벅꾸벅 졸게 되었다. 그 처녀가 또 나타났다. 놀라 눈을 떠보니 이번에는 꿈속이 아니라 실제로 그녀가 옆에 와 있었다.

"그대는 밤마다 내 꿈에 나타나던 아가씨가 아니시오? 이번에는 실제로 찾아왔구료. 대체 그대의 정체는 무엇이오?"

처녀는 다소곳이 얘기를 하기 시작했다.

"저는 오추월(伍秋月)이라고 합니다. 돌아가신 아버님은 학자였고, 역학(易學)으로도 천하에 이름을 떨치던 분이었지요. 저를 무척 아껴 주셨는데 내가 명이 짧게 태어났다 하여 누구에게도 시집을 보내려 하지 않으셨어요. 제 나이 열 다섯이 되던 해 봄, 저는 아버님의 말씀대로 죽고 말았습니다. 제 시체를 이 여관 동쪽에 있는 길거리 한복판에 봉분도 없이 가매장을 하였습니다. 물론 묘비도 있을 턱이 없지요. 다만 관 옆에다 '딸 추월, 30년이 지난 뒤 강북 황선호의 아내'라고 새긴 돌을 놓아 주셨지요. 올해가 30년째 되는 해이지요. 그러자 당신이 이곳으로 오시더군요. 너무 기뻐서 유령이 되어 만나 뵐까 하였으나 혹 놀라실까 두려워 꿈에만 찾아뵈었습니다."

"아, 그랬었군."

왕선호는 그녀가 유령이라는 것을 알았으나 무섭지도 싫지도 않았다. 오히려 기뻤는지도 모른다. 이런 이야기 저런 이야기를 나누다 보니 어느덧 날이 밝았다. 그녀는 총총히 돌아갔다. 그녀는 밤마다 찾아왔고 날이 밝기 전에 언제나 돌아갔다. 보름날 밤, 그녀는 예나 다름없이 찾아 왔다. 두 사람은 손을 마주 잡고 뜰을 거닐었다. 선호는 그녀에게 저승 이야기를 물어보았다.

"저승에도 도시가 있소?"

"그럼요, 저승도 이승이나 다를 게 없어요."

"그곳에 사는 사람들을 볼 수가 있소?"

"볼 수도 있지요. 그곳에도 사람이 많아요."

"한번 가보고 싶은데 날 그곳에 데려다 주지 않겠오?"

"네, 그러세요. 제가 안내를 하지요."

"난 성질이 급해서…지금 당장 보여 주지 않겠소?"

그녀는 망설이는듯 하다가 결심한 듯,

"그러세요. 지금 곧 가요!"

하고 그의 팔을 잡았다. 이제 출발하는가 싶었을 때 선호는 정신이 아득해지며 어딘가를 향해 끝없이 달려가고 있었다. 그녀의 걸음은 바람처럼 빨랐다. 선호는 숨을 헐떡였다. 순식간에 이상한 장소에 이르렀다.

"이제 다 왔습니다. 정신을 차리세요."

선호는 사방을 둘러보았으나 아무 것도 보이지 않았다.

"아무 것도 없는데?"

"아 참! 그렇지, 제가 깜박 잊었네요."

그녀는 자기의 침을 선호의 두 눈가에 발라 주었다. 그러자 사방이 대낮처럼 밝게 보였다. 성벽이 보였고, 성벽 위에서 반

짝이는 별들이 분명하게 보였다. 거리는 마치 장터로 가는 길목처럼 오가는 사람들로 붐볐다. 그때 두 사람의 포졸이 몇몇 죄수를 포승에 묶어 끌고 가는 것이 보였다.

'아니! 저 사람은?'

선호는 갑자기 그 포졸의 무리를 뒤쫓아 갔다. 어쩐지 맨 뒤에 끌려가는 죄수가 형인 태와 비슷해 보였기 때문이다. 가까이 가서 보니 과연 형이었다. 그는 놀라 외마디 비명을 질렀다.

"앗! 형님 어떻게 이런 델 오신 겁니까? 더군다나 이렇게 묶여서…"

태는 동생 선호를 알아보고 역시 놀라며 되물었다.

"글쎄, 나도 무슨 영문인지 전혀 알 수가 없구나. 불시에 이렇게 끌려오는 거다. 그런데 너는 도대체 웬일이냐?"

"저야 구경차 왔습니다만… 우리 형님은 성실한 분이오. 이렇게 잡혀 오실 까닭이 없소."

선호는 포졸에게 사정했다.

"무슨 사정인지는 모르겠습니다만 좀 봐 주실 수 없겠습니까?"

선호는 연신 허리를 굽혔다.

"우리들 마음대로 묶어가는 게 아니오. 모두 위에서 내리신 명령대로 하는 것이오. 아우성 쳐봐야 소용이 없소."

포졸들은 상대조차 해 주지 않았다. 성질이 급한 선호는 그만 화가 치밀어 주먹이 앞서려 했다. 태가 그를 저지하며 타일렀다.

"포졸의 말이 위에서 시키는 일이라 하지 않느냐? 법은 지켜야 하는 것이지만 갑작스럽게 끌려오느라고 돈을 가져 오지 못했다. 이 양반들이 뇌물을 졸라대는데 걱정이로구나. 어떻게 돈 마련을 좀 할수 없겠니?"
"고얀놈들, 저승에서도 뇌물을 요구하다니. 내 혼을 좀 내주어야겠습니다."
선호는 포졸들에게 벼락같이 소리를 쳤다.
"당신들 포승 끈을 좀 늦추시오!"
그러나 그들은 오히려 끈을 바짝 당겼다. 그러자 태는 아픔을 못 이겨 그 자리에 쓰러져 버렸다. 이를 본 선호는 전후 가릴것 없이 대뜸 칼을 뽑아 포졸 한 사람의 목을 내리쳤다.
"이놈 봐라! 살인이다! 저놈 잡아라!"
다른 포졸 하나가 고래고래 소리를 질렀다.
"너도 받아랏!"
선호는 다시 그 포졸의 목도 뎅강 잘라 버렸다. 추월은 대경실색하여 선호를 만류했다.
"상감의 부하들을 죽였으니… 빨리 손을 쓰지 않으면 터무니 없는 화가 닥칠 겁니다. 어쩔 도리가 없으니 이렇게 하십시다. 지금 당장 배를 타고 북쪽을 향해 떠나세요. 그리고 집으로 돌아가시거든 문 앞에 조기(弔旗)를 달고, 문을 단단히 걸어 잠근 다음 사람들의 출입을 일체 끊으세요. 이렛동안만 그렇게 지내시면 아무 탈이 없을 겁니다."
선호는 그녀가 시키는 대로 기겁을 하여 벌벌 떠는 형을 재촉하여 곧장 배를 얻어 타고 그녀에게 한마디 인사조차 할 겨를도 없이 북쪽으로 달아났다.
집에 도착하니 조문객이 끊임없이 들이 닥치고 있었다. 형이 급사했다는 사실을 비로소 알 수 있게 되었다. 선호는 손님들을 모두 밖으로 내보낸 다음 그녀가 시키는 대로 조기를 달고 문을 걸어 잠궜다.

한 가지 이상한 일은 조문객 중 어떤 사람과 마주치자 함께 온 형의 모습은 간데없이 사라지고 선호 혼자만 남게 된 것이다.

방으로 들어가니 형의 시신이 일어나 앉아 있었다.

"배고파 죽겠다. 빨리 죽이라도 끓여다오."

태가 선호를 보자마자 한 말이다. 죽은 지 이틀이 지난 사람이 살아나자 집안사람들은 반갑기에 앞서 두려움을 느끼는 것 같았다. 선호는 자기가 겪은 일들을 자세히 얘기한 후 아무도 집에 들여 놓지 말라고 신신 당부했다.

7일이 지났다. 대문을 열고 조기를 내리게 했다. 이웃 사람들도 형태가 다시 살아났다는 사실을 비로소 알게 되었다. 또 다시 사람들이 들끓었다. 선호와 태는 적당히 둘러대고 사실을 말하지 않았다. 일단 형의 일이 어느 정도 마무리 되자 오추월의 일이 마음에 걸렸다.

선호는 다시 진강을 건너 그녀와 처음 만났던 여관의 그 방에 묵으며 그녀를 기다렸다. 그러나 끝내 그녀의 모습은 보이지 않았다. 선호가 단념을 하고 내일은 돌아가야겠다는 생각을 하고 있을 때, 웬 중년 여인이 나타났다.

"추월 아가씨의 소식을 가져 왔습니다. 지난날 포졸 두 사람이 살해되고, 그 범인이 배를 타고 도망간 사건으로 인해 함께 있었던 아가씨가 체포되어 지금 옥에 갇혀 있습니다. 옥사장의 취급이 너무 지나쳐 괴로워하시기에 당신이라면 손쓸 방도가 있으실 것 같아 왔습니다. 아가씨께서도 잔뜩 기다리고 계십니다."
 "오, 그랬었오. 당장 갑시다. 안내하시오."
 그는 여인을 따라 다시 저승으로 갔다. 먼저 번과는 모습이 다른 성이 보였다. 그 성벽의 서쪽을 지나친 여인은 앞쪽의 작은 문을 가리켰다.
 "아가씨는 저 안에 계십니다."
 선호는 눈에 띠지 않게 안으로 들어갔다. 좁은 칸막이를 한 감방이 잇대어 있고, 수많은 죄인들이 갇혀 있었다. 그러나 아무리 찾아도 추월의 모습은 보이지 않았다. 작은 문을 지나 더 깊숙이 들어가 보았다. 독방인 작은 방에서 희미한 불빛이 흘러 나왔다. 선호는 작은 창문을 통해 방안을 살펴보았다.
 추월이 초라한 침대 위에 앉아 옷소매로 얼굴을 가린 채 울고 있었다. 그녀 옆에는 험상궂게 생긴 두 사람의 포졸이 바싹 붙어 앉아 그녀를 괴롭히고 있었다. 그럴 때마다 추월은 진저리를 치며 울었다.
 성미가 불길 같은 선호는 감방으로 뛰어 들어가 옥사장의 목을 베어 버렸다. 그들은 짚단처럼 힘없이 쓰러졌다. 선호는 추월이를 들쳐 업고 단숨에 감방을 벗어났다. 다행히 아무에게도 들키지 않았다. 다시 부인의 안내를 받아 여관으로 돌아올 수 있었다. 안도의 한숨과 함께 정신이 들었다. 꿈이었다.
 "아, 참 기분 나쁜 꿈도 다 있군. 아무리 꿈이기로 또 저승의 관리를 두 사람이나 죽였으니… 꿈이 사실이라면 도저히 무사하지 못하겠구나."
 혼잣말로 중얼거리던 그의 시선이 문득 방안 한쪽 구석에서 멈추어졌다. 추월이가 거기에 있었다.

"이게 어떻게 된 일이오? 꿈이 아니었단 말이오?"

선호는 그녀의 손을 잡고 꿈 이야기를 들려주었다.

"지금 그 이야기는 모두 사실입니다."

처녀는 또박또박 그렇게 말했다. 선호는 다시 한번 놀랐다.

"내가 또 살인을 했다니! 이를 어쩌면 좋소?"

"하는 수 없지요. 그것도 우리의 어쩔 수 없는 운명일 테니까요. 이 달만 지나면 다시 살아나 저승에서 이승으로 돌아오게 되어 있었지만 이젠 그럴 여유가 없어졌어요. 당장 내가 묻혀 있는 무덤을 파서 내 시체를 배에 싣고 고향으로 데려가 주세요. 그리곤 조용한 곳에 눕혀 두시고 매일 제 이름을 불러 주세요. 그러면 사흘만에 살아날 것입니다. 다만 살아날 날짜가 차지 않아 뼈가 심히 약할 것이니 나중에라도 심한 일일랑 시키지 마세요."

말을 마치고 황급히 나가려던 그녀는 무엇인가 생각난 듯 다시 말을 이었다.

"저와 당신이 저지른 저승의 사건을 잊을 뻔 했습니다. 저승에서 사자들이 우리를 잡으러 올 겁니다. 제가 살아있을 때 아버님께서 부적을 쓰는 법을 가르쳐 주셨거든요. 30년 후에 이 부적을 써서 부부가 몸에 지니지 않으면 안될 일이 생길지도 모른다고 하시면서요. 이런 일이 있을걸 내다보셨던 모양입니다."

그녀는 탁상에 놓인 붓을 들어 두 장의 부적을 써서 선호에게 주었다.

"한 장은 당신이 가지시고, 한 장은 내 시체를 파거든 등에 붙여 주세요."

 그 말을 끝으로 그녀는 어디론지 사라져 버렸다. 선호는 벌떡 일어나 삽과 괭이를 들고 그녀의 시신이 묻혀 있는 곳으로 가 땅을 팠다. 얼마를 파니 과연 썩어 내려앉은 관이 나타나고, 그 옆에 비석이 묻혀 있었다. 그녀의 말대로였다.

 관 뚜껑을 열었다. 젊은 여자가 반듯이 누워 있었다. 마치 살아있는 사람과 같았다. 핏기까지 있어 보였다. 선호는 조심스럽게 시체를 안고 여관으로 돌아왔다. 땅에 묻힌 지 30년, 몸에 입혔던 옷가지는 모두 삭아 오는 도중 바람에 날아가 버렸다. 나체가 된 그녀의 등에 부적을 붙이고 이불로 단단히 싼 다음 어깨에 메고 양자강으로 나가 잠든 뱃사공을 깨웠다.

 누이동생이 병에 걸려 당장 돌아가야 할 형편이니 수고스럽지만 강을 건네주면 배 삯은 후히 주겠노라 사정했다. 우선 은전 한 닢을 사공의 옷소매에 넣어 주었다.

 "염려 마십시오. 마침 샛바람까지 불고 있으니 더 빨리 갈수 있지요. 매씨의 병이 걱정스럽군요. 그렇게 이불로 감싸서 괜찮을까요?"

 기분이 좋아진 사공은 친절을 베푸는 여유까지 보였다. 배는 거침없이 강물을 갈랐다. 동이 틀 무렵에 마을에 도착할 수 있었다.

 선호는 그녀의 시체를 구석진 조용한 방안에 뉘인 뒤 형과 형수에게 사정을 털어 놓았다. 태는 머리를 끄덕였다.

 "저 여자는 저승에서 동생을 만나 나를 다시 살아나게 해준 생명의 은인이다."

그러나 형수를 비롯한 집한 식구들은 선호가 머리가 돈 모양이라고 수근거렸다. 선호는 개의치 않고 이부자리를 펴고 그녀의 시신을 고이 뉘였다.

'추월! 추월!'

틈만 있으면 그녀의 이름을 간절히 불렀음은 물론이다. 이틀이 지나자 시신에 온기가 들기 시작하고, 사흘째에는 눈을 떴으며, 이레가 되자 일어나 걸었다. 옷을 입히고 머리를 가다듬고 목욕까지 시키고 나니 선녀의 품위를 가진 미인이었다.

그녀는 열 발자국 정도는 혼자 걸었지만 그 이상은 남의 어깨에 매달리지 않으면 안될 정도로 약했다. 그러나 시간이 흐른 뒤에야 겨우 혼자서 움직이는 데는 불편하지 않은 것 같았다.

무덤에서 30년만에 살아나온 처녀와 부부가 된 선호, 그는 부인을 진심으로 아꼈다. 추월은 선호에게 입버릇처럼 당부했다.

"당신은 전생에 죄가 많은 분이십니다. 게다가 저승에서도 그렇게 난폭하게 굴었으니 이제부터는 덕을 쌓고 불경을 읽으며 깨끗한 생활을 하십시오. 그렇지 않으면 천수를 누리지 못하십니다."

본시 선호는 부처 같은 것을 믿는 성격이 아니었다. 그러나 그녀와의 결혼을 계기로 불법에 귀의하게 되었다. 그 후에도 그들 부부에게는 아무 재앙이 없었고, 그는 사람이 달라진 듯 점잖고 덕이 높았다.

□ 삼산복지(三山福地)

어느 때 산동(山東) 지방에는 자실(自實)이라는 부호가 살았다. 궁궐같이 으리으리한 집에서 수만 석의 도조를 거두어들이는 부자였다. 그러나 어려서부터 글재주가 없어 거의 무식꾼이나 다름이 없었다.

어느 날 그의 친한 친구인 유(俞)군이 찾아와 사정을 했다. "조그만 고을의 벼슬자리 하나를 얻었네. 큰 벼슬도 아니니 떵떵거리고 갈 형편은 못돼. 게다가 부임까지는 거의 만리 길일세. 도중에는 도둑떼들까지 들끓는다니 한숨이 절로 나오네. 미안하지만 좀 도와주면 그 은혜는 잊지 않겠네."

자실은 비록 무식했지만 의리는 있었다. 그의 부탁을 선뜻 받아들여 2백 냥이나 되는 큰 돈을 증서 한 장 없이 내주었다.

얼마 후, 즉 원나라 지정(至正) 말년, 산동성 일대에는 도둑떼들이 일어나 거의 치안 부재의 상태였다. 특히 돈 많은 부자만 골라 약탈을 자행, 자실은 도적떼들의 난을 피해 집과 재산을 버리고 값나가는 금붙이만 다소 챙겨 그들의 난을 피하지 않을 수 없게 되었다. 재산도 중요하지만 우선 목숨이 부지된 연후의 일이니까.

자실은 처자를 거느리고 전날 돈을 빌려준바 있는 유군의 부임지인 복건 땅에서 권세를 누리고 잘 산다는 소문을 듣고 그를 찾아 갔다. 그곳까진 도적들의 손이 미치지 않아 대체로 평온한 고을이었기 때문이다.

복주(福州)에 있는 유군은 평장사 진유정의 막료로 있으면서 권세와 향락을 마음껏 누리고 있었다. 듣던 소문과 다름이 없음을 안 자실은 마음이 놓였다. 당장 달려가 옛정을 나누고 싶었으나 우선 처자부터 적당한 곳에 맡긴 뒤 초라한 의관이라도 갈아입은 뒤 그를 찾아갈 생각이었다. 이윽고 자실은 유군의 집을 향했다. 마침 말에 올라 시종들의 호위를 받으며 밖으로 나오던 유군과 대문 밖에서 마주쳤다. 형편이 뒤바뀐 자실은 자신도 모르게 비굴해졌다. 전날의 그였더라면,
"유군! 오랜만일세."
하고 호기 있게 불렀겠지만 그런 용기가 나질 않았다. 자실은 유군의 앞에 굽신 절을 했다.
"산동에 있던 자실입니다."
유군은 그제야 알아보겠다는 듯이 짐짓 반기는 시늉을 했다.
"이제 보니 산동 대인이시구려! 이거 알아보지 못해 미안하게 되었소이다."
하고는 말에서 내리더니,
"자아, 갑시다. 어서 들어갑시다."
하는 그의 태도에는 마지못해 하는 눈치가 역력했다.
"지금 행차중이신데…"
"뭐 그리 급한 일도 아니니까…"
자실은 유군이 그렇게 자신을 대하리라고는 꿈에도 생각지 못했었다. 그러나 궁해서 찾아온 처지, 이것저것 가릴 여유가 없었다. 아니꼽기 그지없었다. 꾹 참고 유군을 따라 들어갔다. 객청으로 들어온 유군은 자실을 상좌에 앉히고 그동안의 안부

를 물었다.

"저런! 그것 참 안됐습니다."

위로의 말치고는 너무나 간단했다. 자실은 실망했다. 옛정으로 보아 빌려간 돈은 물론 집이며 먹고 살 방도도 마련해 줄 것이라 믿고 왔는데, 유군의 태도로 봐서는 어림없는 얘기였다.

시녀가 들여 온 차를 마시면서도 자실은 그 맛이 단지 쓴지조차 알 수 없었다. 어떻게 말미를 꺼낼지 아득하기만 했다. 유군은 좀처럼 그럴 기회를 주지 않았다. 몹시 바쁜 듯, 초조한 기색을 감추지 않았다. 다음에 와서 이야기하리라 생각하고 자실은 곧 일어나 집으로 돌아올 수밖에 없었다.

이튿날 아침 자실은 일찌감치 유군을 찾아 갔다. 기어이 말을 꺼내리라 다짐하고 어떻게 말을 시작할 것인가만 궁리하면서 막상 유군을 대하자 입이 열리지 않았다.

자실은 그가 따라 주는 술잔을 받았지만, 술맛이 날 리가 없었다. 게다가 유군의 말이 또한 어이가 없었다.

"댁으로 찾아가 뵈어야 할텐데 하는 일 없이 워낙 바빠서… 결코 관리는 될게 아니오. 책임은 중하지, 일은 많지, 게다가 박봉이라 먹고 살기가 어려우지… 원 세상에 이렇게 살기 힘들어서야…"

그의 얘기대로라면 자실이 오히려 그를 동정해야 할 형편이었다. 자실의 속셈을 미리 알고 쐐기를 박는 말이었다. 자실은 끝내 입을 열지 못하고 그냥 나오고 말았다. 아내에게 변명을 하느라 진담을 뺀 자실은 이튿날 또 유군의 집을 찾아 갔다. 오늘은 무슨 일이 있더라도 말을 하리라 결심했다.

"어제는 폐가 많았소."

 우선 그렇게 서두를 꺼내며 단도직입적으로 빌려준 돈 2백 냥에 대해 언급하려 하자, 냉정한 태도로 말도 못 붙이게 하고 있던 유군이 얼른 말을 받았다.

"폐라니, 폐야 이쪽에서 끼치고 있는걸. 내가 이리로 부임해 올 때 대인이 준 2백 냥이 아니었던들 편히 올수나 있었겠오.? 매일 보내드린다 하면서도 박봉에 어디 그럴만한 여유가 있어야지요. 이제 여기로 오셨으니 하다못해 진 빚이라도 갚아야 할텐데 그게 마음대로 안되는 데요. 한꺼번에는 못해 드려도 갚기는 갚아드릴 테니 너무 걱정 마시오."

 자실은 기가 막혔다. 이쪽에서 할 말을 그가 미리 해버리니 말도 꺼낼 수가 없었다. 제대로 말 한마디 못해 보고 화가 치밀어 올랐다. 집에 돌아가 아내를 달랠 일 또한 걱정이 앞섰다. 그 후 반달을 두고 오늘은 오늘은 하고 유군에게서 돈이 오기를 눈이 빠지게 기다렸으나 아무런 소식도 없었다.

 아내에게 졸리다 못한 그는 하는 수 없이 유군의 집을 또 찾아갔다. 그러나 유군은 말만 번지르르하게 할뿐 굶는 사람 이상으로 궁색을 떨며 조금만 더 기다려 달라고 사정을 했다.

 마음씨 좋은 자실은 그날도 나쁜 말 한마디 못하고 빈손으로 터덜터덜 돌아오고 말았다. 더 이상 찾아갈 기분이 나지 않았다. 어쨌거나 보내줄 때를 기다리는 수밖에 별 도리가 없었다. 자실에게 다소 남았던 돈마저 바닥이 났다. 옷가지며 만만한 세간 등속을 헐값에 팔아 하루하루 끼니를 이어가는 형편이었다. 그런 고생 속에서 반년이란 세월이 흐르고 섣달 스무날이 되었다.

 명절이 코앞에 닥쳤지만, 자실에겐 명절이고 뭐고 당장 먹을 것이 걱정이었다. 자실은 생각다 못해 또 유군의 집을 찾아 갔다. 하다못해 돈이 없으면 쌀이라도 얻어 올 생각에서였다.

 유군은 거지꼴을 하고 찾아 온 자실을 물끄러미 바라보며 놀라는 표정이었다. 꽤나 귀찮아하는 눈치였다. 그러나 자실은 입에서 떨어지지 않는 말을 하지 않을 수가 없었다.

 "오늘은 정말 당신 신세를 져야만 하겠소. 당장 끼니가 없는 형편이오. 옷가지며 세간 나부랭이 등속도 팔만한 것은 다 팔아 없애고, 이제 남은 것은 식구들 몸뚱이 뿐이오. 빚돈을 받으려는 것이 아니라 옛날 서로 알고 지내던 정의로 동정을 해 주십사고 온 것이오."

 식구들을 굶기게 된 이 마당에 염치고 체면이고 차릴 정황이 못되었다. 구걸을 하다 안되면 붙들고 늘어지기라도 할 생각이었다. 그러나 유군은 목석처럼 아무 반응이 없었다. 자실은 땅에 엎드려 울면서,

 "한 말 쌀이라도 좋소. 우리 집엔 지금 설은 고사하고 저녁 먹을 쌀 한 톨이 없는 형편이오. 당장 빨래를 해 입으려 해도 갈아입을 옷도 없소."

 만석꾼 부자였던 그가 옛날 자기가 동정을 베풀었던 친구에게 배고픔을 호소하게 될 줄이야 어찌 상상이나 했겠는가. 더구나 죽어서도 은혜를 잊지 않겠다던 유군이 그 은혜를 갚기는 고사하고, 낯 모르는 거지를 대하듯 냉대를 할 수가 있단 말인가?

 유군은 바닥에 엎드려 통곡하는 자실을 안아 일으키며,

"정말 그렇게까지 고생을 하고 계실 줄은 미처 몰랐소."
"이제 알았으니 어떻게 해 주시겠소?"
 자실은 애원과 저주가 서린 눈초리로 유군의 얼굴을 빤히 쳐다보며 말했다.
"오늘부터 열흘만 기다려 주시오. 그때 녹봉을 타게 되니 쌀 두 섬과 돈 20냥을 보내 드리겠소. 그걸로 설이나 쇠도록 하시오."
 열흘이면 바로 섣달 그믐날이다. 한 말 쌀이라도 얻어가려 했던 자실은 너무 큰 수확에 기쁨을 감추지 못했다.
"이거 너무 체면 없는 짓을 해서 미안하게 되었오. 사람이 궁하다 보면 다 그런 거니까 양해하시오."
"사과는 내가 해야지, 열흘 뒤엔 꼭…"
 집으로 돌아가는 자실의 발걸음은 가벼웠다. 어떻게 해서든 열흘은 견딜 수 있으리라. 기다리던 그믐날 아침, 아이들도 신이 났는지 아침부터 대문 밖을 나왔다 들어갔다 하며 뛰어 다녔다.
"아버지! 쌀자루 짊어진 사람이 저기 오고 있어요."
"그래?"
 자실도 반가움에 벌떡 일어나 밖으로 뛰어나가 보니 장정 하나가 큼직한 쌀자루를 지고 대문 앞을 지나려 하고 있었다. 자실은 자기 집에 오는 사람이 집을 몰라 그냥 지나가는 줄만 알고,
"그거 어디로 가져가는 겁니까?"
하고 물으니,
"장원외(張員外) 댁에서 아는 분에게 보내는 겁니다."
"그래요? 그럼 아니로구만…"
 실망하고 방으로 들어 왔다. 아이들이 부르는 소리에 또 밖으

로 뛰어나가 보았다. 이번에는 돈 꾸러미를 어깨에 멘 사람이 지나갔다.
"여보시오! 그거 어디로 가져가는 겁니까?"
"이 현령께서 친척 집에 보내시는 겁니다."
이번에도 허탕이었다. 그 다음에도 몇 번이나 아이들의 외침을 들었으나 아예 나가보지도 않았다.
해가 지도록 기다렸으나 보내 준다던 쌀도 돈도 영영 오지 않았다. 온 밤을 꼬박 앉아서 뜬 눈으로 세운 자실은 날이 밝자 곧 밖으로 나갔다.
한편 자실의 집에서 유군의 집으로 가는 길목에는 헌원옹(軒轅翁)이라 칭하는 은자(隱者)가 살고 있었다. 자실이 그곳으로 와 반년 가까이 사는 동안 그 은자와 낯을 익히게 되었고, 근자에는 서로 이야기도 주고받는 사이가 되었다. 방안에 촛불을 켜놓고 경을 읽던 은자는 책장을 덮고 창문 밖으로 시선을 던졌다.
갑자기 많은 사람들이 지나가는 듯한 인기척이 들려 이른 새벽에 웬 사람들인가 하고 자세히 살펴보니 자실이 바쁜 걸음으로 지나가고 있었다. 그 뒤로 괴상한 모습을 한 사람들이 자실을 포위하듯 바싹 따라가고 있었다. 마치 죄인을 잡아가는 지옥의 사자같이 생겼는데, 저마다 손에는 칼과 창을 들고 있었다.
노인이 그 까닭을 몰라 고개를 갸웃둥거리다가 그들의 모습이 보이지 않자 평상시와 같이 아침 식사를 마쳤다. 아침을 마친 노인은 우연히 또 창밖을 내다보고 있었다. 이번에도 자실이 보였는데 어디를 갔다 오는지 바쁜 걸음으로 집을 가고 있었다. 좀전의 그 괴상한 사자들이 또 그의 뒤를 따르나 유심히 보았다. 이게 웬일인가. 이번에는 금관을 쓰고 옥띠를 두른 무사들이 근 백여 명이나 자실을 호위하고 있었다.

노인은 자실이 죽은 게 아닌가 생각했다. 먼저 따라 간 괴물들은 사람들의 혼을 데려 가는 지옥의 사자일 것이고, 나중에 따라 오는 무사들은 그의 혼을 보호하는 착한 귀신일 것이라 생각했다.

노인은 즉시 경을 읽어 자실의 명복을 빈 뒤, 곧 그의 집으로 달려가 보았다. 그러나 자실은 살아 있었다. 노인은 우선 안심이 되었다.

"오늘 아침 임자가 우리 집 앞을 왔다갔다 하기에 웬일인가 걱정이 되어서 찾아 왔네."

노인은 자실의 눈치를 보며 이렇게 말했다. 어떤 일이 있었으리라는 직감이 들었기 때문이었다.

"내 숨김없이 말씀을 드리지요."

자실은 지금까지의 유군과 자기의 관계를 소상히 얘기했다.

"그래서 나는 오늘 아침 일어나자 그 배은망덕한 유군을 죽여 버리고자 단검을 품고 그의 집으로 갔습니다. 그런데 막상 그 집 대문 앞에 이르니 유군이야 죽이고 싶도록 밉지만 그 처자야 무슨 죄가 있으랴 하는 생각이 들었습니다. 나 한사람의 복수심때문에 그의 많은 가족들이 길거리에서 방황하게 될 것을 생각하니 차마 그럴 수가 없어 되돌아오고만 것입니다."

노인은 무릎을 탁 치며 감탄을 했다.

"오, 그러면 그렇지! 이제야 그 까닭을 알겠네. 자네는 반드시 복을 받을 걸세. 신명은 이미 자네의 착한 마음을 알고 계시네."
"그걸 어떻게 아시지요? 무슨 그럴만한 증거라도…"
 노인은 그가 오늘 아침 직접 본 일을 말해 주었다.
"그러니 잠잠히 기다리고 있게."
하고 자실을 위로한 뒤 돌아갔다. 집에 돌아간 노인은 곧 얼마간의 쌀과 돈을 자실에게 주고, 거듭 위로를 했다.
 노인의 도움으로 몇일은 걱정없이 지낼 수 있게 되었으나 그 다음이 또 문제였다. 자실에겐 살아갈 일이 아득하기만 했다. 그날 밤, 자실은 훌쩍 집을 나섰다. 가야할 곳도, 어디로 가리라고 마음먹은 곳도 없이 발길이 닿는대로 그저 거리를 헤매며 다녔다.
 얼마나 지냈을까 문득 주위를 살펴보니 복주성(福州城) 안의 삼신산(三神山)으로 불리는 구선산(九仙山), 오우산(烏右山), 월왕산(越王山)의 세 산이 잇닿은 언덕 밑 우물가였다.
 자실은 그 우물을 몰랐지만 그 지방 사람들은 그것을 가리켜 팔각정(八角井)이라 불렀다. 자실은 우물을 들여다보았다. 깊이가 얼마나 되는지 끝도 보이지 않았다. 그는 문득 죽고 싶다는 생각이 들었다.
 앞뒤 생각해 볼 겨를도 없이 그냥 우물 속으로 풍덩 뛰어들었다. 자실은 우물 속으로 빠져 들어가면서도 물이 뱃속까지 얼어붙도록 차다는 것과 자기 몸이 한없이 가라앉고 있다는 감각을 분명히 느꼈다. 이윽고 자실은 자신이 죽었으려니 생각하고 눈을 떴다. 실로 이상한 일이었다. 그는 멀쩡하게 살아서 골짜기 밑바닥 두 바위 사이에 서 있었다. 좌우로는 우물의 벽이 절

벽처럼 치솟아 있고, 그 꼭대기 아슴한 곳에 하늘이 보였다.
 그는 앞으로 앞으로 걸어갔다. 겨우 몸 하나 지나갈 만한 좁은 골짜기를 지나 얼마나 걸었을까, 갑자기 눈앞이 환해졌다. 날이 밝은 듯한 느낌이었다. 바위틈을 완전히 빠져 나오게 된 것이었다. 자실의 눈앞에 난데없는 궁궐이 나타났다. 자실은 그 궁궐로 다가 갔다. 현판에는 '삼산복지(三山福地)'란 글씨가 크게 씌어 있었다.
 자실은 궁궐 안으로 들어가 보았다. 작은 종소리만이 가늘게 울려올 뿐 긴 복도에는 사람의 그림자도 없었다. 자실은 허기와 피로에 지쳐 돌층계 옆으로 가서 그만 눕고 말았다. 그때 한 사람의 도사가 자실의 옆으로 다가 왔다.
 "한림(翰林), 여행 재미가 어떻소?"
 자실은 깜짝 놀라 자리에서 벌떡 일어났다.
 "여행 재미는 지겹도록 보았습니다만 절더러 한림이라니 무슨 말씀이십니까?"
 자실은 허리를 굽혀 공손히 인사를 올렸다.
 "그대는 흥성전(興聖殿)에서 옛날 서번(西蕃)의 조서를 초안한 일을 잊었는가?"
 자실은 사람을 잘못 본 것이 아닌가 하고 쓴웃음을 지으며 대답했다.
 "저는 산동에 있는 시골 사람으로 나이가 40이 되도록 글 한 줄 읽어보지 못했을 뿐 아니라 황성(皇城)에는 가본 일조차 없습니다."
 "아냐 아냐. 그대의 전생을 말하는 걸세. 그대는 전생의 일을 잊은 모양이군. 이걸 먹게. 교리화조(交梨花棗)라는 과일인데 옛날 일이 다 생각날 걸세."

 도사는 소주 속에서 대추같이 생긴 열매 하나를 꺼내 주었다. 자실은 그것을 받아 삼켰다. 다음 순간 자기가 전생에서 한 일들이 떠오르기 시작했다. 자기 자신이 한림학사가 되어 홍성전에서 황제의 명을 받아 서번에 보낼 조서를 초안하고 있던 광경이 또렷이 되살아났다.

 "과연 그런 일이 있었습니다. 그런데 무슨 죄가 되었습니까? 그리고 무슨 죄가 되었기에 저는 지금 이런 고생을 하는 것인지요?"

 "자네가 한림학사로 있으면서 자신의 문장을 너무 자랑했기 때문에 글자를 모르게 된 것이네. 또 벼슬을 한다 하여 명사들을 푸대접했기 때문에 이생에 태어나서는 쫓겨 다니며 고생을 하는 거지."

 자실은 갑자기 나쁜 짓만 골라가며 하고 다니던 당시의 유명 인사들의 일이 궁금하게 생각되었다.

 "그렇다면 지금 정승의 자리에 앉아 탐욕에 눈이 어두워 뇌물이나 집어 삼키고 있는 탐관오리들은 다음에 어떤 벌을 받게 됩니까?"

 "그들에게는 지금 무염귀왕(無厭鬼王)이 붙어 있어 땅속에 10개의 화로를 차려 놓고 그자들이 모은 불의의 재물을 녹이고 있는 중일세. 머지않아 그들 조상의 덕이 다하게 되면 옥에 갇히는 벌을 받게 되지."

 "그럼 평장사(平章事)의 직책을 띠고 전쟁을 일삼아 양민을 학살하는 사람은 어떤 벌을 받게 됩니까?"

"그들에게는 다살귀왕(多殺鬼王)이 음병(陰兵) 3백을 거느리고 그의 포악한 일을 돕고 있는데, 이제 명이 다했으므로 곧 목이 잘릴 것이네."

자실은 그로부터 감사(監司), 군수(郡守), 경략(經略), 선위(宣慰) 등 벼슬을 가진 사람들의 비행을 들어 그들이 어떤 벌을 받는가에 대하여 일일이 물어본 다음, 마지막으로 유군의 얘기를 꺼냈다.

"그럼 유군은 어찌 됩니까?"

"그는 3년 안에 화를 만나게 될 것이네. 유군의 전생이 왕(王)장군의 창고지기였던 만큼 마음대로 움직이지 못하지. 어쨌든 자네도 그대로 성 안에 있다가는 화를 면하기 힘들 테니 다른 곳으로 피하는 게 좋을 것이네."

"그럼 어느 곳으로 난리를 피하는 게 가장 좋겠습니까?"

"복청(福淸), 아니 그곳보다는 복령(福寧) 지방이 더욱 좋겠지."

"감사합니다."

"그대는 쓸데없는 질문으로 시간을 허비하고 있어. 그대가 집을 나온 지 오래 되어 식구들이 기다릴 테니 빨리 돌아가는 게 좋을 거야."

"길을 몰라서 걱정입니다. 좀 가르쳐 주십시오."

"저 길로 가면 되지."

자실이 그 길을 따라 5리쯤 가니 앞에 큰 구멍이 하나 나타났다. 그 구멍을 들여다보니 멀리 눈에 익은 성 안의 풍경이 보였다.

자실이 집으로 돌아오자 식구들은 놀라 반기어 도대체 반달 동안이나 어디에 있었느냐고 물었다. 자실은 말없이 처자를 이끌고 복령 땅으로 이사를 갔다. 조용히 외진 곳에 자리를 잡고, 밭이나 일구며 살 생각이었다.
　농부가 된 자실은 밭을 일구다가 땅 속에서 4냥이나 되는 금화를 줍게 되었다. 우선 그것으로 생활의 안정을 얻을 수 있었다.
　도사의 얘기대로 자실이 그곳 복령 땅으로 이주한 뒤 오래지 않아 장사성(張士城)이 원나라 승상을 잡아 죽이고, 명나라의 대군이 복주를 포위하게 되었다.
　성은 하루아침에 함락되고, 그곳 주인인 진유정은 포로로 잡혔다. 다른 관리들도 모두 체포되어 죽음을 당했다. 진유정의 막료로 떵떵거리고 살면서 배은망덕을 일삼은 그 유군 역시 상장군이란 자에 의해 피살되었고, 그의 재산은 모두 왕장군의 소유가 되었다. 자실은 도사의 말대로 모든 것이 이루어짐을 보고 새삼 깨달은 바가 많았다.
　그 후 자실은 뜻밖에 주은 금화가 살림의 밑천이 되어 얼마 안 가서 큰 재산을 이루었고, 그의 가족도 좋은 한 생을 살았다고 한다.

제2부
삼국시대편

□ 유점사의 53불(佛)

 유점사(楡岾寺)는 강원도 고성군 금강산에 있는데 신라 남해왕(南海王) 원년에 지은 절이다. 한평 제원시(漢平帝元始) 4년 인도 불교가 중국에 들어오기 보다도 65년이나 먼저라고 한다. 중국에서 불고를 나라와 나라 사이에 전하게 되어 공식적으로 한국에서 받아들인 것은 고구려 소수림왕(小獸林王) 2년이었지만 민가에 사사로이 소문없이 들어온 것은 중국 불교보다 65년 전으로서 인도의 불교가 중국에 들어오기 보다도 한국에 먼저 들어온 곳이 금강산 유점사라 하겠다.
 그 연유는 월지국(月支國)에서 53불(佛)이 종(鐘) 속에 담겨져 바다에 떠오다가 육지에 닿은 곳이 영동 해금강의 포구(浦口)이다. 그러므로 그 부처님이 중국을 거치지 않고 바로 한국 해안에 멈췄다가 금강산의 깊은 산 속으로 들어가서 자리를 잡게 되고, 그로 인하여 절을 지었기 때문에 중국보다 우리 한국에 불교가 먼저 들어오게 된 것이다.
 이제 다시 유점사 사적기(事蹟記)에 의하여 53불에 대한 내력을 살펴보기로 한다. 석가여래 부처님께서 인도 가비라국에서 출생하여 출가성도 하시고, 사위성(舍衛城)에서 포교 설법을 하셨는데, 그때에 그 성중에 시민(市民)의 호수(戶數)가 9억이라 하였으니 지금의 90만에 해당한다. 그런데 그 가운데 3억가(家)는 불타를 친히 뵈옵고 법문을 들었고, 3억가(家)는 불타가 이 세상에 계시어서 법문을 설하신다는 말은 들었으나 뵈옵지를 못하였으며, 나머지 3억가(家)는 뵙옵지도 듣지도 못하여 이 세상에 부처님이 계신지 아니 계신지도 알지 못했다.

그런데 부처님이 돌아가신 뒤에 문수보살(文殊菩薩)이 석가여래의 불도를 돕기 위하여 다른 보살과 함께 성중의 시민을 교화하실 때에 부처님을 말로 듣기는 하고 뵈옵지 못한 3억가(家) 사람들이 생전에 부처님을 친히 뵈옵지 못한 것을 슬퍼하여 마지않았다. 그러므로 문수보살이 그들에게 이르시되,

"너희들이 그렇게 부처님을 성심으로 사모할 바에는 차라리 불상을 조성하여 공양하는 것이 어떠하겠느냐?"

고 하시었더니 그들이 이구동음(異口洞音)으로 '예, 그 말씀이 옳습니다' 하고 모두 찬성했다. 그래서 문수보살은 그들에게 각각 불상 한 분씩을 조성하되 금으로 조그맣게 한분씩 구워 만들어 조성케 했다. 그런데 금을 모아 가지고 불상을 구워 지을 때에 문수보살께서는 금이 불속에 들어가서 저절로 뛰어나오는 것은 받고, 그렇지 않은 것은 다 돌려 임자에게 내주었다.

이것은 그들의 정성 유무를 시험한 것이었다. 빈부를 따라서 혹 금을 많이 가져 온 자도 있고, 혹은 적게 가지고 온 자도 있으므로 불상도 한 자가 되는 것도 있고, 한 자 길이가 채 못되는 것도 있어서 그 대소가 한결같이 똑같을 수가 없었다. 이리하여 불상이 다 된 뒤에는 만들어서 모은 불상 가운데 상호가 구족한 것만 53불을 골라서 그 불상 주조의 연유를 기록하여

불상과 같이 종 속에 넣고 철 뚜껑으로 종구(鐘口)를 꼭 덮어서 바다에 띄운 뒤에 문수보살이 축원하되,

"대자대비하신 53부처님이시여, 하루바삐 인연 있는 나라에 닿으시어서 곱게곱게 계시이다. 저도 법문을 설하여 말세중생을 제도하기에 모든 힘을 다하겠나이다."

하고 빌었다.

 종이 바다에 떠내려 오자, 문득 신룡(神龍)이 호위하여 종을 머리에 이고 다니다가, 마침내 월지국에 다다르니 그 국왕이 맞이하여 불상을 뵈옵고 다시 기록을 읽은 뒤, 깊은 존경심을 발하여 곧 전각(殿閣)을 지어서 불상을 봉안했다. 그러자 얼마 안가서 그 전당에 불이 나서 타 버리게 되었다. 그래서 왕이 다시 불당을 지으려고 했다. 그랬더니 왕의 꿈에 부처님이 나타나서 이르시되,

"우리들은 이 땅에 인연이 없어서 더 머물러 있지 않겠으니 불당을 짓지도 말고 붙들어 만류하지도 말아라!"

하고 부탁했다. 그래서 왕은 섭섭하기 그지없었으나 할 수 없이 불상을 다시 전대로 종 안에 모셔 놓고 빌었다.

"53존의 부처님이시여, 인연이 있는 다른 국토로 가시면 나는 이 뒤에 나의 권속 수천 명과 더불어 마땅히 호법선신이 되어 항상 따라 다니며 수호하여 드리겠나이다."

 그리고 따로이 백금(白金)으로 뚜껑 하나를 더 만들어서 이 서원을 새겨 넣고 그 위에 그 전에 덮은 쇠뚜껑을 덮어 씌워서 다시 바다 위에 띄워 봉송했다. 이러한 연유로 유점사에는 월씨왕사(月氏王祠)가 세워졌다.

철종(鐵鐘)은 그 뒤에 무수한 나라를 거치고 바다를 지나서 마침내 신라 안창현(安昌縣) 포구에 닿았으니 이것이 곧 지금의 강원도 간성(杆城) 해변 땅이었다. 사람들은 이것을 보고 이상하게 여기고 곧 현관(縣官)에게 알렸더니 그날 저녁에 53불상은 종을 끌자 육지에 내려서 어디론지 가버리고 말았다.

전생에 이 부처님과 인연이 깊었던 태수(지금의 군수) 노춘공(盧椿公)이 이 소식을 듣고 신심이 용출하여 관속과 함께 달려갔으나 불종은 그곳에 하륙하였던 자취만 남기고 어디론지 살아지고 없었다. 그래서 고개를 숙이고 있다가 노춘공은 그대로 금강산을 향해 쫓아갔더니 다시 풀 속에서 쉬어 간 자리가 있었다.

노춘공 일행은 신앙심이 더욱 솟구쳐서 1천 보의 걸음을 걸어갔더니 문수보살께서 사문(沙門)의 중 모양으로 나타나서 불상이 간 곳을 가리켜 주었다. 바로 그곳이 문수촌(文殊村)이다. 또 10여 보를 걸어서 갔더니 앞에 큰 고개 같은 재가 쑥 내밀어 있는데, 한 여승이 바위에 걸터앉아 있었다. 이 여승도 문수보살의 화신이었다.

노춘 일행이 그 여승에게 물었더니 서쪽으로 갔다고 일러 주었다. 그 여승이 앉았던 자리를 지금도 이유암(尼遊岩)이라 전하고 이대(尼臺)라고도 한다. 노춘 일행이 얼마를 가자 만인봉 두에 길이 꼬부랑꼬부랑한 곳에서 문득 흰 개 한 마리가 나타나 꼬리를 치고 앞으로 길을 안내하여 주었는데, 그곳을 개재(狗嶺)라고 하며, 이 재를 넘느라 목이 말라 땅을 파고 물을 마셨는데, 그곳을 노춘정(盧椿井)이라고 한다.

다시 6백 보를 더 가도 개는 간 곳이 없고 문득 노루가 나와 길을 안내했다. 그래서 다시 4백 보를 가서는 노루도 사라졌다.

사람들은 험한 산길에 아주 지쳐서 앉아 쉬고 있었는데, 뜻밖에 종소리가 들려오므로 순간 기운과 용기를 얻어 다시 환성을 올리고 힘차게 전진했다. 이곳을 환희재(歡喜嶺)라고 한다.

종소리를 듣고 작은 고개를 넘어서 새냇물을 따라 골짜기에 들어서자 송백수(松栢樹)가 우거져 있고, 가운데에 큰 못이 있으며, 못의 북쪽으로는 다시 큰 느릅나무가 서 있었는데, 철종은 이 나뭇가지에 걸려 있고, 불상은 못가에 늘어 앉아 있었다. 이때에 코를 찌르는 이상한 향기가 풍기고, 상서스러운 구름이 골짜기에 서려 있었다.

노춘 일행이 상호가 구족한 불상을 보고 어찌나 존우한 생각이 났던지 땅에 엎드려 예배하기를 마지 아니했다. 노춘은 곧 현사(縣舍)로 돌아와 사실을 자세히 적어서 조정에 상주했더니, 당시 남해왕(南解王)이 거동하여 보시고 예배 귀의하여 절을 세우고 53불을 모셨는데, 인도 불교가 중국에 들어오기보다 65년 전이라고 한다.

이 절 이름은 53불이 느릅나무 위에 늘어앉아서 신통으로 용(龍)이 서식하던 용담(龍潭)을 메우고, 용을 쫓아냈다는 데서 유점사라 지었다. 이 절 뒤에는 조탁수(鳥啄水)라는 샘이 있다. 이것은 원래 이곳에 식수가 없어서 곤란했는데, 어느 때 새떼들이 모여서 지저귀면서 땅을 쪼아서 영천(靈泉)이 솟아 나왔기 때문에 조탁수라 했다.

이 절은 임진왜란 때에 왜병들이 쳐들어 와 스님들을 묶어 놓고 보배를 내놓으라고 폭행이 잔혹할 때, 사명대사가 그들의 옳지 못한 것을 힐책하고 쫓아내어 그들이 다시 침입하지 아니했다는 이야기가 전하게 되어서 유명하고, 또 금강산 4개 사찰 가운데 가장 큰 절이었고, 일제시대에는 31본산의 하나였던 대본산(大本山)으로도 유명하다.

□ 묵호자(墨胡子)의 기도

묵호자는 일명 흑호자(黑胡子)라고도 하는데, 아도(阿道)화상의 별명이라고도 한다. 그것은 중의 복색이 검은 옷을 입고 다녔기 때문에 아도를 모르는 사람이 그의 겉모양만 보고 묵호자라고 부른 것이라고도 한다. 하여간 이 묵호자라는 사람이 신라 눌지왕 때에 고구려 땅을 출발, 신라 일선군(지금의 선산군)에 이르렀다.

이때는 신라에는 아직 불교가 유포되지 아니하였으므로 불자인 스님들에 대하여 박해가 매우 심했다. 그러므로 승려로서 공공연하게 세상 출입도 하기가 어려웠다. 따라서 포교 설법은 더욱 어려웠다.

이런 판에 묵호자 스님이 신라에 들어왔으니 일반 사람에게 적잖은 박해를 받게 되었다. 그러나 이곳에도 평소부터 고구려를 드나들며 불교를 듣고 신앙하던 신라 사람인 모례(毛禮 : 털례)라는 이가 있어서 묵호자가 박해를 당하는 것을 보고 놀라고, 한편으로는 반가워서 곧 자기 집으로 안내하여 비밀리에 땅속에 굴을 파서 편안하게 모셔 놓고 공양을 올리며 스님의 설법을 듣고 있었다.

그 뒤에 중국의 양(梁)나라에서 비단 한 필과 나무조각 하나를 선물로 보내 왔는데, 신라 조정에서는 물건의 이름을 알고 잘 받았다는 답장을 해야 되겠는데, 비단은 옷감인 것을 알 수가 있었으나 나무조각만은 무엇에 쓰는 것이며, 그 이름조차 알 수가 없어서 답장을 할 수가 없었다.

이것을 모르고 아무렇게나 대답을 하면 국내에 지식인이 하나도 없는 것이 되어서 나라 망신만을 당하게 될 것이므로 나무조각에 대하여 만조백관에게 물어봐도 아는 사람이 하나도 없었다.

국왕과 조정에서는 이것이 큰 걱정거리였다. 그런데 모례가 미관말직으로부터 이 말을 듣고 집에 돌아와서 굴 속에 있는 묵호자 스님에게 물었더니 스님이 다음과 같이 전해 주었다. "그 나무조각은 백단향이니 자단향이니 하는 것인데, 이것을 잘게 잘라서 쪼개 놓았다가 나라의 제사를 지낼 때나 조상의 제사를 지낼 때에 사발같은 화로에 불을 담아 놓고 그 나무를 한두 쪽 넣어 태우면 코를 찌르는 듯한 향기가 풍기고 신령(神靈)들이 향냄새를 맡고 하강하며, 또한 국가에 어려운 일이 있을 때에 이 향나무 불을 피워서 불법승(佛法僧) 3보전에 향공양을 올리고 기도를 하면 아무리 불치, 난치의 질병이라도 씻은 듯이 나을 수가 있다.

모례가 기쁘게 이런 말을 듣고, 조정에 들어가 상세하게 전달

했더니 왕신(王臣) 상하가 모두 근심이 풀린 듯 기뻐했다. 그런 가운데 눌지왕이 더욱 기뻐했다.

눌지왕에게는 당시 혈속의 딸인 공주가 병이 들어서 여러 달을 앓고 있었다. 백약이 무효라 궁중에서는 이 일 때문에 상하 종실이 근심에 쌓여 있는 판인데 이러한 말을 들으니 얼마나 기쁜 일인가? 그래서 왕은 모례에게 명하여 묵호자 스님을 궁중에 모셔 오게 하고 깍듯이 예를 한 뒤에 대화를 건넸다.

"스님의 거룩한 말씀을 저 모례에게 잘 들어 알았습니다. 이번에 향나무에 대하여 소용처도 모르고 나무의 이름조차 모르다가 스님이 모든 것을 가르쳐 주시어서 황실 상하가 근심을 풀게 되었습니다. 그 고마움은 이루 형언할 수가 없습니다. 각별히 스님에게 치사를 드리옵고 공양이라도 한때 올리려고 하여 모셔 오게 한 것입니다."

"황송하옵니다. 전하가 이러한 노승의 말씀을 체납하여 주시는 것만도 고마운 일이온데, 이렇게 조대하여 공양까지 차려 주시니 황송하기 그지없나이다."

"그러나 미안한 말씀이오나. 스님에게 또 한 가지 소청이 있습니다."

"그것은 무슨 소청이시온지요? 빈도의 능력에 미치는 일이라면 무슨 하명이든지 진력하여 보겠습니다."

"고맙소이다. 다른게 아니라 공주가 지금 병이 들어서 벌써 반년 이상을 누워 있는데 백약이 무효입니다. 지금 죽을 날만 기다리고 있는데 공주의 목숨이 회생치 못하고 죽을 것이 시간 문제로 되어 있어서 죽어 갈 날짜와 시간만을 기다리고 있습니다. 그런즉 부모로서 이렇게 안타까운 일이 또 어디 있겠습니까? 모례에게 들은즉, 스님이 양나라에서 향나무 한쪽만 잘게 쪼개서 3보 앞에 공양을 올리고 축원을 하면 어떤 질병이라도 3보의 가피력으로 다 쾌차할 수가 있다고 했다니, 어려우시지만 저 가련하게 병든 공주를 위해 3보전에 향불을 피어올리고 기도를 하여 주실 수가 없겠습니까? 스님의 도력을 비옵나이다."

"그것이야 신앙심만 가득하면 누구든지 다 될 수가 있는 것입니다. 그러니까 대왕전하의 신심이 그처럼 깊어서 빈도를 믿어 주시는 마음이 간절하니까 어렵지 않게 소원을 성취하실 줄로 아나이다. 그런즉 서쪽으로 단을 차려 놓으시고 상 위에 청수를 정한 그릇에 담아 올리고, 다시 양나라에서 보내 온 향목을 잘게 쪼개서 작은 화로에 불을 담고 피워 올리도록 명하시옵소서."

하였더니 궁녀들이 득달같이 준비를 하여 놓았다. 묵호자 스님은 그 앞에 세번 절을 하고 나무불 나무법 나무승을 부른 뒤에 '마하반야바라밀다심경'을 3번 외우고 공주의 질병 쾌차를 축원하였더니 묵호자 스님이 공양을 받아서 다 잡수시기도 전에 공주의 질병이 어두운 구름이 걷히듯 쾌차되었다.

그래서 눌지왕은 감탄하고 묵호자 스님에게 후한 선물을 내리고, 그를 극진히 공경했다. 그래서 묵호자는 이 인연으로 신라에 불교를 홍포할 인연을 만들게 되었고, 불종자의 씨를 심어 놓았다고 하겠다.

□ 박염촉(朴厭觸)의 순교(殉敎)

　신라 23대 왕인 법흥왕 때의 일이다. 신라는 건국한 뒤 법흥왕 시대에 이르기 전까지는 모든 제도가 완전치 못했다. 법흥왕 때에 와서야 제도가 많이 정비되었다.
　법흥왕은 큰 도량과 덕을 가진 임금으로 당나라 문화를 받아들여서 병부(兵部)를 설치하고 율령(律令)을 내리고 백관의 복제(服制)를 제정하는 등 여러 가지로 눈부신 치적을 올렸다. 그런데 왕은 불법을 신앙하고, 불교를 신라 땅에 홍포하여 국리민복(國利民福)을 이루어 보려고 했다. 그래서 이 불사를 실현하려고 여러 신하들에게 의견을 타진하여 보았으나 신라 고유신앙인 고신도(古神道)에 머리가 젖은 신하들은 번번이 왕의 의견에 반대하고 나섰다. 그렇다고 7척이나 되고 영매한 기상이 천하에 떨치는 대왕으로서 언제까지나 신하들에게 눌려 있을 수는 없었다. 그래서 어느 날 만조백관을 모아 놓고 다시 의견을 진술했다.
　"경들도 아는 바와 같이 성조 미추왕(味鄒王)께서 처음으로 불교를 선포하시다가 큰 공을 이루지 못하시고 붕어하신 까닭으로 석가모니 부처님의 교화가 막히시어 행하지 못하게 되었으니 짐은 이보다 더 가슴아픈 일이 없소. 가람(절)을 크게 짓고 다시 불교를 일으켜서 선황의 뜻을 이루어 드리고자 하는데 경들의 뜻은 어떠하시오?"
　하고 신하들을 둘러보고 물었다. 그러나 신하들은 들은 체도 않고 반대를 했다.

"상감마마, 요즈음 몇해 동안 흉년이 겹쳐 백성들이 불안하옵고, 더욱이 적병이 국경을 범하여 병란이 쉴새없이 바쁜 이때에 어찌 백성을 괴롭게 하여 굳이 역사를 벌여서 절을 짓고 부처를 모시는 불사를 일으키시려고 하옵니까? 소신들은 아무리 생각해도 불교를 펴시는 일은 부당하다고 아뢰옵니다."
하고 반대가 심했다.

그 가운데는 대신 공알(共謁)들이 강하게 반대하는 것을 듣고 격분하고 실망했다. 그러나 이것도 다 나의 부덕(不德)의 소치라 생각하고 모든 허물을 자기 자신에게 돌려 보내고 그들을 원망하지 않았다. 그리고 대왕은 이 일은 인력(人力)으로 할수 없는 일인즉, 부처님의 가피력을 얻어야 되리라고만 믿고 주야로 염불독경으로써 기도를 올렸다. 그런데 이때에 박염촉(이차돈)이란 25세의 청년이 미관말직에 있었는데, 그는 전부터 불법을 독실하게 믿어 오던 사람으로 대왕이 불법을 펴기 위해 끊임없이 고심하시는 것을 살펴 알고 하루는 가만히 아뢰었다.

"상감마마, 그렇게 고심하시지 마십시오. 상감마마께서는 진실로 불법을 펴시려거든 소신이 아뢰는 대로만 하시면 성취하실 줄로 아뢰나이다."

대왕은 염촉의 이 말에 귀가 번쩍 띄었다.

"네가 말해 보아라. 네 말을 들어서 나의 뜻을 이룰 수가 있다면 어찌 너의 말을 아니 듣겠는가?"

"그러면 소신이 말씀을 드리겠습니다. 이 세상에는 비상한 일이 있은 뒤에야 비상한 일을 성취하는 법이오니 저의 말씀을 믿어 주시옵소서. 소신이 거짓 전하되 상감마마께서는 불사를 크게 이룩하시려 하신다 하고 천경림(天鏡林)에 나무를 베라고 집사자에게 전하면 그들이 절을 짓는다고 나무를 베어 제치면 조정이 떠들썩하고, 진위를 조사하면 소신이 어명을 거짓 전하고 무엄하게 제멋대로 행사한 역직이라고 하여 소신을 극형에 처하라는 상소가 올라가고 탄핵이 심할 것이오니, 상감마마께서 그들의 말을 쫓으시어 소신을 사형에 처하게 하여 주시옵소서."

"너의 충심은 가상하다마는 내가 불법을 믿어 온 뒤로는 5계를 굳게 지켜서 불살생계를 엄수하여 왔으므로 미물 곤충도 무고히 죽이지 아니하는 심정인데 어찌 아무 죄도 없는 충신인 너를 죽여서 대도홍통을 바랄 것이냐. 그런즉 그런 생각은 하지 말도록 하여라!"

사대(四大)가 본디 허망하고 오온(五蘊)이 본래 공(空)한 것인데 불자에게 어찌 생사가 있사오리니까? 생사를 초월한 지가 오랜 이몸이라 생사를 두려워하는 사람들에게 방편으로 생사를 보여서 불사를 이루고자 하오니 소신의 뼈에 사무친 충성심과 불타는 신앙심을 가상하게 굽어 살피시고 이 비상한 일을 감행하게 하여 주시옵소서. 임금을 모시는 자는 상감을 위하여 목숨을 바치는 것이 충절을 다하는 것이오. 이러한 일이 있음으로써 비상한 결과를 얻게 되어 이 나라에 불광(拂光)이 골고루 비칠 것이오니 어찌 이 일을 주저하시겠나이까?"

"너의 결심이 그렇게 굳다면 천재일우의 충신이로다."

왕은 박염촉의 진언에 감동하여 은근히 허락했다. 박염촉은 이와 같이 상감과 의사가 묵계(黙契)되어서 물러나와 왕의 뜻을 선포한다고 거짓 전하고 왕께서 천경림에 절을 지으라고 하셨으니 집사자는 어서 공사를 시작하라고 일렀다. 집사자는 박염촉의 말을 곧이듣고 나무를 베고 터를 닦는 일을 시작했다. 이런 일이 여러 조신에게 알려졌으므로 조회 중에 상감에게,
"어찌된 일이오니까?"
하고 여쭈었더니 상감은 아는바가 없다고 하고, 금시초문이라고 했다. 그래서 조신들이 조사하여 본즉 박염촉의 거짓이 드러났다. 그러므로 불사 공사를 중단시키고 박염촉을 잡아들이라는 탄핵의 소리가 높았고, 박염촉을 극형에 처해 달라는 상소가 잇달았다. 마침내 왕은 박염촉을 잡아오라 하여 문초를 했다.
"천경림에 절을 지으라는 칙명이 없었거늘 너는 어찌하여 왕의 명이라 전하고 소동을 일으켰느냐?"
"상감마마를 속이고 그런 일을 저지른 죄 크오나 상감마마 마음속에는 그런 일을 하시려고 생각하시고 계신 것을 미리 알고 있었사옵기로 충성을 다한 것입니다. 만약 이 나라에 불교를 홍포한다면 나라가 흥하고 백성이 복될 것이오니 그것이 공이 될지언정 죄가 될 것이 없다고 아뢰나이다."
하고 조신들을 노려보았다. 조신들은 이것을 보고 더욱 격분하여 왕에게 아뢰오되,
"상감마마, 박염촉은 안하무인이 되어서 위로는 상감도 없고, 아래로는 중신 대관도 보이지 않는 무도한 자이오니 저자를 그냥 두시면 후일에 무슨 역모를 꾸밀지도 모르오니 속히 사형에

처해 주시기를 바라나이다. 박염촉은 미친 사람인 줄로 아뢰오."
한다. 옆에서 이 말을 듣고 있던 박염촉이,
"미치기는 누구더러 미쳤다고 하는가? 나는 당신네들이 정말 미친 자라고 생각하오. 상감마마에게 불충하는 자가 미친 자인가, 충성을 다하는 자가 미친 자인가 한번 생각하여 보시오. 재비나 참새가 어찌 기러기나 학의 뜻을 알겠는가? 비상한 사람이라야 능히 비상한 일을 하는 것이다. 내가 이제 상감마마의 뜻을 선포하여 불사를 일으키려 하는 것은 다만 비상한 방법을 취한 것에 지나지 않는 것이다. 불도는 천상천하에 오직 하나밖에 없는 법이라 어떻게 하든지 꼭 일으키지 아니하면 아니되는 것이다. 그런데 이 일을 어기고 불법을 비방하면 큰 일을 당할 터이니 내 말대로 불법을 숭상하라!"

그의 말에 여러 조신들은 기가 질렸다. 이때에 왕은 결론을 내렸다.

"짐이 불법을 믿고 좋아하는 것은 틀림없는 사실이다. 그러나 여러 사람의 동의를 얻어야 좋은 일이라도 할 수 있는 것이지, 아무리 좋아하는 일이라도 여러 사람이 불응하면 진행할 수가 없는 것이다. 언제든지 조신이 합심하여 가결되어야 행할 수가 있는 것이지, 그렇지 않고는 내가 임금이라도 내 마음대로 하는 것이 아니다. 그러니까 아무리 좋은 일을 했다고 할지라도 여러 사람이 반대하는 것을 네가 감행한 것은 잘못이다. 너는 설사 옳다고 주장하더라도 옳은 일이 되지 못하는 것이다. 염촉아, 듣거라! 너는 국법을 어기고 짐을 속이고 조정의 기강을 문란케 하고, 다시 여러 중신의 뜻과 백성의 뜻을 막고 네 고집대로만 하였으니 네 마음 가운데도 벌써 나라와 임금이 없는 것이 아니냐? 나는 옳다고 주장하는 네 한 사람의 주장을 물리치고 나라를 위하고 백성을 위하여 그르다고 주장하는 중론을 따를 수밖에 없으니 네가 어찌 다시 살기를 바라겠느냐? 나는 너를 사형에 처하기를 선언하는 것이니 너는 거역을 말고 달게 받거라!"

하고 왕은 짐짓 노기가 등천하여 용상을 손으로 치고 박염촉을 가두었다가 곧 목을 베어 오라고 명했다. 이때에 박염촉인 이차돈은 최후로 상감에게 아뢰었다.

"상감마마, 소신은 죽는 것이 원통하거나 무서워하지 아니합니다. 불교의 정법을 펴기 위해 순교하는 것을 오히려 영광으로 알고 자랑으로 생각하나이다. 소신이 이번에 죽는 것은 법을 위하여 몸을 바치는 위법망구(爲法亡軀)라 하겠습니다. 그러므로 소신이 죽게 되면 부처님의 불가사의한 법력으로 이 나라에 갑자기 변괴가 일어날 것이오니 살피시기를 바라나이다."

하고 최후로 다짐하는 유언을 남겨 놓았다. 그러나 여러 조신들은 좋아서 쾌재를 부르고 승리를 얻은 듯이 박염촉의 말을 냉소하고 속으로,

'이녀석아, 한번 죽으면 그만이지 무슨 용맹이 있단 말이냐. 헛소리 하지 말아라!'

이렇게 생각하고 형리(刑吏)에게 명하여 처벌할 것을 재촉했다.

이것은 조신들이 왕에 대한 반발 의식의 부리가 컸으므로 왕

이 사랑하는 박염촉을 시험대에 한번 올려놓아 보자는 것이었다. 그러나 그 결과는 참으로 무서웠다. 박염촉을 형장으로 끌고 나가서 단두대에 목을 달고 형리가 추상같은 새파란 장검을 휘두르며 박염촉의 목을 베어 떨어뜨리자, 목은 공중으로 날아서 서라벌 변두리에 있는 금강산에 가서 떨어지고, 그 목을 벤 자리에서는 붉은 피가 나오지 않고 흰젖(白乳)이 세 길이나 솟구쳐서 흘러 나왔다. 그리고 갑자기 햇빛이 어두워지고 사방이 컴컴해지더니 하늘에서 뇌성벽력이 나고 번갯불이 번뜩이고, 그 빛 속에서 묘한 꽃이 떨어졌다. 그리고 산하대지(山河大地)가 뒤흔들리고 산천초목이 부들부들 떨었다. 동시에 임금님과 신하들도 공포감에 싸여서 몸둘 곳을 몰랐다. 천지가 마치 개벽하는 것 같았다.

상하 군신이 이러한 천재지변을 당하고 보니 박염촉을 냉소하고 비웃으며 좋아하던 신하들도 혼비백산하여 어쩔줄을 몰랐다. 성내 백성들도 이 광경을 보고,

"불법에는 보살이요, 나라에는 충신인 죄없는 박염촉을 죽이더니 천도가 무심하지 않아서 변괴가 일어났구나."

하고 조신들을 원망하고 어서 바삐 부처님께 참회하자고 외쳤다.

법흥왕도 이에 법을 위하여 몸을 초개같이 내던진 박염촉의 뜨거운 충성심을 슬퍼하며 조신들과 같이 그 유해를 둘러싸고 통곡했다. 그리고 조신들에게 말하되,

"자, 이제는 우리 국민이 다 같이 불도에 귀의하여 삼보를 지극히 받들기로 결심하자. 만약 이것을 거역하고 어기는 자는 가차없이 극형에 처하리라."

고 외쳤다. 그리고 박염촉의 유해는 온 나라 사람이 정성으로 받들어서 금강산에 모셔다가 안장했다. 이 금강산은 경주 부근의 변두리 산이었다.

　박염촉은 이차돈(異次頓)이라고도 하고 거차돈(居次頓)이라고도 하는데 이와 같이 이름이 세가지나 있으면서 박염촉이라 함은, 당나라 사람과 같은 성명으로 고쳐서 부르게 된 것이다., 이차돈이나 거차돈은 순수한 우리나라 고대어로 지어 부른 것이라고 한다.

□ 황룡사(黃龍寺)의 불상과 탑

　신라 진흥왕(眞興王)은 법흥왕의 조카이다. 7세 때에 등극하면서부터 불법을 신앙하고, 비로소 사람이 출가하는 뜻을 알게 되었다. 14년에 월성(月城) 동쪽에 새로이 굉장히 큰 궁궐을 건축하였는데, 마침내 황룡(黃龍)이 그곳에 나타났으므로 왕은 당장에 이 궁궐을 부처님께 바쳐서 황룡사를 만들었다. 그리고 중국 진(陳)나라로부터 경론(經論) 2천 7백여 권을 가져 오고 다시 팔관회를 설하여 전몰장병의 명복을 빌어 주었다. 그리고 35년에는 황룡사에 유명한 장륙금상(丈六金像) 부처님을 쇠로 구워 만들어 조성했다.

　전설에 의하면 당초에 인도(印度)의 아육왕(阿育王)이 천하를 평정하고 불상을 쇠로 구워 조성하려고 했으나 세 번을 만들어도 다 실패하고 말았다. 그런데 이렇게 큰 불사가 있었으나 태자는 이에 전혀 간섭하지 아니하고 모르는 체하고 있으므로 왕은 태자를 불러서 꾸짖었더니 태자는,

"독력으로 하여서는 안 될 줄로 짐작하고 그리 하였나이다."
하고 아뢰었다. 왕은 이 말을 옳게 여기고 이에 그 황금과 철을 배에 실어서 바다에 띄워 보내면서,

"어디론지 인연이 있는 나라에 이르러서 장륙존상(丈六尊像)이 이루워지이다."
하고 빌었다. 이 때에 이 금과 쇠를 실은 배는 여러 나라에 다 다랐으나 받아들이는 나라가 없어서 최후로 신라 하곡현(河曲縣)의 사포(絲浦)에 다다랐으나 이때는 진흥왕이 벌써 황룡사를 지은 뒤였다.

현리(縣吏)가 배에 실려 온 첩문(帖文)을 올렸는데, 그 속에는 '서축 아육왕(西竺阿育王)이 황철 5만 7천근과 황금 3만 푼을 모아서 석가 삼존상을 조성하려다가 이루지 못하고 배에 실려 보내니 유연국토(有緣國土)에 이르러서 장륙존상을 이루기를 바란다'는 의미의 기록이 있고, 그리고 배에는 다시 그 주조 표본으로 불상 하나와 두 보살상이 실려 있었다.

왕은 곧 현동의 양명한 땅을 가려서 동축사(東竺寺)를 건창하여 삼존상을 봉안하고, 그 황금과 철을 모두 경사(京師)로 가져다가 단번에 장륙금상을 조성한바, 그것은 희한하게도 잘 되었으므로 왕을 비롯하여 모든 사람들은 기뻐하여 마지않았다.

이 장륙상은 무게 3만 5천 7근 중에 황금 1만 1백 98푼이 들었으며 두 보살상에는 철이 1만 2천근과 황금 1만 36푼이 들었

다. 황룡사에 봉안하였더니 이듬해에 불상으로부터 눈물이 흘러서 발꿈치까지 이르고 다시 땅을 한자 둘레나 적시게 되었는데 진흥왕이 승하할 징조라고 했다.

 그 뒤에 신라의 자장(慈藏)율사가 중국 오대산에 들어가서 문수보살을 친견하고 다시 그 보살의 부축을 받았는데 문수보살께서 말씀하시되,

 "너희 나라 황룡사는 그전에 석가세존께서 가섭불(迦葉佛)로부터 법을 강설하시던 터로 그때에 앉아 계시던 바윗돌이 아직도 남아 있다. 천축 아육왕이 황금과 철을 실어 보낸 배가 바다에 떠서 1천 3백여년 동안이나 돌아다니다가 마침내 너희 나라에 이르러서야 비로소 불상을 이루어 봉안케 된 것이니, 그것은 다 어찌할 수 없는 위대한 인연으로 그렇게 된 것이다." 라고 했다. 〈삼국유사〉에 보면 황룡사는 전불시(前佛時)에 7가람의 하나로 연좌석이 불전 뒤편에 있어 높이는 5, 6척쯤 되고 주위는 3척쯤이며, 우뚝하게 서서 위는 평평하다.

 진흥왕이 절을 창건한 이래로 두 번이나 화재를 치러 돌이 깨진 것을 사승(寺僧)이 쇠로 보호하여 왔었는데 그 후 거란 난리를 치른 뒤에는 절이 또 타서 없어지고 또한 묻히어서 지면과 함께 가지런하게 되었다고 했다.

 또 황룡사의 9층탑은 신라 자장율사가 중국 오대산에 들어가서 문수보살을 친견하고 돌아오다가 대화지(大和地) 절을 지날 때에 문득 신인(神人)이 나타나서 자장율사에게 묻되, 무슨 일로 여기에 왔느냐고 하므로 무상보리(無上菩提)를 구하러 왔노라 하였더니 그 신인은 율사에게 절을 했다. 그러더니 다

시 묻되, 그대가 있는 신라란 나라에는 무슨 재난이 없느냐고 말했다. 그래서 자장은 말하되, 우리나라는 북으로 말갈이란 나라가 있고, 남으로는 일본국의 왜가 있어서 자주 국경을 침범하고 또 고구려와 백제란 나라가 있어서 번갈아 가면서 국경을 침범하기 때문에 백성들이 성가셔서 견딜 수가 없다고 했다. 그랬더니 신인이 말하되, 법사가 있는 신라라는 나라는 이제 여자로 임금을 삼았기 때문에 덕은 있어도 위엄이 없기 때문에 이웃 나라가 얕보고 괴롭게 구는 것이니, 법사는 속히 돌아가서 법력으로 나라를 수호하라고 했다.

　자장율사가 다시 묻되, 무엇으로 국리민복(國利民福)케 하겠는가? 하였더니, 그 신인이 다시 말하되, '법사가 있는 나라의 황룡사의 호법룡은 나의 큰 아들로서 범(梵) 천왕의 명령을 받아서 지금 그 절을 수호하고 있으니, 법사가 돌아가시거든 곧 9층탑을 절 안에 세우라. 그리하면 이웃 나라가 항복하고 구한(九韓)이 와서 조공을 바치고 왕조(王朝)가 길이 안정될 것이라'고 한다. 그리고 다시 팔관회를 열고 죄인을 특사하여 주면 외적이 덤비지 못하리라 한다. 그리고 좋은 곳을 가리어서 나의 사당을 지어 주고 나의 명복을 빌어 주면 나도 또한 덕으로써 갚으리라 하고 온데간데없이 사라졌다.

　선덕여왕(善德女王)은 12년에 자장율사가 당나라로부터 돌아와서 여왕을 뵈옵고 탑을 세우지 않으면 안 될 것을 아뢰었더니, 여러 신하들도 다 이에 찬동은 하나 이 탑을 세울 만한 기술자가 없어서 서로 걱정만 했다. 그리하여 나중에는 할 수 없이 폐백을 가지고 백제에 청하여 유명한 장인 아비지(阿非知)

를 데려다가 공사를 착수했다.

　일이 착착 진행되어 기둥을 세우는 날을 맞이하게 되었는데, 아버지는 꿈에 문득 그의 모국인 백제가 멸망하는 것을 보게 되었다. 그래서 그는 마음이 어지럽고 뒤숭숭하여 일이 손에 잡히지 아니하므로 병을 빙자하고 일을 정지하였더니 문득 대지가 진동하면서 어두컴컴한 속에서 노승(老僧)이 장사 한 사람을 데리고 금전문(金殿門)으로부터 나와서 기둥을 세워 놓고 간곳없이 사라졌다.

　이것을 본 아버지는 하는 수없이 크게 참회하고 다시 부지런히 일을 시작하여 그 탑을 완성하게 되었다. 탑은 9층으로 되었는데 철반(鐵盤) 이상만도 42척이요, 이하는 138척이었다. 그런데 이 탑은 국난을 피하려고 세운 탑인 까닭으로 제1 층은 일본, 제2 층은 중국, 제3 층은 오월(吳越), 제4 층은 탁라(托羅), 제5 층은 응유(應遊), 제6 층은 말갈(靺鞨), 제7 층은 단국(丹國), 제8 층은 여진(女眞), 제9 층은 예맥(濊貊)을 응하여 그들의 침입을 막고 그들이 항복하고 와서 조공바치기를 위하여 세운 탑이었다.

□ 공덕산의 천강사

　신라때 죽령(竹嶺)의 서쪽 1백리쯤 되는 곳에 산이 높다랗게 솟아 있으니, 이 산의 이름을 공덕산이라고 불러 왔다. 그런데 진평왕(眞平王) 10년에 하루는 사방에 사방여래가 아로새겨져 있고, 다시 홍사(紅絲)로써 곱게 둘러싼 큰 바위가 공중으로부터 그 산머리에 떨어져 서 있다. 그래서 그 근방의 주민들이 이것을 보고 신상(神像)인지 불상(佛像)인지 분간을 못하고 다투어 올라가서 절만 하고 돌아갔다. 이 소문이 궁중에 들어가서 진평왕은 사실의 여부를 알기 위하여 친히 거동하여 가서 보았더니 이 바위에 사방으로 새겨진 여래상은 신상이 아니고 불상임을 확인하고 공손하게 우러러 예배하고 그 산 옆에 절을 지어 대승사(大乘寺)라고 이름하고 묘법화경을 항상 끊임없이 외는 법사를 청하여 이 절의 주지가 되게 했다.

 이 스님은 이름을 말하지 아니하여서 이름이 없는 망명비구(亡命比丘)라고 불렀다. 이 스님이 이 절에 계시며 수도를 오래 하시다가 돌아간 뒤에 화장을 하지 않고 절 밑에 깨끗한 곳에 매장하였더니 그 무덤에서 두 포기의 연잎이 솟아올라 아름다운 연꽃이 피었다. 그래서 지용쌍련(地龍雙蓮)이라고 했다.

 이 산에는 이러한 불가사의한 일이 있었기 때문에 그 뒤에는 공덕산을 사불산이라고 개칭하여 부르게 되었으니 현재 경상북도 문경군 대승사가 바로 이곳이다. 이 절은 고려 때에 나옹스님이 어려서 출가한 절이기도 하여 나옹(懶翁)화상이 사미승 때부터 영검 기적이 있었다는 이야기가 전하고 있다.

 대승사에는 묘적암(妙寂庵)이라는 산내(山內) 암자가 있는데 이곳에서 나옹스님이 사미승 때에 큰 절인 대승사에 심부름을 자주 다녔는데 도중에 칡덤불이 많아서 칡덩굴이 제멋대로 산에 깔리지 아니한 곳이 없었다.

하루는 사미스님이 큰 절을 내려갔다가 오는 길에 칡덩굴에 걸려서 넘어졌다. 그래서 사미스님은 산신을 불러서 질책하되, "산신은 도인도 몰라보는가? 도인이 왕래하는 길에 칡덩굴이 제멋대로 자라 뻗혀 있어서, 내가 걸려 넘어지게 하였으니 차후에는 그런 일이 없도록 하라!"
고 꾸짖었다. 그랬더니 그 다음부터는 칡덩굴이 자라되 3척을 넘지 못했다고 한다.

 한번은 묘적암에서 대중공양을 하는 중에 나옹스님이 천수를 동이에 가득 찬 물을 대중스님들에게 따르다가 물동이를 땅바닥에 떨어뜨려서 물이 방에 가득했다. 나옹의 은사스님이 이를 보시고 무슨 일을 그렇게 데면데면하게 하느냐고 꾸짖고 물을 어서 치우라고 하였더니, 사미스님은 두 발로 물을 끌어 모아 덩이를 만들어 가지고 두 발로 공을 차듯이 밀고 전면 문 밖으로 나아가서 마루에서 차니 그 앞에 있는 축석 계단에 떨어져 부서지며 흘러내렸는데, 지금도 그 돌 위에 물이 흘러간 흔적이 남아있다. 또 한 번은 여름날에 낮 공양에 대중스님들이 공양할 상치 쌈을 개천에 가서 씻어 오라고 사미스님에게 시켰더니 공양 때가 훨씬 지나도 오지를 않았다. 그래서 기다리다 못해 사람을 시켜 가보게 하였더니 상치 잎으로 물을 적시어 뿌리는 물장난을 하고 있었으므로 대중스님이 모두 기다리고 있는데, 이게 무슨 짓이냐고 하였더니 경상도 합천군 해인사에 불이나 타고 있으므로 상치 잎으로 물을 뿌려 그 불을 끄고 있다고 대답했다. 그래서 이러한 사유를 대중스님들에게 알렸더니 모두들 믿지 아니하며 미친 말이라고 했다.

그런 일이 있은 후에 해인사에서 객승이 찾아왔다. 그래서 그 객승에게 근자에 해인사에 화재가 난 일이 있느냐고 물었더니 모일 모시에 큰 불이 났는데, 난데없이 검은 구름이 모이더니 소낙비가 개천같이 쏟아져 무사히 불을 끄게 되었다고 하는데 그 날짜가 나옹스님이 사미승 시절에 상치 잎으로 불을 끄고 있던 날임에 틀림이 없었다고 한다. 이와 같이 성자(聖者)의 하는 일이라는 것은 불가사의한 일이다.

  대승사에는 반야암(般若庵)이라는 산내 암자가 있는데, 이 암자는 함허득통(涵虛得通) 선사가 〈반야경오가해(般若經五家解)〉의 주석인 설의(設誼)를 지으셨다 하여 암자의 명호를 반야암이라고 했다. 함허화상이 몇해 동안을 이 암자에서 반야삼매에 들어서 설의를 지은 뒤에 이 주석 불조(佛祖)의 뜻에 합치되면 유포하지만 그렇지 못하면 불에 태워 버리고 말겠다 하며 탈고한 원고를 소반에 받쳐서 마당에 갖다 놓고 축원하시기를, 이 원고에 불이 붙어 타버리면 불조의 뜻에 부합되지 못한 해석이요, 불에 타지 아니하면 그대로 유포하겠습니다, 하고 불에 태워 보았더니 연기만 서리고 불이 붙지 아니했다. 그래서 이것을 판각, 유포했다고 한다.

□ 낙산사(洛山寺)의 창건 비화

  서천서역(西天西域)인 인도국 아래에 있는 섬나라 스리랑카의 해안 고절처(孤絕處)에 보타낙가산(普陀洛迦山)이 있으니 이곳을 예로부터 백의대사(白衣大士) 관세음보살의 전신이 계신 도량이라고 한다.

그런데 신라의 의상법사가 명산을 순례하다가 강원도 양양 동해안의 어떤 굴에 이르러서 7일 동안을 재계하고 기도를 드린 뒤에 좌구방석을 타고 물 위에 떠갔더니 천용팔부(天龍八部)가 이끌고 굴 안으로 인도하여 주어서 굴속에서 관세음보살의 진신을 친견했다.

이때에 보살께서 이르시되, 나가서 보면 산마루턱에 쌍죽(雙竹)이 솟아나올 것이니 그곳에 전당(殿堂)을 지으라고 하시므로 굴에서 나와 본즉, 과연 두 줄기 대나무가 솟아오르므로 의상은 그곳에 금당(金堂)을 짓고 불상을 깎아 모신 뒤에 서천서역의 이름을 빌어서 낙산사(洛山寺)라고 했다.

굴은 동해바다를 바라보고 있으며, 높이는 백 척이나 되고 굴 밑에는 동해의 파도가 항상 출렁이며 출입하여 보기에 무섭기 이를 데가 없는 굴이었다. 굴 위에는 관음전 법당을 짓고 그 옆에는 요사채를 지어 홍련암(紅蓮庵)이라는 간판을 걸었는데 지금도 그곳은 기도 장소로 유명한 곳이다.

이곳에서 애욕생활을 그리워하던 조신(調信)대사는 어느 날 꿈을 꾸었다. 꿈속에서 애인을 만나 60년 동안에 흥망성쇠의 인간풍파를 겪을 대로 다 겪고 애환을 느낀 나머지, 다시 재출가하여 입산하던 도중에 꿈을 깼다. 그리하여 대사는 다시 관음성상에게 참회하고 출가 비구로 옳은 길을 밟게 되었다는 유명한 이야기를 남긴 곳이 바로 이곳이다.

그리고 이곳은 강원도 내에서 제일가는 명승지로 유명하고, 또한 기도 장소로서도 제일가는 곳으로 기도를 올리러 오는 선남선녀가 끊일 날이 없다고 한다.

□ 신충(信忠)의 해원과 신문왕

신라때 신문왕은 항상 원인을 알 수 없는 종기에 시달리고 있었다. 명의를 불러서 진찰과 치료를 해도 차도가 없었다. 그래서 왕은 혜통(惠通)화상을 청하여 병의 원인을 알려 달라고 했다. 이에 혜통은 아뢰기를,
"상감마마, 이 병은 몸에서 일어난 병이 아니라 원귀(寃鬼)가 앙갚음을 하려고 침입한 병이라 인력으로는 도리가 없다고 생각합니다."
라고 했다.
"원귀가 작희하는 병이라면 그 원귀는 어떠한 원귀란 말이오?"
"상감마마께서는 전생에 제관의 몸이 되어 있을 때 나라의 고직인 신충(信忠)의 죄를 잘못 판단하여 그를 노예가 되게 하셨으므로 그가 상감마마를 원망하고 세세생생에 보복을 하여 왔는데 이번 상감의 종기도 그의 침노라고 아뢰나이다."
"그렇다면 이것을 어찌하면 그의 맺힌 한을 풀게 하여 주고 나의 병을 완쾌할 수가 있으오리까?"

"지금이라도 상감께서 신충을 위하여 절을 하나 세워 주시고 스님들로 하여금 그의 명복을 빌어 주시면 업원이 저절로 풀려서 병이 나으실 것이라 생각하나이다."

"그것은 어려울 것이 없는가 하오."

하고 왕이 혜통의 말을 믿고 조촐한 곳에 절을 짓고 신충봉성사(信忠奉聖寺)라고 이름하였더니 절이 낙성되던 날 뜻밖에 공중에서,

'왕께서 나를 위하여 절을 세워 주신 공덕으로 이제는 내가 고(苦)를 벗고 천상에 태어나게 되어 세세생생의 원결이 풀리게 되었소.'

하는 소리가 들려 왔다.

왕은 그것을 기념하기 위해 다시 그 소리가 들려 온 산 위에 절원당(折怨堂)을 지었더니 왕의 종기가 씻은 듯이 나았다. 그러므로 무슨 병이든 병에 해당하는 약으로 치료가 되지 않으면 그 병에 대하여 관음기도나 지장기도를 하여 원귀를 천도하여 주고, 심한 경우에는 조그마한 절을 지어서 천도염불을 하여 주면 큰 효력을 본다고 한다.

□ 호국대룡(護國大龍)과 만파식적(萬派息笛)

신라 문무왕(文武王)은 불법을 지극히 신봉했다. 그리하여 평소에 항상 지의법사(智義法師)에게 나는 죽은 뒤에 호국대룡

이 되어 불법을 숭봉하고 나라를 수호하겠다고 말했다.
 용이 아무리 신통 변화의 재주가 있다고 할지라도 한낱 짐승에 지나지 않는데, 어찌하여 그것이 되겠느냐고 물은즉, 왕은 내가 세간의 영화에 염증이 난 지가 오래인즉 축보를 받아서 짐승이 되는 것이야말로 나의 뜻에 마땅한 일이라 하셨다. 그러더니 왕은 세상을 떠날 때 과연 불교 의식으로 장사를 지내되, 유해를 불살라서 동해의 바다 위에 장사하고 장례도 될 수 있는 한 간소하게 하라고 일렀다.
 아들 신문왕은 이를 깊이 새겨 곧 그대로 장사를 지내고 감은사(感恩寺)라는 절을 세운 뒤에 금당(金堂)의 섬돌 아래에 동쪽으로 향하여 큰 구멍을 뚫어서 용이 들어와 꿈틀거리고 노닐도록 했다.
 문무왕의 서원은 거짓이 아니었다. 이듬해 5월에 해궁(海宮)으로부터 뜻밖에 동해중에 한 작은 산이 감은사를 향하여 떠와서 물결을 따라 내왕한다는 급한 보고가 들어왔다.
 왕은 이상히 생각하고 일관(日官) 김춘질(金春質)로 하여금 점을 치게 하였더니 이러 했다.
 "성고(聖考)께서 이제 해룡(海龍)이 되시어서 삼한을 지키시고, 김유신공은 본시 33천(天)의 아들로서 우리나라에 내려오셔서 대신이 되셨는데, 이제 두 어른이 서로 덕을 합치시어 성을 지키는 보배를 보내고자 하오니, 만약 상감마마께서 해변에 행행(幸行)하시오면 반드시 다시없는 큰 보배를 얻사오리다."
 왕은 대단히 기뻐하여 즉시 이건대(利見臺)에 나가서 보니 과연 한 산이 떠 있었다. 사람을 보내서 먼저 그 산을 자세히 살피게 하였더니 산은 마치 거북머리처럼 되었는데 그 위에 한 긴 대나무가 나서 낮에는 돌이 되었다가 밤에는 합하여 하나가 되곤 했다.

 왕이 다시 그 산에 들어가기를 결정하고 감은사에서 하룻밤을 자고 난즉, 이튿날 오시부터 갑자기 천지가 진동하고 폭우가 심하여 지척을 분간치 못하다가 7일만에야 비로소 바람이 자고 날이 개었다. 왕은 그제야 겨우 배를 타고 그 산에 올라간 즉, 뜻밖에 한 용이 왕을 맞아 앉힌 뒤에 검은 옥대(玉帶)를 가져다 바쳤다.

 왕은 그것을 받은 뒤에 다시 이 산에 대가 갈라졌다 합쳤다 하는 이유를 물었다. 이에 용이 아뢰기를,

 "예컨대 한손을 들면 소리가 없으나 두 손이 마주치면 소리가 나는 것과 같습니다. 이 대는 합해야만 소리가 나게 되었으니 그것은 성상(聖上)께서 소리로써 천하를 다스릴 상서로운 징조입니다. 왕께서 이 대로 피리를 만들어 부시면 천하가 화평할 것입니다. 이제 왕고(王考)께서는 동해용왕이 되시고 김유신공도 다시 천신(天神)이 되었사온대, 이성(二聖)께서 힘을 쓰셔서 이 무갑의 큰 보배를 내놓으시고 저로 하여금 가져다 드리게 한 것입니다."

한다. 왕은 5색의 채단과 금옥으로써 답례하고 사람을 시켜 그 대를 베었더니 산과 용은 곧 사라지고 말았다. 왕은 돌아와서 곧 그 대로써 피리를 만들어 불었더니 과연 병환과 병탄이 가라앉고 질병이 유행하지 아니 할 뿐아니라 비올 때 불면 날이 개고, 가뭄에 불면 비가 와서 온 천하가 태평하고 풍파가 가라

앉으므로 그 이름을 만파식적이라 하여 월성천존고(月城天尊庫)에 보관해 두었다.

옥대도 뒤에 다시 자세히 살펴본즉, 그 아로새긴 구멍마다 용이 들어 있으므로 시험삼아 그 둘째 구멍에 있는 용을 끄집어내어서 물속에 넣었더니, 그만 구비를 치면서 하늘로 올라가고 그 땅은 둘러빠져서 연못이 되었다. 사람들은 그곳을 용연(龍淵)이라고 불렀다.

□ 석가사(釋迦寺)와 불무사(佛無寺)

망덕사(望德寺)는 신라 왕이 중국 당나라 황실의 번영을 위하여 지어 준 절이다. 그래서 불상도 훌륭하게 조성하여 모시고 탑도 아담하게 조성하여 세웠다. 그런데 이 절이 낙성도 하기 전에 탑이 춤을 추고 흔들리더니, 그 해에 과연 당나라에는 안록산(安綠山)의 난이 일어났다. 그러나 절의 역사가 준공되어 낙성식의 재(齋)를 모시게 되었다.

효소왕(孝昭王)이 친히 미복으로 재식에 참례하여 모든 것을 분별하고 몸소 수백 명이 모인 대중스님네를 한자리에 앉게 하고 공양을 올리려고 했다. 그런데 모습이 허술한 어떤 미구스님 한분이 수줍은 태도로 쭈빗쭈빗하며 뜰의 한쪽에 서서 왕을 보고 예를 들이면서 청을 하되,

"상감마마, 빈도도 또한 재회공양을 바라고 왔사오니 재공에

참석케 하여 주십시오."

라고 했다. 왕은 그 중의 모습이 너무도 남루한 차림이어서 다소 꺼리는 마음이 없지는 아니했다. 속담에 굿하는데 무당이 모이고, 재하는데 중이 모인다는 것인데 의복이 남루하다고 거절할 수 있으랴 싶어서,

"그리하시오. 이곳에 자리 하나가 비어 있으니 여기 앉으시오."

하고 앉을 자리를 마련해 주었다. 재가 다 끝난 뒤에 왕은 조용하게 홀로 돌아가는 그 비구에게 묻기를,

"스님, 어느 절에 계십니까?"

하였더니 그 비구승은 공손하게 합장 예배하더니,

"예, 소승은 비파암(琵琶菴)에 사옵니다."

한다. 왕은 희롱하는 말로,

"가다가 사람을 만나더라도 행여나 왕이 친공하는 재에 참례하고 돌아오는 길이라고 말을 하지 마시오."

하자 그 비구승은 웃으면서,

"소승은 상감마마의 부탁을 잘 지키겠습니다마는 상감마마께서는 내가 진신(眞身) 석가여래에게 공양을 올렸다는 말씀을 누구에게도 하지 마십시오."

하고 그만 몸이 허공에 둥둥 떠서 남쪽으로 가고 만다. 왕은 오히려 부끄럽고도 놀라워서 동쪽 언덕에 올라가서 남쪽을 향하여 무수히 예배하고 참회한 뒤 다시 사람을 보내어 찾게 했다. 그러나 사자는 돌아와서 아뢰되, 남산 참성곡(參星谷)에 이르러서 보니 석장(錫杖)과 바리때인 식기만 놓아 두고 어디론지 가버리고 알 수가 없었다고 한다. 그래서 왕은 석가사(釋迦寺)

를 비파암에 세우고 그의 자취가 없어진 곳에 불무사(佛無寺)를 세워 석장과 바리때를 두 절에 하나씩 나누어 봉안하고 석가여래 부처님께 공양을 올렸다고 한다.

□ 생의사(生義寺)의 석미륵(石彌勒)

 생의화상(生義和尙)은 신라 선덕여왕 때에 출생한 스님이셨는데 도중사(道中寺)에서 염불 공부를 지극정성으로 하고 있었다. 이 스님은 제행도 청정하고, 교학(敎學)의 조예도 깊으신 분이었다. 그런 가운데 항상 기도를 즐겨 하셨다.
 그의 소원은 천지자연으로 생긴 원불(願佛)을 한분 모셔 보려는 것이었는데 어느 날 밤에 꿈을 꾸니까, 어떤 스님이 와서 그를 데리고 남산(南山)으로 올라가서 풀잎사귀를 매어 표를 하게 하고 다시 남산의 남쪽 골짜기로 가서 이르되,
 "내가 옛날부터 수백 년을 이곳에 오래 묻혀 있었으므로 갑갑하고 답답해 살 수가 없으니 나를 파내서 시원한 바람을 쐬게 하여라!"
하고 온데 간데가 없었다. 생의화상은 꿈을 깨서 생각하니 하도 이상한 일이라 믿을 수도 없고 아니 믿을 수도 없는 일이었다. 그러나 헛일을 하는 셈치고 사람을 사서 데리고 괭이와 삽과 같은 연장을 지게에 져 가지고 그 골짜기에 이르러서 두리번두리번 살피다가 이상하게 마음이 끌리는 곳이 있어서 데리

고 간 사람더리 괭이로 파 보라고 하였으나,

"이 속에 무엇이 묻혔다고 파라고 하십니까?"

하고 말을 잘 듣지 않았다.

"파라고 하면 팔 것이지, 무슨 말이 그렇게 많은가?"

"금덩어리라도 들어 있나요?"

"금덩이가 있을지, 금덩이보다 더한 것이 있을지, 누가 알겠는가?"

"금이면 제일이지요. 금보다 더한 보배가 어디 있습니까?"

"파보면 알 것이니 어서 파보게."

하였더니 역부가 괭이로 땅을 푹푹 파더니 한 자 가량도 파지 않아서,

"괭이 끝에 무엇이 마주치는 게 돌과 같습니다."

"그러면 바로 파지 말고 마주치는 돌의 언저리를 파 보게."

하여, 돌의 언저리를 파들어 갔더니, 그 속에서 인물이 훌륭하신 돌미륵상이 나왔는데 비록 석상(石像)일망정 웃음을 띠고 있는 면상의 조각이 섬세하고 예술적이었고, 얼굴이 원만상이었다. 몸체도 풍만하고 손과 발이 훌륭하고 예쁘게 조각되어 있었다. 그리고 키도 과히 크지 않아서 지게로 한짐 밖에 되지 않았다.

생의화상은 기뻐서 미륵존상에게 절을 하고 간밤 꿈에 보았던 스님이 곧 미륵불이었구나 생각하고 삼화령(三化嶺) 위에 절을 지어서 봉안했다. 생의가 부처님을 만나서 지은 절이라고 하여서 절 이름을 생의사라고 짓고, 소원을 이룬 듯이 원불로 모시고 향화를 받들었다. 미륵불의 영검이 장하시어, 누구든지

와서 기도만 드리면 소원을 이루지 아니할 사람이 없었다고 한다.

□ 백율사(佰栗寺)의 영험한 관음보살

신라 서라벌, 지금의 경주 백율사에 관음보살의 동상이 봉안되어 있는데 지극히 영험하다고 평판이 높다.

중국의 신장(神匠)이라고 일컫는 조각사가 중생사의 관음보살을 깎아 모실 때에 함께 조각하여 모신 관음상인데, 중생사(衆生寺)의 관음상도 영험이 대단하였지마는 백율사의 관음상도 그 영험이 또한 굉장했다.

신라 효소왕(孝昭王) 때에 국선(國仙) 부례랑(夫禮郎)이 그 동지인 화랑도를 거느리고 금난(金蘭)에서 놀다가 북명(北溟) 지방을 가셨는데, 문득 오랑캐인 적인(狄人)에게 붙잡혀서 납치되어 가고 말았다. 다른 사람들은 할수없이 그대로 돌아왔으나 오직 안상(安常)이라는 사람만이 그를 찾으려고 뒤를 쫓아갔다.

효소왕은 이 소식을 듣고 걱정을 여간 하지 않았다. 왕은 전대부터 내려오는 만파신적(神笛)을 얻은 뒤로 부터는 나라에 이러한 불상사가 없었는데 이것이 대체 웬일일까 하고 사람으로 하여금 내고(內庫)를 열어 보게 하였더니, 아니나 다를까 신적이 간곳이 없다. 이것만 없어졌을 뿐만 아니라 이것과 함께 두었던 현금(玄琴)까지도 없어졌다.

 왕은 크게 놀라서 곧 사고리(司庫吏 : 고지기)를 잡아 가두고 온 나라에 명을 내리되, 만약 만파신적과 현금을 찾아오는 사람이 있으면 1년치 조세(세금같은 것)받는 것을 주리라 했다.

 국선(國仙)의 아버지는 아들을 잃고 백율사의 관세음보살이 신령하시다는 말을 듣고 찾아와서 엎드려 절을 하고 기도를 올리며 빌되,

 "대자대비하신 관음보살님이시여, 어서 저의 아들이 무사히 돌아오게 하여 주시옵소서. 그리고 나라에 소중한 보배인 만파신적과 현금도 찾게 하여 주시옵소서."

하고 눈물을 흘리며 지성으로 빌었다. 이와 같이 하기를 37일간을 누워 잘 새도 없이 빌었다. 그랬더니 하루는 기도를 하는 중에 예배를 드리고 나서 본즉, 문득 탁자 위에 현금과 만파신적이 놓여 있고, 다시 관음상 뒤에서 그 아들 부례랑과 안상이 나왔다. 얼마나 반가웠겠는가?

 부자는 서로 부둥켜안고 얼굴을 문지르면서 기쁜 눈물을 흘렸다. 그러다가 흥분이 가라앉은 다음에 국선의 아버지는 그간의 경과를 차근차근 물었다.

 "대관절 어떻게 붙들려 갔으며, 또 어떻게 돌아 왔느냐? 이것이 꿈이냐, 생시냐? 그간의 경과를 말해 보아라."

 "아버지, 꿈이 아니고 생시입니다. 소자는 적군에게 포로로 납치되어 가서 적국대도(狄國大都) 구라가(仇羅家)의 소 먹이는 목자가 되어서 날마다 대오라니야(大烏羅尼野)라는 들판에서 소 먹이는 종이 되어 있었습니다. 그런데 하루는 문득 용모

가 단정한 스님이 손에 현금인 거문고와 만파신적을 들고 와서 고향이 그립지 아니하냐고 물었습니다. 저는 그 스님 앞에 꿇어 앉아서 눈물을 흘리고 우리나라의 상감마마와 부모님이 그리워서 정말 견딜 수가 없습니다. 어찌하면 고국에 돌아가서 상감님을 만나보고 부모님도 만나게 되오리까 하였더니 그렇다면 나를 따라 오너라 하시더군요. 그래서 뒤도 돌아볼 겨를 없이 그 스님을 따라 갔더니 그곳이 바닷가였는데 그곳에서 안상을 만나지 않았겠습니까? 어찌도 반갑던지 둘이 붙들고 서로 울면서 모레사장에서 뒹굴었습니다. 그랬더니 그 스님이 말씀하시기를, 여기는 오래 있을 데가 못되니 어서 고국으로 돌아가자 하고 적(笛)을 쪼개서 두 사람에게 나누어 주어서 한쪽씩을 타게 하고 그 스님은 거문고를 타신 뒤에 눈을 감고 바닷물로 들어가자고 하시더군요. 저와 안상은 두 눈을 꼭 감고 철렁철렁하는 물소리만 듣고 왔는데, 눈을 떠 봐라 하는 그 스님의 말소리가 들리더군요. 그래서 두 눈을 떠 보니까 어느덧 이 백율사에 이르게 되었고, 그 스님은 어디로 가셨는지 종적을 감추고 보이지를 아니하였습니다."

한다. 국선의 아버지는,

"이게 다 이 절에 계신 관음보살님이 신통을 베푸신 가피요, 내가 지극히 기도한 덕이로다."

하고 감탄하기를 마지않았고, 세 사람이 관음보살께 무수백배의 절을 하고 두 보배를 들고 집으로 돌아갔는데, 이 적이 두 쪽으로 갈라져서 어찌하나 하고 서로 붙여 보았더니 본래와 같이 짝 붙어서 하나가 되었는데 불어 보아도 아무 이상이 없었다.

이 소식을 들은 효소왕은 펄펄 뛰다시피 크게 기뻐하며 국선을 맞아들이고 다시 현금과 거문고와 만파신적을 거두어서 그 전과 같이 잘 봉납한 뒤에 밭 1만 경(境)과 대초(大綃) 3천 필, 마납가사(磨衲袈裟) 다섯 벌과 금은으로 만든 그릇 다섯 개를 백율사에 바쳐서 부처님의 은혜에 봉답했다.

 절에는 돌 위에 발자취가 완연하게 있었는데, 전하는 말에 의하면 관음보살께서 도리천(忉利天)을 올라가셨다가 내려오셔서 법당에 들어가실 때에 밟은 자국이라고도 하고, 혹은 부례랑을 구하여 돌아오실 때의 자취라고도 한다.

□ 민장사(敏藏寺)의 관음 기적

 장춘(長春)이란 사람은 신라 우금리(禹金里)에 있는 가난한 여자인 보개(寶開)의 아들이었다. 장춘은 가난에 쪼들려서 늦도록 장가도 못가고 노총각으로서 일찍부터 서라벌서 장사하는 해외 무역상을 따라서 당나라에 왕복이 잦았는데, 한번은 배를 타고 당나라를 간다고 하고 가더니 여러 해가 지나도록 돌아오지를 않았다.

 장춘을 데리고 간 상인 집에 가서 물어보니 그 집 부인이 말하기를, 우리 집 양반도 장춘과 같이 갔을 뿐더러 그때 여러 사람이 떠나갔는데 아직까지 돌아오지 않아, 사람이 애가 타서 죽을 지경이라고 했다. 그래서 장춘의 어머니는 관음보살을 부르며 돌아오기만 기다리며 날마다 울음으로 세월을 보냈다. 그러다가 경주성의 민장사(敏藏寺)에 모신 관세음보살님이 신령하시다는 말을 듣고, 민장사에 올라가서 7일간의 기도를 정성껏 올렸다. 기도가 끝나자, 그 아들 장춘이 돌아와 법당 문을 열고 들어왔다. 보개는 하도 기뻐서 얼싸안고 어쩔 줄을 몰랐다. 긴장이 풀린 뒤에 장춘에게,

"어떤 이유로 외국에 들어가서 여러 해가 되도록 돌아오지 아니하였느냐?"
고 하며 조용히 물어 보았다.

"어머니 묻지 마십시오. 생시인지 꿈인지 알 수가 없습니다."
어머니는 답답하여 다시 물어 보았다.

"꿈이거나 생시거나 네가 고국에 돌아온 것은 사실이 아니냐? 그러니까 숨기지 말고 그간에 외국에 가서 겪은 일을 털어 놓아 보아라."

"그러면 자세히 말씀을 드리겠습니다. 제가 이웃 아저씨를 따라 배 젓는 기술이라고도 배우고, 장사나 배운답시고 돈도 받지 못하면서 여러 행보를 다니지 아니하였습니까? 그래서 이번에도 그런 목적으로 따라 갔었는데 배를 타고 가다가 모진 풍랑을 만나 배가 풍랑에 빠져 버리고, 같이 가던 아저씨들도 모두 바다에 빠져 죽지를 않았겠어요. 저도 꼭 죽을 것인데, 그래도 천명이었던지 손바닥 만한 깨어진 나무조각 하나를 붙들어 몸을 의지하고 한없이 이리저리 떠돌아다니다가 마침내 중국 해안에 밀려가게 되어서 그곳 어부에게 구조를 받아 육지로 나오게 되었습니다.

그러나 중국말을 잘 몰라서 구걸이나마 잘할 수가 있었겠습니까? 나는 고구려 신라 사람이라는 표시를 하기 위하여 손으로 제 가슴을 가리키며, '꺼우리, 꺼우리' 하였더니, 신라 사람인줄 알고 어떤 집에서 기거하게 되어 밥만 얻어먹고 농사일을 하게 되었습니다. 그러니까 새경도 받지 못하는 머슴살이를 한 셈이지요. 여러 해를 있다 보니까 말은 배워 서로 통할 수가 있으나 우리나라에 나올 재주가 없었습니다. 수중에 노자가 없고 해서 나올 수가 없었고, 설사 돈이 있더라도 우리나라로 돌아오는 배편이 없어서 돌아올 수가 없었습니다. 몸은 살아 있으나 도무지 고향에 돌아가지 못할 것만 같아 눈물과 한숨으로 세월을 보내고 날마다 들에서 밭이나 메고 있었습니다. 그런데 하루는 뜻밖에 한 이상한 스님이 와서 우리나라 말을 하며 얼마나 고생을 하느냐고 위로하여 주시더군요. 어찌도 고마운지 저는 그 스님 앞에 엎드려서 울었습니다.

그랬더니 그 스님이 말씀하되, 너를 고국으로 데려다 줄 터이니 어서 일어나 가자고 하시며 따라 오라고 하시더군요. 그래서 반가워 따라 갔더니 그 앞에 큰 개천에 개울물이 흐르고 있는데 그 스님이 나를 보시고 눈을 감으라고 하시더군요. 그래서 두 눈을 감았더니 그 스님이 겨드랑이에 저를 끼고 개천물을 훌쩍 뛰어넘었어요.

저는 눈을 감은채 그대로 가만히 있었지요. 그리고 얼마 후에 정신이 혼탁한 속에서 고국 사람의 말소리가 들리고 목탁소리가 들려 눈을 떠 본즉 삽시간에 이렇게 민장사로 돌아오게 되었습니다. 중국서 신시(申時)에 떠났는데 술시초(戌時初)에 이

곳으로 돌아왔으니 두 시간이 되지 아니한 셈입니다. 그런데 제가 그 스님과 같이 뛰어넘은 개천이 곧 황해(黃海)였습니다."

그의 어머니는,

"그 스님이 다른 이가 아니라 이 절에 모셔 놓은 관세음보살님이시다. 내가 너를 보낸 뒤로 너를 위해 항상 이곳에 와서 예배를 하고 너를 위해 축원을 하여 왔고, 요사이는 7일 전부터 너를 만나게 하여 달라고 지성으로 기도를 하였더니 관세음보살님이 우리 모자를 위하여 이렇게 신통력을 보이셔서 모자가 만나게 되었구나."

하고 보살님의 은력을 깊이 느끼고 종신토록 모자가 함께 독실한 불자가 되었다.

□ 오만진신(五萬眞身)과 왕자 보천(王子寶川)

강원도 평창군에 있는 오대산은 중국에 있는 오대산의 이름을 빌려서 오대산이라 이름을 지은 것이다. 왜냐하면 처음에 자장율사(慈藏律師)가 신라시대에 중국 오대산에 들어가서 문수보살을 친견하고 돌아올 때에 문수보살이 일러 주시되, 너의 나라 간방(艮方 : 동북향)의 명주 땅에도 오대산이 있고, 일만 문수가 항상 머물러 있으니 가보라고 한 까닭이다.

자장율사는 이 말을 명심하고 있다가 본국에 돌아와서 이 산을 찾아와 과연 문수보살을 친견했다. 이로 인해 이 산의 이름을 오대산이라 명명하게 되었고, 문수보살이 항주하신 도량이 된 것이다.

그 뒤의 신문왕(神文王) 때에 왕의 아들인 보천(寶川)과 효명(孝明)의 형제가 있었는데, 이 형제는 세상의 시끄러운 것을 싫어하고 산간의 조용한 곳을 좋아하였기 때문에 서로 손을 잡고 산으로 도망하여 숨어 있었다.

두 사람이 이 오대산에 이른즉 한곳에 청련(靑蓮)이 피어 있었다. 그래서 여기에 왕자들이 자리를 잡고 각각 초암을 짓고 수도(修道)를 하고 있었다.

하루는 두 형제가 함께 5봉에 올라가서 두루두루 참배를 하였더니, 동쪽 만월산(滿月山)에는 1만의 관음보살의 전신이 나타나시고, 남쪽 기린산에는 8대보살을 수(首)로 하여 1만의 지장보살의 전신이 나타나시고, 서쪽 장령산에는 무량수여래께서 머리가 되어 1만대 세지보살의 전신이 나타나시고, 북쪽 상왕산에는 석가여래께서 머리가 되어 1만의 보현보살의 전신과 5백대(大) 아라한이 나타나시고, 중간 비로산에는 비로자나불께서 머리가 되어 1만 문수보살의 전신이 나타나시었다.

두 형제는 정성을 다하여 이 5만 진신께 낱낱이 예배경하였더니 그 뒤로는 매일 인시(寅時)에 문수보살께서 진여원(지금의 상원사)에 오셔서 36종의 변화신을 두시어서 두 형제의 마음을 시험했다. 그러나 두 형제는 조금도 다른 마음을 두지 아니하고 날마다 오직 골짜기에 흘러가는 맑은 물을 길어다가 차를 끓여서 공양을 올리고, 밤에는 각각 그 암자에서 여전히 수도 정진을 했다.

 그때 나라 안에 내란이 일어나 왕위가 비게 되매 국민은 4인의 장군을 보내어 이들 형제를 맞으려 하는데 어느 곳에 있는지를 몰라 걱정하던 차에, 5색의 상서스러운 구름이 국도(國都)로부터 오대산까지 뻗친 것을 보고 찾아가서 만세를 부르고 옥련(玉輦)에 오르기를 재촉했다. 그러나 보천은 울면서 청을 사절하였는데 동생 효명은 할 수 없이 옥련을 타고 서라벌로 가서 왕이 된 뒤에, 백관을 데리고 다시 친히 오대산에 올라가서 진여원에서 문수보살께 공양을 올리고 진여운을 다시 헐어 짓고 문수보살상을 봉안하고, 그 근처 주현(州縣)에 있는 창조(倉租) 1백 섬과 정유(淨油) 한 섬을 드려서 영구히 공양비로 쓰게 했다.

 그런데 왕자 보천은 그대로 산중에 남아 있으면서 항상 그 영천(靈泉)의 물을 마시고 지냈으므로 말년에는 육신으로 공중을 날아서 울진 장천굴(掌天窟)에 까지 이르게 되었다.

 그는 날마다 수구다라니(隨求陀羅尼)를 외웠더니 굴신이 몸을 낮추어서 말하되, 나는 굴의 신이 된 지가 2천여 년이나 되었는데 이제야 비로소 수구다라니 주문을 듣게 되었다고 치사했다.

 보천이 그에게 5계를 일러 주었더니 이튿날에는 어디론지 사라지고 말았다. 보천 왕자는 오대산의 신선굴로 돌아와서 다시 50년 동안이나 정진수도한 결과 나중에는 도리천신(忉利天神)이 삼시(三時)로 와서 법문을 듣고, 정거천(程居天)은 차를 끓이고 공양을 했다. 그리고 그의 머리 위에는 공중에서 40성중이 호위하고 문수보살께서도 가끔 오시더니 관정수기를 하여 주었다.
 그의 석장(錫杖)은 하루 세번씩 소리내어 울면서 방을 세바퀴씩 돌아다녔다. 그가 입적(入寂)할 때에는 뒷날에 할 바를 그 산 중에 있는 바위에 적어 놓아서 나라에 도움이 많이 되게 했다.

□ 영추사(靈鷲寺)의 비화

 신라때 재상으로 있던 충원공(忠元公)이 장산국(長山國 : 지금의 동래) 온천에서 목욕을 하고 돌아오다가 굴정역 동지야(桐旨野)에서 쉬는데, 그때 마침 사람들이 사냥을 하고 있었다.
 매가 금방 꿩을 쫓아 금악산을 넘어가므로 여러 사람들이 아우성을 치고 방울소리를 따라 쫓아가 본즉 매는 굴정현사(屈井縣舍) 북쪽 우물가의 나무 위에 앉아 있었고, 꿩은 쫓기다 못해 그 우물 속으로 들어가서도 오히려 날개로 두 마리의 새끼를 덮어 안고 있는데 매 발에 챈 몸에서 피가 흘러 몸이 빨갛게 되었다. 매 같은 맹금으로도 이 광경을 보고서는 차마 그것을 삼키지 못하여 나무 위에서 그대로 앉아 바라보고만 있는 것이었다. 충원공은 이것을 보고 측은한 대비심(大悲心)을 일으켜서 그 땅에 집을 짓고 영추사라고 이름을 지었다.
 이것을 보면 모성애라고 하는 것은 사람이나 짐승이나 다 같은 것이라는 것을 알 수가 있고 매 같은 맹수도, 어미 꿩이 새끼를 보호하는데 동정하고 삼키지 않고 나무 위에서 가엾은 마음으로 바라보고만 있었으니 맹수에게도 측은하게 생각하는 동정심이 있었다는 것을 알고 남음이 있다. 그런 즉 사람으로서 이런 마음이 없다면 짐승만도 못하다고 하겠다.

□ 쌍계사(雙溪寺) 육조대사의 정상탑

김대비(金大悲)란 사람은 신라의 스님이었다. 일찍이 당나라에 가서 오랫동안 머물고 있으면서 불조(拂祖)의 유물과 조사의 영적이 많은 것을 보고 부러워하며 우리나라에도 어떻게 하든지 육조대사의 육신 정골을 가져다 모시고 싶었다.

마침내 사람을 돈으로 사서 가만히 육조대사의 머리를 취하여 가지고 돌아와서 탑을 모으고 공양을 올리니, 뜻과 같이 모시게 되었다. 지금 경상남도 하동군 쌍계사(雙溪寺)에 봉안되어 있는 육조대사 정상탑(頂相塔)이 그것이다. 그러나 전등록(傳燈錄)〉에 의하면 처음에 육조대사께서 입적하실 때에 여러 가지 유훈(遺訓)이 많이 있었는데 문도들이 아뢰오되,

"스님이 열반하신 뒤에 혹 무슨 어려운 일이 있겠습니까?"
하였더니 육조대사께서 말씀하시되,

"내가 열반한 지 얼마 후에 어느 사람이 와서 나의 시체 머리를 취해 갈 터이니 나의 유언을 잘 들어 두어라."

頭上養親　口裡須養
遇滿之亂　楊柳爲官

머리를 부모같이 봉양하고
공양을 끊임없이 공급하리라.
만이난자의 난을 만나면
양간이란 사람이 관원이 되어 잡으리라.

　그래서 육조대사께서 입적하신 뒤에 문도들은 이 말씀을 깊이 명념하고 대사가 입적한 시체가 썩지 않고 미이라가 되었으므로, 목을 쇠줄과 칠포(漆布)로써 단단히 싸맨 뒤에 조계산의 법당 같은 큰 탑 속에 유해를 봉안하고 사람을 두어서 정중히 수호했다. 그 뒤 몇 해가 지나서 밤중에 문득 탑 속에서 쇠줄을 끊는 듯한 소리가 들리므로 사내(寺內)의 대중이 놀라 깨어서 쫓아간즉 상인(喪人) 한 명이 탑으로부터 뛰어나와 달아났다. 자세히 살펴본즉 대사의 목에 상처가 있으므로 도둑이 탑을 범했다고 주현(州縣)에 아뢰었더니 현령 양간(楊侃)과 자사 유무서(柳無黍)가 엄중히 수사하여 닷새만에 마침내 석각촌에서 장정만(張淨滿)이라는 사람을 잡았다. 그래서 문초하여 얻은 자백에 의하면, 그는 본시 여주 양현 사람으로 홍주 개원사에서 신라의 승려인 김대비에게 돈 2천 냥을 받고 육조대사의 머리를 잘라 가려고 들어갔다가 뜻을 이루지 못했다고 했다.
　이것을 보면 이상의 두 말이 엇갈려서 육조대사의 정골(頂骨)이 진짜로 중국에서 해동에 있는 우리 한국 땅으로 들어왔는지 또는 미수에 그치고 아니 들어왔는지 확인하기가 어렵다. 그러나 전설에 의하면 쌍계사에 정상탑이 있는 곳은 일찍 겨울날에 칡꽃이 활짝 피었으므로 화개동(花開洞)이라고 이름하였는데 정골을 모신 뒤로 영이(靈異)한 일이 많고, 때로는 탑 속에서 방광을 한다고 하니 어떤 것이 정확한 것인지 알 수가 없다. 그러나 아무리 멍텅구리 같은 우리나라 스님네라도 육조대사의 정골이 없는 빈 탑만을 세워 놓고 분향, 공양할 리는 없다.

　육조대사의 정골이 어떤 경로로 들어왔는지는 알 수가 없으나 조사의 정골이 담겨 있는 머리를 무리하게 취하여 왔다는 것은 야비한 일인지 모르나, 조사가 유언으로 게송을 남기실 때 '우만지란 양류위관(遇滿之亂 楊柳爲官)이라고 쓰신 것이 적중하여, 장정만이가 범인이 되고 양간이란 관원이 판결을 했다고 한다.

　육조대사의 예언에 의하면 머리가 끊어짐도 숙명적이요, 우리나라에 와서 봉안된 것을 보면 인연이라고 하겠다.

□ 오류성중(五類聖衆)과 신효거사

　신라때 신효거사(信孝居士)는 공주 사람으로 세상에서 유동(幼童)보살의 화신이라 불리었다. 그는 어머니를 지성으로 섬기고 있었는데 어머니는 고기반찬이 아니면 밥을 먹지 아니했다. 그러므로 신효거사는 항상 사냥을 해서 그 어머니에게 고기를 구하여 드렸는데, 하루는 또 사냥을 하려고 활을 메고 돌아다니다가 길가에서 학 다섯 마리를 보고 쏘았더니 학(鶴)은 몽땅 달아나고 오직 한 마리의 학이 깃 하나를 떨어뜨렸다.

신효는 그것을 주워 돌아오다가 무심코 눈에 대고 본즉 길에 지나가는 사람들이 사람인 제 형상을 가진 사람이 없고, 모두 다 전세(前世)에 가졌던 짐승의 모양 그대로 소·말·개·돼지·닭·새·뱀·당나귀·여우·너구리·호랑이·늑대로 보였다.

그는 사람이나 짐승이나 본래 다름이 없음을 깨닫고 다시는 사냥을 하지 않으려 했다. 그러나 어머니에게 반찬을 해드리지 않으면 안되겠으므로 어찌할까 하고 여러 가지로 생각하다가 마침내 어찌할 수가 없어서 자기 허벅지에서 살을 베어서 반찬을 만들어 드렸다. 그리고 그는 다리에서 피가 흐르므로 냇가에 앉아서 상처를 씻고 있었는데, 마침 임금의 사신이 그 개천을 건느다가 물 위에 피가 많이 흘러옴을 이상하게 생각하고 물을 따라 올라가서 신효거사를 보고, 그 까닭을 물었다.

거사는 마지못해 사실을 고하였더니 사신은 감탄하고 궁으로 들어가자마자 왕에게 아뢰었다. 왕은 거사의 효도를 크게 찬탄하고 그의 어머니가 살아 있을 때까지 해마다 유사(有司)로 하여금 백미쌀 백 석을 주어, 어머니를 봉양하고 밑천을 삼게 했다.

신효는 그 어머니를 지성으로 섬기다가 그 어머니가 돌아간 뒤에는 마침내 집을 버리고 효가원(孝家院)이라는 절을 짓고 자기도 출가하여 중이 되었다.

신효는 그 고장 사람들이 대개 전세에 짐승이었던 사람들로서 악한 자가 많이 있는 것을 보고, 다른 곳으로 살만한 곳을 구하기 위해 예의 깃을 눈에 대고 연방 사람을 보아가면서 경주 지방으로부터 바다를 따라서 명주(지금의 강원도) 땅에까지 이르렀다.

 이 땅에서 깃을 눈에 대고 사람을 보니까 제대로 사람의 현상을 그대로 가지고 있는 사람이 많으므로, 그는 마침내 이곳에 정착할 생각이 나서 길에서 안노인에게 살만한 곳을 물었더니 그 여인은 손을 들어서 서쪽 고개를 가리키며 저 고개를 넘으면 북으로 뚫린 골짜기가 있으니 그리로 가보라고 하고는 인흘 불견으로 없어지고 말았다. 그 여인은 곧 관세음보살의 화신이었다. 신효는 그 말대로 성오평(省吾坪)의 골짜기에 들어가서 자장법사 계신 곳에 이르러 살 곳을 잡으니 그곳이 곧 오늘의 오대산 월정사이다. 그곳에 있은 지 얼마 아니 되어 문득 다섯 비구가 와서 신효에게 가사 한 폭을 내놓으라고 했다.

 신효는 그 뜻을 알 수가 없어서 정신이 어리둥절하여 오직 눈만 말똥말똥하여 서 있었다. 그들은 다시 말하되,

 "스님이 눈에 대고 보는 그 깃을 내어 놓으시오."

했다. 신효는 그제야 비로소 깨닫고 곧 그것을 바쳤더니 그들은 한쪽이 찢어진 가사를 내어놓고, 그 깃을 찢어진 자리에 메우자 깃은 현하여 가사의 바탕과 같은 옷감이 되었다.

 다섯 비구는 곧 오류성중(五類聖衆)의 화신으로, 신효의 사냥하는 일을 중지시키고 어머니를 모셔 오게 한 뒤에 중이 되게 하기 위해 학으로 나타나서 그를 제도한 것이다.

□ 미황사(美黃寺)의 전설

　미황사는 전라남도 해남 달마산(達磨山)에 있는 절이다. 신라 성덕왕(聖德王)때 문득 한 돌배(石船)가 사자포(獅子浦)에 다다랐는데 하늘의 풍악과 범패(梵唄)가 배 속에서 번갈아 들려오므로 어부들이 가까이 가서 보려고 하니까 배가 그만 멀리 떠서 달아났다.

　의조(義照)대사가 이 소식을 듣고 장운(張雲), 장선(張善)의 두 사미승과 촌주우감(村主于甘)과 신도 1백여 명을 데리고 가서 목욕재계한 뒤에 지성으로 기도를 하였더니 돌배가 점차 다시 해안으로 향하여 오는데, 비단 돛을 달고 금으로 만든 허수아비가 노를 잡고 있었다.

　배에 올라가 본즉 그 안에는 자물쇠로 단단히 잠근 금함이 있고, 그 속에는 다시 비로자나불과 문수보현 등 40보살과 53선지식과 16나한의 탱화와 〈금자 화엄경〉 80권과 〈법화경〉 7권의 금고리와 검은 옥돌이 각 한 개씩 들어 있었다.

　신도들이 경과 불상을 모시고 배에서 내려 봉안할 땅을 의논하는데, 뜻밖에 검은 돌이 부서지면서 그 속에서 조그만 청흑색의 송아지가 한 마리 나오더니 그것이 곧 커져서 상당히 큰 소가 되었다.

　여러 사람이 서로 이상하게 생각했다. 그날 밤에 의조대사가 꿈을 꾸었는데 금인(金人)이 말하기를,

　"나는 본시 인도의 우국왕(于國王)으로 여러 나라를 두루 돌

아다니면서 경과 불상을 모실 장소를 물색하였는데, 이곳에 이르러 멀리 산촌을 바라본즉 산머리에 1만 부처가 현상을 나타내고 계시므로 배를 대었습니다. 원컨대 스님은 그 암소에게 경과 불상을 싣고 가다가 소가 누워서 일어나지 않는 자리에 그 경과 불상을 봉안하십시오."
하고 그만 없어지고 말았다. 이튿날 대사는 그 말대로 소에 경과 불상을 싣고 나왔는데 소가 가다가 처음 한 곳에 이르러서 드러누웠다가 다시 일어나더니 또 앞으로 나아갔다.

　나중에 어느 산골짜기에 이르러 아주 드러눕더니 '아름답도다!'라는 말 한 마디를 남기고 그대로 숨졌다. 그래서 대사는 소가 처음 누운 자리에는 통교사(通敎寺)라는 절을 세우고 나중에 누운 자리에는 미황사(美黃寺)를 세워서 경과 불상을 모셨다. 그런데 미황사라고 칭한 것은 소가 '아름답도다'란 말을 남겨서 아름다울 미(美)자를 딴 것이오, 황(黃)자를 붙인 것은 누런 금인의 빛을 딴 것이라고 한다.

□ 피리사(避里寺)의 염불소리

　신라 서라벌(경주) 남산의 동쪽 기슭에 피리사라는 절이 하나 있었다. 그 절에는 이상한 스님이 있어서 항상 나무아미타불의 6자 염불을 소리쳐 부르기로 유명하였는데, 그 염불소리가 경주의 온 성안에 퍼져서 3백 60방의 17만호 사람이 하나도 듣지 못하는 이가 없었다.

그 소리는 고저가 언제나 한결같은 음조로 쟁반에 옥돌을 굴리듯이 낭랑하고 청아하게 들려 오므로 사람마다 그를 이상하게 여기고 공경하되 그는 보통 스님이 아니라 서역의 성승(聖僧)으로서 신라 사람을 깨우치고 발심을 시키려고 오신 분이었다. 그리고 그가 열반에 든 뒤에는 사람들이 그의 상을 나무로 깎아 조성하여 민장사(敏藏寺)에 모셨다.

□ 인조 만불산(萬佛山)의 신기(神技)

신라 경덕왕(景德王)은 당나라 황제가 불교를 신봉한다는 말을 듣고 불교에 관한 무슨 선물을 만들어 보낼까 고심하던 끝에 신라의 으뜸가는 조각가를 선발하여 만불산(萬佛山)을 하나 새겨 조성하라고 명했다.

이 조각가는 침향나무와 또한 명주(明珠)와 아름다운 옥을 재료로 하여 아로새겨서 한 가산(假山)을 만들었는데 높이가 한 길 남짓한 것이었다. 거기다가 다시 오색의 가는 털의 주단 같은 것을 만들어 덮어씌우니 문체가 찬란했다. 그리고 산에는 괴상한 바위와 돌과 시내가 있어서 그것이 다 분명히 구분되어 있는데, 그 한 구분마다 가무기악(歌舞妓樂)과 열국산천(列國山川)의 모양이 있어서 바람이 불어오면 벌과 나비가 날아들고 제비와 참새가 넘나들어 언뜻 보면 정말 그 진가를 분간할 수 없이 잘 되었다.

 그 속에 만부처님을 모셨는데, 적은 것은 8, 9푼쯤 되고, 큰 것은 겨우 한치밖에 안되어 그 얼굴이 혹은 녹두알 만하기도 하고, 혹은 팥알만 하기도 한데 그렇게 작은 그 속에도 머리와 눈, 코 등의 이목이 뚜렷하고 상호가 말끔하게 갖추어 있어서 그 오밀조밀한 것을 이루 다 말할 수가 없었다.

 그밖에 다시 금과 옥을 아로새겨서 만든 일산과 꽃과 과일같은 것은 장엄하게 보였다. 또한 누각과 전망과 난간과 오르내리는 계단을 만들어 놓았는데, 그것이 비록 작기는 하나 그 형체는 말끔하게 돋아나 있었다. 그리고 그 앞에 비구(比丘), 비구니(比丘尼) 1천여 사람이 있고, 아래로는 범종 3개가 종각 속에 달려 있고, 고기 모양으로 만든 종 방망이가 걸려 있다. 그런데 바람이 불면 종이 방망이에 맞아서 소리가 나고, 비구승들이 머리가 땅에 닿도록 절을 한다.

 이렇게 정교하게 만든 것을 사신에게 명하여 당나라에 보냈더니 대종(代宗)황제는 이것을 보고 신라의 기술은 신이 만든 것이오, 사람이 만들었다고 할 수가 없다고 극구 찬양하며 감탄했다.

 그리고 4월 8일 불탄일에 양가불토(兩街佛土)로 하여금 와서 예배를 하게 하고, 그 가운데 이름난 법사로 점안회향제(點眼回向祭)를 올리게 했다.

 이 만불산은 중국의 국보라고 한다는데 지금도 있는지는 알 수가 없다.

□ 김대성(金大城)의 불사 창건

 신라 때 경주 서라벌성 밖 모량리에 사는 가난한 여자 경조(慶祖)가 아들 하나를 두었는데 머리가 커다랗고 이마가 평평하여 마치 큰 성(城)과 같이 생겼다고 하여 대성(大城)이라고 이름을 지어 불렀다.
 대성은 장성하자 가난하여 살수가 없으므로 잘사는 복안(福安)의 집에 가서 품팔이를 하고 있었다. 그런데 복안장자가 한나절 일거리도 안되는 밭 한 뙈기를 아주 주면서 지어 먹으라고 했다.
 대성은 복안장자의 집에 드나들면서 그 밭을 일구어서 두 모자가 먹고 살아갔다. 그때에 흥륜사(興輪寺)의 화주승인 점개(漸開)스님이 흥륜사에서 육륜회(六輪會) 불사를 시행코자 하여 시주를 거두려고 다니다가 복안장자의 집에 이르러서 시주를 하여 달라고 하였더니 복안은 선뜻 베 50필을 시주했다.
 시주를 받은 점개스님은 문전에서 목탁을 두드리면서 큰소리로,

　檀越好布施
　施一得萬倍
　天神常護持
　安泰壽命長

　단월 시주님께서 보시하기를 좋아하시니

하나를 베풀매 만배를 얻으오리다.
  그나 그뿐이겠소. 천신이 항상 수호해 줄 것이요
  생전에 안태하고 수명장수하오리다.

 이러한 축원을 했다. 대성이 옆에 서 있다가 이렇게 축원 덕담하는 소리를 들으니 마음이 어떻게나 끌리는지 몰랐다.
 대성은 빠른 걸음으로 집으로 가서 어머니에게 말하되,
 "어머니, 저 복안장자집 문 밖에서 어떤 스님이 그 집에서 베 50필을 시주하는 걸 보고 축원덕담 하는 것을 들으니까 하나를 시주하면 내 생에는 만 배를 얻는 답니다. 이런 좋은 일이 어디 있겠습니까? 그 집은 전세(前世)에도 공덕을 많이 쌓아서 지금도 잘 살면서 그와 같이 후하게 시주를 하는데 우리는 전세에 지은 공덕이 없어서 이렇게 가난하게 살지 않습니까? 그런즉 이생에서 복을 못 지으면 내생에 가서는 더욱 가난하게 살게 될 것이 뻔한 일이오니 우리도 복안장자의 집에서 품값으로 받은 비전박토인 밭떼기 하나라도 그 스님에게 시주를 하면 어떻겠습니까?"
라고 했다. 어머니도 쾌히 승낙했다. 대성은 기쁜 마음으로 점개스님을 찾아가서 밭 한 떼기를 시주하겠다고 하니까 점개스님은 반가워하며 조금 전과 같이,
 "하나를 베풀면 만 배를 받으리라."
하고 축원을 하여 주었다. 이에 대성은,
 "나도 이제는 큰 복을 닦아 놓았구나."
하고 마음이 흐뭇했다. 그러나 어찌된 일인지 대성은 얼마 지

나지 않아서 단명하게 이 세상을 떠나버리고 말았다. 그래서 그 어머니의 슬픔은 한이 없었다.

 그런데 그날 저녁에 경주 성내에 사는 대신인 김문량(金文亮) 집 위 공중에서,

"모량리에서 죽은 대성이가 너희 집에 태어날 터이니 그리 알라." 하는 큰 소리가 들려 왔다. 집안사람이 하인을 시켜서 모량리에 가서 알아보았더니 그날 밤에 과연 대성이 죽었다. 그로부터 과연 김씨 부인이 태기가 있어서 만삭이 되어 아들을 낳았다.

 그런데 애기는 왼손을 37일이나 꼭 쥐고 펴지 않았다. 전부터 왕래하는 점개스님이 와서 애기의 왼손을 만지작거리자 그때서야 손바닥을 폈는데, 손바닥에 대성이라는 두 글자가 빨갛게 나타나 있었다. 그래서 그 애기를 다시 대성이라 이름을 짓고 그 집에서 대성의 전생 어머니인 경조를 데려다가 같이 살면서 두 어머니가 함께 대성이를 길렀다.

 대성이는 자라서는 항상 사냥하기를 좋아했다. 하루는 토함산에서 곰 한 마리를 잡아가지고 오다가 산 밑 초가에서 자는데, 꿈에 문득 그 곰이 귀신이 되어 와서 '네가 나를 잡아 죽였으니 나도 너를 잡아먹겠다' 하며 대성에게 달려들었다. 대성은 꿈속에서도 어찌나 무섭던지 벌벌 떨면서,

"제발 살려다오. 내가 전생 부모와 이생 부모의 양생(兩生) 부모를 모시고 있는데 다 늙으신 부모라 내가 죽으면 누가 모시겠느냐? 내가 지은 죄를 용서하여 주기를 바라노라."
하고 애걸복걸하고 빌었다.

"너의 정경을 듣고 보니 불쌍하여 너를 죽이지는 아니하고 놓

아 줄 터이니 그 대신에 네가 나를 위하여 절을 하나 지어 나의 명복을 빌어 주겠느냐?"
"그것은 염려 말아. 우리 아버지가 이 나라의 대신이요, 부자니까 내가 가서 말만 잘하면 내일부터라도 당장 절을 지어서 명복을 빌어 주리라."
했다. 깨고 나니 꿈인데 진땀이 흘러서 깔고 자는 요 이불을 흥건하게 적셨다. 그래서 대성은 그 뒤부터 활과 창을 꺾어 버리고 다시는 사냥을 하지 않기로 하고, 집에 돌아와서 아버지에게 꿈에 곰의 귀신을 만난 이야기를 하였더니, 그 아버지도 놀라서 당장 주선하여 토함산 속 곰 잡힌 곳에 장수사(長壽寺)를 지어서 스님네를 들게 하고 곰의 명복을 빌어 주게 했다.

　대성은 그 뒤에 부모상을 당하고는 곰의 귀신을 생각하고, 부모를 위해서는 절을 지어 드리는 것이 가장 큰 효도라고 생각하고 현세의 부모를 위해서는 경주 불국사를 짓도록 하고, 전세(前世)의 부모를 위해서는 토함산 꼭대기에 석불사(石佛寺 : 지금의 석굴암)를 지어 부처님께 바치고 신림(神淋), 표훈(表訓)의 두 큰스님을 청하여 각각 주지로 계시도록 하여 돌아간 부모님의 명복을 빌어 드리게 했다.

□ 손순(孫順)의 종과 홍효사(弘孝寺)

　손순(孫順)이란 사람도 신라때 모량리에 살고 있던 사람인데 집안이 무척 가난했다. 부부가 어머니 한 분을 모시고 살아가는데 부모에게 대한 정성이 지극한 사람이라, 간신히 고기반찬을 장만하여 드리면 손순의 어린아이들이 그것을 빼앗아 먹어 버렸다.

손순이 매번 그런 것을 보고 뼈아프게 느끼고 아무리 말려도 어린 것이 어머니의 고기반찬을 날름날름 다 집어먹었다. 손순은 이 같은 일을 더는 참을 수가 없어 하루는 부부가 서로 의논하고 어머니를 위하여 이 어린아이를 산으로 업고 가서 땅을 파고 묻어 죽이기로 결심했다. 그리고 아이를 업고 귀취산(歸聚山) 북교(北郊)에 이르러 땅을 팠더니 그 속에서 한 개의 석종(石鐘)이 나왔다.

너무도 이상하여 그것을 나뭇가지에 달아놓고 한번 쳐 보았더니 그 종소리가 여간 맑고 아름답지를 않았다. 이것은 하늘이 아들을 땅속에 묻지 말라는 상서라고 생각하고 그들은 종과 아이를 나누어 업고 집으로 돌아와서 종을 들보에 매달아 놓고 날마다 방망이로 쳤다.

흥덕왕(興德王)이 들으니 서교(西郊)에서 이상한 종이 울려왔는데 그 소리가 유달리 맑게 들려오므로 사람을 보내어 알아본 즉 사연이 너무도 처량하고도 신비했다. 그래서 왕은,

"옛날에 중국의 곽거(郭巨)라는 사람은 부모를 위하여 아들을 묻으려 하니까 하느님이 금솥을 주셨다는 이야기가 있더니 이제 손순에게는 석종을 주셨구나."

하고 좋은 집과 해마다 벼 50석을 주어서 그 어머니를 잘 받들게 했다.

손순은 생각하되, '석종은 절에서 쓰는 소중한 악기인데 어찌 사가에 두리오' 하고 자기 집을 내놓아 홍효사(弘孝寺)라는 절을 지어 석종을 안치하고, 자기도 중이 되어서 조석으로 종을 치면서 염불을 했는데, 뒤에 후백제가 그 마을에 침입하여 난리를 겪는 통에 그 종을 잃어버리고 말았다고 한다.

□ 봉덕사(奉德寺)의 에밀레종

신라 효성왕은 그 아버지 성덕왕의 명복을 빌기 위해 봉덕사(奉德寺)를 지었다. 효성왕의 아들인 경덕왕은 다시 구리 12만근을 들여서 큰 종 하나를 만들고자 하다가 마치지 못하고 이 세상을 떠났는데, 해공왕 7년에 이르러서야 비로소 그것이 완성되었으므로 한림랑(翰林郎) 김필해(金弼奚)에게 명하여 종명(鐘銘)을 짓게 하고 성덕대왕의 신종지명(神鐘之銘)이라 했다. 지금 경주 박물관에 있는 종이 바로 그것이니 이 종은 우리나라에서 덩치가 가장 클뿐만 아니라, 기술상으로 보더라도 중국과 일본 것보다 뛰어난 일품이다. 직경이 8척이나 되는데 그 테두리에는 보상화(寶相華)를 수놓고, 주위에는 다시 천인(天人)의 상을 부조하여 그 정교함이 천하에 비할 데 없는 범종(梵鐘)이다.

그런데 이 종을 에밀레종이라고도 하는데, 이에 대해서는 눈물이 날만한 애화가 숨어 있다.

이 범종은 나라에서 지은 종이지만 민간인에게도 구리쇠를 얻기 위해 화주승이 각 고을마다 돌아다니며 구리쇠 동냥을 하였는데, 어떤 한 집에 들렸을 때 젊은 부인이 탐스럽게 잘 생긴 남자 아이를 안고 까불며 경망하게 말하되,
"우리 집에는 쇠가 없는 데 무엇을 드릴까요? 쇠 대신 이 아기나 드릴까요?"
했다. 이 말을 들은 화주승은,
"쇠가 없으면 못 주겠다고 할 것이지 왜 어린애를 들추어서 쇠 대신 주겠다고 하시오? 다시는 그런 말을 하지 마시오."
하고 돌아갔다. 그런데 그 뒤에 몇차례나 쇳물을 부어도 종이 제대로 되지를 않고 파종이 되고 말았다.
그래서 하도 이상하여, 이 종이 무슨 부정을 탄 것이라 생각하고 쇠를 거두어 온 화주승에게 물어보았더니 위와 같은 말을 했다.
그래서 이 종을 완성하려면 그 어린아이를 데려다가 쇠 녹이는데 같이 넣어야 종이 완성될 것이라고 어떤 지사가 왕에게 상주하므로 무참하게도 나라에서 그 아이를 강제로 징발하여 쇠 녹이는데 같이 녹여서 종에 부었더니 그 종이 진선진미하게 잘 만들어지고 소리도 멀리 들리고 청아하였는데 그 종을 치면 울림소리가, '에밀레, 에밀레' 하는 여운이 있었다고 한다.
이것은 그 어린아이가 무지 경망한 어미 때문에 죽은 것이 원한에 사무쳐서 어미를 원망하는 가락으로 '에밀레, 에밀레' 하는 여운을 남기게 되었다고 한다.

□ 해인사(海印寺) 창건 유래

 중국 양무제(梁武帝)때 보지공(寶誌公)화상이 입적하실 때에 그 답산기(踏山記)를 제자에게 주면서 내가 죽은 뒤에 해동에서 두 승려가 찾아와서 법을 구할 터이니 이 답산기를 내어 주라고 유언을 했다.
 그 뒤에 과연 신라에서 순응(順應), 이정(利貞) 두 스님이 와서 법을 구하므로 그 제자가 답산기를 내어 주면서 그 이야기를 하였더니 순응법사는 곧 지공화상의 묘소에 가서 '사람은 고금이 있을지라도 법은 전후가 없을 것입니다' 하고 7일 7야 동안을 정(定)에 들어서 법문을 청했다. 그랬더니 영검이 빨리 나타나 묘문이 스르르 열리고 지공화상이 나와서 법을 설하고 의발을 전한 뒤에 구렁이, 뱀 껍질로 삼은 신을 주면서,
 "너희 나라 우두산(牛頭山) 서쪽에 불법을 크게 일으킬 곳이 있으니 돌아가거든 하루빨리 그곳에 절을 창건하라!"
라고 부탁을 하고는 곧 다시 분묘 속으로 사라졌다. 두 스님은 이 말을 깊이 명념했다가 본국에 돌아오자 우두산으로 들어갔다. 동북으로부터 재를 넘어서 서쪽으로 가다가 문득 몇 사람의 사냥꾼을 만나서,
 "여보시오. 당신네들은 사냥을 하느라고 이 산을 두루 답사하였을 것으로 생각합니다. 그러하온데 대관절 이 산중에서 어떤 곳이 과연 절을 지을 만한 곳입니까?"
하고 물었더니 그들은,

"여기서 조금만 더 내려가면 물 있는 곳이 있을 터이니 그리로 가 보십시오."
하고 대답을 했다.

두 스님은 그들이 말하여 가르쳐 준 곳으로 가서 보니 산새와 수국(水局)이 과연 다 마음에 들었다. 곧 그곳에 자리를 잡고 풀 위에 앉아서 정(定)에 들었더니 문득 이마에서 광명이 쏟아지면서 자기(紫氣)가 하늘을 찔렀다.

그때 마침 신라 애장왕(哀莊王)은 왕후가 등창이 나서 백방으로 약을 구하여 치료해도 효력이 없던 터이라, 이제는 불법의 신통력에나 의지할 수밖에 없다고 하며 신하를 보내 도승을 찾도록 했다.

한 신하가 우두산 근처를 지나다가 길 위에서 그 산에 서기(瑞氣)가 서려 있음을 보고 반드시 이곳에 도인이 있으리라 생각하고 수십 리를 들어간즉 나중에는 골짜기가 막히고 수풀이 깊어서 하늘을 쳐다볼 수가 없었으므로 오도 가도 못하고 오랫동안 망서리고 서 있자니까 뜻밖에 큰 호랑이가 나무숲 사이 산고개로 올라가는 것을 보았다.

신하는 이것을 보고 마음에 이상한 생각이 들어서 그 뒤를 따라 고개를 들어서 한 곳에 이른즉, 두 스님이 나란히 앉아서 선정(禪定)에 들어 있는데 광명이 이마로부터 쏟아 나오고 있음을 발견했다. 그는 곧 그 앞에 엎드려 절을 한 뒤에 왕후의 병을 말하고 궁중으로 같이 가기를 청했다. 그러나 그 스님들은 굳이 사양하다가 나중에는 다만 궁 앞에 무엇이 있느냐고 물었다.

신하가 말하되, 커다란 배나무 한 그루가 서 있다고 말하자

두 스님은 오색사(五色絲)를 내어 주면서 실의 한 끝은 배나무에 매어놓고, 다른 한 끝은 왕후의 등창종기 구멍에 대어 두라고 당부했다.

신하가 돌아와서 왕에게 아뢰고 그대로 했다. 그랬더니 배나무가 말라 죽으면서 왕후의 병은 대로 씻은 듯이 나아 버렸다. 이에 왕은 크게 기뻐하고 그 두 스님이 앉았던 곳에 절을 지으니 이것이 곧 유명한 가야산 해인사이다.

낙성시에 왕은 왕후와 친히 가서 참배하고 밭 5백 결(結)을 바쳤다고 한다. 그러나 실상 해인사를 개기한 것은 의상대사(義湘大師)였으니 이 일은 그 뒤 화재를 당한 뒤 다시 황폐된 것을 중창할 때의 일인지도 모른다.

ロ 호원사(虎願寺)의 유래

신라시대에는 불교가 전성하던 때라 매년 2월을 맞이하면 초 8일부터 15일까지 8일 동안을 '복회(福會)'라고 하여 서라벌 성안의 남녀노소가 흥륜사에 모여서 탑을 둘러싸고 탑돌이를 하며 복을 비는 풍속이 있었다. 많이 돌아다닐수록 복을 많이 받는다고 하여 사람들은 서로 다투어 남보다 한번이라도 더 돌려고 애를 쓰는 사람이 많았다.

이때에 김현(金現)이라는 총각이 있었으니 그는 원성왕 때의 사람이었다. 마침 복회를 당하여 중춘가절 달 밝은 밤에 탑돌이를 하는 것도 한 멋이라 생각하고 신도들에 끼어서 엉덩이를 서로 부딪쳐 가며 정성껏 돌고 있었다.

 이 탑돌이는 종교의식도 되지만 신체 발육도 되고, 모르는 사람도 만나서 사귀게 되는 사교장도 되어서 해롭지 않은 모임이었다. 그러나 이 모임에 참례한 이는 수명장수를 빌고 부귀영화를 바라고 결혼 상대자의 사람을 골라서 장래의 행복을 꿈꾸고 비는 이가 대부분이었다.

 그러나 그렇게 많이 모여서 복잡하게 돌던 사람들도 밤이 깊어가자 하나 둘씩 슬그머니 빠져나가고 집으로 돌아가는 사람이 많기 때문에 자정이 지나게 되면 신심이 강한 한두 사람만이 남아서 탑을 돌고 있을 뿐이었다.

 이 가운데 김현은 언제든지 가장 늦도록 남아있는 사람인데 문득 뒤를 돌아본즉, 18~19세나 되어 보이는 예쁜 처녀 하나가 멀찌감치 떨어져서 돌고 있었다.

 이 여자는 며칠 밤을 두고 보아도 꼭 늦도록 탑돌이를 하고 있었다. 김현은 그 여자가 나이는 어려도 불심이 대단한 사람으로 간주하고 공연히 마음이 끌렸다.

 김현이 일부러 걸음을 늦추고 서 있자니까 그 여자가 김현 앞을 지나가려 했다. 달밤이기는 했지만 정면으로 그 여자의 얼굴을 빤히 쳐다보았더니 그 여자도 김현을 힐끗 쳐다보고 얼굴을 푹 숙였다. 대낮 같으면 얼굴이 빨개졌으리라.

 "어디서 오신 분인데 신심이 그렇게 대단하십니까? 이렇게 늦도록 돌아갈 줄을 모르고 탑돌이만 하고 계시니…"

 김현의 말을 듣고 그 여자는,

"저는 업장이 두터워서 죄를 좀 녹여보려고 그래요."
하고 말했다.
"그래도 집으로 돌아가셔야지요. 집에서 부모님이 애를 태우고 기다릴 터이니까요."
"그럼 저는 집으로 돌아가겠습니다."
라고 말하고는 돌아서서 집을 향해 걸어갔다.
"젊은 여자가 밤길이 어두울 테니 내가 바래다 드리겠습니다."
하고 김현도 절문을 나와 따라 가니까 달가워하지도 않고, 거부하지도 아니했다. 그러나 그녀의 집이 보일만한 곳에 이르러서는,
"고맙습니다. 그러나 더 이상은 따라 오시지 마십시오."
하고 바쁜 걸음으로 걸어갔다. 김현은 사흘 밤이나 이와 같이 대화를 바래다주는 사이에 마음이 그 여자에게 쏠리고 가슴이 설레였다. 그래서 그 이튿날 밤에는 같이 가다가 호젓한 곳에서 끌어안고 키스를 해도 거부하지를 아니하고 순순히 응해 주었다. 그래서 어떤 나무 밑 잔디밭에서 같이 앉아 사랑을 속삭이다가 마침내 최후에 건드리지 못할 선까지 건너 버렸다.

나중에 알고 보니 그 여자가 밤늦도록 남아있던 것도 제 나름대로 김현에게 마음이 끌려 그리했다는 것이었다. 두 남녀의 첫사랑은 깨가 쏟아질 만큼 고소하고 달콤했다.

그런데 그 여자가 김현에게 의심을 품게 하는 것은 그녀의 집 환경 이야기를 물어도 대답이 없고, 그녀 집을 같이 들어가자면 질색을 하는 것이었다. 김현은 의심이 점점 솟구쳐서 탑돌

이를 마치는 날 밤에는 그 여자를 바래다주는 척하고 거절을 하거나 말거나 굳이 그녀의 집까지 따라 갔다.

그녀의 집은 서산 아래 외딴 초가집인데 처녀가 문을 두드리니까 안에서 한 노파가 문을 열고 나와 맞으면서,

"뒤에 따라오는 이는 누구냐?"

하고 물었다.

처녀가 문 안에 들어가서 그 노모에게 속닥속닥 귀엣말을 하며 저의 애인이라고 소개하는 모양이다.

"그것이야 남녀 간에 있을 수 있는 일이지만 어찌 그렇게 경솔하게 하였단 말이냐? 그러나 밤에 따라 온 사람을 어찌 쫓아낼 수야 있겠느냐? 하지만 진회유곡이구나. 이 밤중에 혼자 가라고 돌려보낼 수도 없고, 그렇다고 흔연히 집으로 안내할 수도 없으니 이 일을 어찌한단 말이냐. 너의 오라비들만 아니 온다면 좋겠는데 만약에 오면 큰 일이 벌어질 터이니 그 분을 우선 부엌 구석 나무속에라도 감춰 두는 수밖에 없으니 어서 들어오라고 하여 부엌에 가서 숨어 있도록 하여라."

했다. 처녀가 방에서 나오더니,

"얼른 들어오셔요. 두고 보시면 아실 것이지만 우리 집 형편이 다른 집과는 다르기 때문에 오시지 말라고 한 것인데 굳이 따라 오셨으니 이제는 별 도리가 없군요. 그런즉 제가 시키는 대로만 하십시오."

하고 방으로 안내를 하지 않고 부엌으로 끌고 가더니 나무 단 뒤에 몸을 감추고 숨어 있으라고 했다.

김현은 이곳이 도적놈만 사는 적굴이 아닌가 생각되었다. 김

제2부 삼국시대편 205

현이 그 집의 동정을 살피고 가만히 앉아 있자니까 문득 산이 무너질 듯이 으르렁거리는 소리가 들리더니 황소 같은 호랑이 세 마리가 몸을 털면서 들어오는 것이 아닌가.

 그 순간 김현은 그만 숨이 막힐 듯이 깜짝 놀랐다. 그들은 코를 씰룩씰룩 하면서 무슨 냄새를 맡는 듯하더니 그 가운데 한 마리가 사람의 말소리로,

"어머니, 집에서 사람 냄새가 나니 웬일입니까? 나가시더니 사람 사냥을 해오시었소? 그렇거든 요기나 좀 하게 내놓으셔요."

한다. 김현은 오돌오돌 몸을 떨면서 생각해 보았다.

'이 집이 적굴이 아니라 호랑이굴이로구나'

하고 깨달았다. 노파도 물론 호랑이고, 처녀 또한 호랑이라 호랑이가 한두 마리도 아니고 다섯 마리가 사는 호굴인 것을 알게 되었다. 죽지 아니하면 살겠지, 무슨 별도리가 있겠느냐 하고 모든 것을 체념하고 일이 어떻게 돌아갈 것인가, 내가 호랑이의 밥이 되느냐 아니면, 여기서 죽지 않고 살아갈 도리가 있을 수가 있나 하고 긴장한 마음으로 시간이 흘러가는 것만 지키고 있을 뿐이었다.

 지금 시간으로 새벽 4∼5시나 되었으니까 날만 밝으면 무슨 끝장이 날것도 같았다. 늙은 호랑이 소리가 들리는데,

"네 코는 아마 구멍이 잘못 뚫린 모양이다. 걸핏하면 입버릇같이 사람, 사람 하니 사람이면 아무 사람이나 다 잡아먹는 줄 아느냐? 오늘 밤에 이 집에 오신 손님은 너희들의 매부인즉 그런 줄이나 알아라. 너의 어린 누이와 같이 흥륜사에서 탑돌이

를 하다가 눈이 맞고 배가 맞아서 정을 떼지 못하고 처남들이나 만나 보려고 찾아온 사람이란다."

 이 말이 뚝 떨어지자 공중에서 소리가 들려 왔다.

 "너희 삼형제는 살생하기를 좋아하니 어느 놈이든지 한 놈을 죽여서 권선징악의 본보기를 보여야겠다. 더군다나 흥륜사에서 탑돌이를 한 불자요, 너의 매부인 것을 모르고 잡아먹으려고 하니 너희들은 천벌을 받아야 하겠다."

하고 천둥벽력을 한다. 이때에 세 마리 호랑이는 이 말을 듣고 그만 눈이 휘둥그레지며 벌벌 떨면서 몸둘 곳을 찾지 못하고 허둥지둥거렸다. 이 꼴을 본 처녀 호랑이는 말하되,

 "오빠들 큰일났소. 이 일을 어찌하면 좋겠소. 오빠들 셋 가운데 누가 당할지 모르는 일이니 오빠들은 집에 있지 말고 어디로 가던지 나가셔요. 그리하면 설사 천벌을 내릴지라도 내가 오빠를 대신하여 받을까 하오. 나는 남자를 대신 살리고 여자가 천벌을 받고 죽어야 하겠기로 이렇게 말하는 것이니 오빠들은 뒤도 돌아보지 말고 빨리 먼 곳으로 도망쳐 가세요."

하니 세 마리의 숫호랑이는 어머니 호랑이와 누이동생 호랑이를 남겨 놓고 꽁지가 빠지게 혼비백산으로 도망을 가고 말았다.

 처녀 호랑이는 그제서야 마음이 놓이는 듯 한숨을 길게 쉬고 사람의 몸으로 변해 가지고 부엌으로 들어와서 김현의 손을 끌고 방으로 들어가자고 안내했다. 끌려 들어간 김현은 정신이 얼떨떨하여 의식을 잃고 다만 기계와 같이 움직였다.

 처녀는 김현을 보고,

 "매우 놀라셨지요? 미안합니다. 이제 와서 무슨 말을 해도 군

소리에 불과합니다마는 이러한 변괴가 있을 것 같아서 당신을 우리 집에 오시지 못하도록 거절했던 것입니다. 그렇지만 않았으면 내가 몸까지 당신에게 바친 이상 무엇때문에 집에 오시는 것을 꺼려했겠습니까? 그러나 이제 와서는 나의 정체가 다 드러나고 말았으니까 미안하고 부끄러워서 어찌하는 수가 없습니다. 내가 당신의 아내가 된 이상에는 사람과 짐승의 종류는 다르다고 할지라도 저는 이 몸을 영원히 당신에게 바치고자 하오니 나의 뜻을 끝까지 받아들여 주십시오. 저는 의리상 세 오빠를 위하여 희생이 되고자 하고, 또한 이 축생의 몸이 징그러워서 얼른 죽어버려 새 세상에는 떳떳하게 사람의 몸을 받아서 당신의 참사랑을 받고자 하여 죽으려 합니다. 그러나 이왕이면 당신의 손에 죽고자 하니 제가 원하는 대로만 들어주시기 바랍니다."

"낭자의 소원이 무엇이길래 그런 말을 하는 거요?"

"자세히 들어 주세요. 내가 내일 아침에 호랑이의 몸으로 성중에 뛰어 들어가서 사람을 닥치는 대로 물고 할퀴고 하여 큰 소동을 일으키겠습니다. 그리하면 왕이 포수와 군사를 동원하여 나를 잡으려고 할 것입니다. 그러나 나의 발악이 심해져서 그것으로 안될 때는 천금상 만호봉의 현상을 걸고 나를 잡으려 할 터이니 이때에 당신이 자원하고 나서서 나를 몰고 북문 밖으로 나가서 죽여 버리고 현상금을 받아서 공명과 부귀를 누리시고 새 사람을 얻어서 행복하게 사시고, 나를 위해서는 절이나 하나 세우시고 나의 명복이나 빌어 주십시오."

했다. 이 말을 들은 김현은 비록 사람과 짐승의 격차는 있어도 애정에 대해서는 조금도 차이가 없구나 하고 눈시울을 적셨다. 그래서 모든 것을 그녀의 소원대로 따르기로 승낙하였더니,
"고맙습니다. 그러면 내일 성내에서 만나도록 합시다. 안녕히 가십시오."
하고 작별인사를 했다.

김현은 처녀 호랑이에게 그러한 부탁을 받고 그 밤이 새기도 전에 눈물로 작별하고 집으로 돌아와서 피곤하여 한두 시간 잠을 자고 깨었더니 벌써 성중에는 떠들썩하고 큰 소동이 일어났다. 김현은 다 알고 있는 일이었지만 집안 사람에게 묻되,
"밖에서 떠들썩하고 사람들이 이리 쫓기고 저리 쫓기고 우왕우왕하며 줄달음치는 소리가 들리니 웬일이냐?"
"도련님, 오늘은 꼼짝 말고 집안에만 꼭 계셔야 되겠습니다."
"왜 그러냐? 무슨 일로 집안에서만 갇혀 있으란 말이냐?"
"저 미친 호랑이가 아침부터 성중에 나타나서 사람을 닥치는 대로 물어뜯고 상처를 입히고 돌아다닌다고 합니다. 그래서 길바닥에 쓰러진 사람이 수백 명이라고 합니다. 그런즉 어찌 나가서 다니겠습니까?"
했다. 김현은 다 알고 있는 일이라 느지막하게 조반을 먹고 나갔더니 그간에 호랑이의 소동으로 인해 국왕은 그것을 퇴치하여 잡으려고 나라의 군졸을 풀어서 활과 창과 칼을 가지고 그 호랑이를 잡으려고 했으나 그 호랑이가 어찌도 날쌔게 뛰어 돌아다니며 사람들에게 달려드는지 병졸들도 손쓸 사이도 없이 수백 명이나 물려서 절뚝거리고 쓰러져서 일어나지를 못했다.
성중에는 호랑이에게 물린 사람이 수천 명이나 되지만 죽이

지는 않고 다리를 물어서 일어나지만 못하게 했다. 이리하여 국왕은 현상광고를 여러 군데 써 부쳤다. 그 내용은 누구든지 이 호랑이를 잡아 죽이는 사람은 현상금 1천 금에 만호를 봉하고 정2품의 벼슬을 준다는 것이었다.

 이것을 본 김현은 미소를 띠고 국왕에게 나아가서 자원하고 칼을 하나 주시되 비수같은 단검 하나만 달라고 하여 받아가지고 나가서 호랑이를 만나 칼을 겨누고 기압을 쓰며 호랑이와 같이 날뛰며 곡예를 했다.

 사람들이 멀리서 보니까 그 호랑이가 김현에게도 대들면서 팔도 물고 다리도 물어뜯고 하는 모양인데 김현은 자빠지지도 않고 넘어가지도 않고 호랑이를 칼로 찌르고 주먹으로 대가리를 치니까 호랑이가 쫓겨 달아나는 것이 아닌가. 김현은 그 뒤를 날쌔게 쫓아서 달려갔다. 사람들은,

"이제야말로 장사가 나왔네. 장사가 아니고서야 저렇게 호랑이와 격투를 할 수가 있겠느냐?"

라고 환성을 올리며 안도감을 가지고 즐거워들 했다. 김현은 호랑이를 성중에서 몰아내가지고 성 밖으로 나가서 북쪽에 있는 산속 수풀 속으로 들어갔다.

 호랑이는 어젯밤에 보던 예쁜 처녀로 변신하더니 씽긋 웃으며 품에 안겨 얼굴을 대고 나서,

"밤새 안녕하셨습니까? 서방님 참 고맙습니다. 나의 말을 잊지 않고 실행해 주시니 더우기 고맙습니다. 내가 절을 지어달라는 것도 이행하시겠지요? 꼭 부탁합니다. 오늘 성내 사람으로서 나에게 상처를 입은 사람들은 그 상처에 흥륜사 간장을

바르고 절에 있는 바라 소리를 울려서 듣게 하십시오. 그리하면 깨끗하게 나을 것입니다."

하더니 김현의 허리에 차고 있던 단도를 재빨리 빼어서 제 목을 찌르고 나가자빠지더니 큰 호랑이의 시체로 변했다. 김현은 이것을 보고 감탄하여 눈시울이 뜨거웠다. 그리고 호랑이의 몸을 손으로 어루만져 주었다.

무슨 인연인지 생각만 해도 이상한 일이요, 악착같은 인연이었다. 김현은 숲속에서 나와서 국왕에게 가서 호랑이를 잡아 죽였다고 보고 하여 호랑이에게 상한 사람은 그 상처에 흥륜사 간장을 바르라고 이르고 바라를 쳐서 바라 소리를 듣게 하라고 했다.

호랑이에게 물린 사람이 어찌도 많았던지 흥륜사의 간장이 단번에 바닥이 나고 된장까지 다 없어졌다. 김현은 나라의 상을 받고 벼슬을 받은 뒤에 서천 냇가에 호랑이를 묻어 주고 분상을 모아서 호구총(虎丘塚)이라고 하고, 또 그 옆에 절을 세우고 호원사(虎願寺)라고 이름을 짓고 스님을 두어서 그의 명복을 빌어 주었다.

□ 정수화상(正秀和尙)과 빙녀(氷女)

신라때 황룡사(黃龍寺) 절에 정수화상이란 스님이 있었다. 그는 자비심이 대단하여 누구든지 가난하게 사는 사람을 도왔다.

그래서 몸소 구걸을 해서라도 쌀이 없는 자에게는 쌀을 나누어 주고 옷이 없는 자에게는 옷을 나누어 주는 것이 자기의 천직으로 생각했다. 그러므로 그는 가난해서 못사는 사람들을 보면 안타까워 하고, 병든 사람들을 볼 때에는 자기 살이라도 약이 된다면 아낌없이 베어 먹이기를 사양치 않았다.

 그런데 눈이 퍼붓는 어느 겨울 밤, 삼랑사(三郎寺) 문 밖에서 거지꼴로 얻어먹고 다니던 어떤 젊은 여자가 금방 애기를 해산하고 꽁꽁 얼어붙어 맨땅 위에 쓰러져 있었다.

 정수스님은 사람을 살려줘야 하겠다는 마음으로 당장에 얼음같이 싸늘하게 얼어붙은 여자를 안아 일으켜 자기 품안에 껴안아서 체온이 통하게 하여 녹여주자 정신이 돌아왔다. 그리고 다시 자기가 입었던 솜옷을 벗어서 여자에게 입히고 그 여자 옷으로는 강보를 대신하여 어린것을 꼭 싸서 품안에 안겨주고 자기는 알몸으로 황룡사로 돌아왔다.

 돌아와서도 입을 것이 없으니까 그는 마른 벼 짚단을 풀어서 몸을 가리고 벼 짚가리 속에서 하룻밤을 오돌오돌 떨면서 지새웠다. 그랬더니 새벽에 하늘에서 '황룡사 정수(正秀)를 왕사로 봉하라!'란 소리가 들려 왔다.

 이 소리가 서라벌 성안에 다 들려왔으므로 왕이 곧 사람을 보내어 정수대사를 찾으니 그는 아직도 알몸으로 벼 짚가리 속에 몸을 가리고 떨면서 있었다.

 "스님은 무슨 까닭으로 이 동지섣달에 발가벗고 짚단 속에서 몸을 가리고 계십니까?"
하고 물었더니,

"간밤에 삼량사를 갔다 오다가 천암사 앞을 지나자니까 무슨 송장 같은 것이 쓰러져 있기에 들쳐 보니까 거지로 다니던 불쌍한 젊은 여자가 애기를 낳고 피투성이가 되어서 꽁꽁 얼어 맨땅에 누워 있구려. 측은한 마음이 생겨 그대로 돌아올 수가 없어 나의 체온으로 따뜻이 해주고 몸을 주물러 준 뒤에 내 누더기 두루마기와 솜바지 저고리를 홀딱 벗어서 입히고 그의 옷은 벗겨서 강보 대신으로 어린 것을 싸 품안에 안게 하고 나는 벗은 몸으로 본사에 돌아왔습니다. 그러나 단벌밖에 없는 의복을 그 여자에게 주고 왔기 때문에 갈아입을 옷이 없구료. 그래서 부끄럽지만 이렇게 짚을 풀어서 몸을 임시 가리고 있습니다."
했다. 이 말을 들은 사신도 가슴이 벅차오르고 눈시울이 뜨거워서 자기도 모르게 눈물이 흐르고 있었다.
"장하신 스님이십니다. 이러니까 하느님이 다 살펴보시고 스님을 왕사로 모시라고 공청을 하셨습니다."
"왕사고 무엇이고 다 그만두고 누가 헌옷이라도 한 벌 갖다 주면 갈아입고 불쌍한 그 여자가 죽었는지 살았는지 어찌 되었는지 가보고 싶을 뿐입니다."
라고 했다. 사신이 아뢰되,
"그 문제는 상감마마께서 다 처리하여 주실 터이니 스님이나 이 옷으로 갈아입고 궁중으로 들어갑시다."
하고 신하가 솜옷으로 된 바지저고리와 두루마기 비단 장삼을 드려 갈아입게 하고 금란 가사를 어깨에 메게 하고, 연을 타게 하여 궁중으로 빨리 가시게 했다. 그래서 황룡사 스님네들도 정수스님을 보살화신이라고 극구 찬양하고,

"이 세상에는 그렇게 마음을 쓰실 스님네가 없을 것이오."
하고 감격하고 칭송하기를 마지아니했다.

□ 솔거(率居)의 신화(神畵)

솔거는 신라의 유명한 화백(畵伯)으로 그의 출생과 내력은 알 수가 없다. 그가 어디서 그림공부를 하였는지는 알 수가 없으나 그림 솜씨는 입신(入神) 지경에까지 이르렀다.
 그가 황룡사에 단청을 하고 그 벽에 노송(老松) 한 그루를 그렸더니 그 나뭇가지와 잎사귀가 어찌도 소나무와 똑같던지 새가 날아와서 앉으려다가 떨어지곤 했다고 한다. 그 뒤 황룡사의 벽화가 퇴색하여 그 절 스님이 다른 화가를 청하여 다시 그렸더니 그림은 같은 소나무였건만 새떼가 오지를 않았다고 한다.
 분황사의 불상도 솔거가 그린 것이라고 한다. 솔거의 그림 가운데는 소나무가 유명한데 솔거가 소나무를 사생할 때에는 솔밭에 가서 수백 수천 폭을 그렸다고 한다. 그러니까 상상화가 아니라 실제로 보고 그려 익혔기 때문에 보는 자가 실감이 나게 그린 것이라고 한다.
 내가 어떤 국창(國唱)인 명창에게 들으니, 그들이 새타령을 익힐 적에 새소리를 본따기 위해 산에 올라가서 뻐꾸기 소리를 일심으로 부르면 뻐꾹새가 같이 와서 울어주고, 쑥새 소리를 일심으로 부르면 쑥새가 날아와서 울어주고, 두견새 소리를 내면 두견새가 날아와서 울어주고, 까마귀 소리나 까치 소리를 내면 까마귀나 까치가 와서 울어 주고, 꾀꼬리 소리를 부르면 꾀꼬리가 와서 같이 울어 주었다고 한다.

옛날에 맹상군의 식객 가운데 닭 우는 소리를 잘하는 사람이 있어서 때 아닌 닭 우는 소리를 하였더니 여러 집의 닭이 때가 아닌 데도 따라 울어 주어서 관문이 시간 전에 열려서 맹상군이 난을 피하여 달아났다는 말이 전한다.

이것이 거짓말은 아닌 것 같다. 그러니까 무슨 일이든지 입신지경에 이르면 물아일체(物我一體)의 신비한 일이 있는 것이라 하겠다.

□ 김생(金生)의 신필(神筆)

김생은 신라 선덕왕(善德王)때 사람으로 불도(佛道)를 지극히 존중했다. 충주 북진애(北津崖)에 김생사(金生寺)가 있는데 이 곳은 그가 곧 두타행(頭陀行)을 닦은 곳인데 그가 승려였는지 거사였는지는 분간할 수가 없다. 그러나 그가 승려라도 글씨가 워낙 명필이었던 까닭에 명필인 김생으로만 후세까지 이름을 남긴 것 같다.

그는 평소에 글씨 쓰기를 좋아하여 80이 넘도록 붓을 놓지 않았는데 송나라 때에 고려학사 홍관(洪灌)이 사신으로 변경(汴

京)에 들어갔을 때에 김생의 글씨를 가져다 뵈었더니 중국 사람들은 왕우군(王右軍) 밖에는 이렇게 쓸 사람이 없다 하여 그것은 곧 왕우군의 글씨라 하고 끝내 사신의 말을 믿지 않았다고 한다. 단목화상(端目和尙)이 일찍이 김생의 글씨를 보고 백월선사(白月禪師)의 비를 조각하여 세웠더니 중국의 사신이 우리나라에 나올 때마다 이것을 탁본하여 가지고 가서 국보로 삼았으므로 마침내 '바다를 건너가거든 먼저 김생의 글씨를 물어보라 한 시구까지 생기게 되었다.

 조선 때에 이르러서도 명나라 사신인 주지번(朱之蕃)이 나왔을 때도 이 비의 존재 유무를 묻고 천 장이나 탁본해 갔는데 이것이 큰 폐가 되어서 백성들이 살 수가 없으므로 그 뒤에 비를 두 토막으로 끊어서 땅속에 묻어버렸다.

 비는 본래 봉화군 타자산 석남사(石南寺)에 있었는데 절이 무너지고 비만 남아서 황폐하게 되었으므로 영주군 자용루 아래로 옮겨 두었다고 한다. 진흥왕 때 영보화상(靈普和尙)의 글씨도 또한 김생의 글씨와 백중(伯仲)이 되었다고 한다. 김생의 글씨는 〈화엄경〉을 돌에 새겼던 파편이 지금도 전남 구례 화엄사에 남아 있어서 우리나라의 문화재로 지정되어 있다.

□ 망해사와 용자(龍子) 처용(處容)

 신라 49대 헌강왕(憲康王) 때에 삼국을 통일한 뒤로 천하가 조용하여 오랜 평화를 누려 왔었다. 그런 까닭으로 서울로부터 바닷가에 이르기까지 초가집이 드물고, 높은 집과 담장이 둘러싸여 있었다. 이렇게 국사가 평안하여 조정에 일이 없던 때에 왕은 신하들을 거느리고 학성(鶴城)에 나가 놀다가 해변으로 돌아오는데 갑자기 안개가 짙어서 지척을 분간할 수가 없었다. 이상하게 생각하고 좌우에게 물었더니 일관이 답하되,
 "이것은 동해바다 속에서 용이 피우는 괴변이오니 무슨 행사를 올려 풀어주는 수밖에 없다고 생각하옵니다."
라고 했다. 왕은 유사(有司)를 불러서 용을 위해 그 근처에 절을 하나 짓도록 지시하자 용은 그의 일곱 아들을 데리고 왕의 수레 앞에 나타나 왕의 덕을 칭송하고 춤을 추면서 풍류를 아뢰었다. 그리고 그는 다시 한 아들을 그대로 왕에게 따라 보내어 왕의 정사를 돕게 하니 그가 곧 처용가의 주인공인 처용(處容)이었다. 왕은 그로 하여금 어여쁜 여자에게 장가를 들게 하고 다시 그의 뜻을 잡아두기 위해 급간이란 벼슬까지 내렸다. 왕은 돌아오자 영추산 동쪽 기슭에 터를 잡아 절을 또 하나 지었으니 그것이 바로 망해사(望海寺)이다.

□ 선운사(禪雲寺)의 침향

 전라남도 고창에 있는 선운사(禪雲寺)는 지금도 고찰로 유명하지만 옛날에는 여러 백 명이 살던 큰 절이었다. 최근에도 전

라도에 있는 바닷가에서 침향(沈香)이 많이 나와 거의 전국 사찰에서 사다가 쓰고 있지마는 전설에 의하면 그것은 신라 때 금단선사가 후손으로 하여금 불사에 쓰게 하기 위하여 신력(神力)으로써 산에 있는 여러 만 주의 나무를 베어 엎어서 바다 속에 묻어 둔 것이라고 한다.

침향은 참나무가 수천년 바닷가의 진흙 속에 묻혀 검정색으로 변했기 때문에 그것을 피우면 이상한 향취가 진동하는 것이다.

금단선사는 모양이 검다고 하여 금단이라고 일컬은 것인데 이 금단선사는 진감국사(眞鑑國師)의 별명이라고도 한다.

옛날 스님네는 후세 중생에게 복을 빌어주기 위해 나무를 베어 바닷가에 묻어서 침향이 되게 하였으니 자기 생전에 보지도 못하는 후세 일을 생각하신 것이 큰 자비심의 발로라고도 하겠다.

□ 보개산 석대암(石臺岩)의 유래

강원도 철원군 보개산에는 심원사(深源寺)가 있는데 산내 암자로서 성주암(聖住庵)과 지장암(地藏庵)과 석대암(石臺庵)이 있다. 이중 석대암은 가장 높은 봉우리 밑에 있는 암자로서 기도처로 유명한 곳인데 신라시대에 창건되었다고 한다.

이 암자 창건에 대하여 신비한 전설이 있으니 신라시대에 이순석(李順碩)이란 사람이 석대암 너머 환희봉 아래 동네에 살고 있으면서 보개산에서 사냥하는 것으로 생계를 삼고 있었다.

하루는 다른 한 사람과 같이 산에 올라가서 사냥을 하다가 금색이 찬란한 산돼지를 활로 쏘아 맞혔는데 금돼지는 화살 맞은 상처에서 피를 흘려서 땅을 물들이면서도 환희재를 향하여 도망쳐 갔다.

두 사람의 포수는 그 금돼지가 숨어 있는 곳에 이르러 보니 금돼지는 간곳이 없고 다만 한 지장보살의 석상이 샘 속에 들어가 머리는 물 밖에 내놓고, 몸은 물속에 잠겨 있는데 그 왼편 어깨 밑에는 그들이 쏜 화살이 박혀 있었다.

두 사람은 깜짝 놀라 그 화살을 뽑아내고 보살상을 모시려 했으나 조그만 석상이면서도 태산보다도 더 무거워 도저히 꼼짝하지를 않았다. 두 사람은 오직 두려운 생각으로 그 앞에 엎드려 절하고 서원을 드렸다.

"보살님이시여, 대성께서 이미 저희들의 어리석음을 불쌍하게 여기시어 제도하여 주시려고 이러한 신통력을 나타내신 터이온 즉, 명일에 다시 와서 뵈옵겠사오니 이 우물 밖에 나와 계셔 주시옵소서. 그리하시면 저희들은 당장에 출가하여 지성껏 보살님을 모시고 수도를 하겠습니다."

하고 돌아갔다가 그 이튿날 그들이 다시 와서 본즉 석상이 나와 그 옆에 있는 틀 위에 당당하게 앉아 있었다.

그들은 곧 출가하여 그 도중(徒衆) 3백여 사람을 데리고 와서 절을 지어 보살의 석상을 모신 뒤에 다시 숲속에 돌을 쌓아서 대(臺)를 만들고 항상 그 위에 앉아서 정진하였으니 그것이 곧 석대암이었다.

석상은 키가 3척쯤 되는데 얼굴이 극히 묘하고 왼손에는 구슬을 받들었으며 왼쪽 어깨 밑에는 한 치 남짓 금이 가고 구멍이 뚫렸으니 그것이 곧 화살이 박혔던 자리였다. 이 보살은 뒤에 영검기적이 하도 많은지라 예를 다 들 수가 없으나 한두 가지만을 적어 본다.

훗날 어떤 사람이 석상으로 모신 법당이 퇴락하여 그 법당을 중건하려고 자질구레한 재목을 운반하여 쌓았더니 하룻밤 사이에 재목을 말끔히 썰어다 산골짜기에 내버리고, 석상 옆에는 사람의 힘으로는 어찌할 수도 없는 집채 같은 큰 바위가 놓여 있었다. 그리고 그 옆에는 아름드리 큰 소나무 재목을 뿌리째 뽑아 수십 개를 갖다 놓았다. 그래서 그 사람이 죄송함을 느끼고 그 재목으로 암자를 우람하게 지어서 보살상을 다시 봉안했다.

석대암 법당에는 나라에서 하사한 옥등잔이 있어서 밤마다 기름을 붓고 장등을 했는데 하루는 시봉하던 부전중 아이가 실수하여 땅에 떨어뜨려 두 쪽이 났다. 사미가 잘못함을 참회하고 부엌에 나아가서 불을 때자니까 '애야 옥등잔을 붙여 놓았으니 염려 말고 장등을 하여라' 하는 소리가 역력히 들렸다. 사미가 깜짝 놀라 법당에 들어가 보니까 옥등잔이 감쪽같이 붙여져 있는데 기름을 부어도 새지 않았다.

어느 날 밤에 도둑놈이 들어와 불기인 촛대와 그 밖의 집물을 잔뜩 걸머지고 갔다. 도둑놈은 밤새껏 수십리를 달아났는데 날이 새서 보니까 절 앞에 있는 미나리 논에서 뱅뱅 돌고 있었다. 그래서 도둑놈은 놀라 참회하고 도둑질을 그만 두고 머리를 깎고 중이 되어 수도를 했다.

그 뒤에 풍악도인(楓岳道人) 문일(文日)이 중국에 갔을 때에 여산 경복사(景福寺) 장로가 그에게 말하되, '귀국에 보개(寶蓋), 풍악(楓岳), 오대(五臺)의 세 산이 있으니 그 세 산속에 사는 사람은 삼악도에 떨어지지 않으리라' 하므로 그는 그 말을 명심하여 두었다가 본국에 돌아와서 도우 몇 사람과 함께 명산을 소요하다가 마침내 보개산에 이르러 삼원사에서 환희봉을 바라본즉 뫼뿌리 아래서 서광이 하늘에 빛나고 있고, 다시 종소리가 은은하게 들려 왔다.

그는 이상히 여기고 곧 올라가 보니 그것은 지장보살의 석상에서 일어나는 것이었다. 그는 보살께 재를 올리려 하여 우물에서 쌀을 씻었더니 문득 석상이 화신을 낮추시고 대광명을 놓아 산하 대지를 두루 비추는데 광명 속에는 삼천대천(三千大千) 세계가 손바닥에 올려놓은 것과 같이 환하게 보였다고 한다.

그 뒤에는 고려의 재상 나공(羅公)이 암자에 이르러 여러 가지로 영검에 관한 이야기를 듣고 그 실제적 증거가 있느냐고 물으므로 사승은 다만 전설이 그러하다고 대답하였더니 공은,
"그러면 그까짓 소리를 어떻게 믿을 수가 있느냐?"
하고 냉소를 했다. 그러나 그 결과는 정말로 무서웠다.

그날 밤에 천왕상(天王相)을 가진 한 신인이 나공의 꿈에 나타나서 말하기를,
"네가 무엇이기에 감히 영검의 진가를 캐묻는단 말이냐? 이 땅은 더러운 네가 머무를 곳이 아닌즉 당장 나가거라."
하고 야단을 치므로 그는 그 밤에 그대로 쫓겨 내려와서 심원사에서 자고 갔다고 한다.

불견령(佛見嶺 : 속칭 불견이고개)과 대광리 철원 보개산을 들

어가는 데는 연천으로부터 큰 냇물을 따라 들어가는 길이 있고, 또 하나는 대광리에서 고개를 넘어서 들어가는 길이 있는데 불견령이란 재가 있다. 이 고개는 상당히 높은 고개이다.

　석대암의 조그마한 중종을 하나 부어 달라고 화주승이 철원과 연천 등지로 쇠동냥을 하러 나갔다. 이때 장님 한 사람과 앉은뱅이 한 사람이 있어서 서로 불구자가 된 것을 동정하는 다정한 사인데 화주승이 쇠 동냥을 하러 나왔다는 말을 듣고 서로 말하기를 '우리는 전생에도 복을 짓지 못하고 죄를 많이 짓고 나와서 이 세상에 나서도 병신이 되었으니 금생에 남과 같이 착한 일을 해야 내생에 가서 몸이라도 성하지 않겠는가? 그런즉 우리도 쇠를 구걸하여 모아서 저 화주스님께 올리세' 하고 장님이 앉은뱅이를 등에 업고 여러 부락을 돌아다니면서 쇠를 구걸하여 모아서 화주승에게 전했다. 이렇게 하기를 몇 달을 계속하였더니 어느 날은 화주승이 와서 말하되,

　"여러분의 성심으로 그동안 괴가 잘 모여서 종을 제조하여 종불사가 이루어졌기로 모일에 석대암에서 기념 낙성재를 올리게 되었으니 두 분도 참례하시오."

라고 했다. 그래서 두 사람은 그날을 기다려서 한 사람은 업히고 한 사람은 걸으면서 큰 고개를 넘어가는데 고개 마루에 올라서자니까 석대암의 지장보살이 방광을 하는데 광명 속의 불보살이 공중에 떠 있었다. 업혔던 앉은뱅이가 먼저 발견하여,

　"저, 저기 방광 속에 불보살이 강림하는구나!"

하고 슬쩍 몸을 눌리는 순간 앉은뱅이의 다리가 펴졌다. 그와 동시에 장님은 어디에 그런 광명이 비추는가 하고 두 눈을 떠

보려고 눈을 번득거리자 찰나에 두 눈이 떠져서 두 사람이 다 기뻐하며 석대암에 올라가서 지장보살을 친견하고 무수백배로 절을 하고 감사한 예배를 올렸다. 그래서 그 고개에서 부처님을 친견했다 하여 이 고개를 불견령이라고 전하여 온다고 한다. 그리고 그 동네 밑에까지도 서기광명이 오래 서려 있었다고 하여 대광리(大光里)라고 했다는 전설이 전해 내려오며 지금도 불견령과 대광리는 남아 있다.

□ 불영사(佛影寺)의 유래

　불영사는 경북 울진군 천축산(天竺山)에 있는 절인데 신라때 의상대사(義湘大師)가 처음에 경주로부터 바다를 따라서 단하동(丹霞洞))까지 왔다가 해운봉에 올라가서 북쪽을 바라보니 어느 때 꿈속에서 본 서역(西域)의 천축산이 그대로 이곳에 옮겨 왔다고 감탄했다.
　그리고 그 뒤에 있는 시내 위에 와서 오불(五佛)의 그림자가 나타나신 것을 보고 더욱 이상하게 여기고 물을 따라 내려오다가 금탑봉(金塔峯)에 올라가서 보니 그 아래에 용추(龍湫 : 못과 같은 늪)가 있었다.
　대사가 그 용추의 용을 불러 법을 설하고,
　"이곳에 절을 지으려고 하니 네가 물러가라!"
고 하였더니 용이 말을 듣지 아니했다. 대사가 마지못해 그러면 서로 실력으로 대결하자고 했더니 그 용이 풍운조화를 그려서 천둥벽력을 하고 우박을 내리고 서리와 눈이 내리게 하여 지척을 분간할 수 없게 하고, 또는 억수장마의 비를 쏟아내려 골짜기 안에 물이 차게 했다.

 대사가 이것을 괘씸하게 여기고 화광(火光) 심매에 들어서 화관(火觀)을 하였더니 용추가 불을 땐 가마 속과 같이 끓어올라 뜨거운 물이 되어 용이 견딜 수가 없게 되었다. 용은 노기가 충천하여 바위를 자르고 산을 뚫고 달아났다. 그래서 대사는 용추를 메우고 불당 가람을 지은 뒤에 청련전(靑蓮殿) 3간과 무영탑(無影塔) 1좌를 세워서 갖추게 하고 이 절 이름을 천축산 불영사라고 이름을 지었다고 한다.

□ 궁예왕과 좀먹은 돌

궁예(弓裔)는 신라 제 46대 헌종왕의 서자이다. 5월 5일에 외가에서 출생하였는데 나면서부터 이빨이 나 있고 지붕에는 무지개 같은 빛이 뻗쳤다. 왕이 일관(日官)에게 물었더니 일관이 말하기를,

"애기가 중오일(重五日)에 낳고 또 나면서 이가 나고 괴상한 무지개가 뻗었으니 나라에 이롭지 못할 애기라고 아뢰오."

하므로 왕이 사자를 시켜서 집에 가서 강보에 쌓인 애기를 누각 밑으로 집어 던지게 했는데, 젖어미 종이 그를 불쌍히 여기

고 몰래 그를 손으로 받아 도망하여 길렀다. 누각에서 떨어지는 애기를 잘못 받는 바람에 손이 애기의 눈을 찔러 궁예는 애꾸눈이 되었던 것이다.

애기가 차차 커감에 장난이 심하고 사람을 괴롭게 하더니 10여세가 넘은 뒤에는 그가 날마다 고약한 장난만을 하므로 젖어미가 그것을 보다 못해 비로소 출생 내력을 말해 주고 아무리 서자라도 왕자임은 틀림없으니 장래에 훌륭한 사람이 되겠다고 다짐했다.

궁예는 무슨 생각을 하였는지 15세 때에 세달사(世達寺)로 가서 중이 되었다. 그리고 이름은 선종(善宗)이라고 했다. 그러나 그는 장성하여 갈수록 패기가 왕성하여 계율을 지키지 아니하고 호협했다.

어느 날 신도 집의 공양 초청을 받아서 가는 길에 까마귀가 무엇을 물고 가다가 바리때를 싼 보자기 위에 떨어뜨리고 날아갔는데, 그것은 왕(王)자 글자를 새긴 나무였다.

궁예는 이것을 혼자 숨기고 말을 하지 아니하였지만 속으로는 엉뚱한 생각을 품게 되었다. 이러한 가운데 신라 말엽 정치가 혼란하고 도적이 사방에서 일어나는 것을 보고 그는 기회가 왔다고 생각하고 북원도적(北原盜賊) 양길(梁吉)에게 몸을 맡겼다.

양길은 그를 잘 대접하여 한 부서의 일을 위임하고 다시 군사를 나누어 주었더니 그는 곧 신라를 쳐서 수십 곳의 성을 빼앗으니 군성(軍聲)이 널리 떨쳤다. 뒤에 궁예는 도리어 양길을 쳐서 물리치고 스스로 왕이 되어 국호를 태봉(泰封)이라 하여 철원에 도읍을 정하니 국토의 반 이상이 벌써 그의 지배하에 있게 되었다.

궁예는 특히 신라에 대하여 복수심이 강하여 부석사(浮石寺) 벽에 신라왕의 초상이 있음을 보고 칼로써 그것을 찢고 나라 사람으로 하여금 신라를 멸도로 부르게 하였으며, 신라에서 오는 사람은 누구든지 다 잡아 죽였다.

마침내 왕이 되어 권력으로 국가를 통치하는 반면, 그는 백성의 신앙을 이용하여 종교로써 다시 그들을 귀복(歸服)시키고자 했다. 그리하여 그는 스스로 자칭 미륵불이라 칭호하고, 다시 큰 아들은 청광(靑光)보살이라 하고, 끝 자식은 신광(神光)보살이라 하여 좌우에 따르게 하고 행차시에는 금으로 장식한 건(巾)을 쓰고 몸에는 비단으로 꾸민 도복을 입고 백마를 타고 동남동녀(童男童女)로 하여금 일산과 향화를 받들어 앞서게 하고 비구 2백 명으로 하여금 범패를 부르면서 뒤에 따르게 했다.

궁예는 다시 경권 20여 권을 짓고 때로는 위엄을 갖추고 앉아서 설법을 하였으나 모두 조리에 맞지 않으므로 석총(釋聰)이라는 중이 사설이라 하고 비방을 하자 그는 크게 노하여 석총 대사를 죽여 버렸다.

그 밖에도 포학성이 날이 갈수록 심해지므로 그의 부인인 강(康)씨가 간하자 궁예는 그 부인을 죽이고 두 아들까지도 죽여 버렸다. 그러니까 그의 부하인 장상(裝相)도 그를 배반하고 백성까지도 궁예왕이 하루 빨리 망하기를 하늘에 빌 정도였다.

궁예는 이 같은 소문을 듣고, '흥, 나더러 망하라고. 돌이 썩어

서 구멍이 나기 전에는 아니 망한다.'
하고 버티었다. 그의 부하가 고려 태조 왕건(王建)을 추대하여 왕을 삼고 일어나는 바람에 궁예는 미복을 입고 도망하여 북문으로 빠져 나아가서 어떤 산중에 숨어 있었다. 그러나 워낙 배가 고프니까 나와서 밭에 보리이삭을 도둑질하여 먹다가 마침내 백성들에게 붙들려서 맞아 죽었다.

지금도 철원 지방에는 맷돌짝으로 쓰는 좀 먹은 것같은 구멍이 뚫린 돌이 수없이 많이 있는데 이것은 궁예가 돌이 썩기 전에는 아니 망한다고 호언장담하던 때부터 이러한 곰보돌이 많이 나와서 궁예가 망하기를 증거한 것이라고 한다.

이것을 보면 아무리 불교를 좋아하고 신앙심이 깊더라도 마음이 나쁘고 하는 일이 포악무도하면 악한 과보를 면치 못하는 것이라고 하겠다.

□ 자장암(慈藏庵)의 금개구리

경상남도 양산 통도사의 자장암 옆에 큰 바위가 있는데 엄지손가락 하나 들어갈 만한 구멍이 있다. 그 속에는 청신금구(青身金口)의 개구리 한쌍이 있는데, 그 놈은 나와서 펄펄 끓는 솥뚜껑 위에도 마음대로 앉아 있고, 남비의 끓는 물속에 들어가도 죽지 않고 뛰어다니는 개구리였다.

이것이 변화무쌍하여 어떤 사람이 주발 속에 놓고 집에 가서 보면 어떻게 나갔는지 종적이 없었다. 그러나 절 암자에 다시 와보면 그대로 뛰어다니고 있었다. 이것도 보이는 사람이 있고, 보이지 아니하는 사람이 있었다. 어떤 때는 마구 불기 위에도 기어 다닌다.

그런데 신비한 것은 1천 년 전에도 그 모습이요, 1백 년 전에도 그 모습이요, 지금도 그 모습이라 한다. 여느 동물 같으면 그간 목숨이 다하여 죽어 없어졌기라도 할 터인데 장생불사를 하고 있으니 기이한 존재인 것이다. 그런데 이것은 자장율사가 신통으로서 기르던 것이라고 한다.

□ 성덕산(聖德山) 관음상의 유래

전라남도 옥과군(지금의 곡성군) 성덕산에 관음사가 있는데 이 관음사에 모신 관음상은 이상한 사연을 간직하고 있다.

신라때 하루는 뜻밖에 사람 하나도 없는 돌배(石船) 한척이 관음상을 싣고 낙안(樂安) 해변의 단교 옆에 접근해 왔다. 어부의 보고를 받고 군관이 그 돌배를 잡으려고 쫓아간즉 바람 한 점도 없는데 배가 다시 화살같이 오던 바다를 향해 달아나고 있었다. 여러 사람이 나가서 아무리 소리소리 지르고 오라고 해도 돌아오지 않았다.

이튿날 옥과에 사는 성덕이란 처녀가 바다에 나갔다가 바라보니 구름이 아득한 바다 저 멀리서 배 한척이 둥둥 떠서 마치 찾아다녔다는 듯이 자기 앞을 향해 쏜살같이 떠왔다. 배가 닿자 그녀는 배 위에 뛰어올라 보니 그 배 안에는 사람이 하나도 없고 금색이 빛나는 관음상 한 분이 자비스러운 얼굴로서 그를 대하여 주었다.

그 처녀는 어찌나 기이하고 대견하여 애모(愛慕)의 생각이 나는지 그 앞에 엎드려서 무수백배로 절을 한 뒤에 관음상을 옮기려고 등에 업어 보니 가볍기가 갈대 잎 같았다.

그는 한참 가다가 성덕산에 이르러서는 문득 관음상이 태산과 같이 무거워지므로 이것은 보살님께서 그만 가시고자 하신 것이 아닌가 생각하고 그대로 그 자리에 절을 지어 모셨다고 한다.

절 안에는 지금도 쇠로 된 관음상이 있고, 그 옆에는 성덕 처녀의 동상이 있다고 한다.

☐ 당나라 화사(畵師)의 신필(神筆)

신라 서울인 서라벌에 있는 중생사의 관음상은 영험이 비상하여 재앙을 물리치고 복을 빌면 백발백중 성취시키는 기적이 너무 많아 열거할 수가 없을 정도이다. 그런데 이 관음상의 그림이 절묘하여 정말 세상에서 볼 수 없는 훌륭한 그림이라 한다. 그러므로 이 보살을 그린 화사의 신필을 먼저 들어보기로 한다.

전설에 의하면 당나라 황제가 사랑하는 궁녀를 두었는데 어찌나 예쁜지 세상에서 볼수 없는 미인이었다. 그래서 황제가 유명한 화사를 초빙하여 궁녀를 그리게 하여 후세에 전하게 했다.
 화사는 날마다 몇시간씩 궁중에 들어가서 그 궁녀를 모델로 그림을 그렸다. 그림 그리기를 마치자 화사는 그래도 혹 다시 손을 댈 데가 없는가 하고 붓을 들고 다시금 그림을 들여다보다가 순간 실수하여 붓을 그림 위에 떨어뜨리는 바람에 배꼽 아래에 붉은 점이 생기게 되었다. 그러나 할수없이 그대로 은은하게 색칠하여 황제에게 올렸다.
 황제가 본즉 그 그림이 사랑하는 궁녀와 틀림없이 같은 것을 보고 화사의 재능을 높이 칭찬하다가 문득 배꼽 아래에 있는 붉은 점을 발견하고 의심이 크게 갔다. 이 사마귀는 세상에 나밖에 아는 사람이 없는데 이것을 그려냈으니 이것은 반드시 그동안에 좋지 못한 일이 있지 않았나 싶어서 곧 화사를 잡아 옥에 가두고 장차 죽이려 했다. 그러나 그때에 숭상되는 대신이 화사의 성품을 알기 때문에 그의 죄 없는 것을 황제에게 아뢰되,
 "아뢰옵기 황송하오나 이 화사는 마음이 충직한 사람이라 절대로 상감을 속이는 일은 아니할 것이라고 믿나이다."
하였더니 황제는 물었다.
 "그렇다면 그 사마귀는 어떻게 알고 그렸단 말인가?"
 "붉은 사마귀를 그린 것은 화사가 보고서 그린 것이 아니라 신필의 조화가 자기도 알지 못하는 사이에 저절로 그려진 것이라고 생각하오니 그에게 형벌을 주는 것은 옳지 못하신 처사라 아뢰오."

하고 강경하게 간했다.

황제도 다만 막연한 추측으로 화사를 의심했던 터이므로 대신의 말을 옳게 여겨서 풀어 주었다. 그러나 화사가 그렇게 조화가 있는 사람이라면 다시 시험을 한번 해보리라 생각하고, "화사의 신필이 그렇게 조화가 붙었다면 내가 지난 밤 꿈에 불상을 보았는데 내가 꿈에 본 불상을 그려 올리도록 해라!" 하고 화사에게 명했다. 화사는 황제의 분부를 받고 속으로 부처님께 무수히 빌면서 손이 가는 대로 붓을 눌러서 11면 관음상을 그려서 바쳤더니 황제는 꿈에 본 것과 조금도 틀림없다고 하며 후하게 상금까지 내렸다.

화사는 이것은 모두가 관세음보살의 대자대비하신 덕이라 생각하고 그 뒤에 관음상을 많이 그려서 각 절에 모셨는데 당나라의 박사인 분절(芬節)과 함께 불사를 많이 하고 두 사람이 신라로 같이 와서 중생사의 관음상을 그려 모시게 된 것이다. 그래서 중생사에 모신 관음상은 천하에 이름이 높은 동시에 영험도 신속했다고 한다.

□ 중생사(衆生寺)의 관음 영험

신라 말엽에 정보(正甫) 최은성(崔殷誠)이란 사람이 늦도록 아들을 낳지 못하다가 중생사에서 관음기도를 올리고 아들을 낳았다. 그런데 3개월도 되지 못해 문득 후백제 견훤의 군사가

서라벌을 침범하매 뜻밖의 난리에 사람들이 피난하느라고 성중이 들끓듯 시끄러웠다.
 서로들 나만 살겠다고 도망하는 판에 한 남자가 생각하여 보니, 젖먹이 애기를 데리고 가다가는 애기를 노상에서 죽일 것만 같았다. 그리고 자기도 그것이 마음에 걸려 도망도 마음대로 못갈 것만 같았다. 그래서 생각다 못해 무리한 일이지만 애기를 죽이더라도 관세음보살께 맡겨 죽여야만 사후에 극락이라도 갈 것만 같았다. 그래서 은성은 아들을 안고 중생사에 계신 관음보살상 앞에 가서 작별 기도를 하되,
 "대자대비하신 관세음보살님이시여, 저에게 어린 자식을 점지하여 주신 것도 그 은혜를 갚을 길이 없사온데 이제 다시 사뢰기는 너무도 염치없사오나 뜻밖에 난리를 만나서 피난을 가게 되어 제 몸도 죽을지 살지 알 수가 없으므로 이 자식까지 데리고 갈 수가 없사옵기로 다시 와서 아뢰나이다. 원하옵건대 보살님이 주신 자식이라 다시 성현께로 데리고 와서 바치오니 얼마 동안이라도 이 아이를 맡으시어서 죽지 않게 하여 주시옵소서. 그리하여 주시면 그 은혜야말로 백겁전생이 자나더라도 정말 잊지를 않겠나이다. 아무쪼록 저의 소원대로 맡아 주시옵소서." 하고 세 번이나 울면서 아뢴 뒤에 다시 그 아들의 뺨에 입을 맞추어 주고 애기를 당보에 싸서 관음상의 자리 아래에 감추어 두었다. 늙으막에도 혈육이 없다가 간신히 천만 뜻밖에 보살에게 빌어서 낳은 자식을 다시 이렇게 내버리고 가는 그의 가슴은 천갈래 만갈래로 찢어지는 것 같았다.
 그는 몇 번이나 남모르게 뒤를 돌아보았는지 모른다. 그러나

워낙 다급하게 밀어닥치는 피난민에 우물쭈물할 수가 없었다. 그는 관음보살만 외우면서 무리하게 어린것을 관음보살에게 맡겨 놓고 도망쳐 달아나고 말았다.

 그 뒤 반달이나 지나서 적군이 물러가고 난리가 끝나자, 피난 갔던 사람들이 차차 다시 돌아오기 시작했다. 최은성도 피난중에 아내와 같이 돌아다니다가 돌아오면서,

"우리 내외는 이렇게 살아왔지만 애기는 그동안에 어찌 되었는지 모르겠네."

하며 눈물을 흘리면서 쏜살같이 중생사의 관음보살님께로 먼저 달려 갔다. 그러나 이게 웬일인가.

 꼭 죽은 줄로 알고 시체나 찾아보겠다고 갔는데 사실은 그 아들이 죽지 않고 살아있을 뿐만 아니라 토실토실하게 살이 쪄서 몸이 튼튼하게 자랐으며, 탁자 위에서 장난을 치며 놀고 있는 것이 아닌가. 거짓말 같았다. 애기가 아빠와 엄마를 보더니 손짓을 하며 방긋방긋 웃었다. 그리고 입에서는 금방 먹인 듯한 젖냄새까지 풍겼다.

 미처 피난을 가지 못한 애 어머니가 있어서 기도를 왔다가 측은하게 여기고 가끔 와서 젖을 먹여 길러 주었는지는 모르나 불가사의한 일이었다.

 그들 부부는 너무나 기뻐서 애기를 끌어안고 울었다. 설사 어떤 엄마가 젖을 먹여서 살려 주었다고 하더라도 상상밖의 일이었다. 그렇다면 그 뒤에 생색을 내려고 내가 당신의 자식을 살려 주었다고 나서는 자가 있을 터인데 영영 없었다.

 최씨 부부는 관음보살께 무수히 절을 하고 애기를 안고 나왔

다. 이 아이가 바로 최승노(崔承魯)로서 이름을 떨치고 벼슬이 정광(正匡)에 이르고 그의 자식은 낭중(郎中) 벼슬을 한 최숙(崔肅)이었으며, 다시 또 최숙은 최제안을 낳아 대대로 부귀공명하며 고려의 대성(大姓)을 이루어 번족하게 살았다. 그러니 이 일을 거짓말이라고는 할 수가 없다.

□ 성태(性泰)비구에게 관음 현몽

중생사(衆生寺)는 관음보살이 영험하다고 하여 한동안 잘 운영이 되더니 사운이 비색하였던지 주지승이 박복해서 그랬던지 그렇게 기도와 공양이 끊일새 없던 곳이 차츰 차츰 불공스님과 기도 손님이 감소해지고 절에서 농사짓는 밭도 홍수에 떠내려가고 하여 승려 2, 3명도 겨우 살아가기가 어렵게 되었다. 그리고 본즉 퇴락해 가는 법당과 요사체도 손을 써볼 수 없이 되었다.

이때에 주지로 있던 성태(性泰)라는 스님이 절을 지키고 있다가 어느 하루는 관음상 앞에 가서 예배를 올리고 꿇어 앉아 고하되, '대자대비하신 대성인 관세음보살님이시여, 소승이 이 절에 주지가 되어 주야로 조금도 게을리 하지 않고 조석으로 향화(香火)를 받들어 왔사오나 사중의 전토(田土)가 없어져 가고 불공 손님과 기도 손님도 끊어져서 경제적으로 곤란이 극심하여 이제는 어떻게 향화를 더 계속하여 받들 수가 없습니다. 그러므로 죄송하오나 아무리 생각해도 다른 곳으로 옮겨 가는 수밖에 없사옵니다. 그래서 작별인사를 드리기 위하여 이렇게 사뢰오니 대자대비로써 살펴주시기를 바라옵나이다."
하고 아뢰었더니 그날 밤 꿈에 관음보살께서 그에게 노장님으로 나타나 현몽하시되,

"성태야, 내가 너의 심정을 잘 알았으니 가지 말고 그대로 며칠만 있어 보아라. 내가 탁발 동냥을 해서라도 이 절을 잘 유지토록 해 주고 너희들의 배를 곯지 않게 하여 줄 것이니 며칠만 더 참아 주기를 바라노라."
한다. 성태는 놀라 깨어서 자기의 잘못을 뉘우치고 그 이튿날 다시 관음상 앞에 나아가서 분향예배를 올리고 그 자비하신 은덕을 사례했다. 그 후 3일이 지나자 어떤 사람들 3, 4명이 소바리와 말 바리에 짐을 잔뜩 싣고 절로 들어왔다. 스님네들이 나가서 보고 묻되,

"당신네들은 어디서 오는 사람들이오? 이렇게 마소에 싣고 오는 것은 또 무엇입니까?"
하였더니,

"우리는 금주(金州) 땅에 사는 사람들인데 며칠 전에 한 스님이 우리 마을에 와서, '나는 동경 중생사에 사는 중인데 절이 가난하여 살 수가 없으므로 이렇게 동냥을 하러 다닌다'하여 '근처 마을로 돌아다니면서 시주를 거두었더니 쌀 여섯 섬과 소금 넉 섬을 얻어서 모아 놓았으니 이것을 마소에 실어다 달라'고 하므로 이렇게 실어가지고 오는 길입니다."
했다. 성태가 말하되,

"우리 절에서는 시주를 걷거나 동냥을 나간 사람이 없습니다.

아마도 당신네들이 잘못 알고 이 절에 온 것이 아니신가요?"
하였더니 노인이 노발대발하면서,

"잘못 알다니요, 우리가 한두 사람이 아닌데 잘못 알고 찾아 왔겠습니까? 그나마 우리끼리만 왔다면 모르지만 그 화주스님이 우리와 함께 오다가 이 앞 개천가에서 우리더러 말하기를 이젠 바로 여기인즉 어서 들어가라 하고 우리보다 바로 먼저 들어오셨는데 우리더러 잘못 왔다면 말이 됩니까?"
한다. 스님네들이 이 말을 듣고 하도 이상해서,

"좌우간 절 안으로 들어와서 짐이나 부려놓고, 그 스님을 찾아봅시다."
하고 절 안으로 들어와서 짐을 부리게 하고 화주승을 찾았다. 그러나 절의 주변과 각 방을 찾아다녀 보아도 그러한 화주승은 보이지 않았다. 참으로 귀신이 곡할 노릇이었다. 그런데 금주 사람 하나가 법당 문을 열고 들여다보더니 탁자 위에 앉아 있는 관음보살상을 보더니 손으로 가리키며,

"바로 저분이요, 저분이야, 그렇게 시침을 떼고 앉아 있으면 누가 모를까 싶어 저렇게 높이 앉아서 말없이 계시는군요."
한다. 성태는 이 말을 듣고 전일에 관음보살이 현몽하신 것을 생각하고 금주 사람에게 말했다.

"저분은 사람이 아니라 우리 절에 계신 관세음보살이라는 부처님이십니다."

"참으로 영험하신 부처님이시군요. 세상에 별일이 다 있습니다. 처음 듣는 일입니다."

"전일에 내가 살기 어렵다고 관음보살님께 사정을 하였더니

꿈에 나타나셔서 탁발동냥을 하거나 시주를 거두어서 절을 유지하게 하여 살게 해 주신다고 하셨답니다."
하였더니 성태에게 이 말을 들은 금주 사람들은 고향에 돌아가서 이러한 이야기를 하여 다른 사람들도 또한 감탄하고 그 영험에 신심을 일으켜서 기도와 불공을 오는 사람이 연락두절하고 또 그 때에 직접 관세음보살 화신 노장에게 시주하던 사람이 해마다 쌀과 소금을 수십 석 모아서 중생사로 가지고 오고 하여 중생사는 몇 년 안가서 부찰(富刹)이 되고, 가람을 중건 중수하여 크게 발전하게 되었다.

한번은 절에 불이 나서 불을 끄느라고 야단법석이 났는데 절 안에 있던 스님네가 관음상을 생각하고 모셔 내려고 법당으로 뛰어 들어가 본즉 관음상이 간 곳이 없었다. 이상하게 생각하고 나와 본즉 관음상이 마당가에 나와 서 계셨다. 스님이 하도 이상해서 누가 성상을 모셔 냈느냐고 물어 보아도 하나도 아는 사람이 없었다. 그런즉 성상이 신통을 발하여서 혼자 나오신 것이 틀림없으므로 대중이 환희하여 눈물을 흘리며 예배했다. 불이 이내 꺼졌으므로 관음성상을 들어서 법당에 다시 모시려고 한즉 어찌도 무거운지 네 사람이 협력하여 겨우 모셔 들였다고 한다.

고려 때에는 점숭(占崇)이란 중이 이 절을 지키고 주지로 있었는데 배운 게 없어서 사람은 무식하였으나 천성이 정직하고 신심이 견고하여 관음성상에게 지성으로 향화를 받들고 관세음보살을 부르고 있었다.

그런데 어떤 중이 점숭대사의 무식함을 기화로 삼아 점숭을

쫓아내고 중생사를 빼앗으려고 친의천사(襯衣天使)를 보고 참소하되,

"이 절은 다른 절과 달라서 나라에서 은혜를 빌고 복을 받드는(祈思思福) 절인즉 그래도 글을 아는 중을 골라서 두지 않으면 절의 위신이 깎입니다."

하고 유식한 중으로 이 절의 주지를 갈아 달라고 하고 자기가 주지로 들어가려고 했다. 천사는 말하되,

"너의 말만 들을 수가 없으니까 점숭대사를 불러서 시험을 본 뒤에 선처하리라."

하고 점숭을 불러서 불전에 바치는 소문(疎文)을 내어 보이고 한번 읽어보라고 하였더니 점숭이 거침없이 내려 읽고 뜻을 물었더니 막힘없이 대답을 했다.

천사는 무엇으로 탈을 잡을 수가 없어서 절을 빼앗으려는 중을 무고죄로 다스리려고 했다. 그랬더니 그 중이 기가 막혀서,

"점숭은 편지 한 장을 보지 못하는 중인데 소문을 읽다니 그럴 리가 있겠습니까?"

하고 불복했다. 그래서 천사는 다시 그 진가를 알아보려고 다시 점숭을 불러서 소문(疎文)을 읽어보라고 하였더니 한 글자도 모른다. 벙어리같이 멍하고 있을 뿐이었다. 천사가 말하되,

"대사가 전일에는 어찌하여 소문을 읽었느냐?"

하였더니,

"소승을 무식하다고 쫓아내려는 중이 있으니까 관세음보살께 '보살펴 주시옵소서' 하고 기도를 하였더니 관세음보살께서 저의 귓속에 일러 주시기로 그대로 읽었을 뿐입니다."

했다. 천사는 이 말을 듣고 점숭은 관음대성의 가호를 입은 사람이니 중생사 주지는 점숭밖에 할 사람이 없다고 딱 잘라 말하기 때문에 다른 중들은 꿈쩍하지 못하고 물러가고 말았다.

□ 묘정사미(妙正沙彌)와 여의주

신라 원성왕 때의 일이다. 어느 날 원성왕이 황룡사의 지해(智海)화상을 청하여 궁중 내전에서 15일 동안 〈화엄경〉을 강설하게 했다. 황룡사는 여러 사미승이 있었으나 묘정 사미승이 얼굴은 빈상으로 잘 생기지 못했으나 마음이 어질고 행동이 민첩하므로 묘정을 데리고 갔다.

묘정은 지해대사를 시봉하며 공양이 끝난 뒤에는 금광정(金光井) 우물가에 가서 발우(식기)를 씻고 있었는데 우물 속에서 큰 자라 한 마리가 둥둥 떠서 돌아다니는 것이 아닌가.

묘정은 장난삼아 밥찌꺼기를 모아 자라에게 주었더니 넓적넓적 받아먹었다. 그런데 묘정사미가 식기를 씻으려고 갈 때마다 자라가 나오므로 50일간을 계속하여 밥찌꺼기를 주었다. 그러므로 묘정은 자라를 유일한 친구로 알고 만날 때마다 좋아했다.

묘정은 50일 법회가 다 끝나고 하루밖에 안 남은 날에 가서 그 자라를 보고 말하기를,

"너와 같이 50일 동안을 매일 만나서 밥을 주고 하여 정이 들었는데 내일은 법회가 끝나므로 너하고 만날 날은 내일 한번

뿐이니 매우 서운하구나."

하고 일어서 내전으로 들어갔다. 그 이튿날 묘정이 바리때를 씻으려고 금광정으로 갔더니 자라가 나왔는데 무슨 조그만 구슬 하나를 입에 물고 나와 뱉으면서 가지고 가라는 눈치를 보였다.

묘정은 그것을 받아서 옷깃 속에 넣고 실로 꿰매서 간직하였더니 그 뒤로부터는 대신과 장자들도 존경하게 되고, 왕 또한 묘정을 지극히 사랑하여 내전에 불러 두고 잠시도 그곳을 떠나지 못하게 했다.

마침 한 잡간(匝干)이 당나라에 사신으로 가게 되었는데 그도 또한 묘정을 사랑하여 같이 가게 하기를 왕에게 청하므로 왕이 허락하게 되어서 묘정이 당나라에 들어가서 황제를 배알하였더니 황제도 그를 보고 총애가 비상했다.

숭상 이하 모든 백성이 다 그를 존경하지 않는 이가 없었다. 한 관상쟁이가 이것을 보고,

"이 사미는 아무리 보아도 한 가지도 길상이 없는데, 이렇게 사람의 신경(信敬)과 사랑을 받고 있으니 이것은 반드시 무슨 이상한 보배를 가진 것이 아닌가 하나이다."

하고 황제에게 아뢰었더니 황제가 사람으로 하여금 묘정의 몸을 검사하였더니 과연 몸에서 구슬이 나왔다. 황제가 이를 보고 깜짝 놀라면서,

"짐이 여의주 네 개를 두었다가 작년에 한 개를 잃어버렸는데 이 구슬을 본즉 잃은 것과 조금도 다르지 않구나."

하고 묘정에게 그 출처를 물었다. 이에 묘정이 아뢰기를,

"신라왕의 내전에 들어가서 재해대사에게 시봉하며 50일간 〈화엄경〉을 강설할 적에 날마다 공양을 마치고 금광정에 가서 식기를 씻는데 커다란 자라가 둥둥 떠 나와서 놀기에 밥찌꺼기를 주었더니 잘 받아먹기에 50일을 하루같이 그리하였더니 50일 법회를 마치고 그 자라와 이별하는 날에 자라는 이 구슬을 물고 나와서 뱉아 주기로 간직하게 되었나이다."
하였더니 황제도 감탄하고,
"정성이 지극하고 마음이 인자하여 짐승에게도 거두어 먹이기를 잘한 까닭으로 그 신비한 자라도 나의 여의주 한 개를 훔쳐다가 너를 주었구나."
하고 감탄한 뒤에 그것을 빼앗지 않고 잘 간직하고 잃어버리지 말 것을 당부했다. 그래서 묘정은 커서 큰 스님이 되면서부터는 이 구슬때문에 왕사가 되어서 백성에게 큰 공경과 사랑을 받았다. 사람은 누구든지 어진 마음으로 짐승이나 사람에게 보시하기를 좋아하면 이러한 상서로운 일이 있는 것이다.

□ 호국용(護國龍)의 탈환

신라 원성왕 때의 일이다. 당나라의 사신이 와서 1개월 동안이나 머물다가 자기 나라로 돌아갔는데 그가 떠난 뒤에 어떤 두 젊은 여인이 당황한 기색으로 쏜살같이 내전으로 들어오더니, '소신은 동지(東池)와 청지(靑池)의 두 못에서 사는 용의 아내들이온데 이번에 당사(唐使 : 당의 사신)가 하서국(河西國) 사람들을 데리고 와서 이 나라에 머물고 있더니 돌아가면서 저희들의 남편인 두 용과 분황사 우물에 사는 용까지 모두 세 마리의 용을 잡아갔습니다. 그런데 그들이 세 마리의 용을 잡아갈 때에 무슨 주문을 외워서 세 마리 용을 세 마리의 작은 물고기가 되게 한 뒤에 병 속에 잡아 넣어가지고 돌아갔습니다. 그런즉 이렇게 기막힐 데가 어디 있겠습니까? 저희들의 남편은 나라를 수호하는 호국용(護國龍)이오니 원컨대 상감마마께서는 곧 이 호국용을 찾아와 나라를 돕게 하여 주시옵소서."
하고 대성통곡을 했다. 왕은 이 말을 듣고 놀라서 그들을 측은하게 여기고 친히 당나라의 사자를 좇아 하양관(河陽關)에 이르러서 그들을 보고 먼저 잔치를 베풀어 잘 먹인 뒤에 하서국 사람을 불러 세우고,
"너희들이 어찌하여 남의 나라에 와서 용을 도둑질해 가느냐?"
하고 엄책하고 물었더니 그들은 처음에는 뚝 잡아떼고,
"외신은 그러한 일이 없나이다."
라고 변명했다. 왕이 소리를 높여서 말하되,
"모든 것을 다 알고 쫓아와서 묻는 것인데 모른다고 하느냐? 저 작은 병에 넣어 놓은 세 마리 물고기는 어느 나라의 고기냐? 너희가 빈손으로 왔다가 용 세 마리를 잡아가면서 주술로 세 마리 용을 저렇게 작은 세 마리 물고기로 만들어 가지고 가는 것이 아니냐. 너희가 굳이 거짓을 말한다면 짐이 너희들을 극형에 처할 터이니 알아서 하여라!"
하고 야단을 쳤더니 그들도 왕을, 잘 하는 신인(神人)이라 생각

하고 자초지종의 죄상을 고백하고 병에 든 세 마리의 물고기를 왕에게 올렸다.
 왕은 그들을 용서하여 보내고 물고기 세 마리만 가지고 와서 각각 그들이 사는 곳에 놓아 주었더니 용들은 기뻐하며 물을 한 길이 넘게 내뿜으면서 꼬리를 치고 들어갔다. 그들의 아내 용도 좋아하고 나라를 극진하게 보호하여 질병도 없애 주고 도둑도 금해 주고 대왕의 복록도 연장케 하여 주었다.

□ 신라 멸망과 마의태자(麻衣太子) 형제

 신라 말기에 경순왕(敬順王)은 국세가 날로 쇠퇴하여 어떻게 부지할 수가 없으므로 마침내 군신과 의논하고 고려국에 항복하고자 했다.
 대신들도 처음에는 의론이 통일되지 않아서 혹은 '항복하다니 될 말입니까' 하고 애통하며 통곡하는 자도 있고, 혹은 '대세가 이미 기울어졌으니 항복을 아니하면 어떻게 견딜 수가 있겠습니까?' 하고 왕에게 항복을 권하는 이도 있었다. 그러나 마의태자는 어디까지나 이에 반대하고 말하되,
 "나라의 흥망이란 하늘에 달린 것인즉, 충신의사(忠臣義士)로 더불어 민심을 수습하여 힘이 다할 때까지 적과 싸워보는 것이 당연한 것이어늘 어찌 천년의 사직을 이렇게도 쉽게 적에게 넘겨준단 말이오?"

하고 모든 사람들을 둘러보면서 큰 소리로 외쳤다. 그리고 부왕인 경순왕에게도 항거했다. 그러나 무능한 왕은 말하되,
"국세가 이렇게도 외롭고 위태하여졌으니 이것을 싸워서 부지하기로 하면 오직 무고한 백성들만 도탄에 빠지게 할뿐이므로 아무 이익이 없는 것이니 차라리 백성들을 아껴서 일찍이 고려국에 항복하느니만 못하다고 생각하노라."
하고 마의태자의 진언을 물리치고 시랑(侍郞) 김봉휴를 시켜 고려에 항복했다.

 마의태자는 이것을 보고 한바탕 크게 통곡하고 개골산(금강산)으로 들어가 한 골짜기를 차지하고 바위 사이에 두어 간의 초당을 얽어 짓고 삼옥(麻衣)과 초식(草食)으로 살면서 불도만을 닦다가 일생을 마쳤다.

 왕의 계자(季子)도 또한 머리를 깎고 출가하여 이름을 범공이라 하고 법수사와 해인사로 돌아다니면서 〈화엄경〉 등을 배워 수행하다가 세상을 떠났다. 마의태자는 당당한 왕자였건만 적과 일전도 해보지 못한 채 세상을 떠나고 말았다.

 그러고 보면 삼국을 통일한 화랑도의 김유신과 같은 기백도 한번 뽐내보지 못하고 신라가 무참하게 망해버리고 말았다. 이것을 가리켜서 국운이라고 할까, 인과라 할까, 국운이라기 보다도 군신 상하가 흐르는 포석정 물에 술잔이나 띄우고 마시고 취하며, 궁녀들을 불러 노래나 시키고 춤이나 구경하고 나라의 정사를 등한히 한 인과(因果)라고 하겠다.

 그래서 백제도 만만하게 보고, 궁예왕도 만만하게 보고 침노하여 국세가 쇠망하니까 고려국에 항복하고만 것이다.

제3부
고려시대편

□ 고려 태조(太祖)의 숭불(崇佛)과 건국

고려 태조 왕건(王建)은 곧 왕융(王隆)의 아들이니 도선국사(道詵國師)가 왕건을 위하여 터를 잡아주고 집을 짓게 하여 그 풍수(風水)술의 덕택으로 양택(陽宅)의 명당을 얻었기 때문에 왕건이 장성하여 가면서 높은 벼슬을 하고 필경에는 고려국을 건국한 태조가 되었다.

 그래서 왕건은 어려서부터 도선국사의 감화를 받고 불교를 독실하게 되었는데 도선이 왕건의 관상을 보니 기상이 장차 군왕이 될 것이므로 그에게 경국(經國)의 비슬을 은근히 가르쳐 주고, 불법을 진실하게 믿는 동시에 기도를 많이 하도록 지도했다. 그런데 왕건은 뒤에 궁예왕 밑에서 벼슬을 하고 있을 때, 여러 번 큰 공을 세워 벼슬이 파진찬시중(波珍湌侍中: 지금의 국무총리)에 까지 이르렀다.

 이때 강원도 철원에 국도(國都)를 정하고 국호를 태봉국(泰封國)이라 하고, 신라를 반격하여 국토를 거의 반이나 점령하여 궁예왕은 기세가 날로 등등했다.

 궁예왕은 성질이 포악하여 사람 죽이기를 파리 목숨만큼도 여기지 아니했다. 그래서 바른 말을 간하는 자기 부인도 죽여 버리고, 아들 형제도 무고히 목을 베어 죽이고, 신하도 걸핏하면 죽여 버리고 백성을 아낄 줄 몰랐고, 기분만 나쁘면 까닭없이 죽여 버리기 때문에 신하들이 안심하고 섬길 수가 없었다. 그래서 그때의 장군이었던 홍유(洪儒)와 배현경(裵玄慶)과 신숭겸(申崇謙) 등이 어느 날 밤에 비밀회의를 거듭한 뒤에 마침내 왕건을 왕으로 추대하기로 결정하고 밤중에 그의 집으로 몰려 갔다. 그러나 왕건의 부인인 유(柳)씨가 있으므로 말을 꺼내지 못하고 있다가 꾀를 내어서 유씨더러 말하되,

"뒷밭에 요즘 새로 익은 오이가 있을 것이오니 좀 따다가 주시오."

하고 유씨를 밖으로 내보내고 왕건에게 말을 하려고 했다. 유씨는 다만 현숙하기만 할 뿐만이 아니라 눈치가 비상히 빠른 사람이었다. 그래서 그는 생각하되 장성들이 세 사람이나 밤중에 찾아온 것은 무슨 중대한 일이 있어서 온 것으로 알고 바깥 대문으로 나가는 체하고는 다시 웃방으로 살짝 들어가서 장막 뒤에 숨어서 그들의 이야기를 하나도 빼지 않고 엿듣고 있었다. 세 사람의 장성은 왕건의 얼굴을 쳐다보고 침통한 어조로,

'왕시중(王侍中), 이제 주상(主上)이 저렇게 포악하여 처자와 신하를 함부로 죽이고, 백성들을 파리 목숨만도 못하게 죽이니 이렇게 무도하고 포악한 미친 임금을 우리가 어떻게 받들고 있겠소. 우리가 벼슬자리를 탐내서 이러는 것이 아닙니다. 오직 백성을 위함이니, 첫째가 나라에는 백성이 있어야 할 것이 아니겠소. 지금의 주상을 그냥 두었다가는 백성을 다 죽이고 자기 혼자만 남아있을 모양이니 이 나라의 꼴이 어떻게 되겠소. 예로부터 혼주(昏主)를 제거하고 현군을 세우는 것은 천하의

대의이니 오직 불쌍한 백성을 생각하여서입니다. 왕시중이 이 나라의 군왕이 되시고도 남을 성력이 있어 보여 왕시중을 국왕으로 추대하여 모시려고 왔으니 승낙을 하여 주시기 바랍니다." 하였더니 왕건은 안색을 고치면서 대답했다.

"이것이 웬 말씀이요. 뜻밖에도 밤중에 찾아 오셨기에 나는 국사에 대하여 좋은 말씀이 있어서 오신 줄 알았더니 날더러 역신(逆臣)이 되라고 하니 이것이 당키나 한 말이요."

"왕시중은 그렇게 말씀하시는 것이 군신지도에 당연한 말씀으로 생각합니다. 그러나 현재 우리가 받들고 있는 궁예는 점점 나라를 멸망으로 이끌고 백성을 도탄으로 빠져들게 할 위인이니 그를 그대로 두고 우리가 어찌 선정(善政)을 기대하겠소. 그러므로 만인의 신뢰를 받는 왕시중을 왕으로 세우려고 하는 것이니 이 나라를 위해 이보다 더 좋은 일이 어디 있겠습니까? 왕시중이 승낙만 하신다면 우리나라의 경사요, 백성들의 행복이라고 생각하오."

"그렇지만 나는 이제까지 오직 한결같이 충직한 마음으로 주상을 섬겨온 터인즉 주상이 아무리 포악하다 할지라도 나로서는 정말 두 마음을 가질 수가 없소. 나와 같은 부덕한 자로 그 대임(大任)을 맡으라고 하니 그것이 될 법이나 한 일입니까?"

"그렇다면 백성들을 어찌해야 좋겠습니까. 그들을 건져 주자면 왕시중 밖에 누가 있습니까? 우리들이 오늘 밤에 이런 이야기를 하는 것은 다른 뜻이 없습니다. 오직 도탄에 빠진 백성들을 건져 주자는 것뿐입니다. 그리고 또 무슨 일이든지 기회를 놓치면 아니 되는 것입니다. '하늘이 주는 것을 받지 아니하면 도리어 그 앙화를 받느니라' 하였으니, 이러한 천심이 왕시중에게도 돌아가는 것인데, 이것을 거부하시면 어찌하겠소. 낮말은 새가 듣고 밤 말은 쥐가 듣는다고 아무리 우리가 야밤에 비밀히 한 말이라도 오늘밤에 한 말이 밖에 새게 되면 우리만 죽겠습니까? 왕시중께도 화가 미칠 것이오니 깊이 다시 한번 생각을 돌려 보십시오.”

어찌됐든지 말이 한번 입에서 튀어나온 이상에는 다시 주워 담을 수는 없는 일이라 여러 장성들은 얼굴에 핏대를 올리며 왕시중에게 최후로 협박하듯 다그쳤다. 마음이 착하고 덕이 큰 왕건은 여전히,

“그래도 나는 못하겠소. 그런 큰일을 어떻게 내가 담당하겠소. 차라리 죽는 게 낫지…”

하고 고개를 흔들며 불응했다. 바로 이때였다. 웃방의 장막 속에 들어가 은신하고 있던 유씨 부인이 장막을 헤치고 나오면서,

“대감, 백성을 위해 반기를 드는 것은 예로부터 있는 일이 아니오니까? 여러 장군의 말씀을 들은즉 아녀자인 저로서도 의분을 참을 수가 없는데 더구나 국사를 양 어깨에 메고 있는 당당한 대장부로서 이 얼마나 유익한 말씀입니까?”

하더니 벽상에 걸린 갑옷을 내려서 왕건의 어깨에 걸쳐 입히고 그를 껴안아 일으켰다. 여러 장성들은 그만 이에 큰 힘을 얻고 우르르 달려들어서 왕건을 부축하고 나가서 천단에 기도하고 날이 환하게 새어가는 새벽에 높은 용상 위에 그를 앉히고 만세를 부르는 중에 군신의 예를 행하고 만백성에게 새 임금이 등극함을 선포하니 백성이 듣고 모두 기뻐하며 만세를 부르니

왕건은 싫어도 좋아도 어찌할 수 없이 군왕이 되고 말았다.

왕위에 오른 왕건 태조는 곧 국호를 고쳐서 고려국(高麗國)이라 하고 도선국사를 불러서 개성에 터를 보아 도읍을 정하고 법왕사(法王寺), 자운사(慈雲寺), 왕륜사(王輪寺), 내제석사(內帝釋寺), 사나사(舍那寺), 천선원(天禪院), 신흥사(新興寺), 문수사(文殊寺), 원통사(圓通寺), 지장사(地藏寺) 등의 10대 사찰을 창건하고 다시 명을 내려 양경(兩京)에 탑묘(塔廟)를 세우고 불상이 파괴된 것을 수복했다.

즉위 6년에는 자기의 구택을 절로 만들어서 광명사(廣明寺)라 칭하고, 유가(瑜珈)법사 담제(曇帝)로 하여금 주지가 되게 하고, 잇달아 일월사(日月寺), 외제석원(外帝釋院), 신중원(神衆院), 흥국사(興國寺) 등을 세우고 500나한상을 중국의 양나라로부터 얻어 들여서 해주 숭산사(崇山寺)에 봉안하고 도선법사에 명하여 대궐 터를 보아 궁전을 짓고 나라를 위하여 경향 간에 수백개 소의 비보(裨補)사찰인 자복사를 짓게 하고 신라시대의 불교를 그대로 답습하여 불사를 행했다.

이 고려 태조를 위해 불교를 흥왕케 하는 데는 도선법사의 공이 누구보다 컸다.

□ 팔관회와 연등회

고려 태조 등극의 초엽 군신이 왕께 아뢰어, 궁예왕 시대의 연중행사와 같이 매년 11월에 팔관회(八關會)를 열어서 기복(忌服)하기를 청했다. 그래서 왕은 곧 그것을 허락하여 대궐의 뜰 앞에 커다란 윤등(輪燈) 1좌를 만들어 놓고 사방으로는 조그마한 향등(香燈)을 늘어놓고 다시 높이가 다섯 길이나 넘는 굉장히 큰 채색 사다리를 둘이나 세우고 그 앞에서 노래를 부르고 온갖 노래와 유희를 다 연출했다.

팔관회는 본래 신라의 유풍으로서 사선악부(四仙樂部)의 용(龍)·봉(鳳)·상(象)·마(馬)·거(車)·선(船) 등의 주구도 다 신라 때부터 내려온 것이다. 이 팔관회에는 백관이 도포를 입고 홀(笏)을 가지고 이에 참여하여 예를 지냈으며 온 서울의 남녀가 쭉 늘어선 속에 왕도 또한 높은 누각에 올라 관람했다.

팔관이라 하는 것은 대개 불살생(不殺生)·불투도(不偸盜)·불사음(不邪淫)·불망어(不忘語)·불음주(不飮酒) 등 5계에 다시 고광이나 높은 상에 앉지 않는 것과 향유와 꽃을 갖지 않는 것과, 스스로 노래하고 춤추지 않을 뿐더러 다른 사람이 노래하고 춤추는데 가보지도 아니하는 3계를 더한 것이다.

이것은 신라 진흥왕 때에 혜량화상(惠亮和尙)의 말을 따라서 전망(戰亡)장병의 명복을 빌기 위하여 이 8계(戒)를 수여하는 법회를 열고 팔부천룡과 토지 제신에게 재를 지내는 것이 그 효시였다. 이로부터 팔관회는 고려조의 한 큰 연중행사가 된 것이다.

또 연등회(燃燈會)라는 것은 고려시대에 있어서 초엽부터 매년 정월 보름이 되면 왕궁이 있는 국도로부터 시골 산골에 이르기까지 굉장하게 천등만등에 불을 켰던 것이니 광명으로서 불전에 공양을 올려서 복을 비는 의식이었던 것이다. 그 뒤 성종때 잠간 폐했다가 현종때부터 다시 2월 15일로 기일을 고쳐서 행하기 시작하여 말엽에 이르도록 그치지 아니했다. 그러던 것이 공민왕에 이르러서는 다시 4월 8일을 불탄일로 정하고 연등대회를 열기 시작하여 오늘에 이르렀다.

□ 나주(羅州)의 흥룡사(興龍寺)

고려 태조의 장화왕후(裝和王侯)는 성이 오씨(吳氏)이니 그 집안은 본디 나주에서 세거(世居)하던 씨족으로서 다린군(多燐君)이 뱃사공의 딸에게 장가들어서 후(后)를 낳았다.

훗날 꿈에 일찍이 포룡(浦龍)이 뱃속으로 들어오는 것을 보았는데 미구(未久)에 태조가 등극하기 전에 수궁장으로 목포에 왔다가 주상(洲上)에 오색구름이 어린 것을 보고 가보니 후가 홀로 빨래를 하고 있었다.

태조는 이상하게도 그를 예쁘게 생각하고 그를 불러서 가까이 했다. 그러나 물어본즉 후의 문벌이 워낙 천미(賤微)하므로 아이를 배지 않게 하기 위해 정액을 자궁에 쏟지 아니하고 자리 위에 쏟았더니 후가 눈치를 채고 그 자리에 쏟은 정액을 얼른 손으로 움켜서 자기 자궁에 넣어 버렸다.

그리하여 마침내 아들을 낳으니 그가 곧 고려의 2대 임금인 혜종(惠宗)이었다. 그래서 그런지 혜종의 얼굴에는 자리무늬

(席紋)가 있으므로 세상에서는 그의 얼굴에 주름이 자리같이 잡혔다고 하여 접주(接主)라고 불렀다. 그가 왕위에 오른 뒤에 또 그 땅에 절을 세웠으니 그것이 곧 흥룡사이며, 절 앞에는 비단을 빨았다는 완사천(浣沙泉)이란 샘이 있으니 그 샘이 곧 후가 빨래하던 샘이라고 전해지고 있다.

□ 승과제도의 설치

 승과(僧科)는 곧 국가에서 일정한 규정 아래에 승려의 학력을 시험하여 그들의 위계(位階)를 결정하는 제도로서 문헌에 의하면, 태조 때부터 이 제도가 있었다고 하지만 이 제도가 완전하게 실시된 것은 광종(光宗) 때에 이르러서 정돈되었다.
 이것은 승려로 하여금 과거에 응시하게 하여 합격된 사람에게는 대선(大選)의 승계(僧階)를 주고 점차 그 연령에 따라서 선사(禪師), 대사(大師), 중대사(重大師), 삼중대사(三重大師)에 오르게 했다. 이리하여 삼중대사에 오른 승려로서 계행이 청정하고 덕이 높고 감화가 크고 불교 학식이 뛰어난 이들 가운데서 선택하여 왕사(王師)와 국사(國師)를 봉하고 왕이 지도자로 삼고 숭배했다. 요사이 아무 대사니 아무 선사니 하며 함부로 부르지만 옛날에는 나라에서 시행하는 승과에 합격이 되지 않은 자는 대사니 선사니 함부로 호칭하지 못했다. 그런데 그 뒤 선종(宣宗) 때에 사문(沙門), 정쌍(貞雙) 등의 주청에 의하여 다시 구산(九山)문에 참례하여 배운 승도(僧徒)를 국가에서 진사로 뽑는 예와 같이 자오묘유(子午卯酉) 3년, 1선의 제도로서 시험하기로 하고 전 해에 미리 각종(各宗)에서 시험을 행하여 합격된 자로서 이듬해 본과에 응시하도록 했다. 따라서 고려시대에는 고승이 많이 나오고 국사와 왕사가 많이 나오게 된 것이다.

□ 제관법사와 천태교(天台敎)

고려 광종(光宗) 때에는 중국의 오월왕 전숙(吳越王錢俶)이 50가지의 보배와 함께 국서(國書)를 보내와서 천태교의 경전을 구할 수가 있었다. 그러나 그때 중국에는 오계(五季)의 난을 치른 뒤라 문화가 극도로 쇠퇴하고 각종 서적이 거의 없어져서 전해지지 못하게 되었다. 하지만 다행히 고려에서 제관법사로 하여금 천태교승(天台敎乘)을 중국에 가지고 가게 하였고, 또 지논소(智論疏)와 인왕소(仁王疎), 화엄절목(華嚴節目)과 중백문론(中百門論)도 가지고 가게 했다.

그런데 제관법사가 고려에서 중국으로 들어갈 때 고려조에서 법사에게 이르기를, 중국에 들어가서 훌륭한 스님을 찾아보고 법으로 문란하여 만일 대답하지 못하거든 그 교승(敎乘)을 중국에 전하지 말고 그대로 가지고 오라고 했다. 그러나 제관법사가 이러한 부탁을 받고 중국에 들어갔는데 나계 의적화상(螺

溪義寂和尙)이란 고승을 찾아본즉 그는 학식이 고매하고 계행이 엄정하고 인격이 훌륭해서 저절로 그에게 마음이 끌리게 되어서 가지고 갔던 경전소를 다 바치고 그를 스승으로 삼고 11년 동안을 머물러 있게 되었다.

 이때에 제관법사가〈천태사교의(天台四敎義)〉를 지어서 아무에게도 보이지 아니하고 상자 속에 넣어 두었는데 그 상자 속에서 방광을 하는 까닭으로 사람들이 이상하게 여기고 그 상자를 열어 보았더니 그 속에는 아무것도 없고, 오직 책 한권이 들어있는데 붓으로 쓴〈천태사교의〉였다. 이러한 소문을 들은 나계화상이 알아보려고 하여 바쳤더니 그는 읽어보고 '이것은 성현이 아니고는 이렇게 지을 수가 없다'고 극구 칭송하였으므로 여러 스님들이 다투어 보고 각기 복제하여 이 글이 사방으로 유포됨으로써 크게 초학 발몽의 큰 도움이 되었다.

 제관법사는 이것을 고려로 가지고 나왔는데 필경에 일본에 까지 들어가〈천태사교의〉가 이름 높게 선전되어서 천태종교의 일파를 이루게 했다. 그래서 제관법사는 일본 불교계에서 큰 대접을 받고 천태종주나 다름없는 지위에까지 오르게 되었다.

□ 광종(光宗)의 추선비시(追善悲施)

 고려의 광종은 사람을 잘 믿지 않는 의심이 많은 임금으로서 걸핏하면 참언(讖言)과 무고(誣告)를 곧이듣고 사람을 잘 죽였다. 이러한 까닭으로 억울하게 죽은 사람이 몇백명인지를 알 수가 없었다. 그러나 그는 말년에 다시 마음을 돌려서 불법을 신봉하고, 또한 법사의 인과법문을 듣고 그것이 잘못인 것을 깨달아 그 죄업을 참회하고 없애기 위해 크게 재회(齋會)를 열고 스님네를 청하여 공양하고 천도 독경하기를 즐겨했다.

이 소식을 듣고 무뢰지배들이 오직 배부르게 먹기 위하여 거짓으로 출가하여 중이 된 자가 많았으며 빈궁한 백성들이 궁중에 모여 드는 사람이 날마다 몇 천, 몇 백인지를 알 수가 없었다고 한다. 그러나 임금은 이것을 개의치 않고 무차대회를 열어서 잘 먹이고 여유 있게 지냈다. 그리고 다시 성 밖의 노변에서 오고가는 백성에게 떡이며 밥이며 쌀과 꿀 같은 것을 한없이 풀어 주어서 어진 임금이란 소리를 듣게 되었다.

그뿐만 아니라 방생소(放生所)를 사방에 설치해서 포수들이 산채로 잡아 온 날짐승과 길짐승의 동물을 놓아 주어서 죽을 것을 면하게 하여 주고, 살아있는 물고기와 자라와 거북과 남생이를 사서 강물에 놓아주고, 백성에게 살생이 좋지 않다는 것을 통절히 깨닫게 했다. 그리고 관용이나 궁중 요리를 하기 위해서 짐승을 도살하는 일이 많았는데, 죽이는 일이 없도록 엄단하였고 내선(內膳)의 수라까지 다 시중의 저자거리에서 사들여 쓰도록 했다. 그래서 포악하다고 이름이 높던 광종도 말년에는 성군이라고 칭송이 대단했다.

이것을 보면 사람이란 아무리 포악한 사람이라도 개과천선하여 올바른 발심만 하면 순식간에 착한 사람이 되는 것이다.

□ 대량원군(大良院君)의 출가와 등극

 고려의 대량원군(大良院君)은 곧 후일에 현종(顯宗)으로 이름은 순(詢)이요, 목종(穆宗)의 아저씨가 되는 이였다.
 처음에 성종(成宗) 때에 동주(洞州) 사람인 김치양(金致陽)이 천추태후 황보씨(皇甫氏)의 외척으로 궁중에 드나들기 위해 거짓 출가한 체하고 머리를 깎아 중 모양을 하고 자주 천추궁을 드나들었다.
 그는 본디 성품이 간교한 자로서 태후의 환심을 사기 위해 온갖 아첨을 다 부린 결과 마침내 태후의 총애를 받고 나중에는 재미없는 잡음까지 떠돌게 되었다.
 성종은 그를 그대로 둘 수가 없어서 장형(杖刑)의 매를 때려서 멀리 귀양을 보냈는데 뒤에 성종이 돌아가자 태후의 아들인 목종(穆宗)이 임금이 되자 태후는 곧 김치양을 불러들여서 합문통사인(閤門通舍人)을 삼고 다시금 옛날과 같이 총애했다.
 이때부터 김치양의 세력이 떠오르는 태양처럼 뻗치자 부단히 그와 친한 자만 등용한 결과로 몇해 안가서 그 무리가 조정에 가득 차게 되었고, 나중에는 마침내 일국의 정권을 독차지하여 3백여 칸의 대저택을 짓고 밤낮으로 태후와 함께 놀고 잔치를 베풀며 향락을 누렸다.
 이리하여 그의 배짱은 날이 갈수록 자꾸 커져만 갔다. 그는 마침내 속으로 딴 뜻을 품고 자기의 고향인 동주에 사당을 지어서 이름을 숙성사(宿星寺)라 하고 궁에서 북쪽에는 시왕사

(十王寺)를 세워서 기괴한 화상을 모신 뒤에 항상 기도를 들여서 그 음조(陰助)를 구했다. 그리고 종을 만들어서 종명(鐘銘)을 지어 새기되,

當生東國之時 同修善鍾 後往西方之日 共證菩提

정차 동국에 날 때에는 한 가지 착한 종자를 닦고,
뒤에 극락을 가는 날에는 한 가지 보리를 증득하리라.

하였으니 이것은 보통 신앙심에서 우러나오는 것이 아니라 다른 속셈이 있어서 여러 사람의 마음을 뭉치려는 것이었다.
　목종 임금은 항상 그를 내쫓아 버리려고 했으나 그 모후(母后)의 뜻을 상할까 하여 차마 못하고 있었는데 태후는 마침내 아들을 낳아가지고 김치양과 함께 꾀하되 그 애기를 왕으로 삼으려고 까지 했다. 그러나 그들은 누구보다도 왕실의 지친(至親)인 대량원군이 마음에 항상 걸렸다. 그 때에는 겨우 12세밖에 되지 않았지만 목종이 만일 무사하게 되면 임금의 자리까지 그에게 가게 될 것이 틀림없었다. 그래서 그들은 꾀를 내어 대량원군을 억지로 출가시켜서 중이 되기를 명하고 강요했다. 그러나 중을 만든 것으로도 안심이 되지 않아서 어느 기회를 보아서 아주 죽여 버려 없애려고 획책까지 했다.
　그래서 대량원군은 할 수 없이 숭교사(崇敎寺)로 가서 머리를 깎고 중이 되었다. 그런데 그가 곁에 오자 한 스님이 꿈을 꾼즉 커다란 별이 절 뜨락에 떨어지더니 그것이 곧 변하되 용이 되고

나중에는 또다시 변하여 사람이 되었는데, 자세히 생각하여 본즉 그것은 곧 대량원군을 두고 꾼 꿈인 것을 짐작하게 되었다.
 스님네들은 이 때문에 그를 대단히 이상한 사람으로 생각했다. 뒤에는 삼각산 신혈사(新穴寺)로 옮겨서 있었는데 태후가 여러 차례에 걸쳐 몰래 자객을 보내어 그를 죽이려고까지 했다. 그러나 절에 있는 한 노승이 그를 극진히 보호해 주고 방 속에 다시 지하실을 파서 그를 숨기고, 그 위에는 와탑(臥榻: 보료같은 것) 같은 것을 늘어놓아서 불칙한 일을 피할 수가 있었다.
 대량원군은 항상 이러한 망명적 생활을 하고 지냈으므로 마음이 어떻게나 갑갑하였는지 모른다. 그러나 본래부터 타고난 영기는 약동하는 반발심을 참을 수가 없었다. 그래서 그는 이따금 시 같은 것을 읊어서 그 울분한 기운을 내뿜었다.
 예를 들면 그가 절 앞에 흘러가는 조그마한 개천 물을 보고 아래와 같이 읊었다.

　　一條流出白雲峰　萬里滄溟去路通
　　莫道水潺岩下在　不多時日到龍宮

　　한가닥 물이 백운봉에서 흘러나와
　　만리나 되는 바다로 가는 길이 통했구나
　　흐르는 물이 바위 밑에만 있다고 말라
　　오래지 않은 시일에 용궁에 흘러 이르리.
　　어느 날에 또 작은 뱀을 보고 읊었다.

小小蛇覽繞落欄　滿身紅錦自班潤
莫言長在花林下　一且成龍也不難

조그마한 뱀이 약초 심은 주변에 돌고 있는데
온몸이 울긋불긋 무늬가 나 있네
언제까지나 꽃밭에만 있다고 말하지 말라
하루 아침에 용이 될 것을 누가 알겠나.

　위에 읊은 시는 두 수(二首)가 다 조그마한 것이라고 업신여기지 말라. 얼마 아니 가서 크게 된다는 기상을 보인 것이니 임금의 지위는 하늘이 낸 것이라, 다 정해 가지고 있는 것이니 권모술수를 부려서 불의(不義)로 되는 것이 아니라는 것을 암시한 것이다. 그러나 그는 수인사대천명(修人事待天命)이란 말을 지켜서 중이 되어 피신하게 된 것이 다행이라 생각하고 굴욕과 위험을 피해 가면서 가사 장삼의 법의를 갖추고 항상 부처님께 기도하고 관음보살께 축원하되,
　"대자대비하신 관세음보살님이시여, 나의 몸과 운명을 보살님께 맡기오니 부처님의 뜻대로 하여 주시옵소서. 나는 구태여 왕이 되려는 것은 아닙니다. 부처님께서는 왕이 되실 태자의 자리까지 버리고 출가, 입산하셨는데 이미 출가한 몸이 왕이 될 꿈을 꾸어서야 될 일입니까? 그러나 궁중에 기강을 바로세우고 김치양의 무엄한 횡포를 고쳐 놓고 말겠다는 것이 저의 기백이오며 불법을 일으켜 보려는 것이 저의 소원이오니 못된 무리에게 횡사를 당하지 않고 한번 군왕이 되어 천하를 바로잡

게 해 주소서.”

하고 신혈사의 지하실에서 지극 정성으로 기도를 올렸다.

 대량원군은 어느 때에 꿈을 꾸었는데 닭이 우는 소리와 다듬이 하는 소리를 들었다. 나쁜 꿈은 아닌 것 같으나 도무지 해몽을 할 수가 없었다. 그래서 어떤 술사(術士)에게 물어보았더니 술사가 좌우를 돌아보고 가만히 이르되,

“스님이 멀지 않아서 즉위하실 꿈이옵니다.”

했다. 대량원군이 다시 묻되,

“어째서 그런가?”

하였더니 술사가 풀이하되,

“장닭이 ‘꼬끼오’ 하고 울었으니 그것은 고귀위(高貴位)란 말이니 고귀위가 임금밖에 더 있습니까?”

한다.

“그것은 그렇다 하나 다듬이 소리를 들은 것은 무엇인가?”

“다듬이 방망이가 서로 오르내리며 풀 먹인 옷을 다듬느라고 쿵당쿵당 하는 소리를 내지 않습니까? 그 소리가 한문 글자의 음으로는 어군당어군당(御君當御君當)이니 이상의 두 가지가 다 왕위에 오를 징조라고 생각하나이다.”

했다. 그런데 그는 과연 목종의 뒤를 이어 여러 신하의 시위를 받게 되어 삼각산 신혈사에서 아무 이름도 없는 무명승(無名僧)으로 지내다가 대고려의 임금이 되어 궁중의 풍기를 일소하고 백성이 기대하는 밝은 정치를 펴게 되었으니 그가 바로 현종(顯宗) 임금이다.

☐ 3만공승(三萬供僧)과 만등불사

고려 불교는 신앙하는 자도 많았거니와 그 의식에 따른 불사도 이만저만이 아니었다.

고려에서는 점등(點燈)과 반승(飯僧)이 습관이 되어서 역대 임금도 이 일을 행하지 않은 이가 없었다.

반승은 한번에 1천 명, 2천 명, 5천 명 내지 1만 명, 2만 명, 최고로 3만 명까지 하였으니 충청북도 속리산 법주사는 승려 3만 명을 모아서 공양을 올린 곳이라 하여 3만 공승의 도량이라고 한다.

또 부처님을 위하여 등불을 켜는 것도 1천 등, 1만 등, 3만 등을 켤 때가 많았다. 고려 충정왕 같은 이는 1백 8만 승백(百八萬僧)을 공양시키고, 1백 8만 등을 불 켜려는 특별한 대원(大願)을 세우고 날마다 2천 승을 공양하고 2천 등불을 켜서 닷새만에 1만인 1만 등이 차도록 규모를 정하고 그 원을 마치려고 만승회를 열기도 했다.

다시 말하면 고려 임금들은 그 반분 이상의 힘을 오로지 불교를 위해 소비했기 때문에 승려의 제행이 여지없이 타락되고 덕행이 볼것없이 타락되어 부패하여졌으니 나라에서 승려를 존중하므로 출가위승하여 중이 되는 자는 많았으나 그들은 아뇩다라삼먁삼보리(無上正覺)의 진리를 깨닫기 위하여 수도 고행하는 이가 희박하고 일신의 명예를 위하여 또는 생활의 안락을 위하여 중이 되는 자가 많았기 때문에 소위 염불, 참선에는 마음이 없고 잿밥만 밝히는 중이란 말이 나오기도 했다. 그래서 교풍(敎風)이 날로 흐려지고 승려의 품격이 떨어지게 된 암흑상을 다투기도 하였으니 그 때에 어떤 왕이 승려의 행실을 단속하라는 조문(條文)을 보아서 그 편모를 알 수가 있다.

 조서의 내용을 간추려 보면,

"석가여래가 개교한 취지를 보면 청정으로써 주름잡고 더러운 것을 멀리 여기고 탐욕을 단제하라 하였거늘 이제 병역과 부역을 피하려는 무리가 중이라 칭하고 입산하여 재산을 불리고 생활을 편히 하려 하여 밭 갈고 짐승 기르기를 업을 삼고, 장사로써 풍속을 삼아 계율을 어기고 정행을 더럽혀서 가사로써 술독을 덮고 간경 염불 도량에 마늘 파를 심어 더럽히고, 속인과 더불어 통상매매하며 속객과 같이 음주, 식욕하여 사원을 시끄럽게 하고 악취를 풍기니 불교의 체모가 없도다. 더구나 승려로써 속인의 갓을 쓰고 속복을 입고 사원 중수를 빙자하고 구중패를 꾸며서 여염집에 출입하고, 저자에 들어가서 사람과 싸워서 유혈참극을 빚어내니 짐이 듣고 볼 수가 없도다. 그래서 승려의 선악을 구분하고 승려의 강기를 숙청코자 하여 중외(中外)사원에 승려를 도태하고 계행을 정수(精修)하는 자를 안주케 하노니 이 취지를 범한 자는 풍속단속법에 의해서 엄중 처벌한다."

했다. 이것을 보면 고려 중엽 이후에 승려들의 행동이 얼마나 나빴는가를 알 수가 있다.

□ 독경행렬의 풍속

　고려의 정종(靖宗) 임금도 또한 불교를 대단히 숭배하는 임금이었다. 그러므로 그는 어떻게 해야 법음과 법문을 듣지 못한 사람들이 없이 골고루 듣게 하여 모든 사람들로 하여금 불법에 인연을 맺게 할까 하고 여러 가지로 생각한 끝에 마침내 독경(讀經)행렬의 경행(徑行)이라는 것을 생각하게 되었다.
　송도 서울의 시가를 3구(區)로 구분하여 그 구내 사람들로 하여금 각각 채루자(綵樓子 : 불경을 봉재하는 사람)가 〈반야경〉을 메고 앞을 서게 하고 승려들은 법복을 입혀서 위의를 갖추고 뒤에 따라 가면서 경을 외고 읽게 하며 그 뒤에는 다시 감압관(監押官)이 또한 공복(公服)을 입고 이 행렬를 호위 감독하고 따르게 하여 온 구내를 차례로 돌아다니면서 백성을 위하여 복을 빌게 했다.
　이것을 한번 시작한 뒤로는 해마다 반드시 연중행사의 하나로 행하더니 나중에는 지방 부락의 가정마다 보급하여 백성들까지도 자발적으로 이것을 본떠서 소규모이지만 각각 지방의 그 마을에서 경을 읽고 돌아다니게 했다.
　숙종 때에는 이렇게 경행하는 날에는 나라에서 쌀과 피륙을 내려서 이것을 권장한 일까지 있었다.
　이것은 민심이 해이한 것을 고쳐시켜서 치심(治心)을 하려 한 것이나 요사이에 새마을운동과도 같은 정신 진작의 운동이라고도 하겠다.

□ 흥왕사(興王寺)의 낙성과 연등대회

 문종(文宗)은 덕수현에 흥왕사(興王寺)를 짓고 그 고을을 양천으로 옮기기까지 했다. 나중에는 다시 흥왕사를 짓기 시작하여 12년만에야 비로소 낙성하니 그것은 2천 8백 간이나 되는 웅장한 큰 절로서 그 역사에 얼마나 많은 재물과 노력이 들어갔는지 모른다.
 공사를 할 때에도 왕이 현장까지 행차하여 감독하는 관리들에게 벼슬을 주고 상을 주어 가면서 공사에 더욱 힘쓰도록 권장하고, 또한 나라의 모든 죄수들을 감형 또는 사면하여 이 절이 순조롭게 준공하기를 빌기도 했다. 또한 역사가 끝나자 왕은 그 낙성을 한번 크게 기념하기 위하여 3일 동안 주야를 연속하여 굉장하게 큰 연등대회를 열었다.
 이 소식이 전국 방방곡곡에 퍼지자 사방에서 몇 만명인지 모르는 승려가 모여들어 송도의 서울 장안은 중사태가 나기도 했다.
 왕은 병부상서 김양(金陽)과 우(右)가승 여도원 등에게 명하여 그 가운데서 제행이 청정하고 경학(經學)의 지식이 뛰어난 1천 명을 선출하여 이 재식에 참례하게 하고, 다시 백사(百司) 및 안서(安西)·도호(都護)·개성부(開城府)·광주(廣州)·양동주(楊東州)의 5주와 강화(江華)·장단(長端) 2현에 명하여 대궐 뜰로부터 철문에 이르기까지 채붕(綵棚)을 읽어서 빈틈이 없이 연결하게 하고, 연로(輦路)의 좌우에는 등산(燈山)과 화수(火樹)를 만들어 세워서 밤이 되어도 낮과 같이 밝게 하여 축제 기분을 나타내게 하기도 했다. 그리고 이날에 왕은 구경하는 사람이 인산인해를 이룬 속에 백관을 거느리고 절에 거동하여 친히 향을 피워 올리고 많은 재물을 시주했다. 그리고 본즉 흥왕사의 낙성불사 회향의 성대함이 공전절후라 할 만큼 성대했다.

왕은 뒤에 다시 이 절에 금자(金字)로 〈화엄경〉 한 질을 써서 모시고 금탑을 조성하였는데 이 탑의 내부는 은으로 하고 거죽은 금으로 하되, 은이 4백 27근이 들고 금이 1백 14근이 들었다고 하는데 이 탑에서는 수시로 방광을 하기도 했다고 한다.

□ 왕자(王子) 출가와 서민(庶民) 출가

불교 발전의 황금시대는 신라시대였지만 고려 왕조의 불교도 신라만 못지않게 왕성했다. 임금으로서 부처님이 설하신 5계를 받은 자가 부지기수요, 왕자(王子)와 공경(公卿) 대부의 자제로서 출가위승하여 중이 된 자도 그 수효를 알 수가 없을 만큼 많았다.

우선 문종(文宗)만 하더라도 그 아들 3인이 한꺼번에 출가하여 뒤에 다 유명한 고승이 되었고, 명종은 자그만치 일곱 아들이 다 출가하였으니 임금으로서 아들이 많은 이는 태자를 제하고서는 거의 다 중이 되는 관례가 되었다.

그런 까닭으로 공경대부와 서민층에서도 출가하는 자가 많았는데 정종(靖宗) 때에는 국내의 백성으로 4형제를 둔 자는 반드시 한 사람를 출가하도록 허락하였고, 문종 때에는 다시 양경(兩京)과 동남주군(東南州郡)에 한 집에 3형제를 둔 사람이라도 15세 이상의 남자에게는 출가를 허락했다.

나라에서 시민 자제에게 출가위승을 권장도 했지만 그들이 자진하여 출가하는 데는 그만한 이유도 있었으니 한두 가지의 예를 들면 아래와 같다.

첫째, 삼국 이래로 전래한 종교적 신앙은 오직 불교가 있을 뿐이요, 다른 종교는 존재가 거의 없었던 것이다.

둘째, 위로 왕실 귀족부터 불교신앙이 대단하였으므로 한번 출가를 하면 귀족의 존재를 갖춤이요.

셋째는 각 사찰에는 토지와 노비가 딸려 있어서 승려생활이 편했으며,

넷째, 승려는 누구나 국가로부터 일체의 병역과 부역과 세금이 없었다.

위와 같이 그 여건이 좋았기 때문에 출가하여 중 행세를 하는 자가 많았다고 보겠다.

□ 오세암(五歲菴)의 전설

강원도 인제군 설악산에는 백담사(百潭寺)라는 큰 절이 있고, 산내 암자로서 오세암(五歲菴)이란 작은 암자가 있는데, 이 암

자에 대해서 기이한 전설이 내려오고 있다.

 이 오세암은 깊은 산중에 있기 때문에 겨울이 되어서 눈만 내리면 오도가도 못하는 곳이다. 그러므로 이 암자에서 월동을 하려면 누구나 초가을부터 미리 식량 준비를 해두지 않으면 안된다.

 고려시대에 설정선사란 수도인이 있어 어느 해에 이곳에서 동안거(冬安居)를 하고자 다섯 살 먹은 부모없는 조카애를 데리고 눈이 내리기 전 초가을에 들어간 일이 있었다. 여러 가지로 나무와 식량과 염량같은 월동할 준비를 했으나 그 가운데 한두 가지가 모자라는 것이 있어서 다시 한번 산 아래 동네에 내려가 구해 가지고 오지 않으면 안될 사정이 생겼다.

 그런데 조카애를 데리고 가려다가 아침 일찍 갔다가 저녁에는 돌아올 생각으로 조카애를 두고 가기로 했다. 그래서 달콤한 말로 조카를 달랬다.

 "아가, 내가 아랫동네에 갔다가 곧 다녀올 테니 네가 이곳에서 집도 보고 오늘 하루만 기다리고 있거라. 밥도 여기 있고, 반찬도 여기 있고, 또 네가 좋아하는 누룽지도 여기 있으니 먹고 싶으면 먹어 가면서 나를 기다리고 있거라. 그리고 혼자 있기가 무섭거든 내가 가르쳐 준 관세음보살을 자꾸 불러라. 그러면 내가 오기 전에라도 너의 엄마가 와서 네게 밥도 주고 옷도 줄 것이다. 그러니 내 말대로만 하여라."

 설정선사는 이렇게 어린 조카를 달랬다. 처음에는 울면서 같이 가자고 떼를 썼으나 관세음보살만 부르면 엄마가 와서 봐준다는 말에 마음이 진정되었던지 고개를 끄덕이며,

"아저씨, 그럼 빨리 갔다가 와."

하고 떨어졌다. 설정선사는 어린 것을 달래놓고 가기는 갔지만 마음이 놓이지를 않았다. 선사는 마을에 내려가서 일을 대강 보고 부족한 것을 구하느라고 날이 저물어서 그날로 돌아올 수가 없게 되었다. 그래서 마음이 조마조마 하면서도 어쩔 수 없이 마을에서 하룻밤을 묵게 되었다.

그런데 이게 웬일인가. 자고 나서 아침에 문밖을 내다보니 밤새도록 함박눈이 내려서 산과 들 어느 곳에나 눈이 쌓여 딴 세상이 되었고, 집 처마까지 눈이 쌓여 한 길 이상에 이르게 되어 사람이 오도가도 못하게 되었다.

선사는 하도 어이가 없어서 멍하니 앉아만 있었다. 그뿐만 아니라 그 뒤에도 눈이 계속 내리고 바람이 불어서 풍설이 사나워지니 어찌할 도리가 없었다. 선사는 그래도 어린애를 생각하고 떠나려고 하였으나 사람들이 말리면서 가지 못하게 붙들었다. 그래서 어쩔 수 없이 일체를 체념하고 오직 조카애를 위하여 관세음보살께 기도하며,

"어떻게 하든지 보살님의 가호가 있어서 애기가 무사하게만 해주소서."

하고 기원했다. 보통 사람으로 본다면 가당치도 않은 일이었다. 그러나 선사로선 이런 기도라도 아니하고서는 마음을 가라앉힐 수가 없었다. 이렇게 초조하게 지내는 동안 해가 바뀌어 이듬해 봄이 되었다. 그래서 그처럼 엄청나던 눈도 녹아서 간신히 통행할 수가 있게 되었다.

선사는 한편으로는 포기를 하면서도 그래도 혹 관세음보살님

의 가피로 살아 있지나 않을까 하여 마을을 떠나서 급히 산으로 올라갔다. 천신만고를 다 겪고 간신히 돌아와 보니 이렇게 불가사의한 일이 있을 수가 있겠는가?

 선사가 방문 밖에서 헛기침을 하였더니 조카애가 방문을 열고 나오면서,

"아이고, 아저씨 참 오래간만에도 오시네요. 왜 곧 온다고 하더니 이제 와요?"

하며 선사에게 매달렸다. 조카를 보자 선사의 눈에서는 알 수 없는 눈물이 흘렀다. 선사는 한동안 아무 말도 못하고 조카를 껴안은 채 가만히 서 있다가 겨우 마음을 진정하고 나서,

"네가 대관절 어떻게 해서 이제까지 혼자 살아 있었느냐?" 하고 물었더니,

"날마다 엄마가 와서 밥도 해 주고 옷도 해 주고 잠도 같이 자고 재미난 이야기도 해 주면서 나를 귀여워했어요. 아저씨가 날더러 관세음보살만 생각하고 부르면 엄마가 와서 보아 준다고 하지 않았어요? 아저씨가 말한 대로 그리했더니 엄마가 와서 돌보아 주었어요. 오늘은 아저씨가 올 테니 간다고 하면서 아까 뒷산으로 올라갔어요."

했다. 이 말은 들은 선사는 그만 관음상 앞에 예배하고 무한히 감사했다.

 그로부터 이 암자를 오세암이라고 이름을 짓게 되었다고 한다. 그리고 그 5세의 동자는 관세음보살에게 〈팔만대장경〉을 다 배우고 견성오도(見性悟道)를 했다고 한다.

□ 청평 거사의 고절(高節)

 청평거사(淸平居士)는 이자현(李資玄)의 호이니 중서령(中書令) 자연(子淵)의 손자이다. 그는 얼굴이 잘 생기고 재주가 뛰어나 일찌기 대과에 급제하여 대악서승(大樂署承)이 되어 일대문장(一代文章)이란 말을 듣더니 세상이 무상함을 느끼고 춘천의 청평산으로 들어가서 문수원(文殊院)을 수리하고 있으면서 나물 등 소식을 하며 베옷을 입고 참선 수도 정진했다.
 예종 임금이 그의 재주를 아끼고 여러 번 내관을 보내어 향(香)과 금(金)을 하사하시고 불렀으나 끝내 나오지 않고 사신을 대하여 말하되,
 "내가 도성을 나올 때는 다시는 성안에 발을 들여 놓지 않기고 결심하고 나왔으니까 황공하오나 다시 갈 수는 없소."
하고 다시 표(表)를 지어 올리되,

　　以鳥養鳥 度無鍾鼓之憂
　　觀魚知魚 俾遂江湖之性

　　새로써 새를 기르니
　　종고의 근심이 없고
　　고기를 관하고 고기를 아니
　　강호의 성품을 이루었도다.

하였으니 산에 들어와서 산새로 벗을 하고 새를 기르니 아침저녁으로 종소리와 북소리를 맞추어서 대궐에 들어가는 근심이 없고, 개천에 고기를 보고 고기의 성품을 알게 되니 저절로 강호의 성품을 이루었나이다란 뜻이다.

  왕은 마침내 그를 서울로 불러 올리지 못할 것을 알고, 특히 남경(南京)에 행차하여 그 아우 상서 이자덕(李資德)으로 하여금 가서 잘 달래서 행재소(行在所)까지 나오게 하라 하므로 거사는 이에도 응하지 않을 수가 없어서 마침내 따라 나왔다. 왕은 사신의 예로써 보는 것이 온당치 않다 하여 전상(殿上)에 올라가서 절을 하게 하고, 조용히 서로 이야기 한 뒤에 서울에 가까운 삼각산 청량사(淸凉寺)에 머무르게 했다.

  어느 때에 왕이 양성(養性)의 요결(要訣)을 물었더니,
 '막선어과욕(莫善於寡慾)'
이라 하였으니,
  "욕심을 적게 하는 것보다 더 좋은 일은 없습니다."
한 말이다. 왕은 이에 더욱 찬탄하고 대우를 지극히 하였으나 거사는 기어이 청평산으로 돌아가서 일생을 부처님께 귀의하여 조석으로 분향 예경하고 참선 공부를 하다가 생을 마감했다.

  또한 상주국(上柱國: 벼슬이름) 이오(李䫨)라는 이는 당시의 사람으로서 청렴과묵하여 녹을 받는 이외에 따로 재산 욕심을 내지 않고 불법을 깊이 믿어서 경소(經疏)를 두루 보고 있었는데 그 가운데도 〈금강경〉을 좋아하여 호를 금강거사(金剛居士)라고 했다. 그러니 그도 벼슬아치로서는 절개가 높은 고절의 선비라 그가 죽자 왕은 몹시 애통해 하며 3일간이나 아침상

을 거두기까지 했다고 한다.

 사람이란 누구나 부귀영화를 좋아하고 좋은 벼슬자리를 얻으려고 아첨하고 모략하고 주선하는 것이 인간의 상정인데 이 두 거사는 그런 것을 물리치고 청빈생활로써 오직 불도만 즐겨하였으니 진세에 있으면서도 진세에서 해탈한 불자라고 하겠다.

□ 관승대사(貫乘大師)와 포암(蒲庵)의 유래

 고려시대에 문학자로 윤언이(尹彦伊)란 사람이 있었는데 그는 금강거사라는 법호를 가졌었다. 그는 소년시절에 과거에 응하여 대과급제한 문장으로서 주역의 해석인〈역해(易解)〉를 지어서 세상에 전하기도 했다. 그런데 그는 말년에 불법에 귀의하여 벼슬을 버리고 파평(坡平)땅에 머물며 오직 불법을 연구하는 수도에 전력을 바쳤다.

 그는 일찍이 관승대사(貫乘大師)라는 스님과 더불어 벗이 되어 서로 친하게 왕래하더니 관승대사가 둥구미 같은 것 하나를 크게 만들었는데 사람 하나가 앉을만하게 자리를 꾸민 것이다. 이것을 이름하여 포암(浦庵)이라고 했다.

 관승대사는 금강거사를 보고 우리 두 사람이 누구든지 먼저 세상을 버리는 사람이 이 자리에 앉아서 가기로 약속했다. 그런데 하루는 금강거사가 소를 타고 와서 관승대사에게 이별을 고하고 가므로 화상은 곧 사람에게 포암을 지어 보냈더니 거사

는 웃으면서 화상이 약속을 어기지 않는구나 하고 붓을 들어서 벽에 쓰되,

春夏秋冬 花開葉落 東復西前 善養眞君 今日道中 友觀此身 萬里長空 一片閑雲

춘하추동에 꽃이 피고 잎이 떨어지니 동쪽이 다시 서쪽이 됨이며
잘 진군(眞君)을 가르도다. 오늘 가는 도중에 도리어 이 몸을 관찰하니
만리장공에 한 조각 한가한 구름이로다.

이렇게 임종게(臨終偈)를 쓴 뒤에 그 포암에 앉아서 생을 마감했다.
이 소식을 듣고 왕은 3일간이나 조례를 쉬었다고 한다. 그러니 금강거사는 죽음을 보되 고향에 돌아가는 마음같이 새겨서 아무 집착이나 애착이 없었다.

□ 끊이지 않는 연성법회(連聲法會)

의종(毅宗) 12년 정월 초하룻날 모진 바람이 서북 방향에서 불어 왔다. 왕이 태사(太史)를 불러서 물었더니 태사가 아뢰되,

"이것은 나라에 근심이 되는 일이 있을 징조라고 아뢰오." 라고 아뢰었다. 왕은 크게 걱정하고 점을 잘 치는 내시 영의(榮儀)에게 물었더니 영의도 똑같이 아뢰었다. 그리고 절에 가서 염불을 하여 도액을 해야 무사하리라고 했다. 그래서 왕은 영의의 말을 듣고 재액을 물리치기 위해 영통사(靈通寺)와 경천사(敬天寺) 등 다섯 절에 그해 1년 동안 끊임없이 불사를 행했다.

내시 영의는 그 아버지가 먼 섬에 귀양갔을 때 역민(逆民)의 자손에게 장가를 들어서 낳은 사람인데 일찍이 점치는 법을 배워서 국가 기업(基業)의 원근과 인군(人君) 수명의 장단을 말하고, 그것은 다 기도 여하에 따라 연장할 수도 있고, 단축시킬 수도 있다고 하므로 왕은 다소 그 말에 혹했다.

그런데 그는 또한 수명을 늘리려면 제석천(帝釋天)과 관세음보살을 섬기지 않으면 안된다고 아뢰었다. 왕은 관세음보살과 제석천왕 양성의 존상을 그려서 전국 각 사찰에 나누어 보내고 염불을 시키되 1년 동안을 승려로 하여금 주야로 소리가 끊이지 아니하고 서로 번갈아 가며 보살 이름을 부르게 하였으니 이것을 연성염불기도회라고 했다.

그래서 지금도 어떤 지방에서는 장좌기도니 장좌정진이니 장좌염불이라 하여 17일간 주야로 계속하는 곳이 있다. 이것은 고려 때에 있던 연성염불에서 나온 것이라고 하겠다.

□ 묘청(妙淸)의 실의(失意)

고려시대의 묘청이란 사람은 서경(西京: 평양)의 승려로서 인종(仁宗) 때의 사람이다. 묘청은 승려이면서도 승려의 본분을 지키지 않고 엉뚱한 소견을 내어서 국왕을 현혹케 했다. 그래서 그는 일관 백수한(日官 白壽翰)과 부동하여 왕을 꾀어 상안전(常安殿)에 관정도량(灌頂道場)을 베풀고 지나친 불사를 경영하더니 나중에는 송도(松都)에 지기(地氣)가 벌써 쇠하고 서경(西京)에는 왕기가 바야흐로 성한즉 왕도를 그리로 옮기지 않으면 안 된다 하고 음양설의 길흉을 논하여 왕의 뜻을 움직이게 했다.

정지상(鄭知常)도 역시 서경 사람이라 이 말을 듣고 크게 기뻐했다. 그는 왕의 근신 김안(金安)과 같이 의논하고 우리가 임금을 받들고 서경으로 도읍을 옮기기만 하면 중흥공신이 되어 자손 대대로 무궁한 복락을 누리게 될 것이라 하고 묘청을 칭찬하고 도읍을 옮기기를 극구 주장했다.

그들은 다시 근신 홍이서(洪彝叙), 이중부(李仲孚)와 대신 문공인(文公人), 임경청(林景淸)까지 끌여 들여서 인종에게 글을 올리되,

"묘청은 훌륭한 중이요, 백수한도 놀라운 지사인(知事人)이오니 나라의 일은 무엇이나 다 이들에게 물어서 행하고, 그들이 정하는 바를 무엇이나 다 들어 주시면 정사가 잘되어 국가를 편안케 보전하오리다."

하고 아뢰었다.

 이에 대하여 평장사 김부식(金富軾)과 참지정사(參知政事) 임원애와 승선 이지시 등은 처음에 반대하였으나 나중에는 이들과 합세하게 되었다. 묘청은 다시 왕에게 아뢰되,

 "신 등이 서경 임원역(林原驛)의 지세를 살펴보니 음양가의 이른바 대화세(大花勢)라는 것으로서 만일 그곳에 궁궐을 세우기만 하면 천하를 호령할 수 있고, 새로 일어나는 금국(金國)을 억눌러 조공을 받을 수가 있사옵니다."
하고 아뢰었다.

 왕은 이 말에 찬동하고 마침내 서경에 행차하여 근신으로 하여금 묘청과 백수한과 함께 임원역에 신궁(神宮)의 터를 잡게 하고, 김안에게 명하여 공사를 시작케 했다. 그러나 그때가 엄동설한이어서 공사가 제대로 되지 않아 1년간의 시일을 소비하여 비로소 준공하였고, 왕이 건덕전(乾德殿)에 들어서 군신의 축하 속에 준공식을 가졌다. 그 뒤에 묘청은 계속하여 임원(林原)에다 팔성당(八聖堂)을 지어 8성(聖)을 모시고 다시 왕에게 사뢰되,

 "상경(上京 : 송도)의 지세는 이제 운이 다 지나서 쇠미하여 궁궐이 분탕(焚蕩)하기가 쉬우니 아직 국도는 이곳으로 옮기지 아니하실지라도 자주자주 서경에 행행하시어서 재앙을 물리치고 복을 빌도록 하시옵소서."

했다. 왕은 이에 대하여 이지시에 물었더니 그는 간하되,

 "묘청 일파의 하는 일이 진실하지 못한 것이 많습니다. 그들이 풍수설과 온갖 잔꾀로 상감마마를 서경에 모시려는 것은 상

감마마를 모셔 놓고 금국과 싸워 큰 공을 이루려는 야심에 불과하온바 지금 욱일승천의 기세로 올라가는 금국과 아무 까닭도 없이 어찌 조공을 받고자 싸울 것입니까? 그리고 양부대신(兩部大臣)이 다 상도에 있사온데 그들의 의견을 묻지도 아니하고 어찌 묘청 일파의 말만 듣고 처사하시려 하나이까."
하고 간했다. 그런 가운데 묘청 일파가 왕의 환심을 사려고 대동강에 5색 서기가 떠올라 오게 한 일이 천의가 아니라 사람의 조작으로 한 것이 탄로가 되어 왕은 묘청을 멀리 하고 돌아보지 않고 역모로 간주하게 되었다.

묘청의 본뜻은 왕을 서경에 모셔 놓고 금국을 쳐부수어 나라의 판도를 더욱 넓게 하고, 그밖에 다른 나라가 고려를 넘보지 못하게 한다는 엉뚱한 꿈이 수포로 돌아가고, 자기가 도리어 역적으로 몰리게 되자, 그는 서경을 근거지로 하고 모반(謀叛)하여 국호를 대위(大爲)라 하고, 기원을 천개(天開)라고 한 뒤 다시 위조(僞調)를 내려 여러 고을의 장병을 불러서 송도 서울을 쳐들어가려고 했다.

왕은 비로소 놀라 김부식을 원수로 삼고 김부의, 이주연 등을 부원수로 하여 출병시켰다. 김부식은 서울에 머물러 있는 김안, 백수한, 정지상 등을 잡아 궁문 밖에서 목을 베이고, 삼로로 군사를 내어서 여러 성을 회복시키면서 진격하여 평양을 에워싸니 마침내 서인(西人) 조광(趙匡)에 의하여 묘청(妙淸)과 유감, 그의 아들 호(浩)의 목이 떨어지고 평양성이 함락되어 이 난리가 비로소 가라앉았다.

정지상은 고려조의 이름난 시인(詩人)으로 후세에까지 명구를 전하는 천재였는데 불행하게 묘청때문에 아깝게 죽은 것이다. 그는 문학상으로 김부식과 이름을 날리게 되자 시기를 받았고, 더욱이 김부식에게 미움을 받아오던 터이라 용서없이 죽임을 당한 것이다. 이상을 살펴보면 묘청이 중의 본분을 잊어버리고 부귀공명을 꿈꾸며 왕을 모셔다 놓고 금나라와 싸워서 일대공명을 이루려다가 모든 계획이 수포로 돌아가게 됨으로 이에 실의(失意)가 되어서 충성이 변하여 역적이 되었으므로 참행을 당했으니 일대 환상의 꿈으로 돌아가고 말았다. 그러므로 사람은 본분을 지키고 옳은 길을 밟아야지 그렇지 않고 탈선을 하면 천벌을 받는 법이다.

▢ 해인사 팔만대장경의 유래

〈대장경(大藏經)〉이라는 것은, 곧 경(經)·율(律)·논(論)의 삼장(三藏)을 일컫는 것이니 처음에 석가세존께서 돌아가신 뒤에 제자들이 그 설하신 법문을 결집하여 경과 율로 구별하여 편찬하고, 후에 다시 보살과 역대 조사의 전술을 따로이 모아 논장(論藏)이라 하여 이에 더하여 3장이 된 것이다.

불법이 홍포함을 따라서 이 장경도 또한 세계적으로 전파 번역되어 혹은 붓으로 쓴 사본(寫本)과 혹은 나무에 새긴 판본(板本)으로 보존되어 있다. 현재 세계에서 가장 완비된 〈대장경〉만 대개 8종이 있는데 그 가운데 6종은 다 한문으로 되어 있으며, 우리나라의 해인사〈대장경〉도 그 6종의 하나이다.

우선〈대장경〉이 우리나라에 들어온 것을 역사적으로 고찰해 보면, 신라 진흥왕 때 진나라 사신 유사(劉思)가 명관화상(明觀和尚)과 함께 경론 1천 7백여 권을 가지고 왔고, 그 뒤에 자장 율사(慈裝律師)가 다시 당나라에서 2장 4백여 함을 가지고 와서 양산 통도사에 봉안했다.

또한 흥덕왕 때에 구덕화상(丘德和尚)이 불경함을 약간 가지고 와서 흥륜사에 봉안하였고, 해룡사의 보요선사(普曜禪師)가 오(吳)나라와 월(越)나라에 들어가〈대장경〉을 가지고 와 해룡사에 봉안하였으며, 경순왕 때에 묵화상(黙和尚)이 당나라에서〈대장경〉을 가지고 왔다.

또 고려 때에는 태조 11년에 홍경(洪慶)화상이 당나라로부터〈대장경〉1부를 가지고 와서 제석원(帝釋院)에 봉안하고, 성종 8년에도 여가(如可)화상이 송나라에 가서〈대장경〉을 가지고 오고, 10년에는 다시 한언공(韓彥恭)이 송나라로부터〈대장경〉을 가지고 왔고, 현종 13년에는 한조(韓祚)가 송나라로부터 경전 약간을 가지고 왔고, 문종 17년에는 거란(契丹)이〈대장경〉을 보내왔고, 37에는 태자로 하여금 송조〈대장경〉을 가지고 오게 하여 개국사(開國寺)에 봉안하고, 예종 때에는 요(遼)가 고존수(高存壽)로 하여금 대장경을 보내왔고, 또 혜조(慧照)국사가 요본〈대장경〉3부를 사왔다.

그런데〈고려대장경〉이 판각으로 조성된 것을 살펴보면, 제 1차에 한 것은 거란 난리 때에 타버리고, 제 2차로 고종 때에 다시 조각하여 완성한 것이 현재 해인사의 대장경판이다.

이제 제 1차에 장경을 각성한 경위를 보면 목종 7년에 사신을 송나라에 보내어 궁본(宮本) 장경을 구하여 가지고 와서 그것을 고유한 전후(前後) 3장 및 거란 장본(藏本)과 같이 서로 교합하니 그것이 곧 〈고려장본〉이다. 그러나 목종 때에는 오직 이 기록이 있을 뿐이요., 대장경을 판각한 업적이 없어서 위에 말한 교합하여 간각한 것이 곧 〈고려장본〉이다. 이것은 그 후 7년이 지난 현종 2년에 간각(刊刻)한 〈대장경〉에 이른 것 같다.
　바꾸어 말하면 목종 때에 구해 온 〈대장경〉을 대본(臺本)으로 하여 그 전에 있던 장경과 서로 대조 교정하여 현종 때에 비로소 완전한 각판을 이룬 것이니 이것이 제 1차 장경판각의 내력이다. 그런데 다시 이 장경이 불타 없어진 사실을 들어볼 것 같으면 현종 원년에 거란 왕이 보병, 기병 40만 명을 거느리고 침입하여 연달아 고려군을 격파하고 서울로 뛰어들어 대묘(大廟)궁궐과 민가를 불사르니 이 난리에 중흥사(中興寺)가 타 버렸다. 그래서 현종이 급하게 피난하여 광주를 거쳐 전주, 나주까지 피난했다가 다시 공주로부터 청주에 이르러 행궁(行宮)에서 연등(燃燈)을 행했다. 그러나 거란병은 좀처럼 물러나지 않으므로 왕은 부처님의 힘을 빌어 이 난리를 면하고자 군신이 함께 사원을 세우고 〈대장경〉을 각성하였더니 거란병이 차차 물러가게 되었다.
　왕은 장경판각의 역사를 마친 뒤 장경판각을 송도 서울 부근의 부인사에 봉안하니 이것이 곧 제 1차 〈고려장판〉이다. 그러나 그 뒤에 거란병이 끊임없이 침범하였는데, 몽고에서 일어난 원나라에 거란이 항복하고 말았다. 그 뒤 고려는 다시 원나라의 침략을 받아서 편안한 날이 없었으므로 고종 19년에 할 수 없이 도읍을 강화도로 옮겼는데〈고려장경판〉은 마침내 몽고 병정의 손에 타버렸는데 그것은 현종 2년에 장경판을 완성한 후로부터 2백 15년이 지난 뒤의 일이었다. 그러나 고종은 이에 조금도 굽히지 아니하고 난리 가운데서도 다시 장경판각의 사업을 시작하여 24년에 대장도감(大藏都監)을 두어서 그 본사(本司)는 강화도에 두고 분사(分司)는 다시 나주에 두어 공역(工役)의 준비를 행하게 하고 이규보(李奎報)로 하여금 군신기원문(君臣祈願文)을 지어서 불보살과 모든 성중(聖衆)에게 아뢰었으니 그 전문 내용이 매우 애절했다.

이 기원문의 요지만 간추려 본다면,

1. 국왕인 모(某)는 태각과 문무백관으로 더불어 목욕재계하고, 불법승 삼보와 제천선신에게 간절히 기원한다는 것.

2. 적도(賊徒)의 잔인무도한 짓이 오히려 금수보다도 지나쳐서 지나는 곳마다 백성의 재산을 약탈하고 생명을 앗아가서 도처에 피비린내 나는 죄상이 인천(人天)을 공노(共怒)케 한다는 것.

3. 그들은 무지몽매한 오랑캐로서 도처의 문화재인 사원과 불상과 경전을 불사르고 당탑(幢塔)을 파괴하고, 다년간 공을 쌓아 조각하여 부인사에 모신 대장경판각을 불살라 없앤 것은 슬프고 애통하여 치가 떨린다는 것.

4. 그러한 삼보를 잘 보호하지 못하고 적의 침해를 받은 것은 군신이 무능하여 당했으나 신념만은 절대로 퇴하지 않고 군신이 합심하여 큰 원(願)을 세워서 또 다시 장경판각을 조성해야

겠다는 것.

현종 때 거란의 난을 만났을 때에도 대장경판각을 조성하자 적이 물러간 일이 있고, 이번에도 이 대장경판각 조성의 공덕으로 몽고와 거란과 합한 원병을 물러가게 하여 달라는 것.

5. 그리하여 속히 천하가 태평해서 모후(母后)와 왕세자가 만수무강하고 삼한 국운(國運)이 만세에 빛나게 하고 불법이 천추에 홍포될 것.

6. 저희들 조신이 노력하여 불은의 만분의 1이라도 갚겠다는 간절한 구절이었다.

이렇게 굉장한 서원아래 조각을 시작한 대장경 판본은 전후 16년의 세월을 소비하여 고종 38년에 이르러서 완전함을 보게 되었으니 이것이 오늘까지 남아있는 합천 해인사에 봉안된 〈팔만대장경판〉이다.

정유년으로부터 신해년까지 15년밖에 안되지만 역사에는 16년이란 것을 보면 관사의 설치와 인원의 선정 등이 경유년 전부터 시작되었으니까 16년이라고 한듯하다. 그런데 고려장경이 세계적으로 지보(至寶)란 말을 듣는 것은 경판이 8만 1천 2백 58매이고, 경목(經目)이 1천 5백 12부서이고, 권수가 6천 7백 91권이나 되는데 고정의 엄밀함과 글씨가 똑같은 것과 조각의 정연한 것이 세계〈대장경〉중에서 뛰어난 것이니 그때 사람들이 얼마나 진실하고 경건한 과학적 태도로써 이에 임했는가를 알 수가 있다.

그런데 그것이 8백년이나 가까운 오늘날까지도 조금도 격낙이 없이 완전히 보관되어 온 것을 생각하면, 정말 천하에 지보라고 아니할 수가 없을 것이다. 그 교정은 주로 개태사(開泰寺)의 수기(守基)화상이 맡아서 행했다고 한다. 그런데 그는 그 경역과 아울러 〈고려국 신조 대장경교정별록(高麗國 新彫 大藏經校正別錄)〉이라는 37권이나 되는 큰 책을 따로 편찬하기도 했다.

경역이 완성되자, 왕은 그해 9월에 문무백관을 거느리고 대장경판당으로 행차하여 향을 피우고 그 순성을 축복했다.

경판이 어찌하여 해인사에 봉안하게 되었는지는 잘 알 수가 없으나 사가(史家)에 의하면 처음에는 강화도 용장사(龍藏寺)에 두었다가 풍덕 민천사(敏川寺)로 옮기고, 다시 옥양 지천사(支天寺)로 옮겨 모셨다가 나중에 비로소 합천 해인사에 봉안하게 되었다고 한다. 그리고 이 대장경을 〈팔만대장경〉이라고 일컫는 것은 조성해 놓은 경판이 8만 1천 2백 58매이기 때문에 1천 2백 50매의 우수리는 떼어버리고 〈팔만대장경〉이라고 하고 또는 경전의 법문 내용이 8만 4천이기 때문에 〈팔만대장경〉이라고 한다. 그런데 고종이 강화로 도읍을 옮기고 근 40년이나 있었으나 원군이 침범하지 못하고 물러간 것은 이 대장경 판각의 공덕이라고 하겠다.

□ 신광사(神光寺)의 유래

황해도 해주 북숭산(北嵩山)에 신광사(神光寺)라는 절이 있는데 이 절이 황해도 안에서는 명산대찰로 이름이 높은 절이다. 그런데 이 절은 원(元)나라 순제(順帝) 황제가 창건한 절이라고 한다. 그러면 순제가 어찌하여 우리나라에 절을 창건하게 되었는가?

 이에 대해서는 곡절이 있다. 처음에 순제가 아직 제후로서 위왕(魏王) 아목가(阿木哥)로 있을 때에 죄가 있어서 고려의 탐라로 귀양을 왔다가 나중에 다시 황해도 대청도(大靑島)로 옮겼는데 그는 두루두루 서해의 산천을 구경하고 돌아다니다가 해주 북숭산에 이르러 문득 풀 속에서 방광(放光)하는 것이 있음을 보았다. 그래서 그가 이상하게 생각하고 찾아가서 자세히 보니 불상 한 분이 풀 속에 묻혀 있었다. 그는 그 앞에 꿇어 엎드려 기도하되,

 "부처님, 부처님께서도 의지할 곳을 얻지 못하시와 이렇게 풀 속에 묻혀 계신 것을 뵈오니 어떻게도 제 마음이 죄송하고 민망하온지 견딜 수가 없나이다. 그러하오나 오늘날의 저로서는 아직 어쩔 도리가 없사오니 굽어 살펴 주시옵고, 이렇게 천애고도에 귀양살이를 하는 저를 불쌍히 여기시어 만일 명조(冥助)의 가피(加被)를 나리시어 저로 하여금 고국에 돌아가서 등극하게만 하여 주신다면 당장에 절을 지어 봉안하여 그 은혜를 갚아드리겠습니다. 부처님, 어서어서 제가 축원하는 대로 소원만을 이루게 하여 주시옵소서."

하고 정성이 넘치도록 빌었다. 그 뒤에 그는 부처님의 도움을 얻었던지 귀양이 풀려서 곧 원나라에 돌아가서 황제의 지위에 오르게 되었으나 이 부처님께 대하여 드린 서원을 감쪽같이 잊

어버리고 실행을 하지 못하고 있었다. 그랬더니 하루는 꿈에 부처님께서 나타나셔서,

"그대는 어찌하여 나를 잊어버리고 있는가?"

하는 말씀을 남겨 놓고 가버렸다. 황제는 비로소 문득 그 옛날에 고려 북숭산에서 부처님께 맹서하고 기원하던 일을 깨닫고, 큰 절을 지어드리기로 결심하고 곧 태감(太監) 송골아(宋骨兒)를 파견하되 공장(工匠) 37명을 데리고 고려에 나와서 고려 시중 김석견(金石堅)과 밀직부사 이수산(李壽山) 등에게 공사를 감독하게 하고 중국의 자재로써 절을 짓고 그 부처님을 봉안하여 모시니 이것이 곧 신광사이다. 원나라 황제가 지은 절인만큼 그때는 신광사 건물의 장엄함이 전국에서 으뜸이었다고 한다.

□ 공민왕의 숭불(崇佛)과 신필의 그림

고려 말엽의 공민왕(恭愍王)도 또한 불법을 여간 좋아하고 숭신하지 않았다. 그리하여 그는 즉위하자 곧 조서를 내려 사전(寺田)을 거두어 쇠퇴한 절의 수리를 명하고 다시 서강(西江)에서 방생을 했다. 또 그의 탄신 생일에 백관이 성수무강의 축수(祝壽) 잔치를 하려고 하니 왕이 금하되 궁중에서 잔치를 베풀게 되면 반드시 짐승을 살생하게 되니 말라 하시고, 그 대신 잔치할 비용으로 지장사(地藏寺)의 승려들에게 공양을 올리게

했다.

 또한 공양왕은 본디부터 그림을 잘 그려서 그 솜씨가 여간 훌륭하지 아니하여 신필이란 소리를 들었는데 그는 그 솜씨로써 자기의 신앙을 증명하는 불화를 많이 그렸는데 달마절노도강도(達磨折蘆渡江圖)라던가 보현육아백상도(普賢六牙白象圖)라던가 또는 홍왕사에서 전하는 석가출산상(釋迦出山像)같은 것은 왕의 그림 가운데서도 가장 뛰어난 작품으로 천하의 명화란 찬사를 듣기도 했다. 춘천 청평사에 있는 제석탱화도 또한 공민왕이 그렸는데 이것은 더욱 걸작이라고 일컫는다.

 이 그림은 조선 명종(明宗) 때에 이르러 비로소 보우(普雨)화상에 의해서 발견되어 다시 표구를 하여 모시게 되었는데, 화상의 〈제석탱중수기〉를 보면 얼마나 훌륭한 인품이었나를 짐작할 수가 있다. 그의 중수기(重修記)를 보면 아래와 같은 구절이 있다.

'이 그림은 곧 고려 공민왕의 신필이니 천고절대의 지보(至寶)이다. 산중에 지식자가 없으므로 부처님 밑에 버려두어서 거의 썩게 되었더니 무오년(戊午年) 여름 일국의 명화가인 이군오(李君吳)가 나라의 명을 받고 이 절에 와서 법당의 단청을 하다가 쉬는 사이에 문득 이 그림이 탁자 밑에 있음을 보고 놀라서 탄식하되, 이 그림은 참으로 세상에 드문 신필인데 아는 자를 만나지 못해 헛되이 나무판자 밑에 버려져 있었도다. 만일 밝은 눈이 아니면 어찌 신필을 알리오 하고 곧 먼지를 털고 다시 고쳐 모셔서 사람으로 하여금 예배하게 하니 33천(天)의 신앙과 방불하여 보고 절하는 자가 공경하지 않는 이가 없으니

정말 희유한 인연이로다.'
했다. 공민왕은 그의 비(妃)되는 노국(魯國)공주의 초상화 및 자기 초상화를 그렸는데 이것 또한 천하의 명화로서 그 자신의 초상화는 장단 화장사(華藏寺)에 전했다고 한다.

□ 이목은(李牧隱)의 억불소와 찬불소

 고려의 국자감(國子監)의 생원인 목은(牧隱) 이색(李穡)은 고려 말의 문장가로 유명한 분이었는데, 왕이 불교를 너무 관대하게 대하여 국가에 피해가 막심하다는 상소인 억불소를 지어 올렸다. 그런데 후세에 유생들에게 이것은 억불소가 아니라 찬불소라는 비난을 받았는데 그 내용을 간추려 보면 다음과 같다.
 "불교가 중국에 들어온 뒤로 왕공사서(王公士庶)가 존경하여 한(漢)나라로부터 오늘에 이르도록 일신월성하였는데 우리 태조께서 화가위국(化家爲國)하심으로 부터는 사찰과 민가가 뒤섞여서 중세 이래에는 그 무리가 번성하여 오교양종(五敎兩宗)이 이익을 꾀하는 굴이 되고, 방방곡곡에 절 아닌 것이 없게 되어 다만 승려의 무리만이 비루한 행동을 할 뿐만 아니라 국가의 백성도 또한 안일을 취하여 거짓 중의 탈을 쓰는 자가 많으니 식자가 매양 찬식하는 바이옵니다. 부처님은 대성인이므로 좋고 나쁜 선악을 사람과 같이 살피실 터이오니 어찌 이미 가신 각령(覺靈)이신들 그 제자 승려들의 무행함을 부끄럽게 생각하지 않겠나이까?

 신은 원하옵건대 밝게 법령을 내리시어서 이미 중이 된 자는 도첩을 주고, 도첩이 없는 가짜 중은 군사병정이 되게 하시고, 절 같지 않게 새로 지은 절은 회철케 하소서. 만약 듣지 않거든 수령을 보내서 회철케 하고, 양민으로 하여금 중이 되지 못하게 하옵소서. 신은 듣자오니 전하의 숭불신심(崇佛信心)의 정성이 국가 사직의 열성보다 더욱 돈독하시다 하오니 국가의 복조를 비는 것은 좋은 일이오나 신의 생각 같아서는 부처님은 지성지공(至聖至公)하시와 극미(極美)하게 받들어도 기뻐하지 않으시고 박하게 대접하여도 또한 노하지 아니하실 것이며, 더우기 그 경전 속에는 분명히 보시 공덕이 경을 갖는 지경공덕만 못하다고 말씀한 것이 있사오니 정사(政事)를 들으시고 신심을 쉬시는 여가에 제공(齊供)을 일삼는 국고 소모의 보시공양보다 마음을 닦으시는 돈교(頓敎) 진리에 마음을 두시는 것이 어떠하실까 하옵나이다."

 이것을 본 유생들은 불교를 더이상 공박하지 못하고 도리어 상소를 올렸으니 이것은 억불소(抑佛疏)가 아니라 찬불소(讚佛疏)라고 하여 마땅치 않게 여겼다고 한다. 그러나 이목은은 본래부터 신불자라 시폐를 교정하기 위해 상소를 올린 것이요, 불교를 비방하기 위해 올린 것이 아니니 억불소가 될 이치가 만무인 것이다.

□ 울진군수의 사후환생

고려때 백극제(白克齊)란 선비가 있었는데 그는 부모의 재산을 물려받은 것이 없어서 극히 가난했다. 그는 오직 글을 읽어서 대과에 급제하여 입신양명하겠다는 일념으로 10년간을 글만 읽고 공부에만 힘썼다. 그러므로 그의 부인은 남자의 벌이가 없는 어려운 살림을 꾸려 가느라고 이만저만한 고생이 아니었다.

부인은 남의 집 삯바느질 품을 팔아가며 근근이 기근을 면하는 고생살이를 했다. 그러다가 그 남편이 과거에 응시하여 급제가 되어 강원도 울진현령으로 보직을 받아 부임했다. 그야말로 일문의 영광이요, 고진감래(苦盡甘來)의 자랑거리가 되었다. 그런데 이것도 분에 넘치는 복이라 군수는 석달만에 문득 유행병인 염병에 걸려 졸지에 죽어버렸다.

그 부인은 뜻밖에 당한 일이라 기절을 하고 말았다. 좌우의 사람들은 두 초상이 났는가 싶어 열심히 응급치료를 했다. 얼마 후 부인은 겨우 정신을 차리고서 냉정히 생각한 바가 있었던지 아전을 불러서 말하되,
"이 근처에 신령한 부처님이 계신 절이 없겠는가?"
하고 물었다. 아전이 답하되,
"예, 이 고을의 서쪽에 불영사(佛影寺)라는 절이 있사온데 그 절에 모신 부처님이 대단히 영험이 많다고들 합니다."
하였더니 부인은 5일장으로 남편 장사를 지내는데, 상여에 모

신 영구를 그대로 불영사로 모시라 했다.

"신성한 절간에는 기도를 하러 가거나, 사람이 사망한 뒤에 그의 천도를 위해 49제나 백일제를 지내러 가기는 하되, 절간이 공동묘지가 아닌 이상 시체를 모시고 가는 법은 없습니다."
하고 아전이 반대하자 부인은,

"내가 하라는 대로 하면 됐지 무슨 잔말이냐?"
하며 호통을 했다. 그래서 하는 수 없이 군수의 상여를 불영사로 모시고 가면서도 아전들은 불복하는 마음으로 낮은 소리로 투덜거렸다.

"저 부인이 미쳐도 보통 미친 것이 아냐. 글쎄, 죽은 시체를 끌고 가면 부처님인들 어떻게 하란 말인가?"
하고 빈정거리며 코웃음을 쳤다. 드디어 상여가 불영사에 도착했다. 절의 스님들은 이를 보고 놀라서,

"이게 웬일이냐?"
하며 상여가 절 안에 들어오는 것을 막았다. 그러나 부인이 호통을 하여 상여는 문 밖에 놓아두고 시체가 담긴 관만 운구하여 탑 앞에 내려놓고, 자신은 법당에 들어가서 부처님 앞에 엎드려 향을 피우고 지극한 정성으로 축원을 올렸다.

"부처님, 부처님이시여! 저의 가장이 천명으로 돌아가셨다면 여기까지 올 것이 없습니다만 불행히도 유행병에 걸려서 죽었으니 이것은 반드시 횡사요, 귀침이오니 원컨대 부처님께서는 대자대비하신 은혜를 베푸시어 어떻게 하시든지 그를 다시 살아나게 해 주시옵소서."
하고 관세음보살상을 사흘 밤 사흘 낮을 그대로 계속하여 일심

으로 부르고 빌었다. 스님들과 옆 사람들이 제지하여도 막무가 내였다. 그래서 스님들도 부인을 측은하게 여기고, 목탁을 들고 나와서 같이 염불을 하고 축원했다. 그런데 부인이 빌다가 지쳐 깜박하고 조는데 문득 한 귀신이 머리를 풀어헤치고 달아나면서,

"나는 과거에 너의 남편과 원수를 맺었으므로 세세생생에 너의 남편이 잘되기만 하면 잡아가고 하였는데, 이제 부처님의 자비한 광명이 비쳐서 10세(十世)에 맺혔던 원한이 풀렸으므로 살려 놓고 간다. 이제 다시는 따라 다니지 아니할 터이니 안심하고 너의 남편과 같이 행복하게 살아라."

하고 가버렸다. 부인이 놀라 깨어서 급히 뛰어 내려가 관을 열고 보니, 죽었던 남편이 다시 살아나서 숨을 쉬고 있는 것이 아닌가.

 부인은 남편을 껴안고 눈물을 흘렸다. 그래서 그 뒤에 그 탑료(塔寮)를 환희료(歡喜寮)라 고치고, 불전을 환생전(還生殿)이라고 고치고, 금자(金字)〈법화경〉 7권을 써서 그 절에 봉안하였는데, 그 군수 부인은 열녀(烈女)라고 나라에서 표창하고 불영사는 영험도량이라고 널리 알려지게 되었다. 그리고 백극제는 나이 90을 살게 되었고, 벼슬이 높아져 재상에 까지 올랐다고 한다.

□ 이거인(李居仁)과 삼목구(三目狗)

 고려때 경상도 합천군에 이거인(李居仁)이란 사람이 살고 있었다. 그는 면사무소 같은 곳에 있으면서 각 부락에 세금을 받으러 다니는 직책을 갖고 있었는데 어느 날 어떤 부락을 갔다가 오는 길에 눈이 3개나 달린 삼목구(三目狗)를 얻어 가지고 집으로 돌아왔다.
 개를 얻은 곳은 청현리라는 마을이었다. 그런데 이 삼목구는 세상에서 보기 어려운 충견(忠犬)이었다. 그가 부락에 나가면 지성스럽게 따라 다녔다. 이 삼목구가 부락에 들어가면 다른 개들은 겁을 내고 짖지를 못할 정도였다. 또한 도둑을 만나면 무섭게 덤비고 짖어대므로 도둑들이 무서워서 달아났.
 그에게는 삼목구가 큰 호위병과 같았고 자식과도 같아서 무척 사랑했다. 그런데 이 삼목구가 집에 들어온 지 3년이 되자 우연히 병이 들어 죽어버렸다. 이거인은 참으로 가슴 아파하고 슬퍼하며 정결한 산 밑에 묻어 주었다. 그리고 그 불쌍함이 자식이 죽은 것이나 다름없어서 장사를 잘 지내 주었을 뿐만 아니라 제사까지 지내 주었다. 그럭저럭 몇 해를 지난 뒤에 거인도 병이 들어 수일간 고생하다가 죽게 되었다.
 그가 죽어서 간 데가 명부(冥府)였는지 사자(使者)의 뒤를 따라서 궁전 같은 데를 들어갔더니 삼목귀왕이 나와서 반가이 영접하여 주었다. 그리하여 전상(殿上)으로 데리고 올라가서 좋은 걸상에 앉히더니 가볍게 인사를 하고,

"내가 귀댁에 가서 3년간이나 신세까지 지고 와서 아직까지도 그 은혜를 잊지 못하고 있소."
했다. 거인이 읍하고 말하되,
"누구신데 그런 말씀을 하십니까?"
하니,
"나의 눈을 보면 알 것이 아니겠소. 내가 전생의 삼목구였소."
라고 했다. 그제야 거인이 깨닫고 반가이 맞으며 말하되,
"아, 그러십니까. 여기서 이렇게 뵈오니 반가운 마음을 말로 다 사뢸 수가 없습니다."
라고 했다.
"나도 그렇소. 그러나 여기서 그런 말은 다할 것 없으니 그만두고 내가 전생의 은혜를 갚기 위하여 부탁하는 것이니 이제부터 시키는 대로 하시오."
"나를 위하는 말씀이라면 무슨 말씀이든지 가르쳐 주는 대로 명심하겠습니다."
"거인씨, 들어보시오. 여기는 명부라도 염라대왕이 있는 곳이 아니요. 그래서 내가 염라대왕께 거인을 보내되 사자를 딸려서 안내하여 줄 터이니 염라대왕에게 가서 염왕이 묻거든 내가 시키는 대로 말하시오. 염왕이 주소 성명을 물은 뒤에는 네가 무엇을 하다가 왔느냐고 할 것이니, 그러거든 대장경판각 불사를 하다가 왔는데 불사를 마치지 못하고 온 것이 유감입니다 하시오."
라고 당부했다. 그리고 다시 나에게로 오라고 했다. 아니나 다를까 거인이 염왕에게 갔더니 염왕이 문초를 했다.
"너의 주소가 어디며 성명이 무엇이냐?"

"고려국 경상도 합천 땅에 사는 이거인이요."
"어찌하여 이곳을 왔느냐?"
"사자가 와서 가자니까 온 것입니다."
"네가 큰 죄를 지은 일은 없느냐?"
"없다고 아뢰오. 오직 면직원으로 정직하게 세금이나 거두어서 나라에 바쳤을 뿐이니 무슨 큰 죄가 있겠습니까?"
 "여기를 오게 된 것이 유감되는 일은 없느냐?"
"유감되는 일이 하나 있습니다."
"그 일이 무엇인지 말해 보아라."
"소인이 일찍이 부처님께 귀의하였기 때문에 부처님이 설하신 대장경을 나무판에 새겨서 오래 유전하여 널리 중생을 제도하고자 한 것인데 그 일을 끝내지 못하고 와서 유감이옵니다."
 "그렇다면 내가 너를 가상하게 생각하고 인간으로서 다시 보내줄 터이니 그 중대한 일을 마치고 오도록 하여라."
하고 판관에게 명령하되,
"이 사람을 인간계로 돌려 보내 주어라."
하니 판관이 사자를 시켜서 회송하여 주었다. 거인이 돌아오는 길에 삼목귀왕을 찾아갔더니 반가워 하며 말하되,
 "이제 인간으로 나가거든 대장경판각 권선문(勸善文)을 글 잘하는 이에게 지어서 나라 궁중에 들어가서 궁인(宮印)을 찍어 달라고 하여 집에 갖다가 두면 장차 알 일이 있을 것이니 그리 알라."
하고 신신당부를 했다. 그래서 거인이 꿈에서 깨어나 보니 집안 사람들이 다시 살아났다고 야단법석인데 명부에 갔다 온 기

억이 생생했다. 그래서 거인이 다시 살아나서 삼목귀왕이 시킨 대로 글 잘하는 스님에게 권선문을 지어 달라고 해서 궁중에 들어가서 궁인을 찍어달라고 하였더니 궁중에서도 불교를 신봉하는 처지라 무난하게 궁인을 얻게 되었다.

 장경 불사의 화주는 물론 이거인이었다. 거인은 이 권선문만 만들었지 어찌하는지 몰라서 권선책을 집에 갖다 두기만 했다.

 이때 나라에서는 얼굴이 예쁜 공주를 낳아 무척 사랑하였는데 이 공주가 5, 6세가 되더니 치질이 생겨서 고생을 하는데 백약(百藥)이 무효였다.

 그러던 어느 날 공주가 말하되,

 "대장경 판각불사를 하려는 화주를 만나야 제 병이 나을 수가 있지, 그렇지 아니 하고는 아니 됩니다."

하며 대장경 불사 화주를 불러 달라고 했다. 그래서 연전에 궁중에서 합천 사는 이거인이란 사람이 대장경 판각불사를 하겠다고 궁인을 찍어 간 일이 있으므로 합천군수에게 이거인을 찾아 올라오게 하라고 했다.

 그래서 이거인이 권선문을 가지고 궁중으로 들어갔다. 그랬더니 공주가 보고 반가워 하며 삼목귀왕의 음성으로 부왕에게 권하여 장경 불사에 큰 시주를 하셔야 내 병이 낫게 될 것이라고 졸라서 거인에게 큰 시주를 하여 가야산 해인사에 가서 장경판각을 하였으니 이것을 가리켜 국가에서 판각한 것이 아니라 절에서 사사롭게 한 것이라 하여 사간장본(寺刊藏本)이라고 한다.

 이러한 실기가 해인사 장경각에 목각으로 새겨 있고, 사간장본이란 장경이 있으니 이것은 대장경을 구체적으로 한 것이 아니라 부분적으로 한 것이다. 이것은 삼목귀왕이 이거인에게 신세를 갚느라고 거인의 목숨을 연장시켜 준 것이라 하겠다.

□ 무식한 요승(妖僧) 신돈(辛旽)

고려 말엽에 요승이라고 이름이 높았던 신돈(辛旽)은 과연 어떠한 사람이었나? 그는 영산현 옥천사(玉川寺)의 중이었는데 신돈은 속명이요, 승명은 편조(遍照)였다. 그는 어려서부터 중이 되었으나 사비사노(寺婢寺奴)의 자식이었으므로 어떻게 하여 중은 되었어도 떳떳하지를 못하여 다른 중 사이에 끼지도 못한 천승(賤僧)이었다. 그러나 담력과 지략은 보통이 아니었다.

그런데 이 신돈이가 늦게 공민왕을 만나서 정권을 쥐고 17년 간이나 천하를 흔들게 된 것은 역시 그의 왕운이 열린 것이라고 하겠다. 신돈이 공민왕의 눈에 들게 된 것은 공민왕의 꿈 가운데 나타난 덕이라고 하겠다.

어느 때에 공민왕이 꿈을 꾸었는데 아주 무서운 악몽을 꾸었으니 그것은 어떤 악한 사람이 칼을 빼들고 찌르려고 달려드는 위급한 판에 돌연 어떤 중 하나가 그것을 보고 뛰어와서 그 사람을 한 대 갈겨서 물리치고 구해 주었다.

공민왕은 깨고 나니 꿈인데 비록 꿈속이었어도 어떻게 놀랐는지 깨고 나서도 몸에 땀이 흠뻑 베어 흘렀다. 왕은 이튿날 태후(太后)에게 꿈 얘기를 하고 그 길흉을 알지 못하여 의아하고 있던 판인데, 마침 김원명(金元命)이 중 편조를 데리고 왕을 뵈러 들어왔다.

공민왕은 그 중을 보니까 모든 형상과 동작이 꿈에 나타나서 자기를 구해 주었던 중과 조금도 틀림이 없었다. 왕이 이상하게 생각하고 데리고 앉아서 이야기를 하여 본즉 비록 배운 것이 없어서 무식하여 천격이지만 힘이 장사같이 보이고 담이 커 보이고, 눈치가 빠르고 구변이 좋아 말솜씨가 청산유수였다. 왕이 물으면 무엇이나 왕의 뜻에 맞도록 대답하지 못하는 것이 없었다.

뿐만 아니라 그는 또 일찍이 출가하여 산 속에서 고수정진(苦修精進)하여 도를 깨우쳤노라고 의수당연하게 거짓말을 잘하므로 본래부터 불법을 독신하는 왕은 혹하지 아니할 수가 없었다. 더구나 그와 같은 중을 꿈에 보았으므로 그만 편조에게 빠질 수밖에 없었다. 그래서 신돈을 자주 궁중에 불러들여서 불법을 듣고 나라 일을 묻기도 했다.

편조는 겨우 기성명이나 하는 무식쟁이요, 계행도 지키지 못하여 여자 관계도 복잡한 사람이었지만 왕을 본 뒤로는 추행을 끊어버리고 엄동설한이라도 맨발로 다니고 염천성하(炎天盛夏)에도 다 떨어진 누더기를 몸에 걸치고 지내고 있으므로 왕은 그를 더욱 도승으로서 존경하고 스승으로서 대접했다. 그러나 사신(使臣) 이승경(李承慶)은 그의 관상을 보고 나라를 혼란시키는 자는 반드시 이 중이 될 것이라고 예언을 했고, 정세운(鄭世雲) 같은 이는 편조를 요승이라고 하여 몇 번이나 죽이려고까지 했다. 그래서 편조는 이 두 사람을 꺼려서 한동안 피해 다니기까지 했다. 그러나 이 두 사람이 죽은 뒤에는 마음 놓고 기탄없이 자기 몸을 세상에 드러내고 머리를 기르고 퇴속하여 청한거사(淸閑居士)라 자칭하고 궁중을 제집같이 드나들었다.

 이때에 공민왕은 왕비 노국공주를 사별하고 허탈에 빠져 고인을 애모하고 추념하며 꿈에라도 다시 한번 또 만나 애정을 속삭이고자 하는 한 가지 생각밖에 없었다. 그래서 노국공주의 초상화를 직접 그려서 벽에 걸어 놓고 그 초상화만 쳐다보고 눈물로만 세월을 보내게 되었다. 그러므로 총명하고 영특하게 국정을 잘 살피던 국왕이 이 지경에 이르고 보니 나라의 정사는 말씀이 아니었다. 그렇다고 하여 아직 왕자리에 있는 이상 국가 정치에 대하여 아주 무관심할 수는 없었다. 그러므로 국가 정사를 올바로 잘 보살펴 주는 사람만 있으면 나라 정사를 전부 맡기고 시위소찬으로 왕위만 물려주지 않고 한가한 생활을 하였으면 더 바랄 것이 없겠는데 사방으로 돌아보아도 그럴 만한 사람이 없었다.

 모두 일장일단이 있어서 권세를 남용하고 자기 권속의 영화만 위했지 백성을 돌보아 줄 사람이 없었다. 그래서 국가 정사를 공평하게 잘 처리하는 사람이 있었으면 하던 때에 편조대사 신돈을 만난 것은 아주 천우신조라고 생각했다. 신돈은 도를 닦는 중이니 욕심이 없을 것이요, 사노사비의 자식이요, 불학무식하니 명문 귀족층이나 사족 파벌에 대하여 가릴 것이 없이 마구자비로 해치우고 사람을 뽑아도 공정하고 유익한 인물만을 골라 쓸 것이니 왕을 대신하여 일을 가장 잘 봐줄 사람이라고 신임하게 된 것이다.

 그래서 왕은 신돈을 알게 된 지 몇 달이 되지 않은 14년 7월에 그를 봉하여 진평후(眞平后)를 삼고 12월에는 다시 수정이순(守正履順), 논도변리(論道變理), 보세공신(保世功臣), 벽상삼한(壁上三韓), 삼중대광령(三重大匡領), 도첨의사사(都僉議使事), 판감찰사사(判監察司事), 추성부원군(鷲城府院君), 제조승록사사겸(提調僧錄司事兼), 판서운관사(判書雲觀事)라는 고금에 없는 굉장히 긴 이름으로 된 벼슬을 주고 비로소 속성 본성인 신(辛)을 쓰게 하고 편조란 이름을 고쳐서 돈(旽)이란 외자 이름을 갖게 했다. 돈(旽)은 나라를 밝게 다스리라는 뜻이다.

 위에서도 말했지만 왕이 재위한 지 10여년 동안에 여러 가지의 정치상 경험을 한바 세신대족(世臣大族)으로서 정권을 잡게 하면 족척에 친당(親黨)이 뿌리를 이어 서로 감싸고 돌아 왕을 속이기로 일을 삼고, 초야에 신진을 쓰면 처음에는 마음을 바로 하여 행실을 바로 갖추어서 오직 명망을 위하길 일삼다가 차차 귀하게 되면 그 문벌이 번족하지 못한 것을 부끄러이 여겨서 대족과 인척 관계를 맺어서 세도를 부리려고 하며, 더구나 유생들은 나약하고 강직한 기운이 없어서 대문벌에 휩싸이고 휘감겨져 주구가 되었다. 그래서 항상 어떻게 하여 세상과 뚝 떨어진 독립한 사람을 얻어서 사리사욕이 없고, 권세를 농락함이 없고, 인순고식의 폐가 없이 정치를 바로잡아 갈까 하고 고심하던 차에 신돈을 만나보니, 첫째로 그는 도를 닦아서 욕심이 없으니 부귀에 담박하고, 들째는 출신이 천미하여 친척이 없으니 아무리 큰 일을 맡기더라도 누가 붙어서 지휘할

자가 없고, 셋째는 그가 배짱이 세고 담이 커서 누구의 지시를 받지 않고 구신(舊臣) 중신을 겁낼 것이 없을 것이므로 왕은 그를 전적으로 신임하고 이렇게 모든 정권을 다 줄 것을 결심하게 되었다. 그리하여 왕은 신돈을 보고,

"스님은 수도가 방해되어 성불이 늦더라도 세상을 돌보아서 중생을 구제해야 되지 않겠소."

하고 하속(下俗)하여 벼슬살이하기를 청했다. 신돈은 왕의 뜻을 단단히 다지기 위하여 겉으로는 그렇게 할 수가 없다고 거듭 사양하고 말하되,

"상감마마가 자꾸 이러신다면 오늘부터 궁중에 발길을 끊고 나오지 않을 뿐더러 먼 산 속으로 들어가겠나이다."

하고 거절했다. 이럴수록 왕은 그가 진짜 도인인 줄 알고,

"보살의 본원은 성불이 1, 2겁 늦어지더라도 도탄에 든 생명을 구제하는 것이 본원이 아니겠소."

하고 졸라대니까,

"신인들 어찌 그런 것을 모를 이치가 있겠습니까마는 신이 듣사옵건대 전하께서는 대신의 무고와 참소를 잘 들으신다고 하오니 이에 신이 겁이 나서 얼른 허락하지 못한 것입니다. 전하께서 천하 사람이 무어라고 하더라도 신만 믿어 주신다면 미력하나마 신의 포부를 한번 펴볼까 하나이다."

라고 했다. 그래서 왕은 즉석에서,

'師救我 我救師 死生以之 無或人言 佛天(證明)'

이라고 써 주었으니 이것을 풀이 하면,

'스승은 나를 구하고, 나는 스승을 구하여, 생사를 같이 할

것이니, 남의 말에 혹하지 말고, 이는 부처님과 하늘이 증명한 것입니다.'

한 것이니 다시 말하면,

'조금도 염려마시오. 한번 스님을 믿고 나라 일을 통으로 맡기는데 내가 남의 말을 들을 이치가 있겠소.' 하는 뜻이다.

신돈은 그제야 마지못해서 오직 왕을 위해 국정에 참의(參議)하는 것 같이 가장하고 정권을 잡은 지 한달만에 명성이 높았던 재상들을 모조리 파면하여 쫓아내고 이성계(李成桂), 조민수(趙敏秀) 같은 장군도 변방으로 내몰았다. 그리고 정포은(鄭圃隱)과 이목은(李牧隱) 같은 이도 큰 벼슬을 박탈하고 대신도 다 쫓아내고 마침내 도령첨의(都領僉議)까지 스스로 차지하여 큰 벼슬의 도장을 열 개 이상이나 차고 왕이나 다름없이 마구잡이로 정권을 뒤흔들었다.

신돈이 워낙 무식하니까 족벌이니 문벌이니 새도가니 할 것 없이 흐리터분한 일만 있다고 누가 참소만 하면 인정사정 볼 것 없이 마음대로 처단했다. 그러나 왕이 그에게 전권을 맡겨하는 일이라 왕에게 호소하면 나로서는 간섭할 수 없으니 청한거사에게 가서 호소하라고 거절했다. 그러니까 통쾌한 일도 있었겠지만 원망을 산 일도 적지 않았다.

남이야 뭐라고 하든지 간에 신돈은 잘난 사람이었다. 아무리 왕이 전권을 맡겼다고 하더라도 아무것도 모르는 무식쟁이가 10년을 가깝게 독재를 해 왔다는 것은 보통 일이 아니었다. 아무튼 신돈이 집권하는 동안에는 아무도 잘잘못에 대하여 입을 열지 못했다.

신돈은 하여간 신체가 강철 같고 배짱이 돌벽 같은 사람이라 정실관계에 대하여 두 마음을 두는 일이 없었다. 신돈이 처음에는 궁중에 머물러 있더니 집권을 한 뒤로는 기현(奇顯)의 집에 거처를 정하고 앉아 백관으로 하여금 그 집에 나아가서 일을 의논하게 하되 뜰아래서 예를 드리게 했다.
　때로는 진사성인출(辰巳聖人出)이라 진사년에 성인이 나온다는 비결을 들추어 가지고 자기가 성인이 듯이 과시하고 자랑했다. 그러면서도 한편으로는 뇌물을 탐하고 여색을 좋아하며 과오를 범하고 비리를 저지르는 일이 많았다.
　왕을 뵈올 때에는 도인인 체하고 식사 때에도 채소만 먹고 육식을 아니 하고 맑은 말씨만 하다가 사저에 나오면 무엇이든지 가릴 것이 없이 먹었다. 정말 식자로서는 눈을 뜨고 볼 수가 없었다. 그러므로 밀직제학(密直提學) 이달충(李達忠) 같은 사람은 눈꼴이 시려 볼 수가 없어서 사람이 많이 모인 가운데서 신돈을 보고,
　"여보시오 사공(師公)님, 세상에서는 사공더러 주색이 과도하다고 하니 도인으로서도 그렇소? 도인이라면 그럴 이치가 없을 것인데요."
하였더니, 그는 당장 달충을 파면시켰다. 또 좌사의대부(左司議大夫) 정추와 우정언(右正言) 이준오는 왕에게 글을 올려서 아뢰되,
　"신돈은 말을 탄 채로 홍문을 출입하였고, 또 전하와 어깨를 나란히 하여 호상에 걸터앉았으며, 집에 있어서는 재상이 뜰아래에서 절을 하여도 그대로 앉아서 받으니 이런 일은 비록 세

도를 부리는 최항(崔沆)이나 김인준(金仁俊) 같은 사람으로서
도 하지 않던 바입니다."
하고 신돈의 비행을 상주했다. 그런데 때마침 준오가 궐내에
들어와서 보니까 신돈이 왕과 함께 평상에 같이 앉아 있으므로
이준오가 그것을 보고 분을 참지 못하여 눈을 부릅뜨고 큰 소
리로,

"어느 존전이라고 중놈이 감히 이렇게 무엄한 짓을 행하느
냐?"
하고 큰 소리로 호통을 했더니 신돈은 깜짝 놀라 겁결에 상 밑
으로 내려앉았으나 그는 당장에 일어서서 이준오를 순군옥(巡
軍獄)으로 보내 죽이려고 했다. 그러나 이목은이 왕에게 글을
올려서 간신히 구해냈다.

신돈은 자기 심복인 황상(黃裳)과 이수산(李壽山) 등 11인에
게 금위조제관(金衛調提官)으로 삼아 궁내의 실권까지도 장악
했고, 왕륜사(王輪寺)에 사리를 봉안할 때에는 재상들이 모두
관대를 하고 뜰 앞에 늘어섰는데 신돈은 신반견의를 입고 왕과
함께 용상에 앉아 부채질을 활활 하여 모든 사람이 미워하기도
했다.

그런데 신돈은 무식하면서도 간사하여 전민추정도감(田民推
定都監)을 설치하고 신돈이 스스로 판사가 되어 백성이 권력
을 쥔 양반에게 억울하게 빼앗긴 전토(田土)를 심사하여 그 본
주인에게 돌려주고, 또 남의 집 종으로서 양민이 되기를 호소
하는 사람에게는 문서가 있거나 없거나 노비를 그만두고 양민
이 되게 했다. 그래서 그런 원한을 푼 사람들은 신돈을 가리켜

성인이 나오셨다고 떠들게 되고, 그런 것을 기화로 종으로서 그 주인을 배반하는 자가 사방에서 일어나게 되었다.

 왕은 신돈의 앞에서 아들 하나가 없는 것을 한탄하여 어느 때에는 눈물까지 흘렸다. 신돈은 이것을 보고 왕을 달래서 말하길 문수회(文殊會)를 열면 아들을 낳게 된다고 하여 궁중 안에 따로 초당을 지어 도량을 삼고 승려뿐 아니라 황의잡류(黃衣雜類)까지도 모아 들여서 3군의 고각소리와 같이 소라를 불고 북을 치면서 불사를 행한다고 소란을 피우니 성내 사람들은 처음에 궁중에서 무슨 병변이 일어났는가 하여 크게 놀라기도 했다. 그러나 왕은 끝내 아들을 낳지 못하여 근심하더니 하루는 미행으로 신돈의 집에 이르니 그는 자기 아들인 모니노(牟尼奴)를 가리키면서,

"전하, 이 애를 데려다 기르시면서 입사(立嗣)를 하시는 것이 어떠하옵니까?"

하고 아뢰었다. 왕은 그 애를 한번 쳐다보고 웃고 말았으나 신돈의 말이라면 다 받아들이는 처지라 마음으로는 그래볼까 하는 생각도 두었다.

 모니노란 곧 신돈의 여종인 반야(般若)의 소생이라 하나 일설에 의하면 처음에 신돈이 반야를 간통하여 아이를 낳았으므로 그를 소위 도반(道伴)이었던 중 능우(能祐)의 어머니에게 맡겨서 기르게 하였더니 그 어린애가 곧 죽었으므로 능우는 신돈에게 꾸지람을 들을까 하여 다른 사람의 아들을 하나 훔쳐다가 대신 길러 1년이 지난 뒤에야 신돈의 집으로 데려 왔기 때문에 신돈뿐 아니라 그 애를 낳은 반야까지도 그것이 정말 자기의

소생인지 아닌지를 모르게 되었다고 한다. 신돈은 그 애를 지극히 사랑하여 모니노라 이름을 짓고, 그의 원찰인 양양 낙산사(洛山寺)에 밀현장(密懸狀)을 바치고 기도하되,
 "제자의 분신(分身)인 모니노로 하여금 복수주국(福壽住國)케 하여 주시옵소서."
하고 기도를 드렸으니 복수주국이란 말은 그로 하여금 임금이 되게 하여 달라는 뜻이었다. 신돈은 이렇듯 음흉한 뜻을 가슴 속에 품고 있던 차에 마침 왕이 아들을 두지 못하여 항상 한탄하므로 이렇게 왕에게 바쳐서 그 뜻을 달성하려 하는 것이었다.
 신돈은 큰일을 하려면 그 도당을 더욱 더 만들어서 방비하지 않으면 안되겠다고 생각하고 승려 천희(天禧)로써 국사(國師)를 삼고 선현(禪顯)으로 하여금 왕사(王師)를 삼게 하여 백관이 늘어선 자리에서 왕으로 하여금 9배를 하게 하고 선현은 뻣뻣이 서서 받게 했다. 그리고 신돈이 기현의 집에서 궁중으로 출입하려면 봉선사(奉先寺)의 송강(松岡)을 지나게 되는데 송강의 서남에 빈 땅이 있는 것을 보고 왕에게 청하여 그 땅에 굉장한 집을 새로 건축하고 또 북원(北園)에 별실을 따로 꾸미고 2중 3중의 문을 지나서야 비로소 들어갈 수 있는 깨끗한 방을 만들어서 향을 피우고 홀로 앉아서 겉으로는 청정하여 아무 욕심도 없는 것처럼 꾸미고 있었다. 그러나 실상은 이 밀실에서 온갖 추행을 저지르기도 했다. 그리고 신돈은 그 역적 음모를 꾸며 왕으로 하여금 마침내 모니노를 수양케 하여 17년 7월부터는 그의 생모인 반야에게 매월 20석의 쌀을 하사하도록 하고, 또 출입을 하려면 국왕을 본따서 시중(侍中) 이하가 다

앞뒤에 모시고 다니도록 하였기 때문에 길이 막히고 하여 장사꾼이 거리에서 물건을 팔수가 없게 되었다.

 왕도 이것을 듣고 보고 점점 신돈을 멀리하고 싶은 생각이 났으나 우유부단한 왕의 성격이라 신돈을 곧 역적으로 몰아 없앨 수가 없었다. 그래서 좀 여유를 두고 생각하기로 했다.

 신돈은 이런 왕의 심중을 눈치 채고 하루라도 속히 왕이 되고 싶어서 왕이 능행하는 기회를 타서 그의 부하를 도중에 잠복시켰다가 왕을 암살하려고 기도하고 실행에 옮겼으나 실패하고 말았다.

 신돈은 그들이 실패하고 돌아오자 몹시 꾸짖고 다시 밤낮으로 역모를 계획하던 중 신돈의 둘째격인 이인(李韌)은 비록 신돈의 무리라도 그 부당함을 느끼고 이러한 흉계를 자세히 적어 한림거사(翰林居士)라는 익명으로 재상인 김속명(金續命)의 집안에 던지고 도망쳤다.

 김속명은 곧 그 글을 가지고 왕에게 고변하여 순위부로 하여금 신돈의 무리인 기현(奇顯)과 최사원(崔思遠), 정구한(鄭龜漢), 한을송(韓乙松) 등을 잡아 문초하여 그 죄상을 밝혀내고 그들의 목을 베어 죽였다. 그러나 신돈만은 차마 죽이지 못하고 수원으로 귀양을 보냈다. 그러나 양부대간(兩部臺諫)과 이부(理府)가 왕에게 상소를 올려서 신돈을 죽이기를 주장하므로 왕도 또한 더 이상 거절할 수가 없어서 대사성(大司成) 임박(林樸)과 판서 김두(金斗)를 보내어 신돈을 처소에서 끌어내어서 목을 베 죽이고 말았다. 그러나 모니노는 왕이 이미 데려다가 수양했다. 그러니까 신돈은 가장 하천한 육천사의 종의 자식으로서 어찌 하다가 때를 만나서 7년 동안을 부귀와 권세를 누려 기울어 가는 고려를 뒤흔들다가 무식한 탓으로 분수를 지키지 못하고 제멋대로 껑충거리더니 마침내 칼끝의 고혼이 되고 말았다.

신돈은 이러한 짓을 하였으므로 일어만탁수(一魚滿濁水)로 조선 불교에 대하여 큰 타격을 주게 되어 억불정책을 쓰게 된 것이다. 그러나 신돈을 두둔하는 것은 아니지만 신돈을 버려 놓은 공민왕에게도 허물이 없지 아니한 것이다. 아무리 정권을 맡겼다고 하더라도 권장할 것은 권장하고 바로 잡을 것은 바로 잡아야 하는 것인데 어린 애기에게 칼을 들려주었던 꼴이 되었고, 무식하고 본데없는 중에 지나지 못하는 신돈에게 속아서 나라의 전권을 맡겨 제멋대로 휘두르게 하였으니 왕의 꿈이 나라를 망쳐 놓은 셈이다.

그런데 일설에는 신돈이 평소에 개를 무서워하고 사냥하기를 싫어하고 간음하기를 좋아하여 항상 조류(鳥類)와 백마(白馬)를 잡아서 먹고 양기를 돋우며 지냈으므로 그는 사람이 아니라 늙은 여우가 변신, 둔갑하여 인간에 나아가지고 분탕을 친 것이라고도 한다.

어쨌든 고려가 망하려고 국운이 막혀서 이러한 괴물이 나서서 국정을 문란시키고, 무식한 것이 상하도 모르고 군신도 모르고, 체면도 모르고 제멋대로 날뛰다가 죽게 되었으니 나라가 나쁜 운수를 만나 그렇게 된 것이라고 하겠다. 아무튼 신돈은 중 출신으로 그런 짓을 한 것이 불교에 치명상을 주고 사라진 것이라고 하겠다.

□ 공민왕의 피살 설화(被殺說話)

신돈과 함께 역모에 가담했던 잔당을 모두 베어 죽이고, 신돈을 수원으로 귀양보낼 때 공민왕은 모니노를 생각하고 근신(近臣)더러,

"내가 일찍 신돈의 집에 가서 그 시비(侍婢)를 가까이 하여 아들 하나를 낳아 두었으니 경거망동하지 말고 잘 보호하라!"

라고 명하고 어느 날 다시 그 애기를 궁중으로 데려 갔다. 그리고 시중(侍中) 이인임(李仁任)에게 그를 맡기면서,

"이제 원자(元子)가 이렇게 있으니 짐은 걱정이 없소."

하고 말했다. 그리고도 왕은 어느 날 임박(林樸)과 상장군 이미충(李美沖)이 함께 왕의 옆에 모시고 있는데 갑자기 미충을 돌아보면서,

"경은 왜 아기 일을 잘 알지?"

하고 물었다. 이에 미충은 머리를 굽실거리면서,

"예, 알다 뿐이겠습니까? 소신은 잘 알고 있사옵니다."

하고 대답하자 그 까닭을 잘 모르는 임박은 그 자리에서 그 내용을 물을 수도 없어 오직 서 있다가 나와 미충더러 물으니,

"그것은 다른 일이 아니라 상감마마께서 일찍 금으로 만든 돈을 나에게 주시면서 신돈의 집에 가서 아기의 주머니 끝에 채워주라고 하시기에 그것을 가지고 갔더니 아기가 어떻게 좋아하는지 나는 한참 웃으면서 그 좋아하는 모양을 보고 있었소. 신돈은 옆에서 그것을 보고 있더니 나더러 상감마마께서 우리

집에 자주 거동하옵시는 것은 나를 보시려고 그러시는 것이 아니라 실상은 저 아이때문이라고 말을 합디다. 그래 돌아와서 내가 보고 들은 것을 낱낱이 다 아뢰었더니 아까 하신 말씀은 곧 그 말이오."
했다.

왕이 그 신하들로 하여금 일부러 이런 문답을 자아내게 한 것은 그들도 또한 모니노가 정말 왕의 아들이라는 것을 분명히 알리게 하고자 한 수단이었다. 이렇게 모니노를 수양하면서도 왕은 오히려 비빈에게서 아들이 없는 것을 한탄하며 홍륜(洪倫), 한안(韓安), 홍관(洪寬) 등 친히 사랑하는 소년으로 여러 비(婢)를 강간케 하니 정(定), 혜(惠), 신(愼)의 세 비는 죽기로써 거절하고 따르지 않았으나 익비(益婢)는 왕의 협박에 못이겨 마침내 소년들에게 몸을 내어맡기어 윤간케 하였더니 과연 얼마 안가서 배가 불러 올랐다.

하루는 내시 최만년(崔萬年)이 왕을 모시고 변소에 갔다가 말끝에 익비가 임신한 지가 벌써 다섯달이나 되었다고 아뢴즉 왕은 깜짝 놀라 반겨하면서 말씀하되,
"그러면 누가 배게 했다더냐?"
하고 물었다. 이에 만년은,
"익비마마의 말씀을 듣잡건데 홍윤인가 하옵니다."
하고 대답하였더니 왕은,
"됐다. 이젠 그 놈들을 죽여 없애 그 입을 막아버려야겠다."
했다. 이것은 왕이 고자가 아니라 익비를 보아서 또 자식을 낳았다는 비밀을 지키기로 한 의도였다.

만년은 이 말을 듣고 깜짝 놀랐다. 이 사건의 내용을 아는 사람을 다 죽이기로 하면 자기도 또한 그 축에 끼게 될 것이기 때문이었다. 왕은 원래 입이 무겁지 못한 사람이므로 이렇게 말이 나오는 대로 불쑥 하고도 그 결과가 어떠할 것을 짐작하지 못했다. 만년은 그 밤으로 홍륜, 한안 등과 의논하고 가만히 왕의 침실로 들어가서 왕을 찔러 죽이고 '도적이 밖에서 들어와 전하를 사살했다'하고 외쳤다.

위사(衛士)들도 많이 있었지마는 벌벌 떨고 어쩔 줄을 몰라 있을 뿐이었으며, 변고를 듣고도 어느 대신 하나 달려 들어오는 사람이 없었다. 날이 훤하게 새어서야 이인임이 들어와서 중을 잡아 옥에 가두고 국문을 했다.

신조는 그 전부터 궁중의 내불당에서 분향기도를 하고 있는 중인데 힘이 세고 흉계가 또한 많은 사람이었으므로 이인임은 혹 그자가 저지른 일이 아닌가 하여 그러는 것이었다. 그러나 조금 있다가 만년의 옷에 피 흔적이 있는 것을 보고 곧 그를 잡아 엄하게 다스려서 비로소 그 내용을 밝혀 마침내 그 일당을 잡아 죽이고 모니노를 세워서 왕을 삼으니 그가 곧 신우(辛祐)인 것이다.

그러나 일설에 의하면 신우는 결코 신돈의 아들이 아니라 정말 공민왕이 반야를 통하여 낳은 아들인데 이태조가 고려를 찬탈 반역하려고 그를 신씨라고 속여서 폐한 것이라고 한다. 왕씨는 본래 용씨(龍氏)여서 고려의 역대 제왕은 겨드랑이 밑에 용의 비늘이 있었다고 한다.

이상을 통하여 보면 아무리 불교를 간절하게 신앙한다고 할지라도 자기가 올바른 정견(正見)과 지혜를 가지고 자기 앞을 살펴나가지 않으면 안되는 것이다.

공민왕은 불교를 독신한 임금이요, 본성은 사곡한 자가 아니었건만 사람을 대하여 보되 지인지감이 없어서 전적으로 믿어 버리고 당연히 할 일도 남에게 맡겨서 무관심하고 입이 묵중하지 못하고 남의 무고와 참소를 잘 듣고 시비판단이 부족한 탓으로 나라를 망치고 자기도 온전히 죽지 못하게 된 것이라고 하겠다.

□ 희방사(喜方寺)의 유래

경상북도 영주군 소백산에 희방사(喜方寺)라는 절이 있는데 이 절은 두운(杜雲)조사가 창건한 절이다. 그런데 두운조사가 이 절을 창건함에 대하여 전해 내려오는 전설이 있다.

두운조사는 신라 말 고려 초에 경북 예천군 용문면 두인동에서 출생한 고승이다. 그는 어려서 유학(儒學)을 공부하고 장성하여 출가한 후 불경 공부를 하다가 사굴산 범일선사와 같이 당나라에 들어가 선법을 배워 가지고 돌아와서 소백산 도솔봉 밑에 초암(草庵)을 짓고 선정에 들고 있었다.

그러던 어느 겨울날 저녁이었다. 난데없는 호랑이 한마리가 초암 앞에 꿇어 앉아서 끙끙거리고 있었다. 처음에 선사는 호랑이가 배가 고파 자기를 잡아먹으려고 온줄 알고 마음대로 잡아 먹으라고 웃옷을 홀딱 벗어버리고 호랑이 입에 들이댔더니 호랑이가 비실비실 피해 가며 발을 들어 모가지를 가리키며 신음하고 고통하는 것 같았다. 그래서 선사는 호랑이가 목구멍에 무엇이 걸려서 그런줄 알고 입을 벌려 손을 넣어 보았더니 어떤 여자를 잡아먹다가 걸린 것인지 은비녀가 나왔다.

"네 이놈, 살생을 하여 잡아먹더라도 짐승이나 잡아먹을 일이지 왜 사람 가운데서도 여자를 잡아먹고 이런 고통을 당하느냐?"

하고 꾸짖었더니 호랑이가 머리를 끄덕거리며 달아났.

 이런 일이 있은 뒤 며칠이 지난 어느 날 밤에 밖에서 쿵하는 소리가 들렸다. 선사는 문을 열고 내다보니 호랑이가 큰 산돼지 한 마리를 잡아 죽여서 끌고 와 던지고 간 소리였다. 선사가 이것을 보고 이놈이 돼지고기를 먹으라고 가져 왔구나 생각하고,

"이놈아, 중이 고기를 먹더냐? 너나 갖다가 먹거라. 나에게는 필요가 없는 물건이다. 비린내가 나서 참을 수가 없으니 어서 가지고 가거라."

하고 호령하고 문을 닫고 들어왔다. 몇 시간 뒤에 내다본즉 산돼지가 없어졌다.

 그 뒤 날씨가 추워진 엄동이 되었고, 눈이 퍼부어 길이 끊기어 사람이 왕래할 수가 없게 되었는데 어느 날 저녁에 문 밖에서 또 쿵하는 소리가 나기에 내다보니 그 호랑이가 어데서 데려 왔는지 어여쁜 처녀 하나를 업고 와서 내려놓고 달아났다. 선사가 나가보니 여자는 까무러친 모양인데 온몸이 꽁꽁 얼었다. 그래서 선사는 인생이 불쌍하여 자비심으로 그 여자를 방안

으로 끌어안고 들어와서 아랫목에 누이고 온몸을 주물러 주고 물을 끓여서 숟갈로 퍼먹였더니 처녀가 깨어나서 눈을 뜨고,
"여기가 어디요?"
하며 놀랬다. 선사가 말하되,
"여기는 순흥 풍기 소백산 도솔봉 밑이요."
하였더니,
"내가 이곳을 왜 와서 있을까요?"
했다. 선사는 마침 만든 미움을 먹여 주며 말했다.
"나도 소저가 어찌하여 여기까지 왔는지 모르오. 다만 호랑이가 업어다 놓고 간 것만 기억할 뿐이오."
"그러면 호랑이가 다시 와서 나를 물고 가서 뜯어먹지 않을까요?"
"그렇지는 않을 거요."
"어찌 그렇지 않을 것을 아십니까?"
"곡절이 있기 때문에 그렇소."
"곡절이라니 무슨 곡절입니까?"
"그것은 천천히 말하여 줄 터이니 안심하고 몸조리나 잘 해서 정신이나 회복하도록 하시오. 그러나 소저는 고향이 어디며 부모는 누구신지요?"
"저는 경주 서울이 고향이고 아버지는 재상으로 계십니다. 그런데 저는 어느 날 밤 초저녁에 변소에 갔다가 돌아오는 길에 무엇이 휙 하는 바람에 정신을 잃고 아무것도 몰랐는데 지금 와서 있으니까 어떻게 된 영문인 줄을 모르겠습니다. 그러니까 호랑이가 나를 물어다가 여기다 놓고 간 모양이네요."

"고기는 하룻낮에 만리를 달아나고 호랑이는 하룻밤에 천리를 달린다고 하여 어만리 호천리(魚萬里虎千里)란 말이 있는데 호랑이가 빠르기는 하군요. 여기서 경주가 7백리길이나 되는데 7백리를 순식간에 온 모양이군요."

"스님은 존호가 누구신데 이곳에 계십니까?"

"나는 본시 고향이 예천인데 세상이 허황하고 무상한 것을 느껴 일찌기 중이 되어서 산에 들어와 공부하다가 당나라로 들어가 불교의 선지(禪旨)를 배워 가지고 와서 이 산 밑에 초암을 짓고 선리(禪理)를 탐구하고 있는 두운(杜雲)이란 중이요."

"아까 말씀하시기를 제가 여기로 오게 된 곡절이 있다고 하셨는데 무슨 곡절입니까? 말씀을 좀 하여 주십시오."

"내가 대강 말하리다. 그 곡절이라는 것은 다름이 아니라 얼마 전에 호랑이가 나의 초암 앞에 와서 앉아 끙끙거리고 신음을 하더군요. 그래서 나는 생각하되 그 놈이 배가 고파서 나를 잡아 먹으려고 그런줄 알고 내 어깨를 내어 주었지요. 그래도 그 놈이 그게 아니라는 듯이 앞발로 제 모가지를 가리키고 신음하기에 나도 그놈의 목구멍에 무엇이 걸려서 그런 줄 알고 손을 넣어서 목구멍에 걸린 것을 빼내서 보니 어떤 여자의 은비녀였어요. 역시 그놈이 어떤 여자를 잡아먹다가 비녀가 걸린 모양입니다. 그 호랑이는 시원하다는 듯 달아나더군요. 그런데 며칠 후에 멧돼지 한 마리를 잡아다가 버리고 가겠지요. 그놈이 영물(靈物)이라 나에게 신세진 것을 갚는답시고 중도 고기 맛을 보라는 것이겠지요. 그래서 내가 야단을 치고 나에게 필요없으니 가지고 가라고 하였더니 가지고 가더군요. 그런데 며칠 지나지 않아서 소저를 업고 와서 초암 앞에 버리고 가겠지요. 제 딴에는 나에게 여자와 재미를 보라고 한 것인지도 모르겠어요. 그러나 중에게 여자가 당키나 한 일입니까. 천부당만부당한 일이지요. 그러나 소저가 이미 까무라쳐 있으니 이 일을 어찌하겠소. 여자가 싫든 좋든 간에 구원해 놓고 볼 일이 아니겠소. 그래서 내가 소저를 방으로 안고 들어와서 응급구조를 하여 지금 깨어난 것입니다. 그래서 소저가 여기까지 온 것은 곡절이 있다고 밝혀드리는 것입니다."

"그러면 그 호랑이가 스님의 신세를 갚으려고 나를 업고 와서 스님에게 시집을 보낸 셈이군요."

"아마도 그런지 모르겠지요. 그러나 나는 부처님의 불사음계(不邪婬戒)를 지키기 때문에 절대로 소저의 몸을 더럽히지는 아니할 결심입니다."

"그러시다면 나를 곧 우리 집으로 보내 주십시오."

"그랬으면 좋겠으나 눈이 내려서 한 길 두 길이나 쌓여 사람의 왕래가 끊어졌고, 소저의 몸이 아직도 회복하지 못하고 있으니까 당분간은 소저를 데리고 갈 수가 없습니다."

"그러면 언제나 가나요?"

"아무래도 겨울은 지내고 내년 초봄에 눈이 녹아야 가게 되겠지요."

"나는 아무리 호랑이가 소저를 갖다 주었어도 여자를 보되 목석과 같이 여기는 사람이니까 염려말고 나를 오빠와 같이 여기고 나의 조석 식사의 시봉이나 하고 있어 주시오."

이 말을 들은 처녀는 모든 것을 체념하고 같이 있기로 하고 두운조사의 은혜만 느낄 뿐이었다. 그러다가 겨울이 다 가고 과세를 한 후 2월 그믐께가 되니까 눈이 녹아서 사람이 겨우 내왕하게 되었으므로 두운조사는 처녀에게 남복을 입혀서 같이 데리고 경주를 향해 출발했다.

경주 본가에서는 딸이 호랑이에게 잡혀 갔다고 수십 명의 사람을 동원하여 경주 근방의 산천을 다 헤매고 수색하여 보았으나 허탕을 치고 말았다. 그래서 죽은 시체의 뼈만 보아도 원이 없겠다고 근심하고 애를 태우고 있었다.

이러던 차에 조사가 처녀를 데리고 들어닥치니 온 집안 식구가,

"이게 꿈이냐 생시냐, 웬일이냐?"

하며 눈물을 글썽거리고 반가워 했다. 처녀도 울다가 마음을 진정하고 지난 경과를 차근차근 식구들에게 들려주었으므로 그 부모가 조사를 맞아들여서 치하하고 아주 우리 딸의 은인이라 하여 특별대우를 했다.

조사는 그 재상집에서 며칠을 유숙하고 떠나오려고 하니 처녀의 아버지 되는 재상이 말하되,

"이미 나의 딸과 같이 한 겨울이나 동거를 했다고 하니 아주 환속하여 나의 딸과 같이 성례를 치르고 장차 벼슬이라도 하고 부귀영화를 누리는 것이 어떠하겠습니까?"

했다. 조사는 정색을 하고 정중한 말로,

"천부당만부당한 말씀입니다. 내가 장가를 갈 생각이 있었으면 벌써 갔지 지금까지 있었겠습니까? 나는 부처님의 계율을 생명같이 지키는 터이라 그러한 속세 인연은 절대로 맺고 싶지 않습니다. 댁에 따님과 한 겨울을 동거했다고 하나 서로 정을

통한 일은 한 번도 없었습니다."

"그것을 누가 곧이듣겠습니까? 그것은 스님의 말씀이지요."

"제 말을 불신하신다면 따님께 물어 보십시오. 따님 자신이 누구보다도 잘 알 것이니까요."

했다. 재상은 반신반의하고 부인을 시켜서 딸에게 물었더니 절대로 그런 일이 없었다고 했다. 그래서 재상과 두운조사에게,

"다소나마 스님의 보은을 하고 싶으니 소원이 무엇입니까?"

하였더니,

"나는 아무 소원도 없습니다. 그러나 내가 있는 토굴이 협소하니 절이나 하나 지어 주셨으면 하는 생각이지요. 절 동구에 개천이 큰데 다리가 없어서 불편하니 다리나 하나 놓아 주셨으면 하는 생각뿐입니다."

했다. 재상은 이 말을 듣고 그 부근 각 읍 군수에게 명하여 나라에 상납할 돈을 대용하여 큰 절을 지어 희방사라고 이름을 짓고, 큰 교량을 놓되 무쇠로 놓았으니 지금도 수철리(水鐵里)란 이름이 전하고 있다. 그리고 순흥 풍기의 중앙에 있는 큰 개천은 희방사로 다니는 통로인데, 그곳에는 놋쇠로 다리를 놓았기 때문에 지금도 유(鍮)다리라는 이름이 전하고 있다.

□ 청평사(淸平寺)의 유래

청평사는 강원도 춘천군에 있는 절인데 춘천이 지금은 시로

승격되었기 때문에 춘천군은 춘성군이 되어서 청평사가 춘성군에 속하게 되었다. 청평사는 삼한 고찰로 역사가 오랜 절이다.
 그간에 중건, 중수를 여러 차례 하였으나 또 오랜 세월이 흐르고 풍마우세하여 중창, 중수를 하지 아니하면 곧 경퇴할 지경에 이르는 까닭으로 산중 스님네는 절을 중창할 기금을 마련하기 위해 크게 가사, 불사를 진행하기로 하고 수십명의 화주승을 전국 각지에 파견하여 절 곡간에 모아오기로 하여 18여 바탕의 가사를 짓게 되었다.
 그래서 각처의 양공(良工)스님네가 모여들어서 백 여명 대중이 모여 웅성거리며 엄숙한 규칙을 지키고 불사를 진행하게 되었다. 이때에 원나라 공주가 거지 복색을 하고 청평사에 들어왔다가 가사를 만지고 십여 침의 바느질을 해 준 공덕으로 몸에 붙어 있는 고질병인 상사뱀이 아주 떨어져 일대 고통을 여의었으므로, 공주가 이 사실을 고려 왕조에 알리고 원나라에 기별하여 청평사를 단독으로 지은 이야기를 간추리면 아래와 같다.
 원나라의 어느 황제의 딸인지는 정확히 알 수 없으나 인물이 절색인 처녀 공주가 하나 있었다. 공주는 커갈수록 인물이 꽃과 같이 아름다웠으므로 그녀를 탐내는 남자가 많았다. 그러나 나라에서 정한 부마가 아닌 이상에는 남자로서 감히 공주에게 접근할 사람은 아무도 없었다. 그래서 공주를 보고 각기 짝사랑이나 하다가 그만두는 자가 많았다.
 그런데 그 중에서 공주를 모시고 하인처럼 시봉하는 나이 젊은 별감 하나가 보고 좋아하며 공주를 저 혼자 사모하고 짝사랑을 하다가 상사병이 들어서 죽어 버리고 말았다. 그런데 그의 원혼이 상사뱀으로 변하여 공주에게 달라붙어서 주야장천에 떨어지지를 않고 있었다.

공주는 질색을 하고 놀라서 부황 모후(父皇母后)에게 알려서 아무도 모르게 사람을 시켜서 상사뱀을 떼어내서 멀리 내다가 죽여버려도 금방 또 다시 생겨서 붙었다. 그야말로 아주 불치의 고질이었다. 그런즉 과년이 되었어도 부마를 맞이하여 결혼시키기는 틀린 일이고, 이것이 필경에 궁중에 알려져서 궁녀 입으로 전파되면 궁중의 불명예한 일이었다.

공주가 생각하되, 자기가 죽은 셈치고 궁중에 나가 천하강산 구경이나 하고 돌아다니다가 죽기로 결심했다. 그래서 어머니 되는 황후에게만 소원을 말하고 나오게 되었다. 모후도 불쌍하고 측은하기는 하지만 어찌할 도리가 없어 눈물을 머금고 공주의 소원을 들어주기로 했다. 그러나 궁중을 나온다고 하더라도 돈이 없으면 더욱 고생이 되므로 값진 패물 여러 가지를 싸서 허름한 보자기에 넣어 들고 나오기로 했다.

과연 처량한 신세였다. 여자는 너무 박색으로 생겨도 못쓰지만 너무 일색으로 잘난 것도 팔자를 망치게 되는 것이다. 공주가 이렇게 종적을 감추고 다니는 동안 며느리가 되라고 붙드는 사람도 많았다.

어느 못된 남자는 호젓한 곳에서 강제로 공주를 욕보이려고 하는 놈도 있었다. 그러나 공주의 몸에 상사뱀이 붙어 있는 것을 보고 기절초풍하여 나자빠지기도 했다.

공주는 중국의 명산승지를 다 돌고 마침내 고려의 금강산이 천하명산이란 말을 듣고 구경을 하기 위해 바다를 건너서 고려국인 우리 땅으로 들어왔다. 그리하여 영동 해안에 내려서 인제 설악산을 구경하고, 평창 오대산을 구경하고, 금강산으로 들어가는 길에 어찌하여 춘천땅을 들르게 되었다. 춘천에서 청평사가 고찰로 좋다는 말을 듣고 청평사를 향해 오다가 청평사 동구 개천에 이르렀는데 상사뱀이 말하기를,

"나는 이 절에 들어갈 수 없으니 이 절에는 들어가지 말아 줘!"

하고 부탁을 했다. 공주가 답하되,

"내가 여기까지 왔다가 절 구경을 않고 갈 수가 있겠니? 네가 들어가기 싫거든 깨끗한 반석에 떨어져서 놀고 기다리고 있으려무나. 내가 잠간 가서 보고 돌아올 터이니…"

하였더니 상사뱀이 사르르 풀리더니 반석으로 기어가서 몸을 틀고 있었다.

공주는 이런 일이 처음이라 어찌도 몸이 가벼운지 몰랐다. 공주가 절에 들어갔더니 가사를 깁던 양공이 점심때가 되어서 가사를 깁다가 일을 벌여둔 채 식당 큰 방으로 다 들어가고 가사당에는 한 사람도 없었다. 공주가 들어가서 본즉 붉은 비단천을 조각조각 잘라서 쪽보같은 보자기를 만드는데 흥미가 있어 보였다.

이러한 가사는 중국 절에서도 보고 고려국 절에서도 보았지만 만드는 것은 이 절에 와서 처음 보았다. 그래서 공주는 쪼그리고 앉아서 깁다가 둔 가사의 꽂힌 바늘을 빼어들고 손으로 멋지게 박아 내려 갔다. 퍽 재미가 있었다. 이러는 찰나에 스님

들이 바라보고 꾸짖었다.

"웬 거지가 남의 가사당에 들어와서 그 더러운 손으로 신성한 가사 쪽을 함부로 만지는 거냐? 그리고 통문 불구멍도 모르고 막 박아 버렸으니 이 가사 한 바탕은 버렸구나, 버렸어. 재수가 없을려니까 별일이 다 생겼구나. 그런즉 나만 며칠을 헛고생한 것이 아니냐, 당장 나가거라, 망할 것 같으니라고. 남의 새 가사를 망쳐 놓았으니 이를 어찌한단 말이냐."

"잘못하였습니다. 나가라면 나가겠습니다. 그러나 내 바느질이 스님 것보다는 나을 터인데 그러시는군요."

"이봐, 바느질만 잘하면 되는 줄 아느냐. 법대로 해야지…"

"제가 그것을 어찌 알겠습니까?"

"그런데 왜 남의 것을 만졌느냐 말야. 어서 나가거라. 안 나가면 혼내줄 테다."

하고 소리소리 쳤다. 이때에 뇌성벽력을 하고 벼락 치는 소리가 났다. 스님네고 공주고 모두 놀라서 간이 콩알만해졌다. 소나기가 두서너 번 퍼붓더니 날이 개였다.

공주는 밥도 얻어먹지 못하고 야단만 당하고 동구 개천으로 나왔는데 상사뱀이 있는 곳을 가서 보니 벼락을 맞아 재만 남아 있었다. 그리고 자기 몸에 올라붙은 것이 없었다. 공주는 어찌도 기쁜지 울음이 터져 나왔다. 공주가 가사를 만진 공덕으로 상사뱀이 벼락을 맞고 죽어서 아주 떨어져 간 것이었다.

공주는 기쁨을 감추지 못하고 다시 청평사로 올라가서 말하되, '심부름이라도 하고 찬을 만들고 공양주라도 하고 있겠다'고 애걸하면서 사정을 했다. 그러나 대중스님네는 절에는 여자가 필요없다고 나가라고만 했다.

　어느 날 아침, 대중 공사가 벌어지더니 이 대웅전 법당을 중창하자면 화주를 여러 사람 내야겠다는 공사였다. 공주가 들어가 일어나서 말하되,

"여러 스님네께 말씀을 드리겠나이다. 이 절 법당은 내가 단독 화주로 지어드릴 터이니 그리 아십시오."

했다. 대중스님네가 이에 실색하고 놀라며 스님 한분이 말하되,

"걸인 여자가 무슨 재주로 그런 말을 하는가?"

했다. 그랬더니 공주가 다시 말하되, 두말 말고 먹과 벼루를 가지고 오라고 했다. 그래서 필연을 갖추어서 갖다 주었더니 공주가 춘천 군수에게 편지를 써서 내주며 보내라고 말했다.

　원나라에서는 공주가 몰래 나가서 거지로 다녀도 사람을 딸려 보내 멀리에서 감시를 하고 있었는데 고려국으로 들어간 뒤로는 알 수가 없게 되었다. 그래서 원나라 황제가 고려 국왕에게 알아 봐 달라고 해서 공주의 행방을 알아보라고 각 도 각 군에 알려서 공주의 행방을 탐지하던 차인데, 춘천 군수가 공주의 편지를 받고 행방을 알았으니 얼마나 기뻤겠는가.

　군수가 공주의 의복을 새로 지어 가지고 청평사로 가서 공주를 찾으니 절 안이 떠들썩했다. 공주가 서울로 가서 고려 국왕을 뵙고 청평사의 법당을 지어 주면 내가 원나라에 돌아가서 부모님에게 여쭈어 외상으로 지은 돈을 보내드리겠다고 하여 청평사의 법당을 순조롭게 중창하게 되었다. 그리고 공주가 원나라로 돌아가서 부모에게 아뢰되, 고려 청평사 가사 불사에 참례하고 상사뱀을 아주 떼어버리고 왔는데 이것은 오직 부처

님의 공덕이요, 가사의 공덕이라고 칭찬했다.

 그래서 지금은 6. 25 때 타버리고 없지만 청평사 법당은 타기 전까지도 비단으로 기둥을 싸고 옻칠까지 했다는 이야기가 전하고 있다.

 이것은 가사불사 공덕이 장하여 공주가 가사를 만진 공덕으로 상사뱀을 하늘이 벼락을 쳐서 죽였다는 전설이다. 이는 전설만이 아니라 청평사 사적기에도 적혀 있다.

□ 율사(律師)와 동자(童子)

 당나라 도선율사(道詵律師)는 이부상서 전신의 아들이었다. 그의 어머니가 태몽으로 해가 품안으로 들어오는 꿈을 꾸었는데, 어려서부터 예법을 좋아하고 행동이 얌전하고 몸체가 의젓했다.

 어려서는 글을 읽었고, 자라서는 진리를 연구하면서 이렇다 하는 큰스님들을 찾아다니며 제자백가와 경·율·논 3장에 모두 통달하고, 더욱 계율에 엄정하고 불법을 옹호했다. 또한 저술에 힘을 쓰고 율문에 정통하여 천인들이 항상 시위했다.

 〈찬령기〉에 이런 말이 있다.

 도선율사가 오대산에 갔다가 중대에 이르러 밤에 좌선하고 있었다. 어떤 동자가 곁에 있으므로 율사가 궁금히 여겨 물었다.

"그대는 누구인가?"

"이름은 현창이온데 천인입니다. 제석천의 명을 받들어 이곳에서 수행하며 스님을 모시고자 합니다."

"〈화엄경〉을 보면 청량산에 문수보살이 계시다고 하는데 지금 와서 보니 범부가 사는 곳과 다름이 없거늘 어찌 선계라 하는가?"

"대성인의 경계를 범부나 이승으로는 헤아릴 수 없나이다. 저는 범부요, 스님은 이승인지라 분별이 있는 생각으로는 불가사의한 경계를 찾아볼 수 없나이다. 경계는 하나이나 세 사람의 보는 것이 다르다 하는 말을 스님도 잘 아실 것입니다. 제각기 업보로 받은 눈이 오매 보는 것도 역시 다른 것입니다. 제가 알기로는 이 오대산은 푸른 유리빛이고 다섯 봉우리의 등성이와 골짜기는 모두 보배로 되었사오며, 광명이 항상 찬란하여 밤낮이 다르지 아니하여 보살이 계신 데는 저로서는 알지 못하나이다."

이렇게 말하고 사라져버렸다.

제4부
조선시대편

□ 조선(朝鮮) 건국과 불교와의 인연

 조선의 태조는 누구나 다 아는 바와 같이 고려의 장군 이성계 (李成桂)이다. 그는 고려조 왕씨 공민왕과 신우왕의 신하로 여러 번 전공을 세워 권세가 조선을 압도하게 되었고, 마침내 여러 사람의 추대를 받아 고려 신우 왕위를 찬탈하고 조선의 태조가 된 것이다.
 이성계는 처음부터 고려 왕조가 부패함을 보고 은근히 야심이 생겨서 항상 천하를 통치할 뜻을 두었었다.
 일찍이 그가 삼각산에 올라가서 지었다는 시 한수를 보아도 알 수 있다.

   引手攀蘿上碧峰
   一庵高臥白雲中
   若將眼界爲君土
   楚越江南豈不容

   손으로 등칡을 잡고 푸른 봉에 올라
   한 암자에 높이 누우니 백운 가운데일세
   만약 보이는 안계를 가져 임금의 땅을 삼으면

초나라 월나라의 강남을 어찌 용납하지 못하리요.

하였으니 이것을 보면 그가 장차 기회만 있으면 일국의 왕이 되어 보겠다는 큰 뜻을 가지고 있었다는 것을 넉넉히 짐작할 수가 있다. 그러므로 그는 주야 일념이 왕이 한번 되어 보겠다는 생각뿐이었는데 그의 왕운이 터졌던지 어느 날 밤에 이상한 꿈을 꾸었다.

 하나는 큰 오지병을 얻었는데 모가지가 떨어진 꿈이요, 또 하나는 파옥(破屋)에 들어가서 서까레 3개를 등에 지고 나온 것이오, 셋째로 꽃이 떨어지는 것이오, 넷째로 거울이 깨진 것을 본 것이다. 그런데 이것을 아무리 해몽해 보려 해도 그로서는 도무지 알 수가 없었다. 그래서 어떤 곳에 해몽을 잘한다는 노파가 있다고 해서 찾아갔더니 노파가 이성계의 얼굴을 쳐다보고 무슨 일로 왔느냐고 물었다.

 "다른 게 아니라 내가 요사이 이상한 꿈을 몇가지 꾸었기로 해몽을 하여 달라고 왔소."

하였더니,

 "말씀하실 것 없습니다. 요망한 계집이 어찌 대장부의 꿈을 해몽할 수가 있겠습니까? 여기서 서쪽으로 40리만 들어가면 설봉산이라는 큰 산이 있는데, 그 산의 토굴에 한 도승이 있사오니 그에게 가서 물어보시는 것이 좋을까 합니다. 그 스님은 얼굴이 검기 때문에 세상에서는 흑두타(黑頭陀)라고 하옵는데 갈포장삼에 백팔염주를 목에 걸고 채근목과로 양식을 삼고 도를 닦은 지가 벌써 10년이나 됩니다. 그 스님은 도통하신 스님이라 무슨 일이든지 무소부지하여 다 알고 계신 어른인즉 가서 물어 보시면 누구보다도 잘 가르쳐 드릴 것입니다."
하고 말을 끊었다. 그래서 이성계는 호기심이 부쩍 생겨 산에 올라 토굴에 들어가 본즉 과연 이상한 도승이 선정에 들어 있었다. 그런데 그는 어디서 본 듯하여 이성계가 말하되,
"스님이 아무 해에 함흥에 오셨을 때 나에게 산수자리를 잡아 주신 스님이 아니십니까?"
'천부당만부당입니다. 나는 그런 일이 없습니다."
라고 했다. 그러나 이성계는 의아하면서 그는 곧 공경스러이 예를 갖추어 말했다.
"진세에 사는 사람이 의심스러운 일이 있사와 결단하여 주시기를 바라옵고, 이렇게 찾아왔으니 자비심을 내리시어 잘 가르쳐 주시기를 바라옵니다."
하였더니 스님은 가만히 눈을 뜨고,
"무슨 일인지 말씀을 하여 보십시오."
하고 말했다. 이성계는 대답하되,
"예, 다른 게 아니라 내가 요사이 꿈을 꾸었는데 첫째로 목이 없는 큰 오지병을 얻어 보았고, 둘째로 허물어져 가는 파옥에 들어가서 서까래 3개를 등에 지고 나왔고, 셋째는 꽃이 떨어지는 것을 보았고, 끝으로 거울이 깨져 보였습니다. 대체 이것이 무슨 꿈입니까? 흉몽이나 아닌지요?"
했다. 그런즉 스님이 듣고 다시 말하되,
"정말로 그러한 꿈을 꾸셨다면 남에게 함부로 말할 수 없는 꿈입니다. 이곳은 아무도 없으니까 가만히 들어 보십시오. 목

이 없는 큰 오지병을 얻었으니 이것이 바로 대몽입니다. 목이 있는 병이면 사람이 한 손으로 병목을 들고 다닐 수가 있겠는데 이것은 목이 없는 병이니까 두 손으로 들어야 움직일 수가 있는 것이니 만 사람의 떠받침으로 높은 상좌에 오를 꿈이요, 파옥에 들어가서 서까래 3개를 지고 나왔으니 이것을 글자로 풀이해 보면 임금 왕(王)자이니 장차 임금이 될 꿈이요, 꽃이 떨어졌으니 꽃이 떨어지면 화락능성실(花落能成實)이라, 열매가 맺힐 것이니 일이 성공할 것이요, 거을이 깨어졌으니 경파기무성(鏡破豈無成)이니 소리가 요란할 징조이므로 임금이 되어 천하가 떠들썩할 환호성이 날 것이니 틀림없이 국왕이 될 대몽 중의 대몽입니다."
하고는 스님은 다시 이성계의 얼굴을 보더니,
"당신의 면상을 본즉 군왕의 기상이 얼굴에 가득하고, 그러나 아직까지 겁기가 다 벗어나지를 못하였으니 성현에게 기도를 올리고 공덕을 쌓아야 유종의 열매를 얻겠소이다. 이 일은 나만 알고 비밀을 지킬 터이니 당신도 당신만 알고 꿈 이야기를 입 밖에 내지 말고 비밀을 꼭 지키시오. 그리고 아직도 3년 동안의 시일을 기다려야 성사가 될 것이니 그 안에 5백 성제(聖齊)를 올리고 기도를 드리시오. 그런 뒤 이 자리에 절을 하나 지어 세우시오. 예로부터 수인사대천명이란 말이 있으니 사람이 할 일은 다해야 될 것이 아니겠소. 그러하오니 내 말대로 하시오. 내 말을 신용하지 않았다가는 크게 후회할 일이 있을 것이니 특히 조심하여 내가 말씀드린 대로만 하시오."
라고 했다. 이에 이성계는,

"스님께서 이처럼 깊이 깨우쳐 주시니 그 감사하온 말씀을 무어라고 사뢸 수가 없습니다. 어떠한 일이든지 나는 스님이 가르치는 대로 하겠사오니 스님께서는 나를 버리지 마시고 더욱 도와주시어서 나의 만년지계를 이룩하도록 하여 주시옵소서."

이 말을 듣고 그 스님은 고개를 끄덕거렸다. 그 스님은 다른 스님이 아니라 곧 무학대사(無學大師)였다. 이성계는 그때부터 활발하게 기운을 얻어 설봉산에 절을 지었으니 무학대사가 왕(王)자를 해설하여 주었다고 하여 그 뒤 등극 후에 석왕사(釋王寺)라고 사액(寺額)을 내렸다. 그리고 절 안에 응진전(應眞殿)이란 5백 나한 성전을 지은 뒤에 5백 성제를 들이려 하여 길주 광적사로부터 5백 나한 동상을 옮겨 왔다.

이 5백 나한상을 모셔올 때에 여러 석상을 배에 싣고 원산포에 와 닿았는데, 원산으로부터 석왕사까지는 이성계가 친히 존상을 하나씩 등에 업어 운반하여 응진전에 4백 98위까지 모시다가 맨 나중에는 귀찮아 하기 싫은 생각이 들어서 두 분의 존상을 한꺼번에 업어다가 봉안했다. 그런데 자고 나서 이튿날 아침에 살펴보니 존상 한분이 어디로 갔는지 몸을 감추고 보이지를 아니했다.

이성계가 놀라 사방을 찾아보았으나 도대체 알 수가 없어 단념하고 있었는데, 그날 밤 꿈에 없어진 존상이 나타나 말하되, "그대가 그만큼 신심을 발하여 우리 나한상을 하나씩 업어오다가 나만은 다른 존상과 합하여 한꺼번에 업어온 것은 그대의 정성이 철두철미하지 못한 것이니, 그래 가지고 무슨 일을 성취하겠는가? 나는 그러한 푸대접을 받기가 싫어서 멀찌기 평안도 묘향산 비로봉 밑 비로암으로 옮겨 갔으니 그리 알라." 했다.

이성계는 곧 사람을 묘향산으로 보내 찾아보았더니 과연 그곳에 존상이 가 있었다. 그래서 이성계가 다시 그곳까지 가서 업어 모셔다가 봉안하였으나 그 나한은 끝내 노해서 달아나고 말았다. 그래서 석왕사 5백 나한은 4백 99위 밖에 없다는 것이다. 이것은 이성계의 성심이 그만큼 놀라웠다는 것을 역으로 반증한 것이라고도 하겠다.

이성계는 이와 같이 5백 나한상을 모시고 3년 안에 5백 성제를 올렸다. 그뿐만 아니라 다른 곳에 가서도 용하다는 곳은 다 찾아가서 7일 기도를 올리고 산신기도도 했다. 이성계는 이러한 기도 신력을 입어서 이로부터 남정북벌(南征北伐)에서 큰 공을 세워 명성이 혁혁하게 전국에 진동하여 국민의 신망을 끌게 되었다. 그래서 그는 기회를 기다리다가 중국 땅 요동을 공략하러 갔으나 공연히 남의 나라와 싸우다가는 자기의 야망이 지연될 것 같아서 최영(崔瑩) 장군의 전진공략을 반대하고 위화도에서 반기를 들고 대군을 거느리고 돌아와서 전격적으로 '쿠데타'를 단행하여 정권을 한손에 장악한 뒤에 다시 고려 충신 정포은(鄭圃隱)을 죽이고 고려왕조를 찬탈한 것이다.

전설에 의하면 위화도 회군할 때에도 자기 뜻으로 그러한 결단을 한 것이 아니라 공중에서 나한상이 나타나시고 깃발이 남쪽으로 향하여 회군을 암시하였으므로 그것을 보고 그대로 따라 한 것이라고 한다.

그런데 여기서 고려조의 왕씨와 조선의 이씨 두 왕이 교체된 것을 논평할 것 같으면 고려조의 역대 제왕의 불심이 여간 아니었고, 공민왕의 숭복심도 여간이 아니었건만 공민왕족은 패망하고 이성계는 기도 공덕으로 모반(謀叛)하여 이신벌군(以臣伐君)으로 성공한 것은 무슨 까닭인가?

다 같은 신불자이며 부처님의 자비는 동일한 것인데 하나는 패망하고, 하나는 불법으로 성공하였으니 이게 어찌된 까닭인가? 그렇다면 부처님의 자비도 불공평한 것이 아닌가? 그러나 하늘은 자기를 돕는 자를 도와준다는 것과 같이 자신이 부패하면 부처님도 어찌하는 도리가 없는 것이다.

정의는 언제나 자조자(自助者)를 돕는 것이라고 하겠다.

□ 무학대사와 삼인봉(三印峯)

이태조가 등극하기 전에 함경도 함흥에서 그 아버지 환조(桓祖)의 상(喪)을 당하고 장지를 얻지 못하여 갑갑하게 여기던 일이 있었다. 하루는 그 머슴이 산으로 나무를 하러 갔는데 마침 스님 두 분이 산천을 구경하면서 지나가다가 한 곳에 이르렀을 때 그 중 한 분이 보고,

"정말 좋은 자리군. 당대에 군왕이 나겠는데."

라고 하니까 또 다른 한 분이 이르되,

"정말 그렇군요. 이 자리는 중국 같으면 틀림없이 천자가 날 자리입니다."

하고 서로 바라보고 웃었다.

 머슴이 이와 같이 두 스님이 이야기하는 것을 듣고 곧 달려와 이성계에게 그 말을 전하자 이성계는 말을 타고 달려가서 두 스님을 보고 그 땅을 달라고 청하여 자기 아버지를 장사지내 모셨으니 그것이 함흥의 정릉이며, 두 스님은 곧 무학대사(無學大師)와 사자(師者)분이었다.

 이렇게 하여 명당을 얻었고, 해몽에서 왕이 될 줄을 알고 기도를 하여 나라를 얻었는데, 그 뒤에는 무학대사가 종적을 감추어서 대사를 찾을 길이 없었다. 그래서 태조는 등극을 한 후에 무학대사에게 가르침을 얻고자 8도 방백으로 하여금 무학대사를 수색하여 찾아들이게 했다.

 8도 방백(方伯)은 곡산(谷山)에 이르러 고달산(高達山) 초막에 도승이 혼자 산다는 말을 듣고 아무래도 그가 무학대사인 것 같아 그들은 호종하는 사람을 물리치고 친히 골짜기 윗봉에 올라가서 각각 그 관인을 소나무 가지에 걸어놓고 초암에 이르러 본즉 과연 안청이 빛나는 나이든 중이 쇠코잠방이를 입고 호미로 밭을 메고 있었다. 3도 방백은 그에게 대화를 청했다.
"이 암자는 누가 지은 건가?"
"내가 지었소."
"이러한 험산에 무얼 보고 지었는가?"
"저 건너 삼인봉을 응하여 지었소."

 3도 방백은 일제히 머리를 들어서 건너다 본즉 과연 한 봉우리가 암자를 바라보고 있었다.
"어째서 저 봉우리를 삼인봉이라 하는가?"

"이곳에 절을 짓고 있으면 3도 방백이 와서 저 봉우리 나뭇가지에 인(印)을 걸어 놓을 날이 있을 것 같아서 그러했소."

스님의 대답에 방백들은 깜짝 놀라서 일어나 그 스님에게 예를 올렸다. 그가 바로 무학대사였다. 방백들은 임금이 스님 뵙기를 청한다는 말을 하고 같이 산에서 내려가서 태조를 뵈오니 태조는 크게 기뻐하며 곧 그를 왕사(王師)로 봉하고 천도(遷都)의 일을 문의했다.

무학대사는 여러 번 사양했으나 태조는 의지를 굽히지 않았다. "고금을 막론하고 서로 만나는 것이 인연인데 무얼 그렇게 사양하시며, 그뿐 아니라 세상 사람이 보는 속인(俗人)이 어찌 스님이 보시는 도안과 같을 수가 있겠소?"
하고 그를 데리고 충청도 계룡산과 한양을 두루 행행하며 도읍지를 고르다가 마침내 한양에 도읍을 정하고 궁궐을 짓게 되었다.

□ 경순공주(慶順公主)의 삭발

이태조는 두 왕후를 두었었는데 첫째 왕후인 한씨(韓氏)는 방과(芳果), 방의(芳毅), 방원(芳遠) 등 6남을 낳고, 둘째 왕후 강씨(康氏)는 방번, 방석과 공주를 낳았다. 그런데 태조는 강씨에게 빠져서 그 소생인 방석을 여간 사랑하지 아니하더니 나라를 얻게 되자 곧 방석을 책봉하여 세자로 삼았다. 이것은 확실히 태조의 큰 잘못이었다.

그가 나라를 얻는 데는 누구보다도 그 제 5자인 방원의 획책과 노력이 많았는데 공으로 본다면 마땅히 방원을 세워야 할 터인데 공훈으로 보지 않고 오직 사사로히 사랑에 빠져서 집안과 나라를 위하여 아무 공로도 없는 10여살 밖에 안되는 방석으로 후계를 삼으니 여러 아들이 이에 복종할 리가 만무했다.
 여러 왕자들은 항상 불만을 품고 있으므로 방석의 무리인 정도전(鄭道傳)과 남언(南彦)은 뒷일을 염려하여 여러 왕자들을 제거하기로 결정하고 날마다 모의하고 있었다. 그 무리중 이무(李茂)가 이것을 방원에게 일러바쳐 무사로 하여금 정도전과 남언 등이 모여 회의하는 곳을 포위, 습격하여 그들을 잡아 죽이고 다시 백관으로 하여금 태조에게 간청하여 세자를 다시 봉하여 결정하기로 하니 방석, 방번 등이 함께 서문(西門)으로 빠져나와 도망치다가 중도에서 잡혀 죽고, 경순공주의 부마 이제(李濟)도 또한 이 난리에 죽었다.
 그래서 태조는 할 수없이 영안군 방과에게 왕위를 물려주고 말았으니 사랑하던 아들의 죽음도 기가 막히거니와 눈 앞에 머리를 싸매고 누워서 슬피 우는 경순공주의 정경은 차마 볼 수가 없었다.
 태조는 공주를 대하여,
 "울지 마라. 우는 너보다 내 속이 더 탄다. 그럴 바에는 차라리 중이나 되려무나."
하고 손수 가위를 들고 공주의 머리를 깎아주다가 삼단같은 머리가 뚝뚝 떨어지는 것을 보고 자기도 그만 참을 수가 없어서 눈물을 흘렸다. 이리하여 공주를 비구니 여중으로 만들고 가까운 여승방에 두고 자기도 가끔 찾아가서 어린 방석 형제의 원혼을 위해 명복을 빌어 주기도 했다.
 이것은 조선(朝鮮)조 초기에 왕위를 중심으로 쟁탈전을 벌인 한 비극이었다.

□ 태조와 함흥차사

 방석의 난을 치르고 그 아들에게 임금의 자리를 물려준 태조 이성계는 너무도 슬프고 분하여 그만 한양을 떠나버렸다. 처음에는 덕원(德源)으로 내려갔다가 나중에는 함흥으로 가서 아주 돌아올 뜻을 버리고 머물러 있었다.
 방원(태종왕)은 그래도 자식의 도리를 차리지 않을 수가 없어서 늘 문후사(問候使)를 함흥으로 내려 보냈다. 그러나 내려 보내면 내려 보내는 대로 그들을 모두 죽여서 한 사람도 살아오는 사람이 없었다.
 속담에 한번 가고 돌아오지 않는 것을 '함흥차사'라고 하는 것은 곧 이에서 나온 말이다. 이성계는 자리 옆에 화살을 미리 준비해 놓았다가 멀리서 조신(朝臣)의 행차가 오는 듯 하면 곧 활을 당겨서 그가 들어와 미처 뵈옵기도 전에 죽여 버렸다.
 이리하여 전일의 군신의 의는 둘째로 하고라도 고려 말년 평소 가까이 지내던 사람들까지도 오는 대로 다 죽여 버리자 나중에는 정말 함흥에 문안을 갈 사람이 없게 되었다. 그러나 그렇다고 하여 사람을 보내서 문안도 하고 태조의 마음을 돌이키게 하지 않을 수는 없으므로 백방으로 보낼 사람을 물색하던 중 마지막으로 그 임무를 다할 사람은 오직 무학대사 밖에 없다 하여 중론이 대사에게로 돌아갔다.

처음에는 무학대사도 여러 번 사양하였으니 태종이 굳이 청하므로 왕명을 거역할 수가 없어 허락하고 운수납자의 행각승 모양을 차리고 함흥에 도착하여 태조를 만났다.

무학대사를 만난 태조는 또한 의심하여 이르되,
"화상도 아마 주상 임금을 위해 나를 달래러 온 것이 아니오."
"전하, 무슨 황송한 말씀이옵니까. 이렇게도 빈도의 마음을 몰라 주십니까? 빈도가 전하를 뵈온 지도 벌써 10여년이 되는데 오늘날 이렇게도 우울하게 지내신다고 하옵기에 일부러 불원천리하고 와서 한번 옛정이나 서로 풀고 위로를 하여 드릴까 하여 온 것인데, 이렇게도 마음에 없는 말씀을 하시오니 정말 섭섭하기 그지없나이다."
하자, 이 말에 태조는 마음이 웬만큼 풀렸다. 그리하여 그날 밤에 그곳에 유숙하면서 밤새도록 지나간 일들을 이야기하고 회포를 푸는데, 무학대사는 말끝마다 태종의 험담을 하고 그를 아주 여지없이 못된 사람으로 몰아부쳤다.

이러한 무학의 태도에 태조는 비로소 무학이 태종을 위해 오지 않은 줄 알고 안심했다. 태조는 안심이 되어 그대로 수십일 동안을 머물게 하면서 날마다 불법 이야기로 적회를 풀며 지나는데, 무학대사는 한결같이 태종의 흉만 들추어 말하며 태조의 마음을 더욱 멀게 했다. 그러다가 하룻밤에는 잠이 하도 안 와서 이런 얘기, 저런 얘기를 하다가 다시 태종의 말이 나오자 무학대사는 실컷 태조의 비위가 맞게 흡족하도록 태종왕인 방석의 잘못을 논박했다. 그러다가 그때 문득 말머리를 돌리면서, "전하, 그러나 저러나 한번 생각해 보십시오. 전하께서 슬하에 8형제를 두셨다고는 하오나 벌써 다 돌아가고 그래도 이 땅덩어리를 지키고 있는 이는 오직 오늘의 태종밖에 없지 않습니까? 전하께서 이렇게 윤리를 끊기로만 작정하고 계시면, 시석풍진(矢石風塵)을 무릅쓰고 잠정 북벌을 하시어서 오늘의 이 땅덩이를 얻으려고 노력하시던 전하의 평생신고가 수포로 돌아가지 않겠습니까? 그런즉 남에게 주는 것 보다는 불효일망정 그래도 혈속에게 전하는 것이 낫지 않겠습니까? 다시 한번 깊이 생각하여 보시옵기를 바랍니다."
하고 인간적인 정을 꼭 찔러서 고했다.

이 말 한마디에 태조의 마음은 찌르르 아팠다. 과연 그렇다. 가장 사랑하던 방석 형제를 죽이고 필경 왕위를 차지한 태종의 일을 생각하면 여간 미운바가 아니지만 나라를 얻을 때에 그도 또한 심력을 다하여 꾀하고 분투한 것을 생각하면 자기가 당초에 방석을 세자로 봉한 것이 잘못이 아니랄 수도 없는 것이었다. 그리고 무학대사의 말마따나 70이 넘은 오늘에 조용히 돌이켜 보면 많은 자식을 다 잃어버리고 오직 그 하나밖에 남지 않았는데, 이제 그까지 아주 버린다면 자기의 뒷일도 또한 말이 아니었다.

그래서 이리저리 생각한 끝에 마침내 한양으로 돌아갈 뜻을 비쳤다. 무학대사는 이 찬스를 놓치지 않고 바짝 서둘러서 하루라도 빨리 돌아가지 않으면 안된다고 재촉했다. 마침내 태조로 하여금 몸을 일으키게 한 것이다.
 그러나 태조는 한양으로 영원히 돌아가기는 싫어했다. 한양에서 잠시 머물렀던 태조는 함흥으로 다시 돌아오는 길에 소요산에서 몇 달 동안을 머무르다 나중에는 다시 풍양(豊壤)에 머물면서 궁(宮)을 짓고 있었다.
 이때에 무학대사가 가지 아니했다면 그 뒤에도 무수한 함흥차사가 계속되었을 것이다. 무학대사의 지혜로 그 뒤부터는 돌아오지 않는 함흥차사가 없어지게 된 것이다. 무학대사는 대자비를 베푼 도승임에 틀림없다.

□ 왕씨(王氏)의 천복(薦福)과 사경(寫經)

 태조 3년에 왕은 고려 왕씨들을 위해 서원을 발하고 금자(金字)로써 〈묘법연화경(妙法蓮華經)〉 2부를 써서 그들의 명복을 빌고 다음 해에는 다시 전(田) 1백 50결(結)를 우두산 견암사(見岩寺)에 시주하고 매년 2월 10일에 향을 하사하여 수륙제(水陸齊)를 지내게 했다.
 〈금자 법화경〉의 발어(發語)를 보면 태조가 나라를 얻을 욕심으로 왕씨들을 죽이기는 하였지만 그래도 일편의 양심은 있는 사람이라 그 잘못을 깨닫고 지은 죄를 벗으려고 무척 애쓴 것을 엿볼 수가 있었다.

그 발어는 유명한 문신 권근(權近)이 지은 것이다. 여기에 그 내용을 간추려서 볼것 같으면 아래와 같다.

"내가 부덕으로써 백성들의 추대를 받아서 왕씨를 대신하여 나라를 차지하였으나 이것은 부득이한 사정이라 부끄러움이 많도다. 장차 그 종족과 나라가 한 가지 잘 살고자 하였으나 왕씨들이 도리어 의구심을 갖고 가만히 좋지 못한 꾀를 일으켜서 자기 스스로 망해감을 재촉하게 되어 신하들이 법 처벌을 하자고 하므로 나도 이를 어기지 못하고 들어 주었으나 이것이 어찌 나의 본심이겠는가.

깊이 슬퍼하노라. 이미 한 세상에서 같이 살 수가 없게 되었으므로 이제 명복을 빌어 저 언덕에 놀게 하기 위하여 이에 서원을 발해서 금자로 〈묘법연화경〉 3부를 써서 부처님께 봉안하여 왕씨 종족과 아울러 법계함령(法界含靈)으로 하여금 극락세계에 왕생하여 속히 묘리를 증득하기 바라노라…"
했다.

□ 승려의 사태(沙汰)

태종 2년에 서운관(書雲觀)이 글을 올려, 여러 절로 부터 노비와 전답을 빼앗아 군량미에 보태 쓰기를 청했다.

상소의 요지를 들어보면,

"고려 태조가 3국을 통일한 초기에 혹장가 왕에게 진언하여 말하기를 배산역수(背山逆水)한 곳에 절을 짓고, 부처를 봉안하면 국가가 안녕하여진다고 해서 왕이 유사(有司)에게 명하여 지리를 따라 절을 짓고 전답을 주고 노비를 주었더니 뒤에 군신이 더욱 믿음으로 대가람을 짓고 각각 원당이라 일컫고 전답을 베풀어 주었습니다. 이로 인하여 5백년간에 경외(京外)에 산재한 사찰의 수는 헤아릴 수가 없이 되었습니다. 그러므로 이에 신교(神敎) 각종이 토지와 노비가 있는 사찰을 다투어 빼앗아 비마경의(肥馬經衣)로 호사스러운 생활을 하고 심지어 주색에까지 빠져버린 중이 많이 쏟아져 나왔습니다. 사찰이 비록 수천이요, 승려가 비록 수만 명이 되나 그 소행이 다 위와 같으니 비록 나라를 돕는 경우가 있다 하더라도 그래 가지고야 나라에 어찌 한 푼어치의 이익이 있겠습니까? 나라에서는 수만의 군사를 두고 일년의 군량도 부족하니 경외에 70사찰만 남기고 그 밖의 사찰은 다 헐어버리고 승려는 다 퇴속시켜서 병역에 보충하고 노비는 각기 관청에 하인으로 채우는 게 좋을까 하나이다."

  이와 같은 내용이었다. 태종은 태조와 달라서 불교에 대하여 탐탁치 않은 생각을 가진 임금인데 이러한 상소는 그의 억불훼석(抑佛毁釋)의 정신을 더욱 환기시키게 되었다. 그래서 그는 이 상소의 글에 따라서 그대로 각 사찰에 전답과 추수와 노비를 빼앗고, 태종 6년 정월에는 다시 의정부의 상주에 의하여 전국 사찰 중에서 몇 곳을 선정하여 그대로 두기로 허락하고 그 나머지는 모두 철거토록 했다. 그대로 두기로 한 절의 수효는 조계종(曹溪宗), 총지종(摠持宗) 도합 70사와 천태소자종,

천태법종 도합 43사와 자은종(慈恩宗) 36사와 중도종(中道宗), 신인종(印宗) 도합 30사와 남산종, 신흥종 각 10사였으니 전부를 합해도 2백 42사 밖에 되지 않았다.

이것은 몇 천개소의 사찰을 헤아리던 당시 절 수효의 몇 십분의 1도 되지 않는 것이었다. 뿐만 아니라 한미(寒微)한 사찰의 전답과 노비도 육사명찰(六寺明察)의 앞으로 들리게 하고, 그 전답의 수확으로만 겨우 살 만큼 거승(居僧)의 수를 제한하여 수도에 정진케 했는데, 수도의 입장에서만 본다면 오히려 승려의 생활을 안정시켜 놓았다고 할 수 있으나 이러한 사찰과 승려의 도태 바람에 불교는 양적으로 일시에 급격한 감퇴를 보였다. 그러나 그 뿐인가. 큰 도시에 있던 절과 촌락 동네 가운데 있던 사찰은 다 불질러 버리고, 산간벽지에 있는 몇 개소만 한정하여 승려를 산중으로 내쫓아서 겨우 명맥만을 잇게 했다.

신라, 고려 양시대를 통하여 천년 동안을 깊이 민간에 침투하여 거의 생활화 하던 불교는 갑자기 날벼락을 맞고 사회로부터 쫓겨나서 산 속에만 갇혀 있게 되니 인간사회와는 아주 접촉이 끊어지고 말았다.

또한 사찰의 정리에도 선택을 함부로 하여 대명찰을 정리하는 동시에 이미 없어진 사찰을 도리어 두게 한 곳이 있어서 그 피해는 이루 말할 수가 없게 되었다. 그러므로 이듬해 의정부(議政府)는 다시 글을 올리고 사찰의 재정리를 행하여 좋은 곳의 대가 사찰을 골라서 이미 없어진 절과 바꾸고 산골짜기에 있는 자복사(資福寺)를 모두 명찰로 삼았고, 그리고 승려 인원의 제한은 전답 매백결(每百結)에 50인씩만 두도록 규정했다.

정부에서 이렇게 불교를 탄압한 것은 소위 사태(沙汰)불교요, 도태(淘汰)불교라고 하는 것인데, 조선시대에 들어와서 불교를 극단으로 탄압한 최초의 행사라고 하겠다. 그런 까닭으로 한국 불교는 조선 5백년 동안에 숨을 쉬지 못하고, 태양을 보지 못하고 산그늘에서만 명맥을 어어 오게 된 것이다.

사태불교라는 말은 장마 때에 사태가 나면 산이 무너지는 것과 같이 태종의 탄압에 의하여 불교가 산이 무너지듯 사태가 났다는 말이다.

□ 태종의 불상(佛像)에 대한 태도

태종 6년에 명(明)나라 임금인 명제는 우리나라 제주도에 동불(銅佛)이 있다는 말을 듣고는 즉각 황엄(黃嚴)을 보내서 빼앗아 갔다. 그런데 동불이 제주도로부터 사관(使館)에 이르자 황엄은 태종으로 하여금 불상에게 예배를 드린 뒤에 서로 행례(行禮)를 하겠다고 했다. 그러나 태종은 이에 반대하며 말하되,

"동불이 명조(明朝)로부터 왔으면 내가 마땅히 절을 하여 대국 조정에 치경(致經)하는 뜻을 표하겠지만 내 땅의 부처에 대하여 절이라는 게 다 무어요?"

하고 강경하게 거절했다. 황엄은 본래 마음이 어질지 못하여 위세를 함부로 부리는 사람으로서 이 때문에 무슨 일이 생기지 않을까 하여 하륜(河崙)과 조영무(趙英武) 등이 간하되,

"천조 황제께서 불도를 숭신하시어서 이렇게 멀리 동불을 구하려 보내시었고, 또한 황엄의 무법한 꼴을 천하가 다 아는 바이오니 잠깐 권도를 따라서 불상에 예배를 하시는 것이 좋을까 하옵니다."

하고 아뢰었더니 태종은 이 말에 그만 화가 나서,

"신하로서 하나도 의를 지키는 사람이 없고, 누구나 황엄만 무서워하니 이러고서야 어찌 그 임금의 난(難)을 구하여 줄 사람이 있겠는가? 고려의 충혜왕(忠惠王)이 원나라에 붙들려 가서 죽어도 신하로서 그를 구원하려 하는 자가 하나도 없더니 나도 일을 당하면 꼭 그 꼴이 되겠구나. 임금이란 일거일동을 가벼이 하여서는 아니 되는 것인데, 내가 부처에게 절을 한다면 예법이 어찌 되겠느냐. 이 나라에는 내가 주인이오, 부처라도 나의 식객인데 나더러 객을 보고 절을 하란 말인가?"

하고 한바탕 큰 소리를 한 뒤에 직접 황엄에 대하여,

"번국(蕃國)의 화복이 동불에 있는 것이 아닌 이상 먼저 천자의 사신을 보는 것이 옳지 않겠소. 어찌 내 땅에 있는 동불에게 먼저 절을 하겠소?"

하며 다시 강경한 태도를 보이자 황엄은 한참동안 하늘을 쳐다보고만 앉아 있다가 미소를 짓고 그대로 서로 행례하기를 허락했다. 왕은 끝까지 동불에게 예를 올리지 않고 버티었다.

 태종은 부처님에 대하여 이와 같은 배짱을 가졌기 때문에 불교 사태를 거리낌 없이 단행한 것이었다. 그런즉 불교에 대해서는 마왕의 화현이라고 하겠다.

□ 이지란의 참회 출가(出家)

 이지란(李之蘭)은 중국 청해(靑海) 사람으로 본성은 퉁이요, 이름은 두란(豆蘭)이다. 그는 이태조를 도와 개국에 큰 공이 있었으므로 조선으로 귀화하여 왕이 그의 성명을 고쳐 주어서 새로이 이지란이라고 불렀다.

 이태조는 그를 발탁하여 도병마사(都兵馬使)를 맡겨 북쪽 변방을 진압케 하자 그는 여진을 회유하고 달래서 장백산으로부터 훈춘강에 이르기까지 천여 리의 영토를 확장하고, 머리를 풀어헤치고 지내는 야인(野人)들로 하여금 관대(冠帶)를 할 줄도 알도록 교화했다.

 태조가 그에게 철권(鐵券)을 하사하자, 소(疎)를 올렸는데 '신이 성명(聖明)을 받자와 그릇 사명(司命)을 어지러이 하였사오나 남정북벌에 목숨을 함부로 죽인 자가 심히 많사오니 철권을 주시는 은혜도 비록 소중하오나 지옥의 화가 또한 두렵기로 머리를 깎고 중이 되어 명보(冥報)를 면하고자 해서 업드려 원하나이다' 하고 그날로 절에 들어가서 집안일과 인연을 아주 끊어버렸다.

 태종은 그래도 그를 생각하여 여러 번 불렀으나 그는 머리를 아주 깎아버리고 다시 세상에 나오지 않을 뜻을 보이더니 72세에 돌아갔다.

 유언에 따라서 화장을 하고 부도를 세워 주었다.

□ 문종(文宗)의 불교 탄압

태종의 불교 탄압의 뒤를 이어서 세종(世宗)도 또한 태종 못지않게 불교를 탄압했다. 태종은 즉위하자 곧 명제의 청에 의하여 김점(金漸)의 말을 물리치고 진국(鎭國)의 영보(靈寶)라고 일컫는 흥왕사 석탑의 불사리(佛舍利)를 명나라에 보내고 경행(經行)을 폐지하고, 다시 연종환원(年終還願), 기신수륙제(忌辰水陸齊), 탄신기도제(誕辰祈禱齊) 등 무릇 불교에 관한 왕실의 관습행사를 모조리 폐지하는 한편 능침(陵寢)의 큰 방에 절을 두어 선왕의 명복을 빌던 사찰도 다 헐어버렸다.

기신수륙제라는 것은 선왕, 선후의 기일에 수륙제를 행하여 그 명복을 빌고 겸하여 무주고통을 천도하는 것이요, 탄신기도제란 것은 현왕 현후(現王現后)의 생일에 그 수명을 비는 것이며, 연종환원이란 것은 매년 새해를 맞으면 사람을 보내어 산간에 있는 사찰에 복을 비는 행사이다.

왕은 이렇게 모든 불교의 왕실 행사를 폐지하고 근신에게는, "부처의 도는 화복에 아무 이익도 없는 것이다. 부왕께서는 이미 숭신하지 아니하셨거니와 나도 또한 믿지 않노라. 내가 만약 믿는다면 모후께서 돌아가셨을 때에 왜 불사를 크게 하고 명복을 빌지 아니하였겠는가? 너희들도 나의 이 뜻을 받들어 백성으로 하여금 이것을 알게 하라." 했다.

문종이 즉위하고 부터는 더욱 불교를 배척하고 승려의 궁성 출입을 금지하였는데 5백 년 동안에 승려가 서울 성안에 발을 들여놓지 못한 것은 이것이 처음이었다. 그뿐만 아니라 서민이 출가위승하는 것도 엄금하였으니 그 교서는 이러했다.

'부처의 법은 윤리에 벗어난 것이다. 우리 장헌(莊憲)대왕께서 학문이 고명하자 내가 동궁으로 있으면서 매번 교계(敎戒)를 받았으므로 무릇 괴신의 일에는 당연히 혹함이 없었다. 그런데 서민들이 국법을 어기고 년소자로서 삭발하는 자가 심히 많고 국방의 군사를 뽑는데 지장이 불소하니 만일 이것을 엄금하지 아니하면 그 악폐를 장차 구출하기가 어려울 것이다. 이 금법을 범하는 자가 변지로 도망가는 것을 막는 법을 시행하면 반드시 소요가 많을 것이요, 또 만수(萬數)의 가까운 곳에 있는 승려를 일조(一朝)에 변방으로 몰아내는 것은 인정으로는 차마 못할 바이므로 원망을 사서 화기를 잃을까 염려되어 아주 기한을 너그럽게 하노니 그 자수환속(自首還俗)하는 것은 다 들어주고 형벌를 가하지 말 것이요, 혹 정전(丁錢)을 받치면 그래도 도첩을 주되 금년부터는 기한이 지나도 자수하지 않는 자와 금후에 금법을 범하는 자는 금단을 단행하여라. 무릇 법이 행하지 못하는 것은 관원의 봉행이 부지런하지 못하기 때문이며, 이로부터 금단치 않으면 관리도 마땅히 벌을 과하여 용서하지 않으리라.'

이러한 금령(禁令)이 한번 내리자 전국의 승려를 강제로 집으로 돌아가게 하니 불교계는 다시 큰 법란을 당하게 되었다.

벽제정심선사 같은 큰스님도 마음에 없는 여자와 동거하며 머리를 기르고 황악산(黃岳山) 물란리라는 촌락에 가서 숨어 지내게 되었다.

□ 모순된 왕실의 숭불(崇佛)

　불교에 대하여 태종과 세종이 이 같은 탄압을 가하면서도 한편으로는 다시 존숭(尊崇)하는 일도 없지 않았다. 왕들의 이 같은 행태는 매우 모순된 일이지만 고려조 이래로 불교의 제도상 결함으로부터 일어나는 여러 가지 피해 때문에 그것을 미워하고 승려의 악덕과 추행을 제거하기 위하여 불법사태가 일어나고 탄압하기는 하였지만 신라, 고려 양조를 통하여 1천여 년 동안에 불교가 깊이 뿌리를 내린 그 신앙심만은 아무리 해도 말살시켜 버릴 수는 없는 것 같았다.
　우선 태종의 경우만 보더라도 동방불교 유사 이래로 대법란, 대사태를 일으킨 임금이지만 그 모후(母后)인 신의왕후(神懿王后)를 위하여 관음전을 세우고 금자〈법화경〉을 써서 그 명복을 빌었고, 다시 해인사와 대장경을 박아내기 위하여 황해, 경기, 충청 3도의 관찰사에게 명하여 각각 그 도에서 인경지(印經紙)를 보내도록 했다. 그리고 세종도 처음에는 태종만 못지 않게 불교를 비방하고 사람이 한번 죽어 가면 그만인데 사후추복(追福)이 무슨 필요가 있느냐고 반대하였으나 나중에는 그 말을 언제 했느냐는 듯이 그해 가을부터 그 모후인 원경왕후(元敬王后)를 위해 유명한 함허대선사를 청하여 영산법회를 열고 종실부마가 내림한 그 앞에서 불사를 크게 행했다.
　말년에는 대신과 유생들이 굳이 간하는 것도 듣지 아니하고 내불당(內佛堂)을 세웠고, 또 불경을 비상히 좋아하여 수양(首

陽), 안평(安平)의 두 왕자로 하여금 홍준화상에게 가서 경전의 법문을 듣고 와서 그 의미를 아뢰게 했다.
 수양대군은 곧 뒷날의 세조대왕이니 세조가 불법을 좋아하게 된 것도 실로 세종대왕이 세조의 그 길을 열어 준 것이라고도 하겠다.

□ 양녕대군의 호방(豪放)

 태종은 여러 아들을 두었었는데 그 가운데서 양녕(讓寧)이 첫째요, 효령(孝寧)이 둘째요, 충녕(忠寧)이 셋째였으니 충령은 곧 세종(世宗)이시다.
 처음에는 차례에 따라서 양녕으로써 제자를 봉했으나 충녕이 점차 장성함에 따라 성격과 덕행과 학문 등 무엇으로나 여러 왕자 중에서 훨씬 뛰어나므로 태종은 다시 충녕에게 뜻을 두고 양녕으로써 제자를 책봉한 것이 잘못임을 크게 후회했다.
 양녕대군은 이에 대하여 눈치를 채고 충녕대군으로 하여금 세자가 되게 하기 위해 일부러 거짓 미쳐서 방랑하며 그 조행을 지키지 아니했다. 효령대군은 이것을 보고,
 '옳다. 이제는 내가 세자가 되겠구나. 형님이 저러실진대 세자의 책봉은 내게로 오는 것이 아니냐?'
하고 더욱 그 몸을 단정히 가져 부왕의 눈에 들도록 날마다 무릎을 꿇고 앉아 글 공부만 하는 것으로써 일을 삼았다. 양녕대

군은 이것을 보고 지나가다가 발길로 효령대군을 툭 차면서. "아이구, 어리석은 이 사람아. 정신을 좀 차려라. 너는 충녕이 누구보다 성덕(聖德)을 지닌 줄을 모르는구나. 아무리 얌전을 피워도 소용이 없어."
하고 혀를 찼다. 효령대군도 이 말에 그만 깜짝 놀라서 깨닫고 양녕의 뒤를 따라 또한 산중의 절간으로 뛰쳐나갔다. 실망과 부끄러움이 함께 솟아났다. 맨주먹으로 종일 절 안에 있는 북을 쳤던지 하루 동안에 북 가죽이 부풀어서 털이 일기까지 했다고 한다. 이로부터 효령대군은 그대로 불교에 귀의하여 일심으로 수도에 정진하고, 양녕대군은 여전히 그 호방무쌍한 성격에 술 마시기와 사냥놀이로써 일을 삼아왔다. 이것이 다 뜻을 잃은 실의(失意)에서 나온 태도였다.

하루는 효령대군이 불사를 하면서 그 형님을 공양하고자 하여 청했다. 조금 있다가 양녕은 활꾼과 모리꾼 등 수십명의 사냥하는 무리를 거느리고 몰려오는데 어깨에는 매를 얹고 손에는 사냥개를 끌고 꿩, 토끼, 사슴 등 사냥한 짐승을 가득히 짊어지고 들어왔다.

효령대군은 이것을 보고 마음에 몹시 마땅치 않았으나 그대로 불사를 계속하여 자기는 일심으로 예불을 하고 있는데 조금 있다가 여자 하인이 술을 들여오고 고기를 들여오니까 양녕대군은 효령대군이 방금 예불을 하는 옆에서 조금도 거리낌없이 진탕하게 고기를 먹고 술을 마시면서 떠들어 댔다. 이것을 보던 효령대군은 참다가 못해 정색을 하고 형님에게 간했다.
"형님, 이게 무슨 짓입니까? 정말 너무 과하지 않습니까. 어려우시더라도 오늘만은 좀 술과 고기를 참아주시기 바랍니다. 형님께서 아닌게 아니라 전생에 복을 많이 닦으셨기 때문에 이제 부귀를 누리시는 것이었지만 이생에 선을 또 닦지 않으면 내생에 나쁜 보를 받으실 테니 정말 걱정이 되지 않습니까?"
하였더니 양녕대군은 이 말을 듣고 눈썹 하나 까닥하지 아니하고 껄껄 웃으면서,

"여보게 아우, 무슨 그런 말을 하는가. 내가 전생에 복을 닦았는지 안 닦았는지 그것은 모르겠네마는 그러나 살아서는 왕의 형이 되었으니 이렇게 부귀를 누려서 재미있게 지내는 것이 아닌가? 그러나 죽어서는 또 자네 같은 부처의 형이 될 터이니 자네 덕분에라도 나쁜 보를 받을 이치야 있겠는가? 하하하."
하고 통쾌하게 웃었다. 효령대군도 이 말에는 어찌할 수가 없었던지,

"나는 소승 성문이요, 형님은 대승의 무애(無碍)보살이십니다."
하고 다시는 형의 태도에 대하여 군말이 없었다고 한다.

□ 매월당(梅月堂)의 출가

매월당은 곧 단종때 유명한 생육신(生六臣)의 한 사람인 김시습(金時習)이다. 그때에 수양대군이 단종의 숙부로서 단종이 어리다고 섭정을 하고 있다가 단종을 죽이고 왕이 되니 그가

세조대왕이다.

 그는 단종의 중신들을 꾀어서 자기 신하로 만들려 하였으나, 그들은 세조의 부당한 처사에 분개하여 승복하지 않았고, 단종의 복위를 기도하다가 잡혀 세조에게 모진 악형을 당했다. 이때 항복하지 않고 형벌을 견디지 못해 죽은 자가 6인이니 그들을 일컬어 사육신(死六臣)이라고 한다.

 그 죽은 자가 성삼문, 박팽년, 하위지, 이개, 유응부, 유성원인데 이 가운데 성삼문과 박팽년이 가장 유명했다.

 또한 이 때에 이 꼴을 보기 싫어서 벼슬을 버린 자가 6인이니 이들을 가리켜 생육신(生六臣)이라고 한다. 김시습(金時習), 이맹전(李孟專), 조여(趙旅), 성담수(成聃壽), 원호(元昊), 남효온(南孝溫)인데 이 생육신 가운데 매월당 김시습이 유명하다. 김시습은 사육신의 시체를 모두 거두어 한강 노량진에 묻어 주고 달아났다고 하여 더욱 유명하다.

 매월당이란 이름은 그 뒤 중이 되어 불러오던 법호이다. 김시습은 어려서부터 재주와 총혜가 출중하여 세살 때에 벌써 시를 지을 줄 알았으니 일찍 그 유모가 돌메에 보리를 가는 것을 보고 그는 글을 짓되,

無雨雷聲何處動
黃靈片片四方分

비 없는데 우뢰소리 어디서 나는가
누런 구름이 조각 조각 사방으로 헤어지네.

이러한 글을 지었다. 다섯 살 때에는 〈대학(大學)〉을 통하고 능히 글의 문리를 얻어서 글을 배우지 않고도 경서를 보았다고 한다. 영상(領相) 허조(許稠)가 그를 찾아보고,
"내가 이렇게 늙었으니 늙은 노인을 두고 글을 하나 지어 보아라."
하였더니 당장에,

老木開花心不老人間身老心獨

노목에 꽃이 핌은 마음이 늙지 않는 것이니
인간도 몸은 늙되 마음은 생생하게 푸르니라.

하였으므로 허조도 놀랐다고 한다. 세종대왕이 이 소식을 듣고 승정원으로 그를 불러들였다. 지신사(知申事) 박이창(朴以昌)이 그를 시험하려 하여,

孟子之學 白鶴舞靑空之末

동자의 학문이 마치 흰 학이 푸른 허공에서 춤을 추는 셈이로군.

하였더니 그는 그 소리가 미처 끝나기도 전에,

聖王之德　黃龍飜碧海之中

왕의 덕은 황용이 푸른 바다 가운데서 뛰치는 것 같나이다.

하고 대답했다. 세종은 탄복하고 그 아버지를 불러서 이르되, 힘써 가르쳐서 큰 사람이 되도록 하라고 특별히 당부하고, 그의 지혜를 시험하여 보려고 비단 50필을 하사하고 일러 말하되, "다른 사람의 손을 빌리지 말고 오직 네가 가지고 가라." 하였더니 그는 비단을 전부 풀어서 서로 연결하여 묶어 하나로 만든 뒤 그 한끝을 잡고 무겁지 않게 끌고 나갔다.

훗날 중이 된 뒤, 미치광이가 되었다. 양광방랑(佯狂放浪)하여 세상을 비웃고 조금도 율의(律儀)를 지키지 아니하니 세상에서는 덮어놓고 그를 미친 중이라고 지목했다. 거리를 지나면서 눈을 멀끔히 뜬 채 한동안 서있기도 하고, 혼이 빠진 사람처럼 멍하니 서있기도 했다. 길바닥에서 빙빙 돌기도 하고 사람이 쳐다보아도 본체만체했고 아이들이 손가락질 하며 '미친 중 미친 중'하고 놀려 댔다. 그러나 마음속까지 미친 것은 아니었다.

서거정(徐居正)이 일찍이 초헌을 타고 전후좌우에 수십 명의 하인을 거느리고 '에라 치워라, 물렀거라' 하면서 조정으로 들어가는데 김시습이 남루한 옷을 입고 새끼로 허리를 졸라메고 패랭이를 쓴 채 지나가다가 행차를 보고도 한편으로 비켜서 물러나지 아니할 뿐만 아니라 오히려 길 가운데에 썩 나서서 '여보게 강중이' 하고 불렀다. 강중은 서거정의 자(字)인 것이다. 서거정은 이에 조금도 성내는 기색이 없이 행차를 멈추면서,

'야, 열경(悅卿)이 아닌가' 하고 불렀다. 열경은 김시습의 자(字)이다.

"요새 어떠한가?"

"나는 좋으니, 자네는 어떠한가?"

"나도 좋으네."

하고 대답했다. 당시 세도가와 거지가 이렇게 누상에서 문답하는 것을 보고 길 가던 사람들이 깜짝 놀랐다고 한다. 또한 이 매월당에게 모욕을 당한 사람이 있었는데 그는 이 일을 분하게 여겨 서거정에게 사대부에 불경하다고 죄로써 다스리겠다고 말하니까 서거정이 머리를 흔들면서,

"아서, 이제 그를 죄하면 후세에 자네의 이름이 똥친 막대기가 될 것일세."

하고 말렸다고 한다. 서거정이 혹 그를 찾아가면 그는 일어나지도 아니하고 벌떡 드러누워서 발을 들어 벽에 얹고 발장난을 하면서 이야기를 했다. 이것을 보고 사람들은,

"원, 저렇게도 서공을 하대할까? 서공이 뒤에는 아니 가겠군."

하고 말했으나 며칠 지나지 않아서 서거정은 다시 그를 보러 갔다.

한번은 신숙주(申叔舟)가 지난날의 우정을 생각하여 그가 입경했다는 말을 듣고 주인으로 하여금 숙주의 집 사랑에 데려다가 누워 자게 하였는데, 그는 술이 깬 다음에야 숙주에게 속은 줄 알고 벌떡 일어나서 나가려 했다. 숙주는 그의 옷깃을 꼭 붙잡고,

"여보게 열경이, 아무리 그렇다고 원 말 한마디도 안할 수가

있단 말인가?"

하였으나 그는 입을 꼭 다문 채로 옷깃을 끌고 뛰어나갔다. 또 한 번은 세조가 어전에서 크게 법회를 열고 불사를 하는데 매월당 또한 그 법회에 법사로 뽑혀서 붙들려갔으나 새벽에 도망하여 빠져 나왔다.

 세조는 사람을 시켜서 그 뒤를 밟게 하였는데 그는 길가 변소의 똥통 속에 푹 빠져 드러누워 얼굴만 드러내고 있으므로 그를 붙들러 갔던 사자도 구린내가 진동하여 손을 댈 수가 없었다. 이 사실을 세조에게 고하자 세조도 할 수 없이 그냥 포기하고 말았다고 한다. 언젠가는 거리에서 영의정 정창손(鄭昌孫)을 만나서도,

 "아, 이놈아 그만 좀 처먹어라."

하고 욕을 하였으나 영의정은 못들은 체하고 지나쳤다고 한다. 그는 이렇게도 불의를 미워한 것이었다.

 단종사건 이후 그는 매일 울며 술에 만취한 나날을 보내기도 했다. 그는 이와 같이 방랑생활을 하면서도 어느 때는 강원도 설악산 백담사 오세암에 들어가 있으면서 불교의 경전을 많이 보고 읽었으며, 참선도 지독하게 했다고 한다. 그래서 동안(東安)선사의 십현담(十玄談)에 주해까지 달았다.

 어느 때 신숙주가 엄자능(嚴子陵)의 조어도(釣魚圖)를 보내어 화제(畵題)를 하나 써달라고 청하였더니 그는 일필휘지로,

桐江江上釣煙波
生計萬孤一個蓑

漢殿若無星象募
千秋安不累名加

동강 강상에서 연파 속에 낚시질을 하니
생계가 쓸쓸하여 한 개의 도롱이로다
한전에서 만약 성상이 동함이 없었다면
천추에 결정도 누명을 더하지 아니했으리.

 이러한 시를 화제로 하여 신숙주를 비웃었다. 매월당은 무슨 생각이 났던지 47세에 이르러서 문득 머리를 기르고 환속하여 육식을 하고 안씨(安氏)란 여자에게 장가까지 들어 속가 살림을 했다. 그러나 농사나 장사도 않고 벼슬도 하지 않고 지내자니 생계가 말씀이 아니었다. 겨우 훈학질을 하고 살아갔다. 옆에 사람이 보다 못해 벼슬을 하라고 권했더니,
 "내가 차라리 굶어 죽을지언정 세조 치하에서 벼슬할 사람이더냐!"
하고 불호령을 내려 권하던 사람이 무색하기만 했다고 한다. 그런데 얼마 지나지 않아 아내가 죽자 다시 산으로 들어가 중이 되었다.
그는 59세에 충청도 홍산 무량사(無量寺)에서 입적하였는데, 유언에 의하여 절 밑에 가매장을 하여 두었더니 3년 후에 이것을 열어본즉 얼굴이 생시와 조금도 다름이 없었다고 한다.

□ 월인천강지곡(月印千江之曲)과 경전 번역

세종의 비(妃) 소헌(昭憲)왕후가 돌아갔을 때 여러 왕자의 슬픔은 여간이 아니었다. 세종은 세조를 보고 사후의 업고를 벗겨 주는 데는 불경을 전독(轉讀)하고 연술(演述)함만 같은 것이 없으니 석사여래의 전기를 지어서 왕후의 명복을 빌어드리라고 했다.

세조는 세종의 이 말에 깊이 유의하여 중국 스님 승우(僧佑)가 적은 〈석가씨보〉와 도선(道宣)이 지은 〈석가보〉를 참조하여 〈석보상절(釋譜詳節)〉이라는 책을 짓고 그 해에 다시 석가여래가 성도하신 자취를 그림으로 표현하여 첨부하니 이것은 당시에 있어서 가장 상세한 석가여래 전기였다.

세조는 다시 이것을 누구나 널리 볼 수 있도록 정음(正音)인 우리말로 번역하여 세종에게 바쳤더니 세종은 대단히 만족하게 생각하고 월인천강지곡이라는 노래 책을 짓고 친히 찬송을 지어서 붙이기까지 하였는데 세조가 보위에 오른 뒤에는 증감하여 비로소 그것을 완성하게 되었다.

그 뿐만 아니라 세조는 특히 간경도감(刊經圖鑑)이라는 불경 출판의 전문 기관을 설치하고, 〈원각경〉·〈능엄경〉·〈법화경〉·〈아미타경〉·〈금강경〉·〈반야심경〉과 〈선종영가집〉 등을 친히 정음으로 번역 해석하여 간행케 했다. 이 번역이라는 것은 오늘날의 우리 눈으로써 보면 너무나 고전적이요, 난해한 것이라 하겠으나 불교경전의 국역은 해동불교 유사이래의 최초의 일일 뿐만 아니라 실로 외국 서적을 국역한 효시라고 할 수가 있는 것이다.

더욱이 이것이 바로 한글을 처음으로 값지게 활용한 것이므로 이것은 우리 문화의 전반적 입장에서 본다 할지라도 획기적인 큰 사업이라고 하겠다. 또한 이것은 오늘날까지도 한글학자들에게 훌륭한 연구 참고 재료가 되고 있다.

▫ 경행법(經行法)의 부활

경행법이란 것은 고려 때부터 행하던 것을 세종 때에 이르러 파했다. 세조는 다시 이것을 부활시켜 행하게 했다. 그 법은 대개 고려 때에 행하던 것과 같았으나 그보다도 더욱 장엄하고 크게 행하였으니 황옥(黃屋) 가마 속에 황금 소불(小佛)을 모시고 번개(幡蓋)가 앞에 서서 인도하면 그 앞뒤로 악사들이 풍악을 울리면서 따르고, 선교 양종 승려 수백 명이 좌우로 나뉘어 서서 각각 향을 받들고 경을 외우면서 따르고, 사미승 아이는 다시 수레를 타고 북을 둥둥 울린다.

경을 외우는 소리가 그치면 풍악이 시작되고, 풍악이 그치면 다시 독경이 시작되는데 법복을 입은 수백 명의 스님들이 일제히 긴 목청을 다듬어 경을 외우는 소리란 정말 장엄하다.

왕이 광화문 문루에 올라 가마를 전송하면 행렬은 종일 시가를 누비고 돌아다니면서 독경과 풍악을 번갈아 바꾸는데 온 성안의 아녀자가 조수같이 몰려다니면서 이것을 구경하는 모습은 장관이었다.

오시(午時)에는 태평관이나 모화관에서 불전에 주공(晝供)을 올리는데 소고범창(簫鼓梵唱)이 다시 하늘에 사무칠 만큼 우람하게 울렸으며, 각사(各司)의 관리는 혹 무슨 견책이나 받지 않을까 하여 종종 걸음을 치면서 공물을 가지고 오고 갈 때에 조심스레 움직였다.

예조좌랑 김구영은 늙고 몸까지 뚱뚱한데 먼지투성이를 한 얼굴에 비지땀을 뻘뻘 흘리면서 사모관대를 한 채로 허둥지둥하는 꼴이란 사람으로 하여금 웃음을 터뜨리게 했다고 한다.

□ 문정왕후(文定王后)의 불교 진흥

문정왕후는 곧 중종(中宗)의 비요, 명종(明宗)의 어머니시다. 문정왕후는 본래 불도를 깊이 믿어 왔는데, 시아버지 되는 성종(成宗)이 불교를 크게 탄압하고 중종도 또한 그 뒤를 이어서 계속하여 불교를 배척하였으므로 어찌할 도리가 없었으나 이에 항상 불평불만을 마음속으로 품고 기회가 오기만을 기다렸다. 그래서 문정왕후는 늘 입버릇같이 말하기를,

"스님들도 사람이요, 나라의 백성인데 그렇게 천대를 해서야 될 수가 있나. 그들을 잘 교도하여 정말 중다운 임무를 맡겨야 옳은 일이 아닌가." 하고 이렇게 항상 불평을 토로했다. 중종이

죽은 뒤에 명종이 유년에 즉위하여 자기가 섭정을 하게 되자 속마음으로 크게 불교를 부흥시켜서 신라 때 불교나 고려 때의 불교보다도 못지 않게 하겠다는 신념을 가지고 영의정 상진(尙震)에게 비망록을 내려서 이르되,

"양민이 날마다 감축되어 군사 병졸들의 형편이 지금보다 더 곤란한 때가 없었다. 이것은 다름이 아니라 백성이 너댓이 모이면 군역의 고통을 싫어하여 전부가 중으로 도망하기 때문이다. 그러므로 승도(僧徒)는 날마다 번성하고 군졸은 날마다 감소하여 가니 한심하기 짝이 없도다. 대개 승도 가운데도 통솔 통령하는 승려가 없으면 잡승을 금하기 어려운 것이니 조종조 대전(祖宗朝大典)에 선교종(禪敎宗)을 설립한 것은 숭불을 하는 것이 아니라 승려가 되는 것을 금하는 도인데 근래에 혁파되어 그 폐단을 장차 구원해 내기가 어렵도다. 그런즉 봉은사와 봉선사의 두 절로써 선교종을 삼고 대전(大典)의 대선취재조(大選取才條)와 위승조건(爲僧條件)에 의하여 신명거행(申明擧行)하는 것이 가하도다."

하였다. 이 글이 내리자 온 조정이 떠들썩하여 논쟁이 빗발치듯 일어났다. 그러나 문정왕후는 조금도 그 소신을 굽히지 않고 척척 그 계획을 단행하여 광주군 봉은사로써 선종을 삼아서 강원도 인제 백담사 승인 허응보우(虛應普雨) 선사로써 도대선서판선종사(都大禪師判禪宗事)를 하여 이에 주지케 하고, 봉선사(奉先寺)로써 교종을 삼아 원오일진(圓悟一眞) 법사로써 도대교사판교종사(都大敎師判敎宗事)를 내려 이에 주지케 하여 전국의 양종 승도를 다 이 두 판종사의 아래에 귀속케 하고 6년

부터는 다시 도승법(度僧法)을 되살리고, 승과초시를 행하니 8도 사찰이 일시에 새로이 바로잡게 되었다. 그러나 이것을 본 유신들의 방해와 저지는 마침내 극도에 달해 처음에는 대신삼사(大臣三司)가 보우의 죄를 들어 논하고 나중에는 관학유생(館學儒生)들이 상소를 올려,

'요승(妖僧) 보우를 죽이지 않으면 아니된다'고 까지 주장하고 헐뜯기 시작했다. 그러나 문정왕후는 어디까지나 이를 받아들이지 아니하고 있었으므로 유생들은 마침내 관(館)을 비워놓고 전부 자기 집으로 돌아갔다. 이것은 요사이에 흔히 보는 각 학교의 동맹휴학의 선구자라고 하겠다.

□ 승과제도(僧科制度)의 내용

승과제도는 고려 때부터 시작되었는데 조선시대에 이르러 비록 그 제도가 약간 개정이 되었으나 그대로 계속하여 행했다. 성종, 연산의 양종에 이르러 그만 흐지부지해지고 말았다.

문정왕후는 생각하되 불교의 진흥은 승과(僧科) 회복에 있다고 생각하고 6년에 먼저 초시(初試)를 보게 하고 7년에는 정식으로 승과를 거행했다. 이에서 임진왜란 때에 유명한 청허휴정(淸虛休靜)인 서산(西山)대사와 송운유정(松雲惟政)인 사명(四溟)대사 같은 이가 발탁되었던 것이다.

시험방법은 회시(會試), 강경(講經), 제술(製述), 사첩(賜牒)의

문무과(文武科)의 제도를 본땄다. 선종은 전등록(傳登錄)과 염송을 강하고, 교정은 〈화엄경〉을 강하여 각 38식을 취했다.

 승과회시를 행하게 되면 처음에는 내시별감(內侍別監)이 명을 받고 가서 판사(判事), 당무(當務), 전법(傳法)의 3인 및 증의(證義) 10인으로 더불어 함께 앉아서 시취(試取)하더니 뒤에는 예조랑청(禮曹郞廳)에서 맡았으며 시취등급으로는 갑, 을, 병 3등으로 하고 엄격한 사람을 다 대선(大選)이라 하여 선종은 대선으로부터 차례로 중덕(中德), 선사(禪師), 대선사(大禪師)를 거쳐서 판사를 배(拜)한 자를 도대선사(都大禪師)라 하고, 교종은 대선으로부터 중덕, 대덕대사를 거쳐서 판사에 이르면 도대사(都大師)라 했다.

 중덕(中德)에 이르면 주지의 자격을 가지게 되는데 양종(兩宗)에서 각사 3망(望)을 갖추어 예조에 바치면 다시 이조에 이첩하고 왕에게 올리어 비(批)를 받게 했다. 그리고 이러한 승과에 응시하는 사람이 차작(借作)하거나 대작(代作)하는 것을 엄금했다.

 1. 남이 지은 것을 빌리거나 남이 쓴 것을 빌린 자는 영구히 승과를 보지 못함.
 2. 남이 대신 짓거나 대신 쓴 자는 영구히 승과를 보지 못함
 3. 자기가 지었더라도 남의 글씨를 빌린 자는 1년간 과거를 볼 수 없음.

 이러한 규정이 있었다.

□ 율곡의 출가(出家)와 배불(排佛)

  율곡은 곧 동방의 성인이라고 국민에게 칭송을 받은 분이다. 그의 자(字)는 숙헌(叔獻)이다. 그는 일찍이 어머니를 여의고 서모 밑에서 모진 서러움을 받아가면서 유학을 배우며 장성했다. 그러다가 하루는 어떤 스님이 갖다 준 불경을 보고 세상이 무상하니 생사해탈의 도를 닦아야 한다는 가르침에 깊이 감명이 되었다.

  그래서 출가하여 중이 되려는 생각을 갖고 있다가 19세 때에 마침내 굳은 뜻을 세우고 글로써 여러 친구를 작별하고 금강산으로 들어갔다. 그리하여 머리를 깎고 중이 되어 의암(義庵)이란 법호(法號)를 받고 계행을 엄정하게 지키며 선정(禪定) 공부에 열중했다. 그가 말한,

遂耽禪敎 反覆沈迷 因味本心 走入深山 從事禪門

드디어 선교를 탐미하였으나, 반복심미하여 본심을 매하였으므로 깊은 산으로 들어가서 선문에 종사하였노라.

  라고 한 글귀를 읊은 것을 보아도 중을 좋아하고 진세를 싫어했던 것을 잘 알 수가 있다. 그래서 그는 승행이 놀라웠으므로 생불(生佛)이란 말까지 듣고 여러 스님들로부터 존경을 받아왔는데 어떠한 마장(魔障)과 악연에 끌렸는지 승려가 된지 1년

제4부 조선시대편 367

만에 돌연히 다시 산중에서 나와 과거를 보고 벼슬을 하게 되었다.

그가 퇴속한 후에도 도덕군자(道德君子)인 학자로써 동방의 성인이란 말을 들었으니까 그다지 유감될 것은 없으나 그가 내불외유(內佛外儒)의 정신을 갖고도 돌변하여 불교를 배척하고 불사를 비방한 것이 가장 유감된 일이라고 하겠다.

예를 들면 선조 7년에 왕이 의영고에 명하여 황밀 즉 황납 5백근을 내전에 들이라 하였는데 이것은 황초를 만들어서 각 지방 사찰에 나누어 주어서 기도 불사에 쓰게 하려는 것이었다.

더우기 귀인(貴人) 김씨가 아들을 위하여 기도불사를 하는 중이었으므로 황초를 만들어 쓰려고 한 것이었다. 그러나 율곡이 가장 이것을 반대하여 쓰지 못하게 상소하였고, 문정황후가 보우선사를 청하여 불교를 부흥시키고 승과를 시행함에 대해서도 율곡이 반대하고 보우선사를 요승이라고 일컫고 베어 죽이자고까지 간했다.

이것을 보면 승속한 이가 스님을 미워하고 질시한 것은 말과 같은 것이라 하겠다.

문종왕후가 승하하자 제일 먼저 허응 보우를 요승이라 하여 귀양을 보내자고 한 것이 또한 율곡이었다. 그러므로 유학자들은 그를 성인(聖人)이라고 하지만 불교학자들은 그를 가리켜서 불교의 마군이라고 지적하기도 했다.

□ 임진왜란과 승병(僧兵)

　선조 20년 임진에 일본 관백(關伯) 풍신수길이 그 부하 장수인 부전수가(浮田秀家) 등 36장수로 하여금 35만의 대군을 거느리고 현해탄 바다를 건너 침입하여 부산과 동래를 연속 공격하여 함락하고, 상주에서 이일(李鎰)을 물리치고 충주에서 신립(申砬)을 대파한 뒤 3로(路)로 병사를 이끌고 한양을 향하여 올라오니 선조대왕은 창황히 의주로 몽진하여 피난 도중에 각 도의 근왕병(勤王兵)을 부르고, 다시 승병의 궐기를 촉구했다.
　이때 서산대사가 때마침 영변군 묘향산 보현사(普賢寺)에 있다가 석장을 짚고 가서 왕을 행재소에서 뵈니 왕은,
　"나라 일이 이 지경에 이르렀으니 대사가 구출하여 줄 방도가 없겠소?"
하고 침통한 어조로 물었다. 서산대사도 눈물을 흘리면서,
　"신이 비록 전세를 벗어나 산간에서 수도만을 힘쓰고 있는 승려의 신분이오나 어찌 국운을 모르겠습니까. 신이 죽는 날까지 힘을 다하여 힘써 보겠나이다."
하고 곧 하산하여 국난에 임하기로 언약했다. 그래서 왕은 그 충의를 장하게 여겨 대사로 하여금 8도 선교양종 도총섭(都總攝)으로 명하고, 의승병대장(義僧兵大將)을 삼아서 군정을 통일케 하고 하루바삐 승병을 동원케 했다. 그래서 서산대사는 전국 사찰에 격문을 보내어 승병을 봉기하게 하되,
　"어리고 늙고 병든 자는 그대로 산중에 있으면서 불전에 조석

으로 근행하며, 국난이 평정해지도록 기도케 하고, 그 나머지 장정을 전부 동원하여 출정케 하라."
했다. 그래서 서산대사 제자인 사명당 유정은 강원도 건봉사에서 7백 명을 동원하고, 처영(處英)은 전라도에서 1천 명을 동원하고, 영규대사는 충청도에서, 해안(海眼)대사는 전주에서 수백 명을 동원하여 집결하니 승병이 모두 5천 명이나 되어 대군을 편성하게 되었다. 그리하여 중국에서 응원병으로 나온 이여송의 군과 합세하여 평양에서 일대 격전을 하던 중 승리를 거둬 적병을 물리치고 왕으로 하여금 환도케 하고, 권율 장군과 여러 재상과 같이 잘 싸워서 왜적을 물리쳤다.

 이때에 바다에서 해군으로 왜적을 물리치는 데는 충무공 이순신 장군의 공이 컸고, 육지에서 싸우는 데는 권율 장군과 서산대사, 사명대사의 공이 컸다고 하겠다. 그 가운데도 특별한 것은 사명대사였는데 대사는 전쟁중 8년 풍진을 다 겪고, 선조 36년에 나라의 강화수교사로 일본에 건너가서 당시 관백인 덕천가강(德川家康)과 담판하여 불가침조약을 체결하고 약탈해 간 많은 문화재를 찾아오고 또 포로로 잡혀간 3천여 명을 데리고 왔다.

 이때 조정에는 문무대신이 많이 있었지만 일본에 강화사로 갈 사람을 물색하였는데 추천을 받은 자는 모두 사지로 가는 줄 알고 이 핑계 저 핑계로 빠지고 나서는 사람이 없어 할 수 없이 사명당을 내세운 것이었다. 그러나 사명당은 두말없이 나서서 적국인 일본으로 들어갔다. 이유는 덕천가강이 불법을 좋아하므로 중이 가야만 당연히 좋은 결과를 이룰 것이요, 또한 사명당은 처자식이 없는 독신 승으로 아무 추호의 걱정도 없는, 다시 말하자면 사명당은 부귀영화와 처가족을 여윈 승려의 신분이므로 일본 같은 적국에 가서 죽어도 원통할 것이 없다는 결론이었다. 그래서 모든 사람이 적임자라고 천거한 것이다.

배불정책을 써오던 유신으로는 무색한 일이라고 아니할 수가 없는 것이었다. 그러나 임금에 대한 충성심이 없고, 국가에 대한 애족관념이 없고, 사리사욕만을 위하여 4색 편당의 당파싸움만 하던 그들로서는 어찌할 도리가 없었던 것이다.

그 때에 선조대왕의 신하들은 오성과 한음을 제외하고는 문신이고 무신이고 제 목숨만 살기 위해 제각기 피해 달아나고, 왕의 뒤를 따르는 자도 없었고, 적을 쳐 물리치려는 무신과 용사도 없었다. 그러기 때문에 좋은 영화는 자기네들이 차지하고 살아올지 죽어올지 알 수 없는 사지와 같은 일본에는 사명당을 추천하여 보내게 된 것이었다.

□ 광해군 왕비(王妃)의 기도

광해군은 선조(宣祖)의 아들로 왕위에 올랐으나 그는 연산군보다도 더 흉악 잔인하여 형제를 참살하고 모후를 유폐하는 등 갖가지 나쁜 일을 행하여 마침내 내쫓김을 당하고 말았다.

그는 본래 5행 술수와 풍수설을 무시하여 즉위한 후 8년 봄에는 5행술에 능통하다는 승려 성지(性智)대사의 사사로운 말을 듣고 인왕산 아래에 인경궁(仁慶宮)을 건축하니 대개 그곳에 왕기가 있은즉 신궁을 지어서 그 기운을 진압하지 않으면 안된다는 것이었다.

　또한 광해군은 영건도독을 설치하고 민가 수천 호를 헐어서 터를 다듬고 8도의 백성을 징발하여 목재를 바치게 하였는데 이로 하여금 부역에 백성은 굶주리고 국고는 바닥이 나서 도무지 역사를 해나갈 수가 없었다.

　이에 백성으로 하여금 강제로 벼슬을 사게 하여 금·은·철이든지 또는 가기(家基)를 바치는 자는 누구를 막론하고 다 서적(벼슬 지위)에 오르게 하니 금관대(金官帶), 옥관자(玉貫子)를 한 사람들이 갑자기 길에 가득히 왕래하게 되었다. 사람들은 이것을 비웃어 말하되, 오행당상(五行堂上)이라고 불렀다.

　광해군은 임금 노릇을 오래 하기 위해 백성의 원망하는 소리가 귀를 시끄럽게 함에도 불구하고 이렇게 토목(土木)의 역사를 크게 일으켰는데, 그 서비(庶妃)되는 유씨(柳氏)는 왕궁생활의 질투와 알력 속에서 얼마나 멀미가 나고 진저리가 났던지 궁중에서 불상을 조성하여 시골 각처 절간에 나누어 봉안케 하고 중을 보내어 기도하되,

　"후세에는 제발 제왕가의 비빈(妃嬪)으로 태어나지 않게 하여 주시옵소서."

하고 축원하여 달라고 했다.

　이것은 광해군과 너무나 상반되는 행위라고 하겠다. 하나는 무슨 짓을 하던지 임금의 자리를 오래 지키려고 발버둥치는 데 하나는 왕비가 싫어져서 다음 생에는 서민이 되게 하여 달라고 하였으니 이 얼마나 민망스러운 일이겠는가?

□ 남한산성 축조와 승군 창설

　인조대왕은 즉위하자마자 국방에 깊이 유의하여 즉위 2년부터 곧 남한산에 산성을 축조케 하였으니 산성은 곧 오늘날의 요새지의 보루와 같은 것이었다. 그러나 그것은 다른 공역(工役)의 상례와 같이 백성의 부역에 의하지 않고 오로지 승도(僧徒)에게 명하여 축조케 했다. 그 전에도 승려가 나라를 위하여 출정도 하고, 성도 쌓은 일이 없었던 것은 아니지만 이렇게 전 공사를 승려가 전담하기는 처음 있는 일이었다.
　조선시대에 들어와서 역대 군왕이 그렇게 불교를 탄압함에도 불구하고 승도가 멸망하지 않고 그 명맥을 유지하여 오게 된 것은 오직 한번 정전(丁錢)을 바치고 도첩을 받아서 중이 되면 일체의 군무(軍務)와 요역으로부터 해제되어 국가에 대한 장정으로서의 의무를 벗어나게 되었다.
　탄압을 당해도 무서워하지 않고 자꾸자꾸 중이 되기 때문인 것이었다. 그러나 조정에서는 임진란을 치른 뒤에 비로소 승려는 결코 국가에 장애가 되는 존재가 아니라 도리어 훌륭한 임무를 맡길 만한 존재란 인식을 갖게 되었으므로 승도에 대한 잡역 면제의 전례를 깨뜨리고 이러한 산성 축조에도 승려를 사용하기로 결정한 것이었다.
　산성 축조가 결정되자, 조정에서는 광주부(廣州府)를 남한산성 안으로 옮겨 토지전(田) 2천 결(結)을 주었고, 수호청을 설치하여 수어사를 두고, 또 개태사(開泰寺)에 치영(淄營)을 두어 상비승군(常備僧軍)을 설치하고, 8도 도총섭으로 하여금 수어영(守禦營)에 예속케 했다.

 이로부터 남한산은 일약 조선 승군의 대본영이 되었다. 그래서 벽암각성(碧岩覺性)선사가 도총섭의 직에 취임하여 8도 승군을 데리고 산성을 축조하였는데 시공한 지 2년만에 준공을 보았다.

 벽암선사는 서산대사와 사명당 이후에 정치적 위업을 이룩한 제1인자다. 그는 성을 축조하고 성안에 다시 망월(望月)·옥정(玉井)·개원(開元)·한흥(漢興)·국청(國靑)·장경(長庚)·천주(天柱)·동림(東林) 등의 9개 사찰을 창건 혹은 중수하여 각각 군기와 화약을 저장하고 승군을 배치했다.

 승군제도는 군승 도총섭 1인, 승중군(僧中軍) 1인, 교련관(敎鍊官) 1인, 초관(哨官) 3인, 기패관(旗牌官) 1인, 10사(寺)의 원거승(元居僧) 1백 38명과 다시 경기도·충청도·전라도·경상도·강원도·황해도의 6도로부터 의병 3백 36명을 선발하여 연 6회에 나누어 두달씩 조련케 했다. 수군은 비록 얼마 되지 않았지만 규모는 제법 군대다웠다.

 그 후 얼마 가지 않아서 병자호란때 인조대왕이 이곳으로 옮겨 왔다가 중과부적으로 청군에게 항복하고 성하(城下)에서 조약을 맺었다. 비록 끝까지 방어에 성공을 거두지는 못하였으나 이 산성과 승군이 이 난리에 역사적으로 가장 중대한 임무를 치룬 것만은 높이 평가할만 하다.

□ 서호(西湖)에 흘러 온 대장경의 기적

 인조 15년 정축년에 난데없이 배 한척이 서호(西湖)에 떠내려 와서 닿아 있었는데, 배에 올라가 본즉 그 안에는 사람은 하나도 없었고, 오직 〈대장경(大藏經)〉 책함이 가득히 실려 있었는데 그 함 위에는 '중원개원사개간(中原開元寺開刊)'이라는 일곱자가 뚜렷이 쓰여 있을 뿐이었다.
 사람들은 이것을 곧 비국(備國)에 바치고, 비국에서는 다시 왕에게 아뢰었더니 왕은 말하되,
 "사람이 끌어온 바도 없이 배가 저절로 이렇게 왔으니 그것도 또한 심상한 일이 아니다. 이 장경이 이미 중국 개원사에서 왔으니 우리나라는 개원사라는 절이 없느냐? 이왕이면 같은 이름을 가진 절에 갖다 두는 것이 좋으니 우리나라에도 개원사라는 절이 있는가를 알아 오너라."
했다.
 국왕의 명을 따라서 전국의 사찰 이름을 조사하여 본즉 오직 광주 남한산성 동문 앞에 개원사(開元寺)라는 절이 하나 있을 뿐이었다. 그래서 곧 금란보(金爛褓) 10벌로써 장경을 싸고 특히 사신을 보내어서 그 절에 봉안케 했다.
 그 후 현종 7년 병오년에 절 안 화약고에서 화재가 일어나 그 불길이 맹렬했으나, 마침 바람이 딴 방향으로 불어 무사했다. 숙종 20년 갑술년에도 화재가 일어나 5간 누각이 거의 다 타버렸으나 갑자기 큰 비가 쏟아져서 무사함을 얻었다.

이〈대장경〉이 먼저 화재가 일어나서 소각을 면한 것도 우연한 일이 아니거늘 두번째 화재에도 별안간 비가 내려서 타지 아니하였으므로 사람들은 모두 기적이라고 감탄했다고 한다.

□ 현씨(玄氏) 출가와 보권염불문(普勸念佛文)

조선시대 중엽에 생긴 이야기라고 생각된다. 경상도 밀양 땅에 청신녀 현씨(玄氏)란 분이 있었는데, 그의 불명은 본원(本願)이다.

어느 해 가사 불사에 시주하기를 권하는 화주스님이 그의 집에 와서 가사에 대한 공덕을 늘어놓으며 불교 신앙에 대하여 설교를 했다.

평소 불교와 인연이 깊은 그는 스님의 말씀에 마음이 끌려 가사 한 바탕감의 시주를 했다. 불교를 믿고 염불공부를 하려면 어떤 염불이 좋으냐고 물었더니, 스님이 답하되,

"나무아미타불의 6자염불을 하는 것이 제일입니다."
했다.

"우리 인생이 한번 죽어지면 어떤 악도에 가서 태어날런지 모르니까 그저 아미타불 염불만을 지극하게 하여 극락세계로 가야 합니다. 6도 중에 인간이 천도(天道)의 다음으로서 나머지 지옥·아귀·축생·수라보다 낫다는 곳이 이 모양으로 고통이 많은데, 인간보다도 더 못한 악도인 지옥이나 아귀나 축생

보를 받으면 그 신세가 어떻게 되겠습니까? 그러니까 6자염불
을 지극히 하여 극락세계를 가야 합니다."
라고 했다. 그래서 다시 물었다.
"그러면 염불을 하는 방법은 어떠한가요?"
"독방 하나를 차지하고 정결한 소반 위에 정안수를 떠다놓고
향불을 피우고 그 앞에 앉아서,
'나무아미타불'을 부르되 마음으로는 아미타불을 생각하고
입으로 나무아미타불을 쉴새없이 부르기만 하면 됩니다."
했다. 그리고 현씨에게 본원(本院)이란 불명을 지어주고,
"아미타불의 본원이 염불중생을 버리지 않고 극락세계로 데
려 간다고 하셨으니 그 본원을 꼭 믿고 그 본원에 따라 가기로
하고 불철주야로 염불만 하십시오."
라고 하고는 가버렸다. 그래서 현씨는 그 스님이 떠나간 뒤부
터 춘하추동 한서를 가리지 않고 주야도 아랑곳없이 하루 낮
하루 밤을 통해 날마다 3만 번씩을 생각하고 불렀다. 이렇게
하기를 3년을 채웠더니 서쪽에서 5색 서기가 뻗쳐오는 가운데
아미타불과 관세음보살과 대세지보살의 3존상이 연화대상에
앉아 계시는 것을 친견했다.
 그런데 아미타불께서 말씀하시기를,
"네가 3년 동안을 지성으로 염불공부를 하기에 와서 보는 것
이니 모든 죄를 참회하고 출가 입산하거라. 자손과 토지와 재
물이 산과 같이 쌓였더라도 다 허망한 것이니 어서 빨리 출가
위승하여 산 속에 절을 짓고 깨끗하게 지내면서 염불을 지성으
로 하여라!"

하셨다. 그래서 현씨는 그 말씀을 잊지 않고 신수봉행(信受奉行)하여 산 속에 정결한 암자를 지으려고 하였으나 그것이 잘 되지 않아서 집에 머무르면서 27년간을 염불 정진을 하였는데 그간에 25회나 부처님을 친견하고 법문을 들었다.

그 뒤로는 밤마다 서쪽을 향하여 50배의 절을 하고 염불을 계속하다가, 어느 날에 출가 입산하여 산 속에 초암을 짓고 거처하면서 향을 피우고 염불을 하되 왕생극락을 서원했다.

어느 날 그는 자손을 모아놓고 부탁하되,

"내가 죽은 뒤에 '보권염불문'을 만들어 나무판에 써서 새기고 여러 만권을 베껴서 여러 만인에게 돌려주어라."

이렇게 부탁하고 권했다. 그래서 그의 아들인 각성이 분부대로 이 '보권염불문'을 목각하여 합천 해인사의 장경각에 보전하고 수만 권을 박아서 돌렸다.

그런데 현씨는 이렇게 부탁을 한 뒤에 돌아갈 날까지 자손에게 가르쳐 주고 조용히 앉아서 염불을 하다가 운명을 하였는데 그때 방 속에는 이상한 향냄새가 가득하고, 지붕 위로는 오색 구름이 떠돌고, 방문으로부터 흰 빛이 서쪽으로 뻗쳐 여러 시간을 사라지지 않고 있었다.

장사를 끝내기까지 공중에서는 풍악소리가 멈추지 않았다고 한다. 〈보권염불문〉이란 책은 주로 염불공덕을 찬양하고 옛날의 염불행자의 사적을 기록하여 여러 사람에게 염불을 권한 글이다.

☐ 저승을 다녀 온 왕랑전(王郎傳)

　조선시대 초엽에 함경도 길주 땅에 왕랑(王郎)이란 사람이 있었는데, 그의 이름은 사궤(思机)이다. 그가 57세 때의 일이다. 어느 날 밤에 이미 죽은 지 11년이 지난 자기 부인 송씨(宋氏)가 들창 밖에 찾아와서 창문을 두드리며,
　"여보 영감, 일찍 불을 끄고 자는 거요. 만일 자지 않고 깨어 있거든 내 말을 좀 들어보시오."
했다. 그래서 왕랑이 놀라 일어나서 창문을 열고 말하되,
　"거 누구신데 이 깊은 밤에 나를 찾는 거요?"
하였더니,
　"나를 모르겠소. 11년 전에 당신과 같이 살다가 죽은 송씨요."
　"아 그렇소. 죽은 지 11년이나 된 고인이 어찌하여 나를 찾아 왔단 말이오."
　"당신께 꼭 부탁할 말이 있어서 찾아온 거요."
　"무슨 부탁이란 말이요, 말을 하여 보시오."
　"내가 죽은 지 11년이 되었으나 죄의 심판이 아직 끝나지 않고 염부에서 당신을 기다리고 있는데 내일 아침이면 염라대왕이 저승사자 다섯 명을 보내서 당신을 잡으러 올 터이니 당신이 지금부터라도 일어나서 세수하고 방 한가운데 향불을 피우고 서쪽 벽에 나무아미타불 6자를 종이에 붓으로 써서 걸고 서쪽으로 향하고 앉아서 이 밤이 다 새도록 나무아미타불의 6자 염불을 일심으로 생각하고 부르시오."

"그렇게 하기는 하겠오마는 염라대왕이 무엇때문에 나를 잡아 간다고 합디까?"

"나의 말을 잘 들어보시오. 우리 집 북쪽에 있는 안씨 노인이 매일같이 만 번씩 염불을 하고 있지 않았오. 그런데 우리 부부는 공연히 그 노인이 염불하는 것을 미워하며 비방하고 안면방해라고 욕설을 하고 시끄럽다고 하며 괴롭히지 않았습니까? 죄 가운데는 염불을 방해하고 비방하는 것이 가장 큰 죄라는구려. 그래서 내가 먼저 잡혀 갔는데 당신을 마저 잡아와야 3자 대면하여 조사하고 심판을 마친 뒤에 무간 아비지옥으로 보낸다고 하니 이게 큰일이 아니겠소. 벌써 당신을 잡아왔을 것인데 명이 되지 않아 아직까지 보류하여 두었다는구려. 그런데 이제는 당신의 명이 다 되었으므로 차사를 보내어 당신을 잡아 가겠다는 것이라오. 그런즉 이런 걱정이 또 어디 있겠오. 그러나 아무 생각말고 내가 시키는 대로 모든 것을 참회하고 염불을 지성껏 하시오. 그리하면 죄를 면하고 지옥을 아니 갈 수도 있는 것이니 부탁합니다."

죽은 송씨는 이렇게 말을 하더니 그만 온데 간데가 없이 말이 끊어지고 말았다. 그래서 왕랑은 놀라며 송씨의 말을 명심하고 그가 시킨대로 일어나서 목욕을 하고 방안에 향을 피우고 불명호를 써 붙이고 정안수를 길어놓고 무릎을 꿇고 앉아서 성심성의로 밤이 새도록 염불을 했다.

그 이튿날 새벽에 홀연히 5인의 저승사자가 당도하여 왕랑의 집을 돌아본 뒤 아미타불의 위목(位目)에 절을 하고 왕랑에게도 절을 하며 이르되,

"우리는 염라대왕의 명령을 받고 당신을 잡으러 왔는데 당신이 도량을 깨끗하게 쓸고 단정히 염불을 하고 있으니 비록 잡으러 오기는 하였으나 마구 다룰 수가 없구려. 그러나 염라대왕의 명이라 가기는 가야 되겠으니 어서 나오시오."
하고 부드럽게 대했다. 제 3사자가 말하되,
"대왕이 명하되 엄중하게 꽁꽁 묶어가지고 잡아 오라고 하였는데 이렇게 후하게 데려가다가 대왕의 꾸지람이라도 내리면 어찌하려는가?"
했다. 그러자 또 다른 제 5사자가 이르되,
"우리들이 죄인을 대하되 선악 간에 꼭 명령대로 하고 선악인의 경중을 가리지 않고, 마구잡이로 하였기 때문에 지금까지도 이 과보를 벗지 못하고 있으니 우리가 대왕에게 꾸지람을 받더라도 이 염불 수행자만은 후하게 데리고 가세."
했다. 이때에 제 1사자가 왕랑에게 이르되,
"당신이 비록 죄를 지은 것이 태산같다 하더라도 모든 것을 뉘우치고 염불을 잘하고 있더란 보고를 우리가 염라대왕께 아뢰면 당신을 반드시 인간세상으로 다시 나오게 해 줄지도 모르니 안심하고 슬퍼하지 마시오."
하고 위로해 주기도 했다. 급기야 왕랑이 포박을 받지 않고 염부에 들어갔다. 대왕이 차사를 보고 꾸짖되,
"꽁꽁 묶어 가지고 빨리 오라고 하였는데 어찌 이렇듯 늦었느냐? 그리고 죄인을 저렇게 묶지도 않고 데려오니 그게 무슨 짓이냐?"
하고 호통을 쳤다. 그러나 차사들이 보고 들은대로 아뢰었더니

염라대왕도 기뻐하며 일어나서 왕랑을 맞이 했다. 그런데 10대 왕도 일제히 일어나서 왕랑에게 가볍게 목례를 했다. 염라대왕이 이르되,

"그대 부처가 일찍이 안씨 노인의 염불행사를 비방하고 욕설을 하고 방해하였기 때문에 먼저 송씨를 잡아다 가두고 다시 그대의 수한을 기다려서 잡아다가 문초를 한 뒤에 지옥으로 보내려고 하였는데 차사에게 들은즉 그대들이 이미 개심하여 참회하고 지성으로 염불을 했다고 한즉 모든 것을 다 용서하고 다시 인간세상으로 돌려보내서 수한을 30년이나 연장시켜 더욱이 염불을 잘 하도록 하여 줄 터이니 그리 알지어다!"

하고 말한 후 재판관을 불러 이르되,

"이 왕랑의 부처가 먼저는 안씨의 염불을 비방하고 욕설한 죄로 왕랑이 잡혀오면 모두 무간지옥으로 보내려고 하였으나 송씨도 그간에 개심하여 염불을 잘 했고, 왕랑도 참회하고 염불을 잘 하였기로 이 두 사람을 똑같이 인간세상으로 다시 보내서 염불을 더 잘하게 하라!"

한다. 그러자 이 때에 판관이 다시 아뢰되,

"왕랑은 지금 돌아가면 시체가 아직 있으므로 다시 살아날 수가 있으나 송씨는 죽은 지가 벌써 11년이나 되어서 시체가 다 썩어서 없으니 송씨의 혼을 어느 곳으로 보내어 다시 누구 시체에 접해서 살게 하오리까?"

한다. 염라대왕도 이 말을 듣고 얼굴에 난색을 나타냈다. 이때에 왕랑이 재빨리 염라대왕에게 사뢰기를,

"길주군수인 성주의 딸이 지금 20세인데 명이 다하여 어제 죽

었다는 소식을 듣고 왔습니다. 그러니까 그의 시체가 그냥 남아 있을 것이니 송씨의 혼을 그녀의 시체로 접해 들게 하면 좋을까 하나이다."
하였더니 염라대왕이 이르되,
"그것이 좋은 의견이로다."
하고 기뻐하며 판관에게 말하되,
"지금 왕랑에게 들었지? 송씨의 혼을 길주 군수의 딸인 시체로 돌려보내서 접하게 하라."
고 명했다. 그래서 왕랑의 부부는 죄를 받지 않고 다시 살아나게 되었다. 그런데 왕랑이 명부에서 나올 때 염라대왕이 부탁하되,
"안씨 노인이 3년을 지나서 3월 초하루 날이면 서방정토 극락세계에 계신 아미타불 부처님께서 연화대를 가지고 가서 영접하여 극락세계로 데려갈 것이니 안노인을 부모같이 섬기고 봉양하라."
라고 했다. 왕랑이 죽은 지 3일 만에 깨어나 보니 집안사람이 장사를 지내려 하다가 다시 반가이 맞아 주었다. 그런데 송씨는 길주 군수의 죽은 딸에게 접신하여 소생하여 살아나니 군수의 부인이 무척 기뻐했다. 딸이 깨어나서 명부에서 지낸 일을 낱낱이 말하고,
"나의 신체는 어머니와 아버지가 낳아준 것이지만 혼령은 11년 전에 죽었던 왕랑의 처인 송씨의 혼령이 바뀌어 살아났으니 그렇게 아시고 섭섭하게 여기지 마십시오. 아빠 엄마의 딸이던 그녀는 수한이 다하여서 다시 살아날 수가 없으므로 다른 곳으

로 가고 내가 대신 온 것입니다. 그런즉 나는 늙은 사람이지만 왕랑에게로 시집을 보내 주시어서 왕랑과 같이 살게 하여 주십시오."

했다. 그 부모도,

"혼령이야 누구 혼령이거나 말거나 육체는 나의 딸인 것이 분명하니 너는 그러한 맥빠진 소리를 하지 말고 우리 내외를 잘 섬겨라. 시집은 너의 원과 같이 왕랑에게로 보내줄 터이니 그리 알아라. 그런 사위가 늙어서 유감이다."

하고 군수가 왕랑을 조사하여 알아본즉 과연 죽었던 사람이 살아난 것이 분명했다. 그래서 군수는 그 딸을 왕랑에게로 보내어 결혼을 시키니 왕랑은 죽었던 처를 거느리게 된 셈이다.

왕랑은 그 뒤 30년을 더 살아서 염불을 지성으로 하다가 90세가 넘어서 죽게 되고, 그의 처는 30세를 더 살아서 생남생녀를 하고 50여세에 왕랑과 같이 극락정토로 갔다고 한다.

안씨도 말과 같이 3년 뒤에 돌아가서 아미타불의 영접을 받고 극락정토로 갔다고 한다. 그런즉 저 왕랑은 염불인을 비방하고 욕설한 죄로 지옥을 갈 것인데 그의 처인 송씨의 권고로 개심하고 다시 염불을 잘 한 공덕으로 명부까지 갔다가 다시 살아나서 연명익수를 하고 11년 전에 죽은 송씨까지 남의 시체를 접해 육신을 바꾸어서 다시 만나 생남생녀하고 연명 익수하여 잘 살다가 바로 정토(淨土)로 왕생하였으니 처음부터 발심하여 염불을 지성으로 한 이는 그 공덕이 얼마나 장할 것인가 짐작할 수 있는 일이다. 따라서 정토발원 염불수행은 이렇게도 하기 쉽고 공덕이 큰 것이라 하겠다.

□ 화엄사(華嚴寺) 각황전의 전설

전남 구례군 지리산에 있는 화엄사는 신라 제24대 진흥왕(眞興王) 5년 서기 544년에 연기조사(緣起祖師)가 창건하고 화엄사라고 이름한 절이다. 그 뒤 신라, 고려를 통하여 여러 번 중건·중수가 있어 왔는데 조선시대 숙종 때에 계파화상이 화엄사의 법당을 2층으로 중창하였는데 나라에서 각황전(覺皇殿)이라고 개칭사액(改稱賜額)했다고 한다.

이 때에 나온 전설로서 재미있는 이야기가 있다. 하루는 대중스님들이 모여서 공사하되,

"우리 절이 삼국시대의 고찰로서 여러 번 중창을 하여 왔으나 그간에 풍마우세로 퇴락되어 그냥 두고 볼 수가 없으니 다시 중창을 해야 되겠는데, 그러자면 다시 지을 수밖에 없으니 화주승을 선택합시다."

했다. 이때에 주관스님이 물 한 통과 쌀 한 독을 갖다가 놓으라고 하고,

"대중스님네가 차례로 팔둑을 걷어 올리고 몰동이에 넣었다가 물기만 수건으로 닦고, 다시 쌀독에 넣었다가 빼서 보면 대개는 쌀겨가 하얗게 묻어나올 터이니 그 쌀겨가 묻지 아니한 사람을 화주로 임명하고 내세웁시다."

고 했다. 그래서 대중이 주관스님의 말씀에 의하여 그 방식을 취했다. 누구나 다 고은 쌀겨가 묻어 나오는데 가장 무능하게 보이는 공양주 스님이 팔둑에 쌀겨가 묻어 나오지를 아니했다.

몇 번을 거듭하여 보아도 여전했다. 그래서 하는 수 없이 그 공양주가 화주승으로 선발되었다. 공양주는 울고 싶었다. 재주라고는 대중공양에 소용되는 밥만 잘 지을 줄만 알았지 그밖에는 하나도 능한 것이 없었다. 글도 무식하고 말재주도 없으며 널리 아는 사람도 없는데 이 큰 법당을 다시 짓는 어려운 화주가 되었으니 난감한 일이었다. 공양주는 주관스님께 가서,

"이 일을 어찌하면 좋겠습니까? 소승은 아무리 생각하여 보아도 엽전 한 잎을 달랄 집이 없으니…"

하고 눈물을 흘렸다. 주관스님이 이르되,

"너무 걱정을 하지 말고 내가 시키는 대로만 하게. 이〈화주권선문〉책을 바랑에 넣어가지고 절문을 나가서 노소남녀를 막론하고 제일 먼저 만나는 사람을 붙들고 시주하라고 매달리면 되는 수가 있으니 걱정하지 말고 나가만 보게."

했다. 그래서 그 공양주는 적이 안심하고〈화주권선문〉책을 걸머지고 절을 떠나 동구로 내려가서 밥티재를 넘고 남원을 향해 가는 길에 큰 늪 하나가 있었다. 이곳에서 안면이 있는 한 노파를 만났는데 그는 항상 절에 와서 구걸을 하고 밥을 얻어먹고 다니는 걸인 노파였다. 그러나 첫번째 만난 사람인 것은 틀림이 없는 일이었다.

"할머니, 그간 안녕하셨습니까?"

"내야 밤낮 얻어먹는 신세라 늘 그렇지요. 화엄사서 뵈옵던 공양주 스님이 아닙니까? 내가 갈 적마다 밥도 많이 주고 하여 신세를 많이 졌는데 어디를 가시는 길이오?"

"할머니, 이거 큰일났습니다."

"무슨 일인데?"

"우리 절의 법당이 다 헐어서 다시 지으려고 하는데 내가 시주를 걷는 화주승의 책임을 맡고 나왔습니다. 할머니, 시주를 좀 하여 주십시오."

"시주를 하라구요? 나도 얻어먹는 주제에 시주를 어떻게 하란 말씀이오?"

"그렇지만 어떻게 합니까? 일문동참도 성불을 한다고 하였으니 한 푼도 좋고 반 푼도 좋으니 시주를 해 주십시오."

"난 한 푼이고 반 푼이고 없오마는 그렇게 한푼 두 푼을 모아 가지고 그 거창한 절을 지을 수가 있겠오?"

"그러게 말입니다. 아무리 생각해 보아도 큰일입니다."

"나도 오며 가며 얻어먹는 신세라 화엄사의 은혜가 적지 않은데…"

하고 그 노파가 무슨 생각을 하고 한참이나 서 있다가 그만 높은 지대로 올라가 늪 가운데로 몸을 던져 빠져 죽어버렸다.

화주승이 '앗'하고 소리를 지르고 '할머니'하고 불렀더니 새파란 연기가 늪 속에서 떠올라와 화주승을 싸고 맴돌고 오색구름으로 변하여 북쪽 허공을 향하여 멀리멀리 날아가 버렸다.

화주승은 살인자로 몰릴까 싶어서 겁을 먹고 입속으로 '나무아미타불 대방광불화엄경 마하반야바라밀' 이러한 염불을 하며 할머니의 명복을 빌면서 사람의 눈을 피해 얼른 그 자리를 떠나 도망을 쳐 구걸생활을 시작하게 되었다.

이제는 다시 화엄사로 들어갈 염치도 없었다. 일개의 걸승이 되어 조선 8도를 헤매며 구경을 다니다가 서울 구경이 하고 싶서 서울로 올라 왔다. 그럭저럭 4, 5년이 되었다. 화주승은 몽두난발로 서울 장안으로 들어가 천방지축으로 돌아다니다가 어느 봄날 피곤한 몸으로 궁성 밖 담 뒤에서 잠을 자고 있었다.
 이때 숙종대왕은 왕자를 낳았으나 3, 4년을 지나고 다섯 살이 되었는데도 그 왕자는 손 하나를 펴지 못하고 조막손인 병신이었다.
 숙종은 이것이 몹시 측은하고 걱정이 되어 하루도 마음이 편할 날이 없었다. 그러다가 어느 날 밤에 꿈을 꾸었는데 궁중에 어떤 신선이 나타나서 말하되,
 "내일 오후에 궁성밖 담 밑에서 잠자는 걸인을 데려다가 왕자를 보이면 왕자의 주먹이 펴지리라."
라고 했다. 왕은 꿈속 일이지만 이날 오후에 내시와 별감을 불러 이르되 궁성 밖 담 밑에서 자고 있는 걸인이 있거든 궁중 내실로 데려오라고 분부했다. 내시와 별감은 명을 받자말자 궁성 밖으로 나가서 담 밑을 돌다가 자고 있는 걸인을 발견하여 대궐로 데려 갔다. 왕자가 이 걸인을 보더니,
 "우리 스님이 찾아왔네."
하고 반갑게 인사를 했다. 이 걸인은 왕자를 보고,
 "태자께서는 왜 손을 펴지 못하고 계시오."
하며 손을 만지니 조막손이 곧 펴지고 성한 손이 되었다. 이 광경을 본 왕은 하도 신기하여 하문했다.
 "너는 어느 곳 사람이냐?"
 "전라도 지리산 화엄사의 공양주로 있던 중이올시다."
 "중이면 어찌하여 머리를 기르고 거지꼴을 하고 있느냐?"

"중의 신분으로는 장안에 들어올 수가 없어서 머리를 길렀고, 의복은 얻어 입고 빨아 입을 수가 없어서 남루하게 되었습니다."
"너는 어찌하여 이곳에 들어온 줄 아느냐?"
"소승은 사람을 죽인 죄인이라 상감께서 죄를 주시려고 데려온 줄 압니다."
"네가 사람을 죽였다니 어찌하여 죽였단 말이냐? 숨김없이 말하여라!"
"제가 직접 제 손으로 죽인 것은 아닙니다만은…"
하고 자초지종을 숨김없이 털어놓았다. 왕은 이 공양주의 말을 듣고 연조를 따져보니 노파의 죽은 날이 왕비가 태몽을 꾸던 날인데 어떤 노파가 물을 뒤집어쓰고 추위에 떨면서 하룻밤만 자게 하여 주십시오 했다는 것이다. 그래서 더 확인을 하려고 화엄사로 비밀리에 사람을 보내어 조사하였더니 모든 일이 그 중의 말과 같은데 그 중이 화주승으로 가서 벌써 5년이 되도록 돌아오지 않았다는 것을 보고했다. 그래서 왕은 그 걸인 노파가 화엄사 법당을 짓기 위해 물에 빠져서 죽고 왕자가 되었다는 것을 알았다.

그 후 왕은 화엄사의 법당을 짓고 액자를 써주되 각황전(覺皇殿)이라고 했다. 그래서 화엄사 큰 법당을 2층으로 고쳐 짓고 각황전이라고 이름이 고쳐졌다고 한다.

□ 농산화상(弄山和尙)의 전설

농산화상의 이야기를 하기 전에 용파화상(龍坡和尙)의 이야기를 먼저 해야 되겠다. 용파화상은 경상도 상주(지금은 문경) 4불산 대승사(大乘寺)의 스님이다.

그는 대강사의 대선사였다. 어느 때 박문수(朴文秀) 어사가 충청도, 경상도, 전라도의 3도 어사의 어명을 받고 초라한 행색으로 민정시찰을 하기 위하여 돌아다니게 되었다.

4불산 대승사를 들렸을 때만 해도 승려의 기강이 퇴폐하여 승려들이 염불(念佛)·참선(參禪)·강경(講經)의 공부는 하지 않고 시원한 누마루 위에서 장기나 바둑을 두는 것으로 세월을 보냈던 모양이다.

박문수 어사가 이 꼴을 보고 화가 나서 대승법당 앞에 있는 누마루 위에서 법당을 향하여 오줌을 줄줄 누었다. 장기를 두던 스님 한 분이 이것을 보고 화가 나서 책을 했다.

"어떤 손님인지는 모르겠소만 보아한즉 행색은 초라해도 얼굴을 보니 무식하지 않은 양반 같은데, 부처님이 계신 법당을 향하여 오줌을 싸고 있으니 그러한 일이 어디 있소?"

"네, 여기가 법당 앞입니까? '네 말이니 내 말이니' 싸우며 '말로 잡느니 상으로 잡는다'고 하기로 나는 여기가 마소를 기르는 외양간인 줄 알았소이다. 부처님이 계신 청정한 도량으로 알았다면 어찌 감히 오줌을 누었겠오. 객을 나무라기보다 스님네나 삼가시오."

하고 나가버렸다. 이때 눈치 빠른 스님 한 분은 그를 심상치 않게 보았다. 그러나 어찌할 도리가 없었다.

박어사는 대승사뿐만 아니라 다른 절에 가서 보아도 수행승은 없고 대개 낮잠이나 자고 장기, 바둑이나 두고 허송세월을 보내며 무위도식만 할뿐 아니라 게으르기가 짝이 없었다. 그래서 그는 3도를 돌고 상경하여 상감에게 고하고 이조에 말하여 산중 절에 있는 중에게도 일을 하도록 했다. 그리고 각처 대찰에도 중이 종이를 떠서 나라에 진상케 했다.

절간에는 어디든지 냇물이 흔하게 흘러내리므로 탁나무를 심고 길러 종이를 떠서 상납하게 했다. 그리고 또 지리산 같은 데는 목기를 만들어 진상케 하고, 금강산 같은 데는 잣나무가 흔하므로 실백을 콩엿에 박아서 만든 것을 진상케 했다. 이것을 각 도, 각 읍에 명하여 절에 대한 부과를 시켰기 때문에 각 사에서는 큰 곤란을 겪게 되었다.

이런 제도가 생기고부터 양반 족속들도 자기네의 족보 종이를 승려에게 강제로 떠서 바치게 하고, 각 관청에서도 관용으로 쓰는 종이를 중들에게 독촉하여 가져 오게 했다. 이것뿐만 아니라 산나물이며, 버섯 등 자질구레한 것들도 스님들에게 명하여 강제로 공출케 했다. 이런 일 때문에 공부를 하고 싶은 스님네들도 허구장천에 공부는 못하고 노동만 하게 되었다. 그래서 각 사찰에서는 큰 부담을 지게 되었다.

이것을 골치거리로 알던 용파(龍坡)스님은 서울로 올라가서 어떻게 상감을 찾아보고 직소(直訴)하든지 높은 대관을 만나 호소하여 사폐를 없애고자 서울 장안으로 들어갔다. 그러나 타향에 있는 중의 신분으로 서울에만 간다고 상감을 만나거나 높은 대관을 만나기는 하늘에 솟은 별을 따기보다도 더 어려운 일이었다. 그래서 그는 남대문 밖에 여러 해 있으면서 수원 화산릉에 자주 가시는 정조(正祖)대왕을 만나 직소할까 하고 물지게를 지고 물장사를 시작했다.

 대왕을 만나보려고 하였으나 물장수와 대왕의 거리는 하늘과 땅이었다. 그래서 그는 3년 동안을 고생만 했다. 이제는 다시 시골로 내려가서 부처님께 기도나 올려서 목적을 이루어 볼까 하고 서울 남대문 밖으로 나가 어떤 객주 집에서 하룻밤을 자고, 다음 날은 시골로 내려갈 참이었다.

 때마침 그날 밤 정조대왕이 늦도록 잠을 이루지 못하다가 잠자리에서 비몽사몽간에 남대문에 올랐다. 남대문 밖 어떤 여염 초가집에서 청룡, 황룡이 등천하는데 서기가 온 장안에 뻗는 것을 보았다.

 왕은 하도 이상하여 그 이튿날 아침에 내시 한 사람과 무어청 별감 한명을 데리고 남대문 위에 올라가 본즉 역시 꿈에서 본대로 납작한 초가집에서 서기가 어리고 있는 것 같았다. 왕은 별감을 보내서 조사하고 이상한 사람이 있거든 데려 오라고 했다.

 별감이 그 집에 가서 주인을 찾았다. 노파 한 사람이 안방에 있고, 복로방에 협수룩한 옷차림의 남자 한 사람이 누워서 식식거리며 잠을 자고 있었다. 별감이 그를 잡아 일으켜서 물어 보았다.

 "웬 사람이 여기에서 자고 있나. 고향이 어디며 직책이 무엇이오?"

"살기는 경상도 상주군 4불산 대승사에 살고 있고, 직책은 중이올시다."

"그러면 대사가 왜 절에 있지 않고 이런 데 와 있소?"

이 말을 들은 용파화상은 가슴에 맺혔던 일을 다 털어놓고 이제는 실망하고 시골로 갈려고 하는 길이라고 했다.

"대사의 성의가 하늘에 사무쳐 이제 대왕을 뵈옵게 되었으니 어서 일어나서 나를 따라갑시다."

"네? 상감님의 뜻으로 뵈옵게 되나요? 저의 얼굴이 이렇게 사나운데 어떻게 갑니까?"

"지금 상감께서 남대문 위에 좌정하시고 대사를 불러오라고 하셨으니 아무소리 하지 말고 어서 가기나 합시다."

용파화상은 하도 신기하고 황송해서 두루마기 하나 입지 못하고 맨몸뚱이로 가서 왕 앞에 엎드렸다.

"그대는 무엇을 하는 사람인데 그런 집에서 자고 있었는가?"

"소신은 경상도 4불산 대승사에 있는 중이온데 하도 억울한 일이 있어서 상감께 직소하려고 상경하여 물장수 3년에 목적을 이루지 못하여 파의하고 오늘 내려갈려고 잠을 푹 자고 있는 중이었습니다."

하고 자초지종을 남김없이 다 말했다.

"이름은 무엇인고?"

"용파라고 합니다."

"대사의 소원은 내가 다 풀어줄 것이니 그것은 안심하시오. 나도 대사에게 소청할 것이 하나 있는데 들어주겠소?"

"황공하옵나이다. 전하의 하명이라면 물과 불을 헤아리겠습니까? 말씀만 하시옵소서."

"다른 것이 아니라 짐이 등극한 지도 몇 해가 되었고, 나이도 40이 넘었는데 슬하에 자식이 없어서 왕통의 후계자가 없으니 대사가 부처님께 기도하여 왕자를 하나 얻는 것이 소원이요."

"지당하신 분부올시다. 그러나 일이 워낙 중대함으로 기도를 하여도 3백일은 하셔야 되겠습니다. 또 소승 한 사람으로는 어려운 일이니까 소승의 도반과 같이 하올까 하나이다."

"대사의 도반은 누구인가?"

"창의문 밖 세검정 위 금선암(金仙庵)에서 수도하고 있는 농산이란 중인데 신심이 두텁고 도력이 장합니다. 그래서 그와 같이 할까 합니다."

"그렇게 하시오. 그러면 대사는 어느 절에 거처하며 기도를 할 것인가?"

"소승은 수락산 내원암(內院庵)에서 기도를 하고, 농산은 금선암에서 하려 합니다."

"그러면 용파대사는 내원암에 가서 기다리고 계시오. 그리하면 미곡과 향, 의복감을 별감과 상궁나인을 시켜서 내주리다."

"황공하옵니다."

"대사가 순순히 짐의 말을 들어주니 짐이 도리어 고맙게 여기는 바이요."

용파화상은 이에 어전을 물러나 금선대로 가서 농산(弄山)화상을 찾아보고 왕을 뵈온 일의 전말을 전하고, 같이 3백일 기도를 하기로 했다.

화상은 금선암에서 하기로 하고 용파화상은 내원암에 가서 하기로 했다. 그 이튿날 대궐로부터 기도에 필요한 물자가 전달되었다. 반을 나누어서 한몫은 금선암으로 보냈다.

 이 기도를 시작하는 즉시로 전국 사찰의 악폐는 일소되고 말았다. 그런데 용파화상은 성심성의로 백일기도를 마치고 상궁나인을 통해 궁중에 계신 왕비의 잉태 여부를 물어 보아도 감감소식이라 알 수가 없다고 했다.

 이 소식을 농산화상에게 알리고 다시 또 백일기도를 더 마치고 다시 궁중의 소식을 알아보아도 역시 아무런 기척이 없다고 했다. 그래서 세번째 백일기도를 시작하여 어렵게 정진을 하다가 용파화상이 선정삼매(禪定三昧)에 들어서 국내에 왕자로 태어날 사람이 있는가를 관찰하여 보았다.

 그러나 왕자로 태어날 사람은 참선 공부를 지극히 하고 계행이 청정하고 남에게 활인적덕을 많이 한 사람이라야 왕가에 태어나는 것인데, 그런 사람이 도무지 없었다. 만약 있다면 자신 용파와 농산화상 밖에 없는데 자기는 여러 곳의 불사를 맡았으므로, 이 육신을 버리고 왕자로 태어날 수가 없고, 그러면 농산화상 밖에 없는데 그가 무엇때문에 그 귀찮은 왕 노릇을 하려고 왕자로 태어날 리가 만무했다.

 그러나 성불(成佛)이 한겁 늦더라도 나라를 위하고 불교를 위하여 마음에 없는 일이라도 한번 방편으로 수고하라고 서신으로 부탁을 할 수 밖에 없다고 생각하고 편지를 써서 농산에게로 보냈다.

 그 요점만 살펴보면 아래와 같다.

 '전략… 비록 거리가 멀지 않으나 정진중이라 한번도 가서 뵈옵지 못하여 죄송합니다. 그런데 우리가 천은을 갚고저 하여 부처님께 점지하여 달라고 첫째 백일기도를 마치고, 둘째 백일기도를 마치고, 세번째 백일기도를 하는 중인데 궁중으로 왕비의 태기 유무를 알아보아도 아무 소식이 없다고 하니 기가 막힙니다. 그래서 소승이 선정삼매에 들어서 국내에 왕자로 태어날 사람이 있는가 살펴보았더니 전혀 없고, 나와 스님밖에는 없습니다. 그런데 나는 여러 곳에 불사를 걸쳐 놓고 마치지 못하고 궁중에 탄생하기가 어렵고, 스님은 아무 데도 걸리는 사업이 없이 오직 정진만 하시는 분이라 홀갑게 몸을 버리고 왕가에 태어날 수가 있사오니 본의는 아니겠지만 나라를 위하고 불법을 위해 왕자가 되어 주시옵소서… 후략 수락산 내원암 용파상장'

이 편지를 받고 농산화상이 용파화상에게 답장을 했는데 그 내용도 간추리면 아래와 같다.

'전략… 보내주신 편지를 감사히 받아 읽었습니다. 정진 중 서로 가보지 못함은 피차 일반이오며 세상을 두루 살펴보아도 왕자로 갈 사람은 스님과 나밖에 없다 하시고 스님은 아직 볼 일이 많으므로 소승에게 왕자가 되어 가라고 하시니 황공하기가 비할 데 없나이다. 그러나 나의 평생 공부는 기어이 성불을 해보겠다는 것이요. 존귀영화를 탐하여 왕이 될 생각은 꿈에도 없나이다. 그러나 나라를 위하고 불교를 위하여 먼저 희생하라고 하시니 어찌 감히 거역하겠습니까? 소승도 정중히 살펴보니 스님의 말씀대로 똑같고 삼매에서 본바와 같으므로 올 것이 왔구나 생각하고 생사무애의 도리를 보여 드릴 터이니 그리 아시옵소서. 구체적 사실은 이 백일기도를 마치는 날에 알게 하여 드리겠나이다. (후략) 북한산 금선암 농산상장'

 농산화상은 궁중 탄생이 본의가 아니었으나 전국 불교 각 사원의 악폐를 일시에 소탕하여 주신 정조대왕의 천은을 갚기 위해, 또는 용파화상의 우정을 쫓아 한국 불교 승려를 대표하여 3백일 기도를 마쳤다.

 그날 새벽에 왕비의 꿈에 금선암 농산화상이 가사장삼에 목탁을 든 채로 품에 안기는 꿈을 꾸고 왕자를 잉태하여 낳았으니 그가 바로 정조의 아들 순조대왕(純祖大王)인 것이다.

 이 설화의 앞뒤를 더듬어 보면 지성이면 감천으로 용파화상의 3년 물장수가 헛되지 않았고, 또 공부를 지극히 하면 생사를 자유자재로 하여 남의 자식이 될 수 있는 것을 알 수가 있는 것이다.

□ 홍가사(紅袈裟)의 일월광(一月光) 유래

 전라북도 남원읍 왕정리 교룡산에 대복사(大福寺)라는 절이 있다. 그 절 이름은 원래 교룡사였는데 후에 대복사로 고쳤다. 이 중창에 대하여 재미있는 설화가 있다.

 어느 때에 이 절의 중창을 위한 기금을 만들고자 큰 가사불사를 하기로 했다. 사방으로 화주를 보내어 가사를 지을 비단도 시주를 받고 전곡간에 돈과 쌀도 거두었다. 대작불사를 하게 되어서는 가사 80벌을 짓기로 하여 양공(良工)스님네와 남녀 신도들이 대복사에 모여서 성황을 이루고 있었다. 그런데 이 남원읍에 아전인 대복이란 사람의 부인이 남편을 위하여 가사 시주를 하게 되었다.

 대복이란 사람은 원래 아전으로서 성질이 꼬장꼬장하여 불교를 미신이라고 좋아하지 아니하고 승려를 사기꾼이라고 미워하고 멸시까지 하는 사람이었다. 그런데 그 고을의 군수는 만기가 되어 갈려 가고 새 군수가 오게 되어 신년맞이를 갔다가 여러 날만에 돌아오는데 신천교라는 큰 다리를 건너오자니까 다리 밑에서,

 "대복이! 대복이!"

하고 불렀다. 대복은 겁이 났고, 피신할 수도 없었다. 억지로 용기를 내서 떨리는 목소리로,

 "내가 대복이다, 너는 누구냐?"

하였더니 그 귀신이 말하되,

 "나는 10년 전에 이 물에 빠져 죽은 물귀신이다. 내가 이 물에서 빠져 나가자면 대수대명을 하여 누구를 하나 대신 잡아넣어야 되는데 그것도 익사할 팔자를 갖지 않은 사람은 억지로 할 수가 없다. 네가 그전부터 이 다리 위로 오고가는 것을 본즉 네가 물에 빠져 죽을 운명을 가졌기로 오늘은 너를 잡아 이 물속에 처넣고 내가 나갈려고 했는데, 내가 오늘 너의 관상을 본즉 너의 아내가 너를 위하여 절에 가서 가사불사 시주를 하고 있기에 내가 너를 이 물속에 잡아넣지 못하고 만 10년을 또 기다리게 되었구나. 그래서 내가 너에게 답답한 말이나 전하려고

너를 불렀으니 너는 안심하고 행복하게 살기를 바란다."
라고 한 후 그 귀신은 온데 간데 없어지고 말았다. 대복은 무섭기도 하고 즐겁기도 했다. 대복은 꿈과 같이 정신이 얼떨떨하여 집으로 돌아왔는데 집을 지키고 있을 아내가 있어야 할 터인데 어디로 갔는지 눈에 보이지를 않았다.

 집에 있는 하인에게 물었더니 절에 간다고 나갔는데 어떤 절로 갔는지 모른다고 했다. 대복은 방금 물귀신에게 들었건만 그 생각은 간곳 없고 오직 그전부터 불교를 미워하고 승려를 싫어하는 잠재의식이 발동하여,

 "이년을 만나면 쏘아 죽이겠다."
하고 벽장에 걸린 화살 몇 개와 활을 꺼내 들고 나와서 옆집 사람에게 물었다.

 "당신 부인이 교룡사 절의 중에게 반하여 날마다 그 절로 다니더니 오늘도 아까 그 절로 가는 것을 보았소."

 대복은 곧 화가 나서 단숨에 교룡산으로 달려갔다. 자기 부인이 걸어가는 것을 확인할 수가 있었다. 대복은 화살을 빼내어 활줄에 걸고 힘차게 당겼더니 화살은 날아가 아내의 두개골을 정확히 맞혔다.

 그 순간 딱! 하는 소리가 났다. 그런데 거꾸러지지 않고 여전히 그대로 걸어가는 것이 아닌가. 대복은 또 한 개의 화살을 쏘았으나 역시 맞아서 딱! 하는 소리가 났는데 뒤돌아보지도 않고 여전히 걸어갔다. 대복이 이상하게 여기고 재빨리 쫓아가서,

 "여보, 지금 어디로 가는 거요."

하고 물었더니 아내는 조금도 이상하게 여기지 않고 반가워 하며,
"당신이 집을 나간 뒤에 어떤 점쟁이가 왔기로 당신의 금년 액을 물어보았더니 며칠 사이에 물에 빠져 죽을 운수라고 하는구려. 그리고 나는 화살에 맞아 죽을 운수라는구려. 내가 그냥 마음을 놓고 집에 편안히 있을 수가 있어야지요. 그래서 당신은 중이라면 싫어하는 줄 알지만, 교룡사에 가서 스님께 예방을 물었더니, '우리 절에 지금 가사불사를 시작하였으니 전 곡간에 시주를 하고 날마다 다니며 부처님께 기도만 하면 다 면할 수가 있습니다'고 하는구려. 그래서 시주를 하고 며칠을 다니게 되었는데 오늘은 가사불사 회향이니까 꼭 와야 된다고 하기로 당신이 돌아올 줄을 알았어요. 지금 절에 가는 길입니다."

이 말을 들은 대복은 자기가 저지른 짐작이 있으므로 껄껄 웃으며,

"나도 같이 갑시다."

"같이 가면 좋기는 하지만 절에 가서 야료를 부리고 싸움이나 하면 어쩌려고 그러시오."

"천만에 그럴 리가 있나. 우리 두 사람의 횡액을 면해 준다는데…"

"그 징그러운 활은 왜 메고 나섰소?"

"산에 갔다가 돌아오다가 꿩이라도 한 마리 잡아보려고."

"절에 가면서 살벌지심을 가지면 안됩니다. 활을 어떤 집에 맡기고 갑시다."

"당신 말을 들어보니 그렇겠군."

하고 활을 아는 집에 맡기고 절로 올라갔다. 대복은 아무리 생

각해 보아도 신기한 일이었다. 아내가 화살에 머리통을 두 번이나 정통으로 맞았는데도 흔적이 없었고, 활촉이 머리에 박히지도 않았다면 땅에라도 떨어졌을 터인데 노상에서 아내 모르게 아무리 찾아보아도 보이지를 않았다.

화살촉은 커녕 화살도 떨어진 데가 없으니 이상한 일이었다. 절에 당도하자,

"왜 오늘은 늦게 오셨습니까. 댁에서 시주한 가사를 다 지어 오늘 아침에 대려서 봉지에 넣었습니다. 댁에서 이것을 보신 뒤에라야 어떤 스님을 드리던지 할 터이니까요."

하며 스님 한 분이 지어 논 가사를 보라고 봉지에서 빼내려고 하는데 빨간 새 가사가 나오는 동시에 활촉 두 개가 땡그랑하고 땅에 떨어졌다. 스님이 가사를 펴보니까 25조의 부단 상품 가사인데 어깨 메는 편으로 한복판에 두 조각 구멍이 한 개씩 뚫려 있었다.

이것을 본 대복은 양심의 가책을 받아 화주스님과 양공스님과 아내 앞에서 자초지종 이야기를 다 털어놓았다. 진심으로 참회하고 불교를 믿겠노라고 선언하고 부처님 앞에 가서 무수 백배의 절을 하고 죄를 사해 달라고 통곡을 했다.

아내도 따라서 같이 울었다. 그러나 양공들은 이와 같이 신령하게 뚫어진 가사를 폐가사라고 태워버릴 수는 없는 일이니 어떻게 해야 성한 가사로 변작하겠느냐고 머리를 모아 공론했다.

그 활촉 구멍은 일월과 같이 부처님의 영험을 증명한 구멍이니 그 구멍에는 금까마귀를 수놓아 윗구멍을 메꾸고, 옥도끼를 수놓아 아래 구멍을 막았다. 이것은 부처님의 영험이 일월과

제4부 조선시대편 401

같이 밝다는 표적을 나타낸 것이다. 그래서 그 뒤에는 구멍이 없는 성한 가사에도 이 일월당이라는 것을 붙이게 되었다. 그러므로 이 일월당을 붙인 가사는 인도에도 없고, 중국에도 없고, 일본에도 없으며, 우리 한국에만 있어 온 것인데 최근 불교 정화 문제로 가사가 흑색으로 바뀐 뒤로는 이것이 없어지고 말았다. 그러나 지금도 태고종에서는 이 일월당이 달인 홍가사를 사용하고 있다.

그렇게 불교를 외면하고 비방하던 대복은 참된 신불자가 되어 교룡사를 혼자 독당하여 사재를 털어 중건했다. 그 뒤 교룡사라는 이름은 대복의 이름을 따서 대복사라고 명칭을 변경했다.

왜냐하면 이 절의 가사불사가 아니었으면 대복은 물에 빠져 죽고 그 아내는 화살을 맞아 죽을 운수였던 것이다. 그런데 두 가지를 이 가사불사 공덕으로 다 면하였으니 불교가 영험한 종교라고 아니할 수가 없는 것이다.

대복이가 발심하여 혼자서 중창하였기 때문에 대복의 이름을 천추만대에 전하여 불교를 반대하는 사람들로 하여금 귀화시키는 모범을 삼기 위하여 절 이름까지도 바꾸게 된 것이다.

이 사실을 놓고 보면 불신력(佛信力)이 얼마나 강한가를 알 수가 있는 것이다.

□ 범어사의 명학거사(明學居士)

경상도 동래군 금정산 범어사(梵魚寺)에 명학동지(明學同知)라는 스님이 있었다. 그는 오로지 사판승으로 염불이나 참선공부에 힘을 쓰지 않고 절의 소임을 맡아보고 돈을 모으는 치산(治産)에만 힘을 써서 당대에 벼를 천 석이나 받는 부승(富僧)이 되었다. 그래서 나라에 돈을 바치고 이름만 빌린 벼슬 도지를 받았으므로 사람들은 그를 명학동지라고 불렀는데 그 이름이 원근까지 떨쳤다. 그러나 그는 학문의 지식은 없어도 용심(用心)이 너그럽고 사중 물건을 아끼는 마음이 남달라서 여러 사람들로부터 칭송을 받고 그의 상좌가 되고자 하는 사람이 많이 생겼다.

늙으막에는 상좌가 1백여 명이나 생겨서 사내에서 일대 세력을 잡고 주관아닌 주관 노릇을 하게 되었다. 여러 상좌 가운데 영원(靈元)이란 상좌가 있었는데 그는 참선을 공부하는 수좌로서 물욕이 없는 뛰어난 사람이었다.

어떤 인연으로 명학동지의 상좌는 되었으나 그 스님에게는 배울 것이 없어서 범어사에 있지 않고 운수납자로 명산대찰의 선방을 찾아서 공부를 계속했다. 명학동지도 그를 기특하게 여겼다.

"나는 상좌가 백여 명이 되어도 쓸 상좌는 우리 영원이 한 사람밖에 없어."

하고 칭찬했다. 어쩌다가 영원이가 은사 스님인 명학동지를 뵈

러 가면,

"내가 연로하여 언제 죽을지 알 수가 없으니 내가 죽은 뒤에 자네가 천도나 잘해 주게."

하고 부탁했다. 영원수좌가 언제인가 옛날 영원(靈源)조사가 계시던 금강산 장안사 영원암에 있으면서 선정(禪定)공부를 하고 있었다.

어느 여름날 선정에 들어 있자니까 그 앞에 시왕봉이 늘어선 남혈봉(南穴峰) 밑에서 죄인을 다스리는 소리가 천지를 진동하게 울려 왔다.

가만히 살펴본즉, 염라대왕이 좌정하고 판관녹사가 늘어서 있는데 이번에는 범어사 명학동지를 잡아들이라는 소리가 들렸다.

"범어사의 명학동지를 잡아들였오."

하고 사자가 명학동지를 꿇어 앉혔다. 염라대왕이 문초를 시작했다.

"네가 범어사에 있던 명학동지냐?"

"네, 그렇습니다. 제가 명학동지입니다."

"너는 일찍이 머리를 깎고 중이 되었으면 계행을 지키고 염불과 참선같은 것을 해서 도를 닦아야 할 것이어늘 어찌 재산만 탐하여 죄를 짓고 이런 곳으로 들어 왔느냐?"

"나는 공부는 비록 못하였으나 죄를 지은 일은 없습니다."

"네가 중이 되어서 재물을 모아 천석이나 받고 있었는데 죄가 없다고 하느냐?"

"그것은 내가 재물을 모으는데 취미가 있어서 쓸 것을 쓰지 않고, 먹을 것을 먹지 않고 모은 것이지 누구를 망하게 하고 부자가 된 것이 아닙니다. 나는 죄라고 생각하지 않습니다."

"이놈 잔말 마라. 부처님의 5계와 10계를 범한 놈이다. 살생을 하지 말라는 것이 부처님의 계인데 너의 곡간에 쥐가 끓는다고 고양이를 수십마리씩 키워서 쥐를 다 잡아 먹게 하고, 도둑질을 하지 말라는 것인데 네가 사중의 방앗간을 돌보면서 쌀을 되다가 흘린 쌀은 모두 주어서 네 그릇에 담아 네 것으로 삼았고, 사음을 하지 말하는 것인데 남의 고운 아내를 보면 탐을 내고, 술집 주모에게 쌀을 주고 간음을 하였고, 거짓말을 하지 말라는 것인데 사중 역사 때에 절간에 희사하겠다고 적어 놓고도 제때에 내지 않고 기일을 어기었고, 술을 먹지 말라는 것인데 공짜라고 받아먹지 아니하였느냐. 그리고 또 중의 신분으로는 오후 불식을 하여 저녁밥을 먹지 말아야 하는데 너는 배가 부르게 먹었고, 고광대상에 눕거나 앉거나 걸터앉지 말라는 것인데 그것을 네 마음대로 하고, 금은보화를 갖지 말하는 것인데 너는 금은보화나 돈을 쌓아 두었고, 춤추고 노래 부르지 말라는 것인데 너는 술자리에서 흥이 나면 노래를 부르고 춤을 추지 않았느냐?"

"나는 재산을 모았으니까 중으로 그것이 허물이 될지 모르되 그밖에 묻는 말씀은 나는 하나도 모르는 말입니다."

염라대왕이 사자에게 엄경대라는 것을 가지고 오라고 해서 비추니까 스크린에 나타나듯이 명학동지의 과거 죄상이 하나도 빠짐없이 다 나타났다. 명학동지는 이내 머리를 숙였다.

"네가 지금 네 눈으로 보았지? 이래도 네가 지은 죄를 부인하겠느냐?"

"할 말이 없습니다."

"그러니까 너는 무서운 지옥으로 보낼 것이 아니라 구렁이 탈을 씌워서 금사굴로 보내는 것이니 들어가서 한 천년 썩어보아라!"

이 말에 명학동지는,

"내가 우리 상좌 영원의 말만 들었어도 이렇게는 되지 않았을 것인데 내가 금사망을 쓰게 되었구나. 영원아 영원아, 네가 나를 천도해다고."

하는 소리가 귀에 쟁쟁하게 들려 왔다

영원수좌는 곧 10왕봉 밑 금사굴 앞에 가서 염불과 독경을 하여 주고 장안사 영원암을 떠나 범어사로 갔다.

명학동지의 49제 날이어서 상좌 1백여 명이 모이고 본사 스님네와 통도사와 인근 각 사의 스님네가 모였는데 그 수가 1천여 명이 모였고, 소작인까지 치면 수천 명이 모여서 사람이 법석법석 끓었다.

다른 상좌들은 영원을 보고,

"초상 때는 오지 않더니 49일이 지나면 분재 문제가 생길 터이니까 논마지기나 타러 왔군."

하고 빈정거렸다. 영원수좌는 하도 말 같지 않아서 대꾸조차 하지 않고 쌀 한 홉으로 멀겋게 죽을 쑤어 그릇에 담아 손수 들고 가서 창고 문을 열고 볏섬과 돈 항아리 사이에 놓고,

"스님, 나오셔서 죽을 잡수세요."

하였더니 큰 석가래 같은 누런 구렁이가 나왔다.

受我此法食　何異阿難饌
飢餓咸飽滿　業火頓淸凉
頓捨貪瞋痴　常歸佛法會
念念菩提心　處處安樂國

나의 법식을 받으소서 어찌 아난의 공양과 다르겠소
주린 창자를 채우소서 업화가 금방 서늘하리라
탐진치의 삼독을 버리고 항상 불법승에게 귀의하소서
생각 생각에 보리심만 가지면 가는 곳마다 안락하리라.

하고 외웠더니 금빛 구렁이가 죽을 먹는다. 먹기를 그친 뒤에, "스님, 스님, 생전에 재물에만 탐욕을 부리고 인간에게 덕을 베풀지 못하고 3보를 외면하고 인과를 믿지 않더니 이 모양 이 꼴이 되셨구려. 이 법식을 받았거든 속히 해탈을 구하소서." 하였더니 구렁이가 광문 밖으로 기어 나가더니 머리를 충대 돌에 짓찧어서 죽어 버렸다. 그런데 구렁이 입에서 파란 새가 나오더니 이내 날아 갔다. 영원수좌가 놓치지 않고 쫓아가면서 소, 말, 돼지, 개들이 교미하는 데에 따라 들어가려는 것을 회초리로 때려서 들어가지 못하게 하고, 천방지축 쫓아갔다.
　삼척 고을에 이르러 어떤 촌가의 전씨 집 안방으로 들어갔다. 그 이튿날 영원수좌가 전씨의 집에 가서 말하기를,
"당신네가 10삭만 지나면 귀자를 낳을 터이니 7세만 되거든 중을 주어 산에 들어가서 도를 닦게 하시오. 그래서 내가 다시 와서 데려가리라."

하고 다시 금강산 장안사 위 영원암에 가서 수도를 하고 있었다. 그러다가 7년 되던 해에 약속대로 삼척의 전씨 집을 찾아가서 어린이를 데리고 영원암으로 들어가서 참선법을 가르쳤다.
 참선을 가르치는 데도 한 방편을 내서 가르치되, 방문 창구멍을 바늘로 한방 뚫어 놓고 이 구멍으로 큰 황소가 들어올 터이니 그 소가 들어올 때까지 바늘구멍만 내다보고 일심으로 소를 생각하라고 했다. 그랬더니 어느 날 애기가 깜짝 놀라며 황소가 바늘구멍으로 막 들어온다고 고함을 치더니 도가 통해서 숙명통(宿命通)을 얻었다. 그래서 영원수좌를 보고 말했다.
 "네가 내 전생에 나의 상좌가 아니냐?"
 "그렇소. 전생의 당신은 나의 스님이오, 나는 당신의 상좌였오."
 "그런데 이제는 네가 나의 스님이 되고, 내가 너의 어린 상좌가 되었구나."
 "그렇다. 이것이 불교에서 서로 바꿔지는 인과라는 것이다. 그러나 저러나 다행한 일이다."
하고 영원수좌는 7세 동자를 꽉 끌어안고 뺨을 대고 문지르며,
 "이것아, 하마터면 큰일날뻔 하였구나."
하고 전생일을 가르쳐 주고 진짜 상좌를 만들어서 큰 도인이 되게 했다.

□ 황해도 속명사 창건

속명사(續命寺)는 황해도 서흥군 서흥면에 있는 절인데 재미있는 전설이 얽혀 있다. 이태조가 고려를 뒤집어 엎고 새 왕조를 세우고 국호를 선택해야 했다. 하나는 조선국(朝鮮國)이란 것과 또 하나는 태조가 함경도 함흥에서 출생했다고 하여 함령국(咸寧國)이란 두 이름을 골라 놓고, 중국 명나라 황제에게 재가를 받으려고 두 가지 가운데 하나를 정해 달라고 사신을 보냈다. 그러나 명나라 황제는 일축하되,

"남의 신하로서 임금을 죽이고 나라를 도둑한 이신벌군(以臣伐君)의 역적으로서 국호가 다 무슨 아니꼬운 국호인가?"
하고 가는 사신마다 모두 목을 베어 죽이고 말았다. 그러므로 이 문제때문에 중국을 가는 사신은 모두 함흥차사가 되어 버리고 말았다. 그래서 어느 날에는 태조가 당시 정승이던 조반(趙泮)을 불러서 명하되,

"이번에는 명제와 친분이 있는 경이 갈 수밖에 없소."
하고 특명을 내렸다. 조반은 꺼림직한 일이라 갈 마음이 없었으나 목숨을 아껴서 가지 못하겠다고 거절할 수는 없었다. 그는 여러 사람을 데리고 가기는 가지만 마음이 놓이지 아니하여 '나무관세음보살' 7자를 지성껏 속으로 외우면서 행차를 하다가 황해도 서흥군 서흥면 주막에서 자게 되었다.

조반은 여러 가지로 생각이 착잡하여 밤이 늦도록 잠을 이루지 못하다가 새벽녘에 잠이 어슴프레 들었는데 사미승 셋이 고

갈을 쓰고 장삼에 가사를 메고 나타나서 말하기를,
"대감께서는 왜 잠을 이루지 못하고 계십니까?"
라고 했다. 이에 조반이 대답하되,
"어른의 마음을 어린애가 어찌 헤아려 알겠느냐?"
하였더니 사미승이,
"대감의 심정을 들어보지 아니 하여도 소승네가 다 잘 압니다. 그런즉 여러 생각을 마시고 이 주막 뒤로 5리쯤 올라가면 큰 절터가 있는데 석불 세 분이 나란히 서 있습니다. 그런데 그 절터에 백성들이 농사를 짓는다고 똥거름을 퍼부어 냄새가 나서 견딜 수가 없으니 대감께서 황해도 감사에게 절을 지으라고 분부하시고 연경을 들어가시면 모든 일이 순조롭게 풀릴 터이니 저의 말씀을 불신하지 마시고 꼭 그리하여 주십시오."
 깨고 나니 또 꿈이었다. 그러나 대수롭게 여기고 다시 잠이 들었는데, 꿈 가운데 그 3인의 사미가 또 나타나서 재촉한다. 깨고 나니 또 꿈이었다. 그래도 꼭 믿을 수가 없어서 괘념하지 아니하고 잠이 들었는데 또 사미가 나타나서 말하되,
"대감이시여, 왜 그렇게도 멍청하십니까요. 아무리 어린 사미의 말이라도 들을 것은 들어야 합니다. 우리 말을 안 듣다가는 후회할 때가 있을 것이니 잘 알아서 하십시오."
하고 겁을 주었다. 조반은 세번씩이나 현몽하는 것이 이상해서 아침에 주인을 불러 묻되,
 "이 서흥 주막 뒤로 한 5리를 올라가면 절터가 있고, 석불 삼존이 계십니까?"
라고 하자 주막 주인은,

"네, 있습니다. 고구려 때 지었던 절터라는데 그 둘레가 한 5리는 됩니다. 지금도 기둥을 세웠던 주춧돌이 있고, 석불 삼존이 계십니다."
하고 대답했다.

 조반은 곧 황해도 감사에게 그 자리에 절을 지으라고 명하니 도백은 인근 7개 군수에게 명하여 관비로 큰 절을 지었다. 조반은 연경을 들어가서 명나라 황제를 배알하여 폐백을 바치고 국호에 대하여 두 가지 가운데 어떤 것으로 하는 것이 좋겠느냐고 물었더니,

 "당신과는 그전부터 이곳을 자주 왕래한 일이 많아서 친분은 두터우나 공과 사를 혼동할 수는 없으니 그런 말을 꺼내지도 마시오. 이성계가 고려조 공민왕의 신하로 있다가 이신벌군한 역적인데 국호가 무슨 국호란 말이요."
하고 더 이상 수작을 하지 못하게 하며 형리를 불러서 목을 베라고 엄명을 내렸다.

 형리에 이끌려 형장으로 간 조반의 목을 교수대에 매달아 놓고 청룡도를 빼서 목을 치자 칼이 두 동강이 나서 부러졌다. 이 사유를 황제에게 아뢰었더니, 황제는 즉각 조반을 데리고 오라고 했다. 다시 황제 앞에 서자,

 "이성계가 왕이 될 천운을 탄 것 같으니 함령국은 역사에 없는 말이요, 조선국은 옛날부터 역사에 있는 것이니 조선국으로 국호를 정하게 하시오."

 조반은 국호 사용을 승낙 받고 기쁜 마음으로 귀국하게 되었다. 돌아오는 길에 서흥 주막을 들리자 도백과 인근 군수들이 대기

할 뿐만 아니라 수많은 백성들이 어딘가로 몰려들 가고 있었다.

"웬 사람이 산으로 저렇게 몰려가는 거요?"

하고 도백에게 물었더니,

"대감이 연경을 가시면서 절을 지으라고 명하시지 아니하셨습니까? 그래서 그때부터 절 짓기를 시작하여 완성이 되어서 낙성식의 재를 올린다고 하여 사람이 이렇게 모이는 것입니다."

"아참 그렇지."

하고 조반도 새로 지은 절로 올라가서 참배를 하는데 법당에 모신 세분 부처님의 목에 핏자국이 나고 붉은 금이 그어져 있었다.

그런즉 조반이 세 번 맞은 칼을 이 세 부처님이 대신 맞은 것이었다.

조반은 너무도 감격해서 눈물을 흘렸다. 그러자 도백이 절 이름을 지어달라고 했다. 조반도 자기가 아무렇게나 할수 없다 하고 상경하여 태조에게 복명하고 꿈꾸던 일과 절 지은 일과 목이 베어지지 아니하던 일을 고하고 절 이름을 무어라 지어야 좋겠습니까? 하고 물었다.

이야기를 다 듣고 난 태조는,

"경의 목숨을 이은 절이니 속명사라고 하라!"

하여 그 절이 속명사란 이름을 갖게 되었다고 한다. 이런 사실은 속명사 사적에 적혀 있다고 하니 과연 신기한 일이 아닐 수 없다.

□ 해파대사(海波大師)와 윤웅렬

　조선 말 광무(光武) 7년에 당시 군부대신으로 있던 윤웅렬(尹雄烈)이가 그 아들 윤치호(尹致昊)와 기타 가족 및 호위병 10여 명을 데리고 함경남도 안변군 석왕사 절에 와서 수군당(壽君堂)에 거처를 정했다.
　그 이튿날 아침을 먹은 뒤 사중 승려를 전부 모아놓고 설하(雪河)화상에게,
　"지금으로부터 한 백년 전에 있던 해파여순(海波與淳)이란 스님의 권속이나 혹은 그 스님의 행장을 아는 이가 없는가?" 하고 물었다. 그러나 아무도 아는 사람이 없었다. 대감은 무척 답답하게 여겼다. 그러나 윤대감이 이렇게 묻는 것은 깊은 이유와 신비한 이야기가 이면이 있다. 이것을 이야기하자면 대원군 섭정시대로 거슬러 올라간다.
　대원군 시절에 조정에서는 대원군과 민중전(閔中殿) 사이에 한참 정쟁(政爭)이 생겨서 서로 알력이 심할 때에 윤대감은 어떤 사람의 참소를 입어서 전라도 완도라는 섬으로 귀양을 가서 있었다.
　윤대감은 완도에서 3년 동안이나 고적한 생활을 하게 되어서 마음 한구석이 비어 있는듯 퍽 서글펐다. 하루는 심부름 시켰던 아이가 어디를 나갔다가 들어오더니 이렇게 말했다.
　"대감마님, 이웃집에 점 잘치는 타주명도가 와서 점을 치는데 백발백중이랍니다. 그래서 온 동네 사람들이 너도나도 물어 본

다고 장꾼같이 모여서 야단들입니다."

"그럼 나도 가서 한번 물어볼까?"

하고 아이를 앞세우고 찾아 갔다.

"여기 이 집에서 점을 잘 치는 자가 있다는데 누구인가?"

하고 물었더니,

"네, 사람이 하는 것이 아니라 명도란 애기 귀신이 꽃에 붙어 다니는데 몸은 안 보이고 공중에서 똑똑하게 묻는 말만 듣고 대답한답니다."

그리하면 나도 물어 볼까 하고 명도에게 물었다.

"명도야, 대관절 내가 어디 있는 사람으로 무슨 일로 여기 와서 있는 것을 알겠느냐?"

"대감은 서울 사는 양반으로 이곳에 와서 귀양살이를 하고 계시는 윤웅렬 대감이 아니겠습니까?"

"그것 소명하구나. 나의 이름까지 알고 있으니!"

"그러면 언제나 풀리겠느냐?"

"이제 한 보름만 지나면 풀린다는 해배(解配)통지가 올 것입니다.

"틀림없느냐?"

"틀림없습니다. 나는 거짓말을 절대로 아니합니다."

"그것은 그렇다고 하여 두고 또 하나 물어보자. 내가 아들이 하나 있는데 어디서 무얼 하고 있는지 알 수가 없구나."

"내가 가서 보고 오지요."

하며 획 소리가 나며 한참 있다가 돌아와서 말했다.

"자제가 미국 서울에 가서 공부하고 있습니다. 그런데 청국

(중국)에서 유학하러 온 청국 여자와 연애결혼을 하게 되어 내년 가을에는 상해에 나와 결혼식을 올립니다. 그때 부자가 상봉하게 될 것입니다."

"그것은 미래사니까 내가 당해 보면 알 것이지만 나의 전생일도 알겠느냐?"

"그것도 제가 어디를 가서 보고 오면 알 수가 있습니다."

"그러면 갔다 와서 알려라."

명도가 획하고 나가더니 한참만에 획하고 돌아왔다.

"대감, 돌아왔습니다."

"네가 알고 왔느냐?"

"잘 알고 왔습니다."

"내가 전생에는 무엇을 하고 있었더냐?"

"대감이 전생에는 중노릇을 하였더군요."

"어디서 중노릇을 하였더란 말이냐?"

"대감만은 괜찮게 했어요. 그런데 그 때에 대감 형제가 다 중이었는데 대감은 수행을 잘하여서 다음 중국에 가서 태어나서 일품대신으로 이름이 천하에 드날렸고, 두번째는 조선국에 태어나서 5복이 구족하여 승지와 참판을 지내고 대감소리를 들었습니다. 그러나 대감의 형님은 중 노릇을 아주 못했거든요. 법당을 중수하느니, 개금불사를 하느니 칭탁하고 신도들의 많은 돈을 소모하여 사복을 채웠던 죄로 지옥에 들어가서 고통을 받다가 인도(人道)에 수생(受生)은 했으나 빈천보를 받고 지금 강원도 통천군 새술막이라는 데서 술장사를 하고 있습니다. 더욱이 표나는 것은 두 조막손이었습니다. 성명은 이경운(李景

云)이라고 합니다. 그런데 대감은 석왕사에서 돌아간 뒤에 사리가 나서 해파여순지탑이라는 부도를 권속이 세워 놓은 것이 있습니다."

 윤대감은 그 모든 것을 종이에 적어놓고 진실을 알아보려고 했다. 완도에서 2주일만에 해배(解配) 문자가 나와서 귀양이 풀려 상경하게 되었다. 그 이듬해 가을에는 아들 윤치호가 결혼식을 한다고 상해에서 전보가 오고 또 얼마 안가 부자가 상봉하게 되었다. 다시 얼마 지나지 않아 군부대신이 되었으니 명도의 말이 하나도 틀림이 없었다.

 그런데 이 네 가지가 꼭 맞았으나 남은 석왕사 사건 두 가지를 알아보려고 가족과 수행원을 데리고 명승지에 가서 휴양을 하겠다고 임금에게 상주했다. 석왕사를 찾아가서 사중원로인 설하(雪河)대사와 여러 승려를 모아놓고 해파대사에 대해서 물어보았는데 아무도 아는 스님이 없었다.

 해파여순이라는 부도까지 있다는데 눈에 띄지를 않았다. 그렇다고 하여 명도를 불신할 수는 없는 일이었다. 그 이튿날 수행원을 데리고 향적동으로 사냥을 간다고 올라가다가 내원암 입구에 가서 잠간 쉬다가 보니 마침 부도가 죽 늘어서 있었다.

 윤대감이 여러 부도에 덮힌 풀과 돌옷을 단장으로 파헤치고 보니 부도 하나에 '해파여순지탑(海波與淳之塔)'이라는 글자가 뚜렷하게 새겨져 나타나 있었다. 윤대감은 이에 쾌재를 부르고,

 "애 치호야, 너도 아이들을 데리고 이곳에서 이 부도탑에 절을 하여라."

했다. 치호는 영문도 모르고 아버지가 하라는 대로 절을 했다. 윤대감은 염낭주머니를 꺼내 보이는 데 '해파여순지탑'이란 글자가 쓰여 있었다. 이것을 치호에게 보여 주고 지난날의 과거사를 다 말했다. 그리고 그만 큰 절로 내려 왔다. 내가 이것을 찾으려고 온 것이지 성지에 사냥을 하려고 온 것이 아니라고 말해 주었다.

 큰 절로 내려 와 대중을 모아놓고 완도에서 명도에게 점친 전후사를 쭉 설명하고 이렇게 여합부절(如合符節)로 맞으니 불법의 인과가 이렇게 분명하다고 감탄했다. 대중스님네도 모두 신기하게 듣고 감탄했다. 윤대감은,

 "자! 통천으로 사람을 보내서 불러올 사람이 있으니 금택여관 주인을 불러서 보행군 하나만 얻도록 하게."

했다. 그래서 구한 사람이 유대력(劉大力)이란 사람이었다. 윤대감이 부탁하되,

 "자네가 강원도 통천읍 새술막에서 술장사하는 이경운이란 사람을 불러오게. 그 사람은 손이 다 조막손이라 찾기도 쉬우니 빨리 가서 즉각 데려오게."

하고 노자를 후하게 주었더니 4일만에 데리고 왔다. 윤대감의 수행원이 그를 보고,

 "대감께 절을 하시오."

한즉 윤대감이 만류하며,

 "그럴 것은 없으니 그저 앉으라."

고 하고 그에게 전생담을 이야기 했다.

 "살기가 곤란한 듯 하구려. 돈 백냥과 백목 열 필을 주는 것이

니 돈은 내외가 호구할 토지나 몇 두락 사고, 백목은 내외가 옷 가지나 해 입고 모든 것이 부처님의 은덕이니 과거사를 뉘우치고 이후부터는 염불이나 많이 하여 죄업을 소멸하시오. 그리고 무거운 돈을 가지고 갈 수가 없을 것이니 통천군수에게로 환전표를 하여 주는 것이니 이것을 가지고 가서 통천군수에게서 돈을 찾아 쓰시오."
하고 돌려보냈다. 그러자 이경운은,
"전생 동생이 금생의 부모보다 낫구려."
하고 감사한 치사를 하고 돌아갔다. 윤대감은 석왕사 대중을 불러놓고,
"이 절이 내가 전생에 복을 닦은 사찰이라 엽전 2백 냥으로 미성(微誠)을 표하는 것이니 작으나마 부처님께 향촉을 마련하는데 쓰기를 바라오."
하고 그 다음날에 서울로 돌아갔다.
 이 사연은 석왕사 사지(寺誌)에 자세히 적혀 있는 것이다.

□ 해봉대사(海峰大師)와 김성근

 김성근(金聲根)은 조선말 고종때 이름이 높은 재상으로 판서 김송간(金松澗)의 둘째 아들이었다. 김송간은 큰 바위가 집 가운데로 날라 오는 꿈을 꾸고 아내에게 태기가 있은 후 11개월 만에 성근이를 낳았다.

그는 커서 호를 해사(海士)라고 했다. 그런데 그는 생전에 소변을 보다가 생식기로부터 사리가 7개나 나왔다는데 나라의 벼슬은 전주감사를 지내고 한성판윤과 법무대신을 지냈다.

이 해사대감은 서울시 종로구 봉익동 근처에 살았기 때문에 대각사에 살던 백용성(白龍成) 화상과도 친하여 자주 왕래를 하고 불교문답도 했다. 이 해사대감에게도 전생에 수도승이었다는 신기한 이야기가 있다.

전북 완주군 소양면에 원등암(遠燈岩)이란 절이 있다. 이 절에 16나한을 모신 나한전(羅漢殿) 뒤 석굴 안에 석함 하나가 있었는데 이것은 누구나 뚜껑을 여는 사람이 없고 전해 내려오는 말로는 이 돌함은 언제든지 전라감사로 온 사람이 열게 된다는 예언이 있었다. 그러나 전라감사로 온 사람이라고 다 열어지게 되는 것은 아니었다.

전주에 부임하였던 여러 감사가 이 말을 듣고 이 원등암에 행차하여 석함을 열어보려고 했으나 모두 뜻을 이루지 못했다. 그런데 김성근이가 전라도 전주감사로 부임한 후 이런 말을 듣고 호기심이 나서 원등암에 행차했다.

그 절 스님에게 안내를 받아 나한전을 찾아가서 스님에게 석함을 열어보라고 하자 못한다고 했다. 그래서 손수 석함 뚜껑을 열어보니 그 뚜껑이 쉽사리 잘 열렸다. 그런데 열고 보니 불경 몇권이 있고 글 한 수를 지어 써논 곳이 있는데 자세히 본즉,

遠岩山上一輪月 影墮漢城作宰身
甲午年前海峰僧 甲午以後金聲根

원암산 위 한바퀴 달이
그림자를 한성에 떨구어 재상 몸이 되었으니
갑오년전 해봉이란 중이
갑오년후는 김성근이로다.

이러한 것이다. 그런데 또 글 하나를 써 논 것이 있었다.

羅漢神靈也所云 何事佛經在窟外
我移聖典安穴間 以是因緣再生還
直光十四年 甲午五月十五日 海東沙門 海峰堂 聲贊 焚香 謹埋
於淸凉山 遠燈庵 十六窟中

나한의 신령하기가 세상에 드물거늘
무슨 일로 불경을 굴밖에 두었는고
내가 성전을 옮기어 굴 안에 두노라
이 인연으로 두 번 살아 돌아오니
직광 14년 갑오 5월 15일 해동사문 해봉당 성찬은 분향하고
이 글을 청량산 원등암 16나한굴 가운데 묻어 두노라.

했다. 이 글은 해사(海士)의 전신인 해봉당 성찬이가 이 원등암에 있을 때에 16나한전에 들어가서 보니 유서(儒書)와 불경을 뒤섞어서 굴문 밖에 두었다. 해봉당이 불경만 골라 굴 법당 안에 옮겨 놓고 이 인연으로 죽었다가 다시 환생하기를 기원하고 써놓은 것이었다.

□ 왕수인(王守仁)의 전생기

위에서 적은 윤웅렬의 일이라든지 김성근의 일 같은 것은 우리 한국에만 있는 것이 아니라 중국에도 이와 같은 유명한 설화가 있다. 참고삼아 적어보고자 한다.

중국 명(明)나라 때 왕수인(王守仁)이란 학자가 있었다. 호는 양명(陽明)으로 그는 절강성 여조땅의 사람이며, 명나라 호종 성화 6년에 출생하여 55세에 세상을 떠났다.

이 왕양명을 그 어머니가 포태할 때에 조모의 꿈에 수천 명의 천녀가 채색이 영롱한 구름을 타고 집으로 내려 왔다. 그 가운데 한 천녀(天女)가 옥동자를 하나 안고 와서 고함을 치며 이 아이를 받으라고 하는 꿈을 꾸고 양명을 낳았다고 한다.

왕양명은 중국 유학계(儒學界)에 일대효성(一大曉星)이었다. 원나라 때로부터 명나라의 중간까지는 주자학(朱子學)이 성행하여 〈사서오경〉의 주석에 몰두하고 송유가 씹다 남은 찌꺼기만을 맛보면서 철리(哲理)만을 담론하고 실천실행을 가볍게 여기는 경향이 많았는데 당나라 때 중간에 와서 왕양명이 출생하여 양지양능(良知良能)과 지행합일(知行合一)의 실천철학을 주장하여 실행케 했다. 유학계에 일대 변혁을 일으키게 되었다.

왕양명은 유교뿐만 아니라 불교에도 조예가 깊어서 달마선종(達磨禪宗), 돈오선풍(頓悟禪風)에 이미 전세부터 믿음을 밝혔던 선장(禪匠)인 것 같다.

다음은 그에 대한 인연설화의 한 토막이다.

일찌기 절강성 금산사(金山寺)란 절에 한 스님이 있었다. 일심(一心)으로 선정(禪定)공부를 하여 생사해탈을 자유자재로 할수 있는 도력을 가졌다. 그가 어느 날 점심공양을 하고 목욕 경의(更衣)한 뒤에 가사장삼을 새로 꺼내 입고 어떤 조용한 법당으로 들어가면서 안으로 문을 잠그고 제자에게 이르되, 이 법당문을 절대로 열지 말라고 부탁했다. 그리고 들어가서는 다시 나오지 않고 있었다.

그 뒤에 스님네들은 궁금중이 나 법당 문을 열고 들어가 보고 싶었으나 도승이며 성승(聖僧)이란 이름이 높은 스님의 분부요, 부탁이라 감히 열어 볼 생각을 하지 못했다. 그리고 그 법당 문을 열지 못한 지가 한 50년이나 되었는데 하루는 왕양명이 제자 백여 명을 데리고 금산사로 봄놀이를 왔다가 절 도량을 둘러보니 모든 것이 낯이 익어서 그 전에 살던 집 같았다.

그런데 각 법당에 참배를 마치고 한 법당에 이르니 문이 잠겨 있었다. 스님에게 문을 열어달라고 하였더니 그 문은 절대로 열지 못한다고 했다. 왜 열수가 없는가 하고 물었더니 옛날에 도승 스님이 들어가면서 열지 말라고 부탁이 있어서 그런다고 했다.

왕양명은 이 말을 듣고 번쩍 호기심이 나 밖에 달린 문고리를 잡고 부쩍 당기자 문이 곧 열렸다. 안으로 들어가 본즉 한 스님이 가사와 장삼을 입은 채로 가만히 입정하여 앉아 있는데 시체가 썩지 않고 미이라가 되어 있었다. 그런데 그는 벽상에 써 붙인 글을 보고 깜작 놀랐다. 이 법당 문이 열렸다는 말을 듣고 대중스님네가 대종을 치고 와! 하고 대중이 모여 들었다. 돌아간 선사 육신에게 예배를 하고 왕양명의 제자도 모여 들어서 절을 했다. 그런데 대중스님네가 왕양명을 보고 말했다.
"선생이 무슨 뜻으로 이 법당 문을 열었오?"
"이 벽상에 글을 보시오. 내가 잠근 문이니 내가 열 수밖에 또 있겠오?"
대중이 쳐다본즉,

五十年前王守仁
開門人是閉門人
精靈剝後還歸復
始信禪門不壞身

50년 전에 왕수인인데
이 문 연 사람이 곧 이 문을 닫은 사람
정령이 껍질을 바꿔 입고 다시 와 보니
불가에 썩지 않는 몸 비로소 알겠네.

이러한 것이었다. 대중은 과거 선사의 후신임을 알고 다시금 예배를 올렸다. 유가에 유명한 왕양명 선생이란 것도 알게 되었다.
이것을 보면 불교에서 말하는 색신은 비록 허망하여 괴멸하지만 정신은 진실하여 영원히 불멸한다는 말씀을 이해할 수가 있는 것이다. 그러나 사람 사람이 다 그렇지 않은 것이 정신을 모아 공부한 이는 내생에 뚜렷이 나타나고 누구라는 이름이 남는다. 그렇지 못한 사람은 영혼이 불멸이라 하더라도 뛰어나지 못하고, 이름 없이 미미하게 나타나서 이름 없는 사람으로 사라지고 마는 것이라고 하겠다.

□ 남봉화상(南奉和尙)의 부모천도

 조선 제 25대 철종(哲宗)때의 일이다. 나이 12세나 되어 보이는 소년이 조실부모하고 거지 신세로 걸식하다가 통도사의 일꾼만 모여 사는 속청(俗廳)에 끼어서 잔심부름을 하고 얻어먹고 있었다. 어느 해 섣달 그믐날 저녁인데 이 아이가 별좌스님에게 청하되,
 "이 절이 부자 절이라 손님이 언제나 많이 오시기 때문에 손님이 오나 아니오나 미리 상을 차려서 50상이나 1백상씩 공수방에 차려 놓았다가 손님이 오시기만 하면 밥만 담아서 갔다가 주고 하니 오늘은 저에게도 겸상 하나만 가져가게 해 주세요."
라고 했다. 이에 별좌스님이 말하되,
 "얻어먹고 사는 놈이 깨진 그릇에 아무 음식이나 뒤섞어서 한 그릇 먹으면 그만이지 겸상은 해 무얼하느냐? 너에게도 무슨 손님이 찾아 왔더란 말이냐?"
라고 하였더니 소년이 대답했다.
 "오늘이 섣달 그믐날이 아닙니까?"
 "그러니까 아무리 거지 노릇을 하더라도 부모님의 제사나 지

내야 되지 않겠어요. 겸상 하나 차려 주시면 헛간에 갖다 놓고 부모님의 제사를 지내 드리려고 합니다."
"그놈의 말이 기특하구나, 그리하여라."
하고 겸상 하나를 떼어 주었더니 거지 소년이 헛간으로 들고 가서 정결한 곳에 거적을 깔고 그 위에 밥상을 놓고 절을 세 번 했다.
 그리고 무어라고 중얼거렸다. 가만히 들어본 즉,
"아버지, 어머니! 오늘이 일년 중에 큰 명일로 해가 바뀌는 날이 아닙니까. 불효한 자식이 가난하여 걸식생활을 하고 있으므로 선영에 봉사를 못들이고 있습니다. 이것이 얻어 온 밥이나마 잘 응삼하소서. 이 다음에 부자가 되면 좋은 집에서 큰 상을 차리고 여러 가지 음식을 만들어서 잘 올리겠습니다."
했다. 그리고 물대접에 밥을 한술 말더니 또 절을 세 번 했다. 별좌스님이 그늘진 곳에서 그 소년의 행동을 몰래 숨어 보고 눈시울이 뜨거워졌다.
 그 뒤에 별좌스님이 하도 감동이 되어서 물어 보았다.
"너 중이 되고 싶은 생각이 없느냐?"
"나 혼자 중이 될 수 있나요. 누가 거두어 주고 만들어 줘야 중이 되지요."
"그러면 너의 머리를 깎아 주고 먹여 주고 입혀 주고 글을 가르쳐 주고 하면 중이 되겠느냐?"
"되구 말구요. 그렇게만 하여 주시면 오늘이라도 중이 되어서 열심히 공부하겠습니다."
 그래서 그 별좌스님이 부랴부랴 의복을 만들어 놓고 소년에게 목욕을 시키고 옷을 갈아 입혔다. 그리고 머리를 깎아 주고 행자로 데리고 있으면서 염불을 가르치고 시봉을 시켰다.

그랬더니 소년이 입에 혀 같이 시봉을 잘하고 재주와 총기가 있어서 염불을 한 달도 못가서 다 배우고 막히는 것이 없었다.

그런데 외모가 똑똑하고 얼굴이 예뻐서 누구든지 탐을 내게 되었다. 그러므로 별좌스님은 곧 5계를 일러 주어서 진짜 중을 만들고 강당에 보내서 경학을 가르쳤더니 몇해 안가서 훌륭한 대법사와 대강사가 되었다.

그래서 남봉(南奉)이라는 당호를 지어 주고 입실(入室)까지 시켰다. 바로 철종 7년 병진년 봄의 일이었다. 남봉화상은 항상 부모 양친을 모셔 보지 못한 것이 한이 되어 오다가 망부망모(亡父亡母)의 천도라도 시켜드리겠다고 원을 세우고 통도사 상로전에서 일심전력으로 불전에 기도를 하고 왕생극락의 축원을 하며 〈법화경〉 7권을 자주 쓰기 시작하여 수개월만에 써서 마치고 회향불공까지 마쳤다.

그런데 그날 밤에 남봉화상의 부모 양위가 다 와서 치하하되, "네가 우리를 위하여 〈법화경〉을 서사한 공덕으로 우리 두 사람은 모두 다 소의 몸이었다가 극락세계로 왕생하게 되었으니 안심하여라."
했다. 그래서 남봉화상은 매우 기뻐하고, 그 뒤에는 아무 근심없이 참선공부를 열심히 잘했다고 한다.

□ 치악산 상원사의 야반종성(夜半鐘聲)

치악산 상원사(上院寺)는 강원도 원성군 신림면에 있는 절이다. 옛날 강화도 영동 지방에 용감하고 활을 잘 쏘는 궁수가 있었는데, 어느 날 원주에 있는 치악산이 명산이란 말을 듣고 활을 메고 치악산으로 올라갔다.

산 중턱에 다다랐을 때 길 옆에서 꿩 한마리가 푸드득거리며 날아가다가 떨어지곤 했다. 궁수가 이상히 여기고 주변을 살펴보았다. 큰 구렁이 한 마리가 몸을 비비 틀고 대가리를 번쩍 들고 있었다.

'아, 이놈이 꿩을 잡아먹으려고 독을 뿜고 있어서 그렇구나.'
라고 생각하고 화살로 구렁이 머리를 쏘아 명중시켰더니 구렁이는 몸을 쭉 펴고 죽어버리고 꿩은 날아가 버렸다. 그러나 이 일이 그다지 기분에 좋은 일이 아니었기 때문에 그대로 하산하여 아는 사람 집에서 유숙하고 있다가 며칠 지난 뒤에 다시 치악산으로 올라갔는데 어떻게 구렁이 혼이 씌워졌는지 오고 가던 길을 잃어버리고 산중에서 헤매게 되었다. 그러다가 해가 저물어 더욱 길을 찾을 수가 없었다. 그런데 어떤 산 비탈길에서 불이 켜져 있는 것을 보았다.

'저기는 인간이 살고 있는 곳이겠지.'
하고 불만 보고 찾아 갔더니 과연 삼간 초당에 젊은 여자가 하나 있었다. 궁수는 배가 고프고 몸이 피곤하여 염치불구하고 부엌이고 뜨락이고 아무데도 좋으니 재워 줄 수가 없느냐고 했다. 여주인이 그러라 하고 다시 방으로 들어오라고 했다.
"배가 몹시 고프니 저녁 요기를 할 것이 없겠소?"
라고 하였더니,
"조금만 기다려 주세요. 부엌에 나가서 금방 저녁밥을 지어오겠습니다."
하고 나갔다.

 궁수가 방안을 살펴보니 찬 기운이 돌고 무슨 냄새가 났다. 아무리 생각하여 보아도 정상적인 인간이 사는 집 같지를 않아서 의심이 더욱 났다. 범이나 여우가 오래 묵으면 조화를 부린다는데 그러한 짐승의 굴이나 아닌가 싶은 생각이 불현듯이 났다. 그래서 문틈으로 일하는 여자를 내다본 즉 입에서 갈라진 혓바닥이 날름거렸다.
"이것 큰일났구나. 늙은 구렁이의 둔답이로구나."
라고 생각하고 행장도 다 내버리고 변소에 가는 것처럼 문을 열고 나왔다.
"진지가 다 되었는데 어디를 가십니까?"
하고 여자가 내다보았다.
"나 소변이 마려워서 잠깐 나왔소."
하고는 달아났다.
"이놈 네가 달아나면 어디로 갈 것이냐. 너는 나의 원수다. 네가 내 서방을 죽인 놈이 아니냐. 너도 내 손에 죽어 보아라."
하고 악을 쓰며 쫓아 왔다. 여자의 걸음이라도 어찌나 빠른지 붙잡히고 말았다.
"네가 누구인데 나를 원수라고 하느냐. 정체를 밝혀라."

"나는 이 산을 지키는 터줏대감과 같은 대망(大蟒)의 아내다. 네가 엊그제 꿩을 한마리 잡아 먹으려는 것을 네가 활로 쏘아 죽이지 아니하였느냐? 그러니까 네가 나의 원수라는 것이다."

"그러면 네가 나를 어떻게 죽일 작정이냐?"

"너를 죽이는 것은 내 수단에 달려 있는데 그것까지 나에게 물어볼 필요가 없지 않느냐. 내가 너를 칭칭 감아서 터뜨려 죽일 수도 있고, 내가 너의 모가지를 물어서 퉁퉁 부어 죽게 할 수도 있는 것이니 그것은 물어볼 것이 없다. 다만 네가 죽어 마땅하다는 것을 항복받은 뒤에 너를 죽이려고 할 뿐이다."

"내가 너의 남편을 죽인 것은 잘못이다. 그러나 고의로 죽인 것은 아니니 그것만 알아주기 바란다."

"죽일 의사가 있어서 고의로 죽이지 아니했다면 어떻게 죽게 되었단 말이냐. 네가 활로 쏘아 죽인 것은 숨길 수 없는 사실이 아니냐."

"그렇게도 생각하겠지만 나는 꿩을 살려 보내기 위해 풀밭으로 활을 쏜 것이 너의 남편에게 잘못 맞아서 죽게 되었기에 하는 말이다."

"그러면 애당초부터 죽일 의사가 있어서 활을 쏜 것이 아니란 말이냐?"

"그렇다, 내가 너에게 죽게 되면 나의 늙은 부모와 처자 권속이 말이 아니요, 또 네가 나를 죽이면 내 처가 너와 같이 원수로 삼고 헤치려 할 터이니 이것도 생각할 일이 아니냐? 이 산 위에는 상원사라는 절터가 있다니까 내가 절터에 가서 기도를 올리고 너의 남편을 천도시켜 줄 터이니 원수를 푸는 것이 어떠하겠느냐?"

"너의 정성으로 내 사내가 천도될 수가 있겠느냐?"

"있다마다, 망자를 위해 천도재를 지내 주면 이고득락(離苦得樂)을 하는 것인데 어찌 안될 이치가 있겠느냐. 지성이면 감천이라니 성심성의만 가지고 하면 그렇게 되는 것이다."

"그렇다면 내게도 소청이 있다. 상운사 절터에 큰 종이 하나 있었는데 절이 없어지면서부터 돌보는 이가 없고 땅에 떨어져 있어서 누가 치울 수도 없고, 치워도 소리가 나지를 않게 되었다. 우리 부부가 이 종소리만 들었으면 벌써 사보(蛇報)를 벗어 버리고 좋은 세상으로 갔을 것인데, 이 종이 울지 않기 때문에 아직까지 종소리 나기를 기다리고 있다가 내 남편이 너에게 참변을 당하고 죽었으니까 지금이라도 그 종소리만 들리면 내 남편과 내가 다 생사를 벗어버리고 좋은 세상으로 가게 될 것이니 네가 살아가려거든 이 밤에라도 상원사 절터에 있는 종이 소리가 나도록 하여라. 그렇지 못하면 내가 너를 놓아주지 아니할 것이다."

"그 종소리가 네 소원대로 나게 하자면 내가 가서 다시 달아 매 놓고 치던지 해야 소리가 나지 여기 붙들려 있어 가지고야 어찌 종소리를 나게 할 것이냐?"

"그것은 너의 잔꾀에 지나지 않는 말이다. 네가 성심성의만 가지면 내 남편을 천도시키겠다고 하였으니까 여기서라도 네가 성심과 신심만 돈독히 한다면 종소리가 날 것이 아니냐? 종소리가 나기 전에는 너를 놓아 주지 아니할 작정이다."

궁수는 이놈의 암구렁이에게 꼭 물려 죽을 수밖에 없구나 생각하고 모든 것을 운명에 맡기고 체념하고 있자니까 난데없는 종소리가 허공에서 청명하게 울려 왔다. 종소리도 이만 저만한 것이 아니라 남성여성(男聲女聲)의 자웅성(雌雄聲)으로 댕동 댕동 도두당 댕동하며 소리가 올라갔다 내려갔다 하며 자유자재로 소리가 야밤중에 청아하게 들려 왔다. 그러자 여자는,
"활량님 고맙습니다. 이제는 내 남편의 망령이나 내가 소원을 이루고 천상으로 올라가겠습니다. 활량님은 아무쪼록 댁으로 안녕히 돌아가셔서 유자생녀하시고 행복하게 사소서."
하고 인홀불견으로 없어지고 말았다. 궁수는 그 자리에서 밤을 새우고 그곳을 돌아본즉, 삼간 초옥은 큰 바위 굴이었고 그 미인 여자는 누런 구렁이로 변하여 죽어 자빠져 있었다.

궁수는 몸서리를 치며 간밤에 종소리가 어디서 났는가 하고 종소리가 들려 오던 방향을 찾아간 즉 상원사 절터에서 암꿩 수꿩 두 마리가 땅에 묻힌 종을 파내서 서로 주둥이로 종을 쪼아 종소리가 나게 했기 때문이었다.

꿩들은 기진맥진하여 입부리에 피를 흘리고 죽어 있었다. 이것을 본 궁수는 활을 버리고 금강산으로 들어가서 수도를 하여 큰 중이 되고 다시 치악산에 와서 상원사를 중건까지 했다고 한다.

聞鐘聲　煩惱斷
知慧長　菩提生
離地獄　出三界
願成佛　度衆生

종소리를 들으면 번뇌가 끊어지고
지혜가 키워지고 각심이 발해지네
지옥을 여의고 삼계에 뛰어나서
부처를 이루어 중생을 건지세.

 종소리는 이러한 공덕이 담겨 있으므로 구렁이 뱀도 듣기를 원하고, 듣게 되면 업보를 버리고 인간이 천상에 나게 되는 것이다. 그런데 제 목숨을 구해 준 꿩의 부부도 은공을 갚으려고 종소리를 내주게 한 것이다.
 옛날에 절간에서는 저녁에 초경종과 2경종과 3경종과 4경종을 치고, 새벽 2, 3시나 되면 기상침 종을 친다고 5경종을 쳤다. 그 소리가 댕동댕동 도드랑 댕동 하며 올라갔다가 내려갔다가 하여 자유자재로 쳤는데 이 기침종 치는 출처는 치악산의 꿩이 친 데서 생겼다고 한다.

□ 황해도 학림사(鶴林寺)의 유래

 학림사라는 절은 황해도 장연군에 있는 절인데 이 절 중창 연기에 대하여 신비한 이야기가 숨어 있다. 이 절의 그 전 이름은 장연사(長淵寺)라고 하였는데 이 절 옆에 커다란 느티나무가 하나 서 있었다. 그 나무 꼭대기에는 학이 매년 집을 짓고 새끼를 낳아 먹이를 물어다가 주며 기르고 있었다.

어느 여름날인데 그 절의 부목(절에서 땔 나무를 공급하는 소임)을 사는 김춘(金春)이란 사람이 나무를 한짐 베어다 놓고 앉아 쉬고 있는데, 나무 위를 쳐다본즉 구렁이 한 마리가 올라가서 학의 새끼를 잡아먹으려고 했다. 이것을 본 학이 어쩔줄 모르고 소리를 지르며 빙빙 돌고 있었다. 부목이 그 구렁이를 괘씸하게 보고,

"이 흉측한 짐승 같으니라고 어디 가서 잡아먹으려고 하느냐?"

하고 옆에 서 있는 뽕나무를 베어 활을 매가지고 물푸레나무 화살을 깎아서 화살촉을 든든하게 몇 개를 만든 다음 나무 꼭대기에 있는 구렁이에게 쏘았다.

화살 3대를 거듭 쏘았더니 석가래만한 구렁이가 미처 학의 새끼를 잡아먹지도 못하고 떨어져서 죽어버리고 말았다. 그래서 김춘은 죽은 구렁이의 목을 베어 끌고 가서 적당한 곳에 땅을 파고 묻어 주었다. 이렇게 한 지 얼마 후에 그곳에서 향기로운 냄새를 풍기는 버섯이 탐스럽게 많이 솟아났다. 그래서 공양주는 냄새 좋은 것만 생각하고 그 버섯을 따다가 국을 끓여서 절 안에 있는 대중이 다 맛있게 먹었다.

그런데 다른 사람은 아무 이상이 없었는데 오직 부목 김춘이만 식중독을 일으켜서 배가 아파 견딜 수가 없었다. 그래서 토하기도 하고 약을 사다 다려먹기도 하였지만 낫기는 커녕 황달병에 걸인 사람처럼 얼굴빛이 노래지고 배가 아파서 오래 고생을 하고 열 가지 백 가지 약을 써 보아도 아무 효력이 없었다. 나중에는 배가 복막염에 걸린 환자같이 뚱뚱 부어오르고 통증

이 심해서 아파 죽을 지경에까지 되었다.

　이제는 죽을 병이 들었으니 죽기만 기다릴 수밖에 없다고 체념했다. 대중스님들도 불쌍하고 가엾기는 하지만 어찌할 도리가 없었다.

　늦은 여름 어느 날 햇볕 생각이 나서 그 느티나무 밑 양지 쪽에 누워서 배를 만지다가 슬그머니 잠이 들었다. 그런데 무엇이 배를 콕콕 쪼는 것 같은데 배가 시원하고 숨이 부드럽게 내쉬어졌다.

　하도 시원해서 가만히 눈을 감고 누워 있다가 눈을 떠본 즉 흰 학(鶴)이 옆에 와서 긴 목을 쑥 빼고 배를 콕콕 주둥이로 쪼아주는 것이 아닌가. 그래서 김춘은 그대로 못본척 하고 있노라니까 학은 한참 그 짓을 하고 이제는 더할 것이 없다는 듯이 획 하고 날아가 버렸다.

　그리고 난 뒤에 그날 밤을 지내고 나니 배가 폭 꺼지고 뒤가 마려워 변소간에 가서 대변을 보았더니 구렁이 새끼가 얼마나 나오는지 알 수가 없었다. 그리하여 정상적으로 몸이 회복되었다.

　그렇게 배가 아프고 뱀 새끼가 뱃속에 든 것은 죽음에 대한 보복의 배아리였고, 배를 쪼아 주어서 낫게 한 것은 학이 원수를 갚아 준 보은이었다.

　그 뒤부터 이 의리있는 학의 이름을 널리 선전하고 잊지 않기 위해 장연사를 학림사라고 고쳐 부르게 되었다는 것이다.

　이 이야기는 조선사화(朝鮮史話)에서 옮긴 것이다.

□ 홍도(弘道) 비구의 뱀보(蛇報)

홍도 비구는 강원도 회양군 금강산 돈도암(頓道庵)이란 암자에서 수십 년을 독경과 염불과 참선을 하여 곧 부처가 될 단계에 이르게 되었다.
  그가 어느 때에 병이 들어 오랫동안 병석에 누웠다가 속이 답답하여 밖에 나와 소나무 아래에 자리를 잡고 요를 깔고 누웠다. 마침 세찬 바람이 일어나는 바람에 먼지를 쓰고 의복을 벗어 놓은 것이 날아갔다. 그래서 그는 화가 치밀어 펄펄 뛰며,
  "삼세제불도 소용이 없고 팔부신장도 믿을 것이 없구나. 나와 같이 근고 수행하는 사람을 병들게 하는 것도 틀린 일이지만 바람까지 불어서 나를 괴롭게 하니 이래가지고 무슨 불교에 영험이 있다고 할 것이냐?"
하고 삼보를 비방하고 팔부신장을 욕했다. 그랬더니 그날 밤에 토지신이 나타나서 현몽하되,
  "네가 중노릇을 하고 공부를 하여도 헛수고를 했다. 불자는 자비로서 집을 삼고 부드럽게 참는 것으로서 옷을 삼으라고 하였는데 그까짓 병을 좀 앓고 바람이 좀 불었다고 하여 진심을 일으키니 그래가지고 무슨 공부를 했다고 할 것이냐? 부처님도 정업(定業)은 면하지 못하고 과보를 받으셨거든 네까짓 초심비구일까 보냐. 네가 병이 난 것도 과거의 업보요, 바람이 분 것은 도량신이 네 마음을 시험해 보려고 한 것이거늘 그런 것을 견디지 못하고 화를 내고 신경질을 일으켜서 팔부신장과 도

량신을 불안케 하니 그게 무슨 체통이냐?"
하고 꾸짖고 나무라더니 구렁이 껍데기를 씌웠다. 꿈을 깨고 보니 정신은 똑똑한데 몸은 이미 구렁이가 되어 있었다. 그래서 할 수 없이 돌각담 속으로 들어갈 수밖에 없었다. 그 뒤에 수행승 한분이 돈도암을 갔더니 석가래같은 구렁이 한 마리가 마당에서 기어 다녔다. 그 스님은 깜짝 놀라 불쌍하게 여기고,
"네가 이 절에서 공부를 하지 않고 시주 은혜를 많이 지고 상주물(사중 재물)을 비법으로 사용하였기 때문에 저런 사보를 받았구나."
하고 〈나무대광왕불화엄경〉 제목을 세 번 들려주고,

若人欲知 三世一切佛
應觀法界性 一切唯心造

만약 사람이 3세 1체불을 요달코저 할진댄
마땅히 법계 성품이 오직 마음으로 지은 것임을 알아라.

한 〈화엄경〉의 요제를 일러 주었다. 그랬더니 그 구렁이는 부엌으로 들어가더니 꽁지를 아궁이에 넣어 재를 묻혀 가지고 부엌 바닥에 아래와 같은 글을 써 놓았다.

幸逢不法得人身 多劫修行近或佛
松風吹打病中席 一起嗔心受蛇身
天堂佛刹興地獄 惟由人心小作因

我會比丘住此庵　今受蛇身恨萬端
寧啐我身作微塵　更不平心起嗔心
願師還向閻浮提　設我形容誡後人
含情口不能記語　以尾成書露眞情
願師書寫懸壁上　欲起嗔心擧眼眉
心裡無嗔眞布施　口中無嗔吐妙香
面上無嗔眞供養　無喜無嗔是眞常
　　　弘道 比丘謹書

다행히 불법을 만나 사람이 되어서
다겁을 수행하여 성불에 가깝더니
병중에 바람이 불어 성을 내고 뱀이 됐오
천당과 불찰과 지옥이 따로 있겠소
오직 마음으로 지어 이뤄졌소
나는 일찍이 비구승으로써
뱀의 몸을 받고 보니 한이 많소
이 몸이 부서져서 가루가 되더라도
다시 진심은 아니 내려하오
스님이 만약 다른 곳에 가거든
나의 말을 하여 경계하여 주오
정신은 멀쩡하나 말을 할 수가 없어서
꼬리로 글을 써서 진정을 사르노니
스님은 이 글을 벽상에 써붙이고
진심 많은 이로 하여금 쳐다보게 하시오

마음에 성을 안내면 참다운 보시요
입 가운데 고은 말이 묘한 향이요
얼굴에 성 안냄이 참된 공양이요
기쁨도 성냄도 없으면 진상도리인가 하오.
　　　홍도 비구 씀

이 글을 본 객승은 깜짝 놀라 구렁이에게 절을 하고, "스님이 금강산에서 이름이 높은 홍도스님이시구려, 스님은 금강산에서 공부를 하다가 뱀보를 받았지만 업보가 아니요, 보살의 만행이십니다. 업보라면 어찌 글을 쓰고 남을 경계하리까? 참으로 좋은 법문을 들었습니다."
하였더니 구렁이가 금시 온데 간데가 없었다.

□ 하은대사(荷隱大師)의 문수보살 친견

하은대사는 황해도 내에서 가장 이름이 높은 도승으로 유명하신 대덕(大德)이다. 대사의 출생은 지금으로부터 1백 35년 전에 함경남도 함흥 주씨(朱氏) 가문에서 태어났다. 그 어머니가 어느 날 밤에 꿈을 꾼즉 스님 한분이 오시더니 천상에 있는 두우성(斗牛星)을 전했다.

어머니가 그것을 받은 후로 태기가 있어서 대사를 낳았다고 한다. 대사는 나이 12세까지 유서(儒書)를 공부하고 13세 때에 어떤 인연으로 황해도 문화(지금의 신천) 구월산 패엽사(貝葉寺)로 들어가서 성월(聖月)화상에게 귀의하여 머리를 깎고 중이 되었다.

그 뒤부터 불경을 배워서 큰 강사, 법사가 되었고 그 뒤에는 참선 공부를 시작하여 40년간을 수도했다. 그래서 황해도의 도승으로 큰 선지식으로 숭앙받게 되었다. 그러나 스님은 한번 만행수좌(萬行首座)가 되고 싶어 절에서 나와 문전걸식을 하며 진(眞)과 속(俗)에 걸림이 없는 생활을 하고자 했다. 그리하여 소승행을 버리고 대승행을 하려고 술도 마시고 고기도 잡수시고, 여자를 가까이 하되 거기에 빠져서 향락에만 머물지 않겠다는 결심을 하고 무애자재의 행을 해보려고 했다. 워낙 산중에서 계행을 지키던 습관이 몸에 베어서 고기를 먹을 수도 없고, 술을 마실 수도 없고, 여자도 가까이 할 수가 없었다. 그런 생각을 하는 것이 오히려 죄만 짓는 것 같았다. 그러나 내친걸음이라고 얼른 산으로 돌아갈 수도 없어서 탁발구걸을 했고, 동창포(東蒼浦)라는 데에 가서는 여인숙 객주집에서 하룻밤을 자게 되었다. 이 근처 촌가에는 사람이 없기 때문에 여인숙에 들어간 것이었다.

옛날에는 지방 촌락시장의 여인숙은 독방이라는 것은 없고 손님이 얼마 들어오던지 합숙이었다. 하은스님이 제일 먼저 들어가서 아랫목을 차지하고 밥 한 상을 시키고 앉아 있자니까 나이가 많은 총각 한 사람이 들어오는데 키가 9척 장신이요, 몸이 깍지둥지만한데 눈이 매섭게 생겼고, 팔과 다리가 강철같이 생겼는데 보통내기가 아니었다. 밥을 시키는데 5인분을 시

컸다.

하은스님 생각에는 총각의 일행이 많고, 또 여러 사람이 들어오는가 하고 생각했다. 급기야 밥상이 들어오는데 총각이 다섯 사람 어치를 자기 앞에 쭉 늘어놓고 술이며 고기안주를 한없이 청했다.

 주인이 총각을 보고 또 손님이 오는 이가 있는 모양이구나 하고 물으니 손님은 없지만 나 혼자라도 다 먹고 밥값만 치루면 그만 아니냐고 했다.

 하은스님은 한 상 밥도 다 먹을 수가 없어서 밥만 먹고 남기니까 총각이 말하기를 그렇게 먹고 몸을 어떻게 지탱하느냐고 했다. 그리고 고기도 먹지 않고 파, 마늘도 가려내니까 저래 가지고 어찌 세상을 나와 다니느냐고 핀잔을 주었다. 총각은 술도 바가지로 들이키고 고기도 몇 근을 한입에 뜯어치우고 다섯명의 밥을 순식간에 다 먹어버렸다. 그리고는 하은스님을 보고,

 "우리 통성명이나 합시다. 하룻밤을 자도 만리장성을 쌓는다는데 성명도 모르면 되겠오. 대사님은 어느 절에서 계셨는지요? 또 무슨 볼일로 나오시었소?"

 "나는 구월산에 있는 하은이란 중이요, 만행(萬行)을 하여볼까 하고 나왔소."

 "그렇게 음식을 가리고 먹도 못하는 대사가 무슨 만행을 한다고 나왔소. 만행은 그만 두고 일행도 못하겠소."

하더니 식곤증이 났는지 그만 네 활개를 벌리고 코를 골면서 드러누웠다. 하은스님은 그가 미워서 보기도 싫었으나 어찌 할 수가 없었다. 그래서 견디고 있자니까 잠이 오지를 않았다. 그

래서 벽을 향하여 앉아서 선정에 들었다. 그러나 그 총각의 정체를 알 수가 없어서 궁금하여 망상만 일어나고 참선이 정진되지 않았다.

새벽 1시경 총각이 일어나서 문을 열고 나가서 소변을 보고 집 앞에 있는 도랑물에 가서 세수를 하고 들어오더니 윗목에 앉아서 무엇을 외우고 있었는데 듣고 보니 〈화엄경〉을 세주묘엄품부터 시작하여 이 법계품까지 39품을 다 외우는 것이었다. 그런데 몸에서는 화광이 뻗치고 입에서는 꽃송이가 펄펄 떨어졌다.

그 모습을 물끄러미 보던 하은스님은 하도 기가 질려서 일어나 그의 앞에 절을 하고,

"총각은 어떤 어른이신데 이와 같이 신통이 장하십니까?"
하였더니,

"나는 문수사리라는 사람인데 하은이 공부가 장하고 도력이 높다고 하여 한번 찾아보았는데 아무리 보아도 소승 근기요, 대승 근기가 되지 못하니 만행보살이 되겠다는 소원을 단념하고 어서 구월산으로 들어가서 소승계나 지키고 후학에게 경학 교육이나 잘 시키고 절 도량이나 잘 돌아보고 가람수호나 잘하기를 바라오. 고기 한 점도 먹지 못하고, 술 한잔도 들지 못하고, 지저분한 거와 더러운 것을 보지 못하는 사람이 만행이 다 무언가? 그런 것이 저절로 이루어져야지 억지로 되는 줄 하는가? 그러다가는 성가시고 귀찮아서 소승불교 신심까지도 퇴전하기가 쉬우니 아주 산속에서 여년을 마치도록 하오. 나는 남들이 하은 하은 하고 칭찬하기에 제법 대승초문에나 들어간 줄

알았더니 맹탕일세. 내 말이 그른가 옳은가 잘 생각하여 보고 어서 산으로 들어가게. 대승보살의 만행을 어떤 사람이 하는 줄 아는가. 그래도 한산(寒山) 습득(拾得)의 지위나 가야 되는 것인데 아무나 되는 줄 아는가?"
하고 경책했다.

  날이 새도록 같이 지났다. 그 총각이 짚고 온 작대기를 공중에 던지니 작대기가 오색구름으로 변했다. 그 총각은 인홀불견으로 없어지더니 그 구름 위에 앉아서 〈화엄경〉을 외우면서 둥실둥실 떠나가더니 구름 속으로 사라지고 말았다. 그래서 하은스님은 허공을 향하여 문수보살, 문수보살을 수없이 부르고 무수백배로 절을 한 뒤에 오대산까지 가지 않고도 이곳에서 문수보살을 친견했다. 그리고 지금 죽어도 여한이 없습니다 하고 만행을 걷어 치우고 구월산으로 들어가 두문불출하여 아주 어렵게 정진만 했다고 한다. 그리고 말년까지 강학을 버리지 않고 후학을 지도하고 교육에 열중했다고 한다.

  이런 연유로 황평 양도에 불법이 남아 있는 곳은 묘향산의 보현사(普賢寺)와 구월산의 패엽사(貝葉寺)밖에 없다는 말이 전해 왔다.

  하은스님에게 또 하나의 일화가 있다.
  어느 때 화적떼가 공포를 쏘면서 절로 수십 명이 몰려 왔다. 늙은 중이거나 젊은 중 할 것 없이 혼비백산하여 산중으로 도망을 갔다. 그러나 하은스님만은 소불동심하고 남아 있다가 그들을 혼연히 영접했다. 화적의 괴수가 말하기를,

"듣기에 1백여 명 승려가 이 절에 있다는 말을 들었는데 어찌하여 노장 하나만 있는가?"

하자 하은스님이 답하되,

"1백여 명이 있을 때에도 내가 이 절 주인이요, 나 혼자만 남아 있어도 내가 주인이다. 어찌 주인 도리에 손님이 오는 것을 보고 영접하지 않고 가겠습니까?"

했다. 이 말을 들은 괴수는,

"외방에서 하은 하은 하더니 하은은 과연 도인이로다."

하고 곧 부하를 데리고 물러갔다고 한다.

□ 허정승(許政承)과 허망한 인생이야기

숙종때 허정승(許政承 이름은 미상)이란 분이 있었다. 그는 천하일색의 여첩을 데리고 있었는데 그의 성은 박씨였다.

이 허정승과 박씨 사이의 금슬은 말할 수 없이 좋았다. 그런데 어느 해 봄에 나라에서 여러 중신이 모여서 7일간 어전회의가 열렸다. 허정승은 박씨의 연정을 참을 수가 없었으나 사택으로 빠져 나올 수가 없었다. 그래서 회의가 끝난 뒤에 불야불야 집으로 돌아오니 그렇게 보고 싶은 박씨가 보이지 않았다. 노비에게 물어본즉 며칠 전에 웬 숯장수가 숯을 팔러 와서 아씨와 무슨 이야기를 하더니 그 뒤부터 집을 나가서 돌아오지 않는다고 했다.

허정승은 아무리 박씨의 종적을 탐문해 보아도 알 수가 없었다. 그래서 허정승은 허탈에 빠져 정승 자리를 하직하고 박씨를 찾기 위해서 천하강산을 두루 돌아다녔다. 그런데 어떤 사람에게 물어본즉 아무 산에 가면 도승이 있으니 거기 가서 물으면 알 것이라고 했다.

 허정승은 그 말대로 찾아갔더니 과연 도승이 있었다. 그래서 애타는 심정을 호소하였더니 그 도승이 말하기를,

 "그것을 알려면 참선(參禪)을 해야 알게 될 것이오."
라고 했다. 이에 허정승은,

 "우두마면(牛頭馬面 : 머리는 소머리인데 얼굴은 말뺨이니라)라는 화두를 생각하고 이것이 무슨 뜻인고? 하고 항상 의심만 하면 된다."
고 했다. 허정승은 오직 없어진 박씨가 보고 싶은 생각뿐인데 '우두마면'이 무어냐는 생각이 들 리가 만무했다. 그런다고 해서 박씨를 만나 볼 것 같지도 않았다. 그래서 다시 가서 말하되,

 "스님, 우두마면을 의심해가지고는 마누라 간 곳을 알아질 것 같지 않으니 다른 방법을 일러 주시오."
라고 했다. 그러자,

 "그렇다면 나무관세음보살 7자를 하루에 3만 번씩 외우고 마누라를 속히 찾게 해 주소서 하고 축원하시오."
했다. 이 말을 들은 허정승은 매일같이 나무관세음보살을 3만 번씩 외우고 박씨를 만나게 해 달라고 축원하며 오대산으로 들어가서 초막을 짓고 공부를 시작했다. 이렇게 하기를 3년이 지났는데 어느 날 하루는 건너편 산길을 바라보니 숯섬을 지고

가는 남자 뒤에 어떤 여자가 무슨 보퉁이를 머리에 이고 지나 가는데 아무리 보아도 육감적으로 자기의 애인이었던 박씨가 틀림없었다.

 허정승은 빈 망태를 지고 줄달음쳐 쫓아가서 본즉 남자는 숯 장수가 분명하고 여자는 박씨가 분명한데 깡마른 데다 의복이 남루하여 눈으로 차마 볼 수가 없었다.

 허정승이 박씨를 만나기 전에는 만일 만나기만 하면 애원을 해서라도 다시 데려다 살고 싶었는데 막상 만나고 보니 모든 생각이 재같이 사라지고 미련이 가셔 버렸다. 숯장수 남자만이라도 없고 혼자 있는 것을 만났으면 무슨 대화라도 하겠는데 흉악하게 못생긴 남자와 같이 사는 것을 보니 더욱 정이 떨어졌다.

 허정승은 숯장수 일행과 정면으로 마주 치게 되자, 길을 비키면서 서로 얼굴을 보았다. 허정승은 여인을 알아보았으나 여자는 몰라보는 모양이었다. 숯장수는 본래 허정승을 만나보지 못했으니까 모르는 사이지만 여자는 허정승을 알아볼만 한데 아주 모르는척 했다.

 설사 안면은 눈에 익숙했다 하더라도 부귀영화로 호화찬란하게 살던 허정승이 이 산중에서 채약하는 사람들과 같이 망태기를 걸머지고 있으니 더욱 알 수가 없었으리라.

 허정승은 두 남녀를 보내 놓고 바위 위에 앉아서 '나무관세음보살'을 부르고 축원하되,

"관세음보살님! 숯장수와 나와의 처지가 천양지간인데 박씨가 나를 버리고 숯장수를 따라 가서 고생살이를 하면서도 태산준령

을 넘어다니며 숯장수에게 밥을 빌어 얻어먹어 가며 집도 없이 허구헌날 따라 다니며 살고 있으니 이것이 어찌된 일입니까?" 하고 명상에 잠겼다가 잠이 들었는데 관세음보살이 꿈에 늙은 부인으로 나타나서 일러 주시되,

"너는 전생에 열 일곱살 때 너의 집이 가난하여 남의 집 고용살이를 할 때 산에 나무를 하러 가서 수물거리는 이를 잡아서 산에 던져버린 일이 있다. 그 이가 산돼지 몸에 가서 붙어서 뜯어먹고 살다가 죽었다. 그 인연으로 금생에 와서 산돼지는 숯장수가 되고 그때 고용살이하던 너는 불법승 3보를 공경하고 부처님을 신봉한 공덕으로 금생에 와서 정승이 되고, 이는 박씨 부인이 됐는데 전생에 잠시 네 몸에 붙어서 뜯어먹은 인연으로 너의 애첩이 되었고, 네가 버린 뒤에는 산돼지 몸에 붙어 다니면서 죽기까지 뜯어먹고 살았기 때문에 너를 버리고 숯장수를 따라 간 것이다. 그리 알고 모든 것을 잊어버리고 불도 공부나 잘 하여라."

라고 했다. 허정승은 '범소유상(凡所有相)이 개시허망(皆是虛妄)이라' 이 세상에 머물러 있는 인연은 다 허망한 것이란 도리를 깊이 깨닫고 발심 출가하여 중노릇을 잘했다고 한다.

(end)

저자약력

1914년	제주도 남군 중문면 도순리에서 출생
1932년(19세)	제주도 산방굴사(현 광명사)에서 수계득도
1933년(20세)	지리산 화엄사로 진진응대강백을 찾아 제주를 떠남
1935년(22세)	전북 위봉사에서 유춘담스님으로부터 '일붕'이란 법호를 받음
1936년(39세)	서울 개운사 대원암에서 박한영대강백의 수제자가 되어 사교과와 대교과를 마침
1946~1950년	일본 임제전문대학, 동국대학교 졸업
1953~1963년	동국대, 원광대, 전북대, 해인대, 부산대, 동아대 교수 역임
1960~1966년	독일 함부르크대, 미 콜롬비아대, 워싱톤대, 캘리포니아대, 하와이대, 템플대 교환교수
1969년	미 템플대에서 철학박사 학위 수여
1969년	동국대 불교대학장
1996년	생전에 친필휘호 50만장, 시비 800여개, 책자 1,400종, 박사학위 126개 수여받음
1996년	6월 25일 오전 11시 40분 열반 83세 법랍 64세 사리 83과 남김

2011년 6월 10일 | 초판 발행
발행처 | 서음미디어(출판)
등 록 | 2009. 3. 15 No 7-0851
서울시 동대문구 신설동 94-60
Tel (02) 2253-5292
Fax (02) 2253-5295

저 자 | 서 경 보
기획·편집 | 이 광 희
발 행 | 이 관 희
본문편집 | 은종기획
표지일러스트 | 주야기획
편 집 | 박정수·권영대·유승재
송 순·이다예

홈페이지 www.seoeumbook.com

* 이 책은 저작권법에 의해 보호를 받는 저작물이므로 무단전제나 복제를 금합니다.